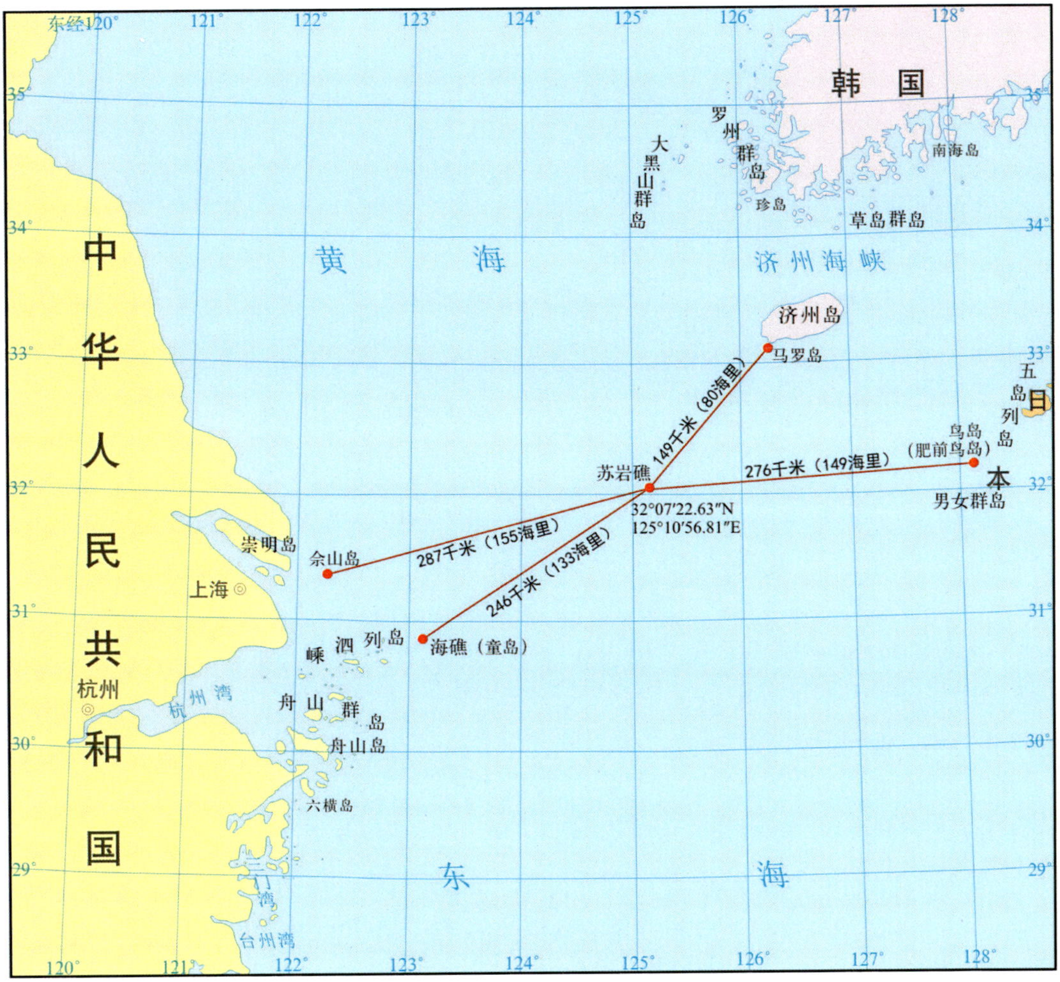

图2–1 苏岩礁位置示意图

审图号：GS（2022）2261号

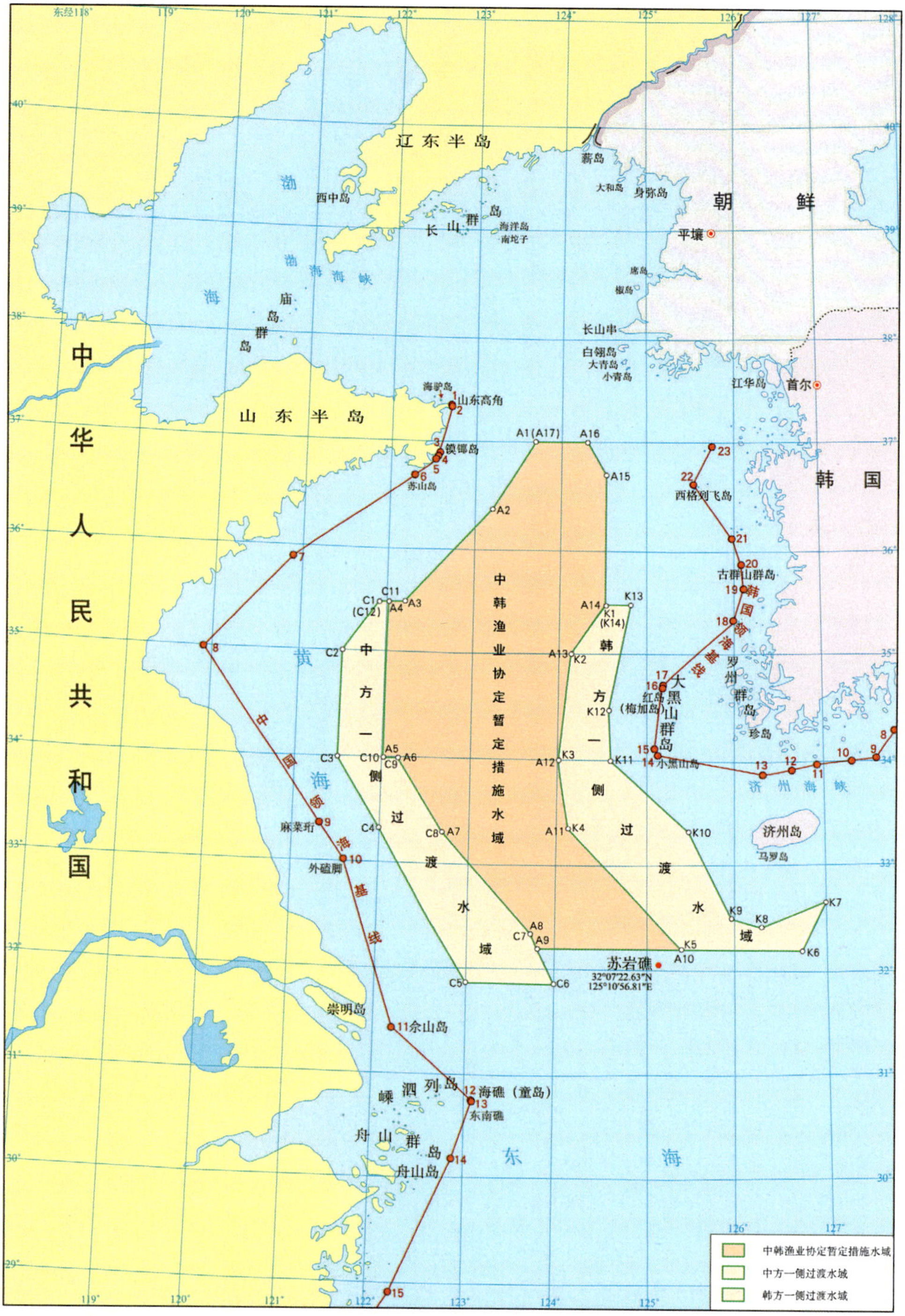

图2-2　中韩渔业协定水域示意图

审图号：GS（2022）2261号

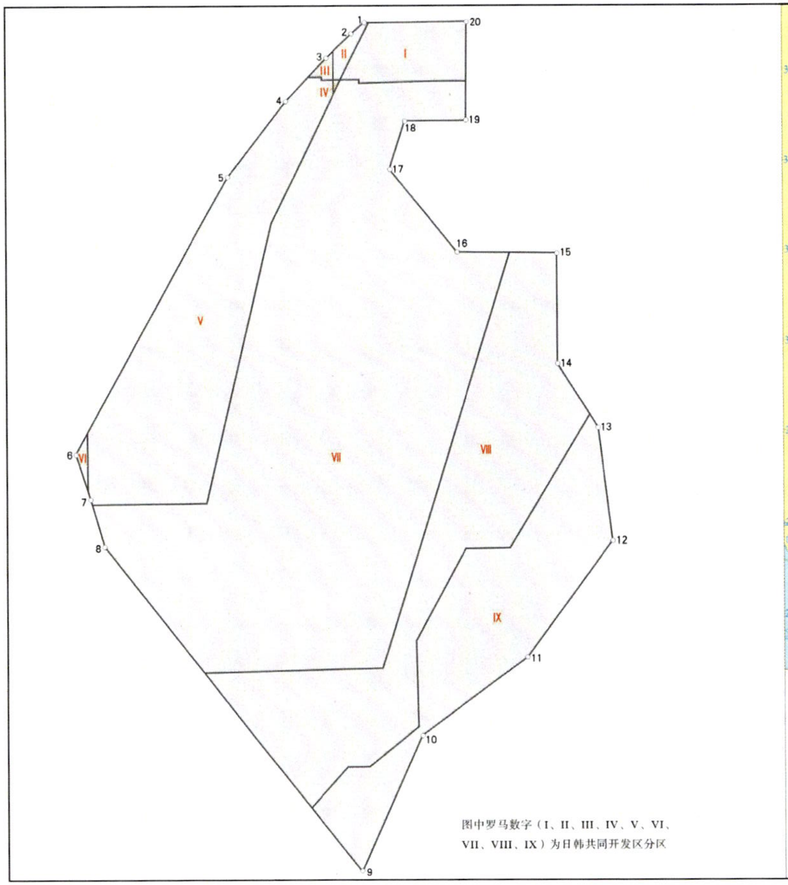

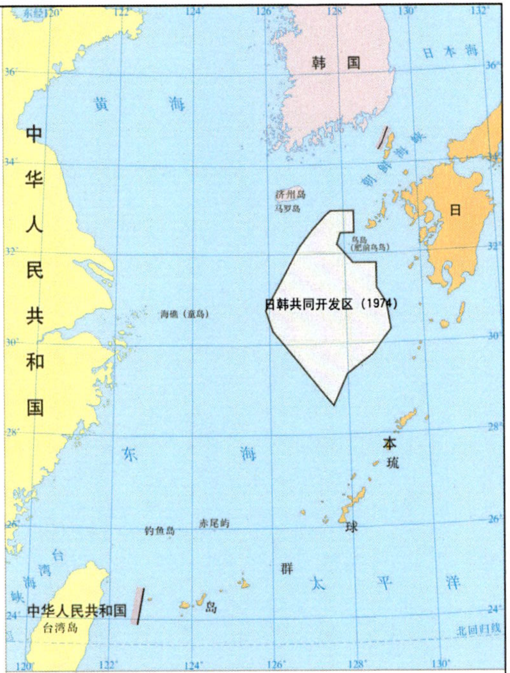

日韩共同开发区各点坐标

1：32°57.0′N 127°41.1′E	7：30°33.3′N 126°00.8′E	13：30°54.0′N 129°04.0′E	19：32°27.0′N 128°18.0′E
2：32°53.4′N 127°36.3′E	8：30°18.2′N 126°05.5′E	14：31°13.0′N 128°50.0′E	20：32°57.0′N 128°18.0′E
3：32°46.2′N 127°27.8′E	9：28°36.0′N 127°38.0′E	15：31°47.0′N 128°50.0′E	
4：32°33.6′N 127°13.1′E	10：29°19.0′N 128°00.0′E	16：31°47.0′N 128°14.0′E	
5：32°10.5′N 126°51.5′E	11：29°43.0′N 128°38.0′E	17：32°12.0′N 127°50.0′E	
6：30°46.2′N 125°55.5′E	12：30°19.0′N 129°09.0′E	18：32°27.0′N 127°56.0′E	

图3–1　日韩共同开发区示意图

审图号：GS（2022）2261号

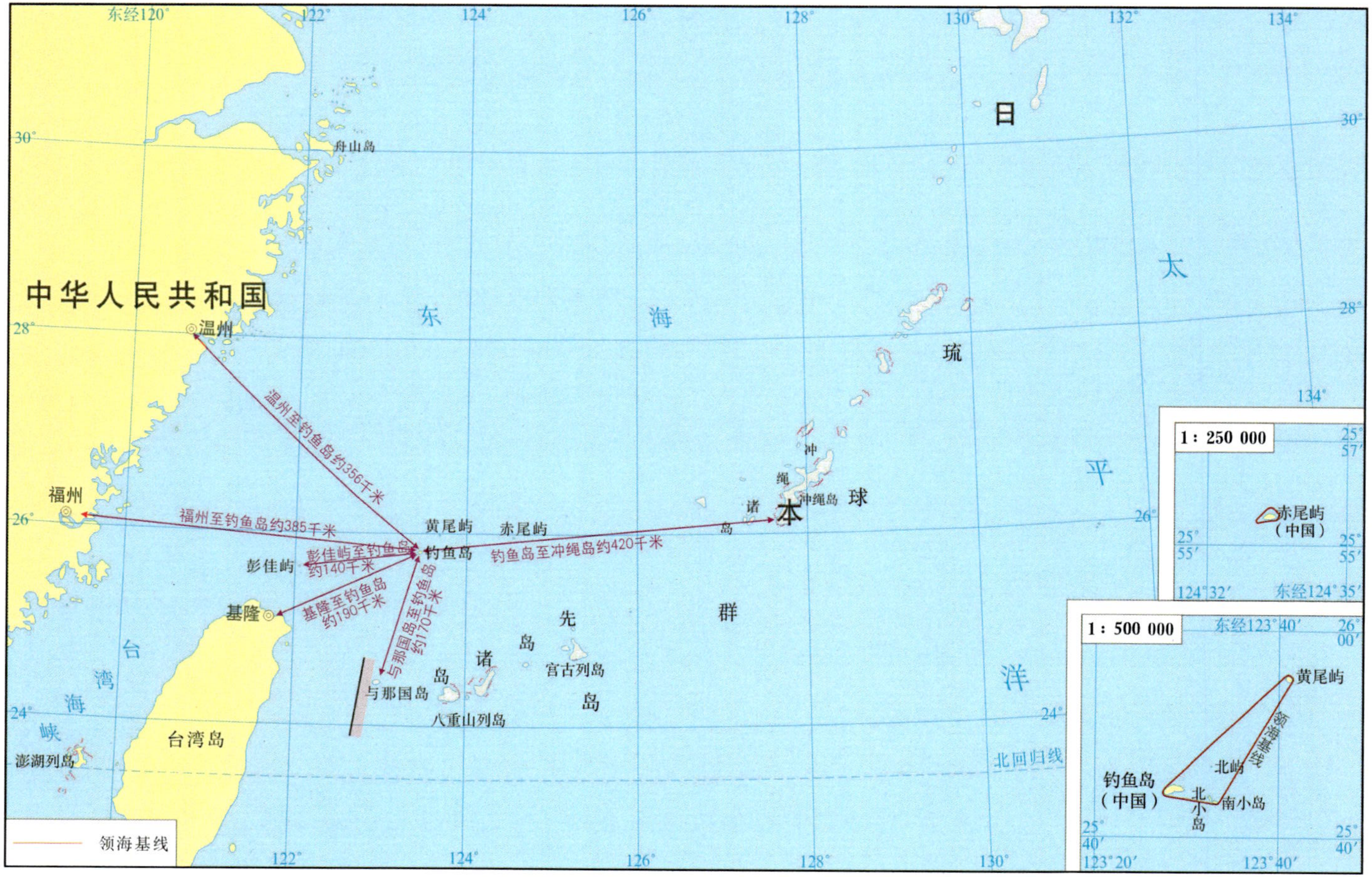

图3–2　中国钓鱼岛及其附属岛屿位置示意图

审图号：GS（2022）2261号

（图3–2中，钓鱼岛距离各点的数据引自：《中华人民共和国钓鱼岛及其附属岛屿地图》，北京：星球地图出版社2012年版）

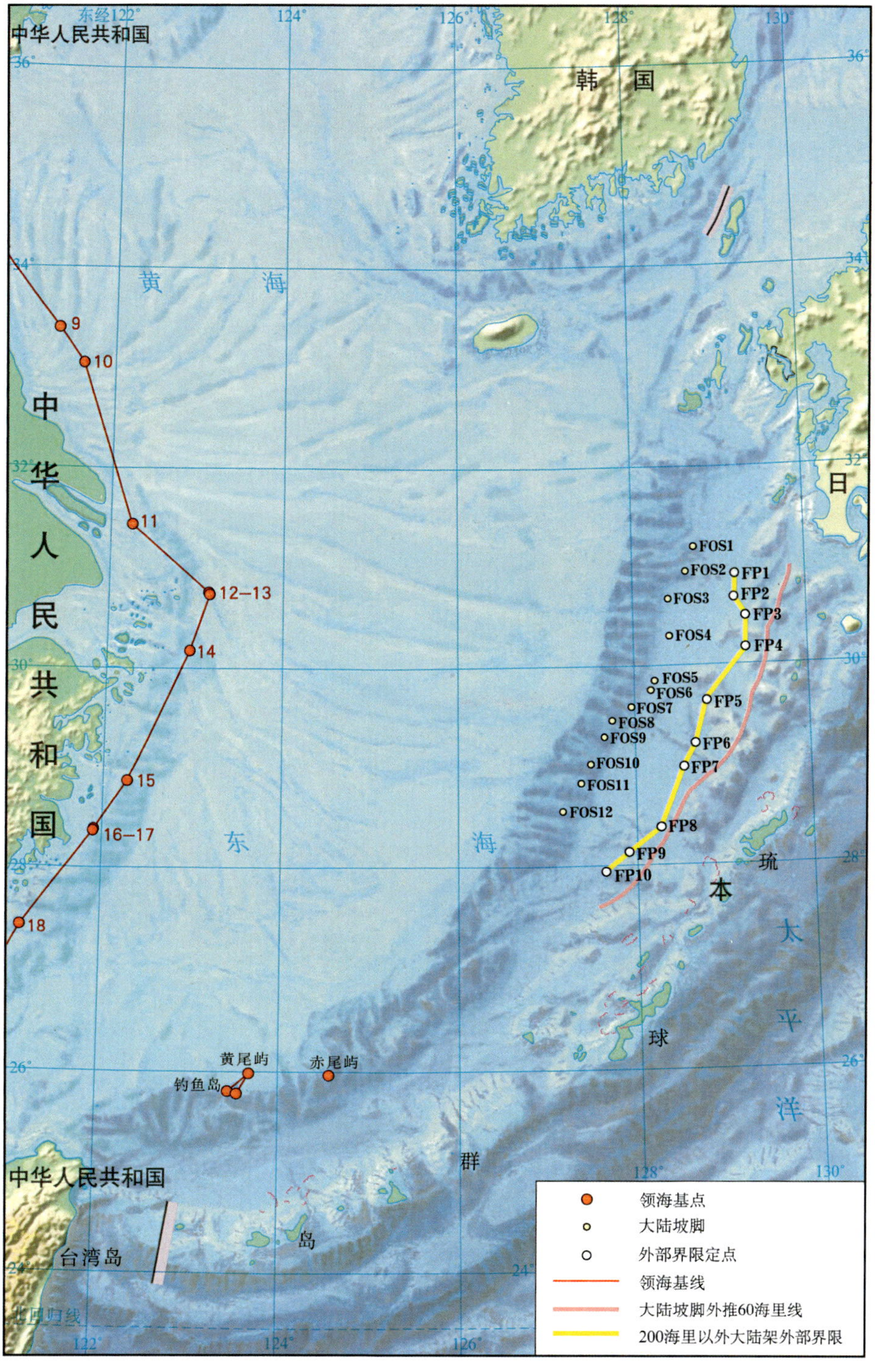

图 3–3　中国东海的部分海域200海里以外大陆架外部界限位置图

审图号：GS（2022）2261号

图3–5　中日渔业协定水域示意图

审图号：GS（2022）2261号

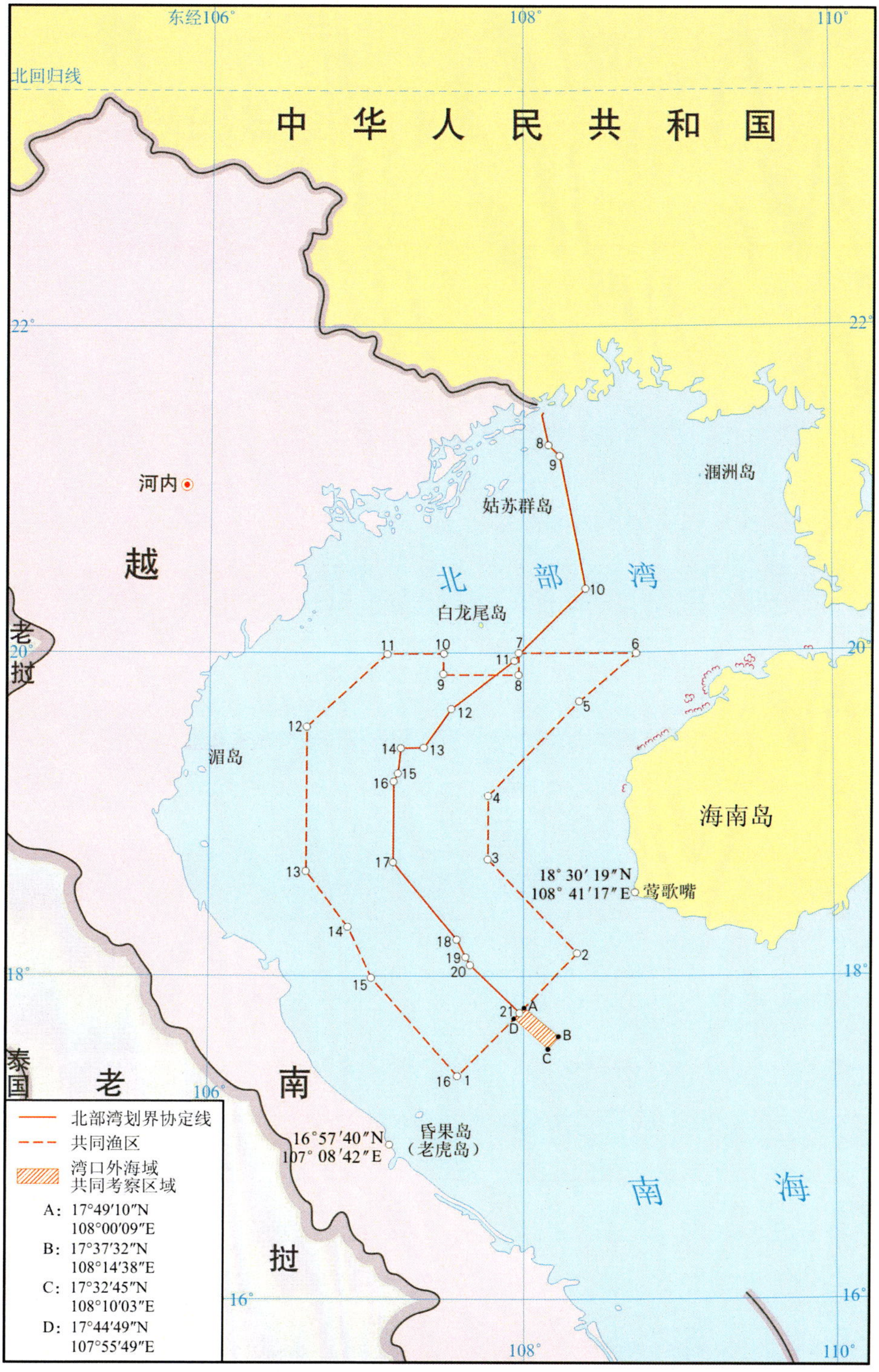

图8–2　中越北部湾划界协定线及共同渔区示意图

审图号：GS（2022）2261号

图9–1　南海沿岸国示意图

审图号：GS（2022）2261号

图 12–1　太平洋岛链示意图

审图号：GS（2022）2261 号

复旦大学中国周边外交研究丛书（11）

Fudan University Series on China's Neighboring Diplomacy Studies (11)

中国与邻国的海洋事务研究

China's Ocean Affairs with Its Maritime Neighbors

祁怀高 / 著

世界知识出版社

图书在版编目（CIP）数据

中国与邻国的海洋事务研究 / 祁怀高著．—北京：世界知识出版社，2022.5

ISBN 978-7-5012-6543-5

Ⅰ．①中…　Ⅱ．①祁…　Ⅲ．①海事处理—研究—中国　Ⅳ．①D.993.5

中国版本图书馆CIP数据核字（2022）第095118号

审图号：GS（2022）2261号

本书地图插图中国国界线系按照中国地图出版社1989年出版的1：400万《中华人民共和国地形图》绘制

书　　名	中国与邻国的海洋事务研究 Zhongguo Yu Linguo De Haiyang Shiwu Yanjiu
作　　者	祁怀高
责任编辑	王晓娟
责任出版	赵　玥
责任校对	张　琨
出版发行	世界知识出版社
地址邮编	北京市东城区干面胡同51号（100010）
网　　址	www.ishizhi.cn
电　　话	010-65265923（发行）　010-85119023（邮购）
经　　销	新华书店
印　　刷	北京虎彩文化传播有限公司
开本印张	710毫米×1000毫米　1/16　28印张　11插页
字　　数	490千字
版次印次	2022年11月第一版　2022年11月第一次印刷
标准书号	ISBN 978-7-5012-6543-5
定　　价	96.00元

“复旦大学中国周边外交研究丛书”系复旦大学中国与周边国家关系研究中心出版项目。

Fudan University Series on China's Neighboring Diplomacy Studies is the publication project supported by the Center for China's Relations with Neighboring Countries of Fudan University (CCRNC-Fudan).

《中国与邻国的海洋事务研究》由复旦大学“高峰高原”项目和复旦大学亚洲研究中心学术资助项目资助出版。特此致谢！

The publication of *China's Ocean Affairs with Its Maritime Neighbors* was made possible through a generous grant from Fudan University Gaofeng & Gaoyuan Project, and Asia Research Center of Fudan University.

目　录

导　论
中国的海洋管辖权主张及与邻国的海洋事务现状

第一章　中国与朝鲜在黄海的海洋事务

第二章　中国与韩国在黄海和东海的海洋事务

第三章　中国与日本在东海的海洋事务

第四章　中国与菲律宾在南海的海洋事务

第五章　中国与马来西亚在南海的海洋事务

第六章　中国与文莱在南海的海洋事务

第七章　中国与印度尼西亚在南海的海洋事务

第八章　中国与越南在南海的海洋事务

第九章　中国在南海的存在格局与面临挑战

第十章　中国在南海共同开发中的动因和政策选项

第十一章　构建南海非传统安全多边合作的整体架构

结论　中国与邻国海洋争议的未来解决

参考文献

Contents

Chapter Two
China's maritime affairs with the ROK in the Yellow Sea and East China Sea

Chapter Three
China's maritime affairs with Japan in the East China Sea

Chapter Four
China's maritime affairs with the Philippines in the South China Sea

Chapter Five
China's maritime affairs with Malaysia in the South China Sea

Chapter Six
China's maritime affairs with Brunei in the South China Sea

Chapter Seven
China's maritime affairs with Indonesia in the South China Sea

Chapter Eight
China's maritime affairs with Vietnam in the South China Sea

Chapter Nine
China's presence and challenges in the South China Sea

Chapter Ten
China's incentives and policy choices on joint development in the South China Sea

Chapter Eleven
Regime integration of multilateral non-traditional security cooperation in the South China Sea

Conclusion
The future settlement of maritime disputes Between China and its maritime neighbors

Bibliography

图表目录

List of maps, figures, and tables

导 论

中国的海洋管辖权主张及与邻国的海洋事务现状

中国是一个有着漫长海岸线和重大海洋权益的国家。中国的大陆海岸线北起鸭绿江口，南至北仑河口，总长度约1.8万千米，仅次于澳大利亚、俄罗斯、美国和加拿大，居世界第五位。中国的岛屿岸线总长度约1.4万千米。[①] 中国陆地濒临渤海（内海）、黄海、东海、南海和台湾以东的太平洋等辽阔的海域。渤海、黄海、东海、南海连成一片，呈弧形环绕在中国大陆的东面和东南面（参见图0–1、彩插i & ii）。中国在海上与8个国家相邻，从北到南依次为朝鲜、韩国、日本、越南、菲律宾、马来西亚、文莱和印度尼西亚。[②]《中国与邻国的海洋事务研究》（简称“本书”）将主要分析中国与这8个海上邻国的海洋事务。

第一节 中国的海洋权益和海洋管辖权主张

渤海、黄海、东海、南海4个海区呈弧形环绕在中国大陆的东面和东南面（参见图0–1、彩插i & ii）。国际海道测量组织（International

① 中国自然资源部地图技术审查中心：《国家版图知识选登（七）——中国海域》，2014年9月25日，https://www.zrzyst.cn/gjbtdtzs/391.jhtml。

② 同上。

Hydrographic Organization, IHO）于1986年出版的《海洋的界限》（*Limits of Oceans and Seas*）[①]在征求各国意见的基础上对世界各大洋和海区的分界进行了划分。其中，将中国近海的4个海区和台湾海峡的分界线确定为：渤海与黄海的分界线，是自山东半岛北端蓬莱角（北纬37°49′45″、东经120°44′30″）向东北至辽东半岛西南端老铁山西角（北纬38°43′35″、东经121°08′）的连线；[②]黄海与东海的分界线，自韩国济州岛西段向西南至中国大陆海岸长江口北角（北纬31°42′、东经121°54′）的连线；[③]东海与台湾海峡的分界线，自中国大陆海岸点位（北纬25°42′、东经119°36′）至海坛岛北端庠角（北纬25°40′、东经119°47′10″），再向东至台湾岛北端富贵角（北纬25°17′45″、东经121°32′30″）的连线；[④]台湾海峡与南海的分界线，自中国大陆海岸韩江口向东至南澳岛西端长山尾（北纬23°25′50″、东经116°56′25″），自长山尾向东沿该岛南海岸至其东南端（北纬23°23′35″、东经117°07′15″），自南澳岛东南端向东南沿该岛以南浅滩至台湾鹅銮鼻（北纬21°53′45″、东经120°51′30″）的连线。[⑤]

---

① International Hydrographic Organization, *Limits of Oceans and Seas*, IHO Special Publication No. 23, Draft 4th ed. (1986), http://www.iho.int/mtg_docs/com_wg/S-23WG/S-23WG_Misc/Draft_1986/S-23_Draft_1986_Headings.pdf, accessed 7 July 2017. 同时，笔者参考了孙书贤、阮春林、王芳编著:《海域勘界政策研究》，北京：海洋出版社2003年版，第28页。

② International Hydrographic Organization, *Limits of Oceans and Seas*, IHO Special Publication No. 23, Draft 4th ed. (1986), p.157.

③ Ibid., p.155.

④ Ibid., p.153.

⑤ Ibid., p.103.

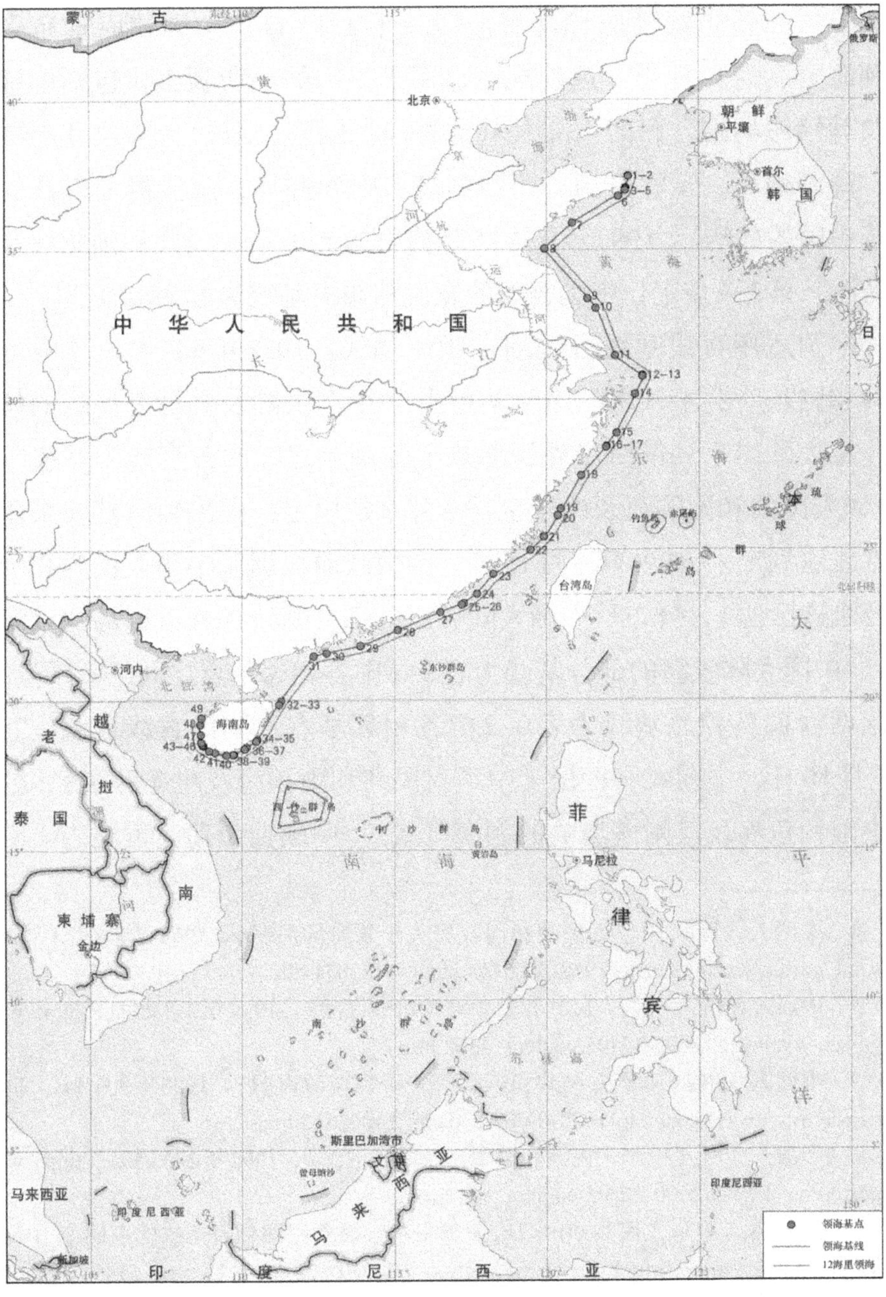

图0–1　中国海域及海上邻国示意图

审图号：GS（2022）2261号

中国的领海宽度是12海里。1958年9月4日，中国政府宣布中国的领海宽度为12海里。这项规定适用于中国的一切领土，包括中国大陆及其沿海岛屿，和同大陆及其沿海岛屿隔有公海的台湾及其周围各岛、澎湖列岛、东沙群岛、西沙群岛、中沙群岛、南沙群岛以及其他属于中国的岛屿。[①] 1992年2月25日施行的《中华人民共和国领海及毗连区法》第3条规定：中国领海的宽度从领海基线量起为12海里。[②]

中国适用直线基线方法划定领海基线。1958年9月4日，《中华人民共和国政府关于领海的声明》指出，“中国大陆及其沿海岛屿的领海以连接大陆岸上和沿海岸外缘岛屿上各基点之间的各直线为基线”。[③]《中华人民共和国领海及毗连区法》第3条规定：中国领海基线采用直线基线法划定。[④] 1996年5月15日，中国政府根据《中华人民共和国领海及毗连区法》，公布了中国大陆领海的部分基线和西沙群岛的领海基线。[⑤] 中国大陆领海的部分基线为表0–1中各相邻基点之间的直线连线；中国西沙群岛领海基线为表0–2中各相邻基点之间的直线连线。2012年9月10日，中国政府根据《中华人民共和国领海及毗连区法》，公布了中国钓鱼岛及其附属岛屿的领海基线。[⑥] 中国钓鱼岛、黄尾屿、南小

① 中国人大网:《中华人民共和国政府关于领海的声明》，1958年9月4日，http://www.npc.gov.cn/wxzl/gongbao/1958-09/04/content_1480851.htm。

② 中国人大网:《中华人民共和国领海及毗连区法》，1992年2月25日，http://www.npc.gov.cn/wxzl/wxzl/2000-12/05/content_4562.htm。

③ 中国人大网:《中华人民共和国政府关于领海的声明》，1958年9月4日，http://www.npc.gov.cn/wxzl/gongbao/1958-09/04/content_1480851.htm。

④ 中国人大网:《中华人民共和国领海及毗连区法》，1992年2月25日，http://www.npc.gov.cn/wxzl/wxzl/2000-12/05/content_4562.htm。

⑤ 国务院:《中华人民共和国政府关于中华人民共和国领海基线的声明》，1996年5月15日，https://www.fmprc.gov.cn/web/ziliao_674904/tytj_674911/tyfg_674913/t556673.shtml。

⑥ 中国政府网:《中华人民共和国政府关于钓鱼岛及其附属岛屿领海基线的声明》，2012年9月10日，http://www.gov.cn/jrzg/2012-09/10/content_2221140.htm。

岛、北小岛、南屿、北屿、飞屿的领海基线为表0–3中各相邻基点之间的直线连线；赤尾屿的领海基线为表0–3中各相邻基点之间的直线连线。上述中国政府宣布的领海基线都采用直线基线法划定。

表0–1 中国大陆沿岸和海南岛的领海基点

基点	坐标	基点	坐标
1. 山东高角（1）	37°24.0′N，122°42.3′E	26. 南澎列岛（2）	23°12.3′N，117°13.9′E
2. 山东高角（2）	37°23.7′N，122°42.3′E	27. 石碑山角	22°56.1′N，116°29.7′E
3. 镆铘岛（1）	36°57.8′N，122°34.2′E	28. 针头岩	22°18.9′N，115°07.5′E
4. 镆铘岛（2）	36°55.1′N，122°32.7′E	29. 佳蓬列岛	21°48.5′N，113°58.0′E
5. 镆铘岛（3）	36°53.7′N，122°31.1′E	30. 围夹岛	21°34.1′N，112°47.9′E
6. 苏山岛	36°44.8′N，122°15.8′E	31. 大帆石	21°27.7′N，112°21.5′E
7. 朝连岛	35°53.6′N，120°53.1′E	32. 七洲列岛	19°58.5′N，111°16.4′E
8. 达山岛	35°00.2′N，119°54.2′E	33. 双帆	19°53.0′N，111°12.8′E
9. 麻菜珩	33°21.8′N，121°20.8′E	34. 大洲岛（1）	18°39.7′N，110°29.6′E
10. 外磕脚	33°00.9′N，121°38.4′E	35. 大洲岛（2）	18°39.4′N，110°29.1′E
11. 佘山岛	31°25.3′N，122°14.6′E	36. 双帆石	18°26.1′N，110°08.4′E
12. 海礁	30°44.1′N，123°09.4′E	37. 陵水角	18°23.0′N，110°03.0′E
13. 东南礁	30°43.5′N，123°09.7′E	38. 东洲（1）	18°11.0′N，109°42.1′E
14. 两兄弟屿	30°10.1′N，122°56.7′E	39. 东洲（2）	18°11.0′N，109°41.8′E
15. 渔山列岛	28°53.3′N，122°16.5′E	40. 锦母角	18°09.5′N，109°34.4′E
16. 台州列岛（1）	28°23.9′N，121°55.0′E	41. 深石礁	18°14.6′N，109°07.6′E
17. 台州列岛（2）	28°23.5′N，121°54.7′E	42. 西鼓岛	18°19.3′N，108°57.1′E
18. 稻挑山	27°27.9′N，121°07.8′E	43. 莺歌嘴（1）	18°30.2′N，108°41.3′E
19. 东引岛	26°22.6′N，120°30.4′E	44. 莺歌嘴（2）	18°30.4′N，108°41.1′E
20. 东沙岛	26°09.4′N，120°24.3′E	45. 莺歌嘴（3）	18°31.0′N，108°40.6′E
21. 牛山岛	25°25.8′N，119°56.3′E	46. 莺歌嘴（4）	18°31.1′N，108°40.5′E
22. 乌丘屿	24°58.6′N，119°28.7′E	47. 感恩角	18°50.5′N，108°37.3′E
23. 东碇岛	24°09.7′N，118°14.2′E	48. 四更沙角	19°11.6′N，108°36.0′E
24. 大柑山	23°31.9′N，117°41.3′E	49. 峻壁角	19°21.1′N，108°38.6′E
25. 南澎列岛（1）	23°12.9′N，117°14.9′E		

资料来源：国务院:《中华人民共和国政府关于中华人民共和国领海基线的声

明》，1996年5月15日，https://www.fmprc.gov.cn/web/ziliao_674904/tytj_674911/tyfg_674913/t556673.shtml。

表0–2　中国西沙群岛领海基点

基点	坐标	基点	坐标
1. 东岛（1）	16°40.5′N，112°44.2′E	15. 北礁（1）	17°04.9′N，111°26.9′E
2. 东岛（2）	16°40.1′N，112°44.5′E	16. 北礁（2）	17°05.4′N，111°26.9′E
3. 东岛（3）	16°39.8′N，112°44.7′E	17. 北礁（3）	17°05.7′N，111°27.2′E
4. 浪花礁（1）	16°04.4′N，112°35.8′E	18. 北礁（4）	17°06.0′N，111°27.8′E
5. 浪花礁（2）	16°01.9′N，112°32.7′E	19. 北礁（5）	17°06.5′N，111°29.2′E
6. 浪花礁（3）	16°01.5′N，112°31.8′E	20. 北礁（6）	17°07.0′N，111°31.0′E
7. 浪花礁（4）	16°01.0′N，112°29.8′E	21. 北礁（7）	17°07.1′N，111°31.6′E
8. 中建岛（1）	15°46.5′N，111°12.6′E	22. 北礁（8）	17°06.9′N，111°32.0′E
9. 中建岛（2）	15°46.4′N，111°12.1′E	23. 赵述岛（1）	16°59.9′N，112°14.7′E
10. 中建岛（3）	15°46.4′N，111°11.8′E	24. 赵述岛（2）	16°59.7′N，112°15.6′E
11. 中建岛（4）	15°46.5′N，111°11.6′E	25. 赵述岛（3）	16°59.4′N，112°16.6′E
12. 中建岛（5）	15°46.7′N，111°11.4′E	26. 北岛	16°58.4′N，112°18.3′E
13. 中建岛（6）	15°46.9′N，111°11.3′E	27. 中岛	16°57.6′N，112°19.6′E
14. 中建岛（7）	15°47.2′N，111°11.4′E	28. 南岛	16°56.9′N，112°20.5′E

资料来源：国务院:《中华人民共和国政府关于中华人民共和国领海基线的声明》，1996年5月15日，https://www.fmprc.gov.cn/web/ziliao_674904/tytj_674911/tyfg_674913/t556673.shtml。

中国大陆的领海基线从山东省山东高角开始至海南岛峻壁角，总长度约1734.1海里，[①] 平均每段长约36.1海里。其中，达山岛（北纬35°00.2′，东经119°54.2′）至麻菜珩（北纬33°21.8′，东经121°20.8′）之间的基线最长，约121.7海里；莺歌嘴（3）（北纬18°31.0′，东经108°40.6′）至莺歌嘴（4）（北纬18°31.1′，东经108°40.5′）之间的基

① U.S. Department of State, "Straight Baseline Claim: China," *Limits in the Seas*, No. 117, July 1996, p.4, https://www.state.gov/wp-content/uploads/2020/01/LIS-117.pdf.

线最短，约0.1海里。[①] 中国大陆的48段基线中，长度大于100海里的有3段，占总数的6%；大于48海里但小于100海里的有13段，占总数的27%；大于24海里但小于48海里的有9段，占总数的19%；小于24海里的有23段，占总数的48%。[②]

表0-3　中国钓鱼岛及其附属岛屿领海基点

钓鱼岛、黄尾屿、南小岛、北小岛、南屿、北屿、飞屿的领海基线为下列各相邻基点之间的直线连线			
基点	**坐标**	**基点**	**坐标**
1. 钓鱼岛 1	25°44.1′N，123°27.5′E	7. 海星岛	25°55.6′N，123°41.3′E
2. 钓鱼岛 2	25°44.2′N，123°27.4′E	8. 黄尾屿	25°55.4′N，123°41.4′E
3. 钓鱼岛 3	25°44.4′N，123°27.4′E	9. 海龟岛	25°55.3′N，123°41.4′E
4. 钓鱼岛 4	25°44.7′N，123°27.5′E	10. 长龙岛	25°43.2′N，123°33.4′E
5. 海豚岛	25°55.8′N，123°40.7′E	11. 南小岛	25°43.2′N，123°33.2′E
6. 下虎牙岛	25°55.8′N，123°41.1′E	12. 鲳鱼岛	25°44.0′N，123°27.6′E
赤尾屿的领海基线为下列各相邻基点之间的直线连线			
基点	**坐标**	**基点**	**坐标**
1. 赤尾屿	25°55.3′N，124°33.7′E	4. 赤背北岛	25°55.5′N，124°33.5′E
2. 望赤岛	25°55.2′N，124°33.2′E	5. 赤背东岛	25°55.5′N，124°33.7′E
3. 小赤尾岛	25°55.3′N，124°33.3′E		

资料来源：中国政府网：《中华人民共和国政府关于钓鱼岛及其附属岛屿领海基线的声明》，2012年9月10日，http://www.gov.cn/jrzg/2012-09/10/content_2221140.htm。

中国的毗连区宽度为12海里（从领海基线算起不超过24海里）。《中华人民共和国领海及毗连区法》第4条就毗连区作了规定，中国毗连区的外部界限为一条其每一点与领海基线的最近点距离等于24海里

① U.S. Department of State, "Straight Baseline Claim: China," *Limits in the Seas*, No. 117, July 1996, p.4, https://www.state.gov/wp-content/uploads/2020/01/LIS-117.pdf.

② Ibid.

的线。[①]

中国的专属经济区宽度为188海里（从领海基线算起不超过200海里）。1998年6月26日通过并施行的《中华人民共和国专属经济区和大陆架法》第2条规定：中国的专属经济区，为中国领海以外并邻接领海的区域，从测算领海宽度的基线量起延至200海里。[②] 该法第2条还规定，中国与海岸相邻或者相向国家关于专属经济区的主张重叠的，在国际法的基础上按照公平原则以协议划定界限。

中国的大陆架外部界限划界主张为“大陆边/200海里”（CM/200）。1998年6月26日通过并施行的《中华人民共和国专属经济区和大陆架法》第2条规定：中国的大陆架，为中国领海以外依本国陆地领土的全部自然延伸，扩展到大陆边外缘的海底区域的海床和底土；如果从测算领海宽度的基线量起至大陆边外缘的距离不足200海里，则扩展至200海里。[③] 该法第2条还规定，中国与海岸相邻或者相向国家关于大陆架的主张重叠的，在国际法的基础上按照公平原则以协议划定界限。

中国的大陆架外部界限主张在2012年“中国划界案”中得到体现。2009年5月11日（当地时间），中国政府向联合国秘书长递交了《中华人民共和国关于确定二百海里以外大陆架外部界限的初步信息》。[④] 2012年12月14日，中国政府向联合国秘书长正式提交了《中

① 中国人大网：《中华人民共和国领海及毗连区法》，1992年2月25日通过并施行，http://www.npc.gov.cn/wxzl/wxzl/2000-12/05/content_4562.htm。

② 中国人大网：《中华人民共和国专属经济区和大陆架法》，1998年6月26日公布施行，http://www.npc.gov.cn/wxzl/gongbao/2000-12/05/content_5004707.htm。

③ 同上。

④ 联合国法律事务厅：《中华人民共和国关于确定二百海里以外大陆架外部界限的初步信息》，2009年5月11日（当地时间）提交，https://www.un.org/Depts/los/clcs_new/submissions_files/preliminary/chn2009preliminaryinformation_chinese.pdf。

华人民共和国东海部分海域二百海里以外大陆架外部界限划界案》（简称“中国划界案”）。[①] 2012年“中国划界案”执行摘要指出：划界案是东海的部分海域200海里以外大陆架划界案；中国政府提交本划界案不妨害中国以后在东海或其他海域提交其他划界案；东海大陆架是中国大陆向海的自然延伸；东海陆架、东海陆坡和冲绳海槽构成了被动大陆边缘；东海大陆架自然终止于冲绳海槽。中国根据海底地形特征和走势，自东海大陆坡向冲绳海槽选择一系列的地形剖面，在大陆坡坡底区域确定了12个地形坡度变化最大之点作为大陆坡脚（FOS1–FOS12）。以12个大陆坡脚为基础，向东外推60海里生成外部包络线（参见图3–3、彩插vii）。2012年“中国划界案”共选取冲绳海槽轴部区域10个最大水深点作为确定东海的部分海域大陆架外部界限的定点（FP1–FP10）（参见图3–3、彩插vii）；各相邻定点之间的直线连线的距离不超过60海里；各定点的直线连线即为东海的部分海域大陆架外部界限；该外部界限不超过大陆坡脚外推60海里的外部包络线，也未超过从测算领海宽度的基线量起350海里。[②]

中国在南海的领土主权和海洋权益：2016年7月，中国政府发布的《关于在南海的领土主权和海洋权益的声明》指出，中国在南海的领土主权和海洋权益包括：中国对南海诸岛，包括东沙群岛、西沙群岛、中沙群岛和南沙群岛拥有主权；中国南海诸岛拥有内水、领海和毗连区；中国南海诸岛拥有专属经济区和大陆架；中国在南海拥有历史性权利。[③] 该声明还指出：中国愿继续与直接有关当事国在尊重历史

---

① 联合国法律事务厅：《中华人民共和国东海部分海域二百海里以外大陆架外部界限划界案（执行摘要）》，2012年12月14日提交，https://www.un.org/depts/los/clcs_new/submissions_files/chn63_12/executive%20summary_CH.pdf。

② 同上。

③ 中国外交部：《中华人民共和国政府关于在南海的领土主权和海洋权益的声明》，2016年7月12日，https://www.fmprc.gov.cn/web/zyxw/t1380021.shtml。

事实的基础上，根据国际法，通过谈判协商和平解决南海有关争议；中国愿同有关直接当事国尽一切努力作出实际性的临时安排，包括在相关海域进行共同开发，实现互利共赢，共同维护南海和平稳定。该声明还提到了中国政府曾于1948年2月正式公布标绘有南海断续线的《南海诸岛位置图》。该声明不仅系统展示中国南海诸岛的整体论主张，同时再次公开宣示“中国在南海拥有历史性权利”的重大立场。[①]

1982年12月10日，中国签署了《联合国海洋法公约》(简称《公约》)。[②] 1996年5月15日，中国批准《公约》，同时作了4点声明：按照《公约》的规定，中国享有专属经济区和大陆架的主权权利和管辖权；中国将与海岸相向或相邻的国家，通过协商，在国际法基础上，按照公平原则划定各自海洋管辖权界限；中国重申对1992年2月25日颁布的《中华人民共和国领海及毗连区法》第2条所列各群岛及岛屿的主权；中国重申：《公约》有关领海内无害通过的规定，不妨碍沿海国按其法律规章要求外国军舰通过领海必须事先得到该国许可或通知该国的权利。[③] 1996年7月7日，《公约》对中国生效。[④] 2006年8月25日，中国根据《公约》第298条提交了排除性声明。该声明称，关于《公约》第298条第1款（a）（b）和（c）项所述的任何争端（即涉及海域划界、

① 马新民：《南海仲裁案庭外法理斗争：回顾与展望》，载《边界与海洋研究》2017年第4期，第19页。

② United Nations Treaty Collection, “Status of Treaties: United Nations Convention on the Law of the Sea,” https://treaties.un.org/Pages/ViewDetailsIII.aspx?src=TREATY&mtdsg_no=XXI-6&chapter=21&Temp=mtdsg3&clang=_en，访问日期：2020年3月28日。

③ 中国人大网：《全国人民代表大会常务委员会关于批准〈联合国海洋法公约〉的决定》，1996年5月15日通过，http://www.npc.gov.cn/wxzl/gongbao/2000-12/16/content_5003571.htm。

④ DOALOS/OLA United Nations, “Outer Limits of the Continental Shelf Beyond 200 Nautical Miles From the Baselines: Submission by the People’s Republic of China,” 14 December 2012, https://www.un.org/Depts/los/clcs_new/submissions_files/submission_chn_63_2012.htm.

历史性海湾或所有权、军事和执法活动以及安理会执行《联合国宪章》所赋予的职务等争端），中国政府不接受《公约》第十五部分第二节规定的任何程序。①

中国政府和领导人重视海洋权益的维护。2012年11月，时任中共中央总书记胡锦涛在党的十八大报告中提出：提高海洋资源开发能力，发展海洋经济，保护海洋生态环境，坚决维护国家海洋权益，建设海洋强国。② 2014年6月，中共中央总书记习近平在接见第五次全国边海防工作会议代表时强调，“周密组织边境管控和海上维权行动，坚决维护领土主权和海洋权益”。③ 2014年11月，习近平在中央外事工作会议上讲话时强调，“要坚决维护领土主权和海洋权益，维护国家统一，妥善处理好领土岛屿争端问题”④。2017年10月，习近平在中共十九大报告中提出：坚持陆海统筹，加快建设海洋强国。⑤

中国注重海洋管理体制的改革。2013年，第十二届全国人民代表大会批准对国家海洋局进行重组。国家海洋局以中国海警局名义开展海上维权执法。原国家海洋局及其中国海监、公安部边防海警、农业部中国渔政、海关总署海上缉私警察的队伍和职责整合到中国海警局，

---

① 中国外交部：《中国根据〈联合国海洋法公约〉第298条提交排除性声明》，2006年8月25日，https://www.fmprc.gov.cn/web/ziliao_674904/tytj_674911/tyfg_674913/t270754.shtml。

② 胡锦涛：《坚定不移沿着中国特色社会主义道路前进 为全面建成小康社会而奋斗——在中国共产党第十八次全国代表大会上的报告》（2012年11月8日），2012年11月17日，http://www.xinhuanet.com//18cpcnc/2012-11/17/c_113711665_9.htm。

③ 新华网：《习近平：筑牢边海防铜墙铁壁》，2014年6月27日，http://news.xinhuanet.com/politics/2014-06/27/c_1111357748.htm。

④ 新华社：《习近平出席中央外事工作会议并发表重要讲话》，2014年11月29日，http://news.xinhuanet.com/politics/2014-11/29/c_1113457723.htm。

⑤ 习近平：《决胜全面建成小康社会 夺取新时代中国特色社会主义伟大胜利——在中国共产党第十九次全国代表大会上的报告》（2017年10月18日），2017年10月27日，http://www.xinhuanet.com//politics/19cpcnc/2017-10/27/c_1121867529.htm。

推进海上统一执法。从实践上看，中国海警局在海上维权执法行动中发挥了重要作用，国家海洋行政执法和海洋维权斗争成效显现。同时，为加强海洋事务的统筹规划和综合协调，设立了国家海洋委员会这一高层次议事协调机制。国家海洋委员会负责研究制定国家海洋发展战略，统筹协调海洋重大事项。① 为高效应对海上突发事件，还成立了中央外办海权局这一维护海洋权益的高层次协调机构。中央外办海权局负责协调国家海洋局、外交部、公安部、农业部和军方等涉海部门，统筹管理海洋权益事宜。② 2018年3月21日，中共中央印发的《深化党和国家机构改革方案》指出：为坚决维护国家主权和海洋权益，更好统筹外交外事与涉海部门的资源和力量，将维护海洋权益工作纳入中央外事工作全局中统一谋划、统一部署，不再设立中央维护海洋权益工作领导小组，有关职责交由中央外事工作委员会及其办公室承担，在中央外事工作委员会办公室内设维护海洋权益工作办公室。③ 调整后，中央外事工作委员会及其办公室在维护海洋权益方面的主要职责是，组织协调和指导督促各有关方面落实党中央关于维护海洋权益的决策部署，收集汇总和分析研判涉及国家海洋权益的情报信息，协调应对紧急突发事态，组织研究维护海洋权益重大问题并提出对策建议等。④

---

① 国家海洋局海洋发展战略研究所课题组：《中国海洋发展报告》（2016），北京：海洋出版社2016年版，第50页。

② 同上。

③ 新华社：《中共中央印发〈深化党和国家机构改革方案〉》，2018年3月21日，http://www.xinhuanet.com/2018-03/21/c_1122570517.htm。

④ 新华社：《中共中央印发〈深化党和国家机构改革方案〉》，2018年3月21日，http://www.xinhuanet.com/2018-03/21/c_1122570517.htm。

第二节　中国与邻国的海洋事务现状

中国与朝鲜既陆地相接，又沿黄海海岸相邻和相向。1962年10月的《中朝边界条约》和1964年3月的《中朝边界议定书》，确定了两国在鸭绿江口外的海上分界线（领海边界线）。但中朝两国在黄海北部仍需要划分专属经济区边界和大陆架边界。自《中朝渔业互助合作协定》于1977年4月期满失效后，两国在黄海的渔业处于无协定状态，两国在黄海北部还面临渔业安排问题。

中国与韩国隔海相望，海岸相向。中韩在黄海南部海域和东海北部海域存在专属经济区和大陆架重叠问题。2000年8月，两国签订《中韩渔业协定》，对相关水域的渔业问题作出临时安排（参见图2–2、彩插iv）。2015年12月，两国举行了中韩海域划界首轮会谈，同意建立三级谈判机制。

中国与日本隔东海比邻而望。中日之间因日本对中国钓鱼岛及其附属岛屿提出非法领土要求而存在领土争议（参见图3–2、彩插vi）。中日在东海存在着专属经济区和大陆架的主张重叠问题，需要划界（参见图3–4）。1997年11月，两国签订《中日渔业协定》，对东海相关水域的渔业问题作出临时安排（参见图3–5、彩插viii）。2008年6月，两国达成东海问题原则共识，确定了一个面积约2700平方千米[①]的共同开发区块（参见图3–6），但由于日方违背承诺，对有关共识作出片面

① 贾宇：《试论中日东海共同开发与中国200海里以外大陆架的关系》，载《中国海洋法学评论》2009年第1期，第24页。Eric Watkins, "China, Japan Agree on East China Sea E&P Projects," 20 June 2008, https://www.ogj.com/exploration-development/article/17268471/china-japan-agree-on-east-china-sea-ep-projects; Alexander M. Peterson, "Sino-Japanese Cooperation in the East China Sea: A Lasting Arrangement," *Cornell International Law Journal*, Vol. 42, Issue 3 (Fall 2009), p.443.

解读，造成双方分歧扩大，有关共识未能落实。

中国和菲律宾在南海隔海相望。自20世纪70年代起，菲律宾开始侵占南沙群岛部分岛礁，由此制造了中菲之间的领土争议。在南海，中菲依据本国领土可以各自主张的海洋管辖权区域存在重叠，两国需要通过谈判解决有关海洋划界争议。2013年1月，菲律宾阿基诺三世政府单方面提起南海仲裁案，试图借此否定中国在南海的领土主权和海洋权益。2016年6月，杜特尔特担任菲律宾总统后，中菲关系转圜。2017年初，双方建立了南海问题双边磋商机制，并重启了南海共同开发磋商。

中国和马来西亚在南海隔海相望。马来西亚对中国南沙群岛部分岛礁提出了领土要求，并派兵侵占其中5个岛礁，由此造成中马之间涉及南沙群岛部分岛礁的领土争议，两国在南海南部海域还存在着海洋管辖权争议（参见图5–1）。迄今，马来西亚已与泰国、越南和文莱这3个海上邻国开展了油气共同开发/合作开发。但马来西亚还未与中国正式讨论南海共同开发事宜，尽管目前中马之间开展南海共同开发存在一些障碍，但未来两国仍有推进共同开发磋商的可能。

中国和文莱在南海隔海相望。文莱提出的大陆架和专属经济区（渔区）权利主张覆盖中国南沙群岛南部部分岛礁及其相关海域（参见图6–1）。然而，迄今文莱对中国南沙群岛有关岛礁未明确提出领土要求，亦未进行任何实际占领。① 文莱的海洋管辖权主张覆盖南海南部海域的面积约达4万平方千米。② 尽管中文在南海存在潜在的领土问题和实际的海洋管辖权争议，但两国在有关问题上都保持了克制。中文正在积

---

① 张海文:《南海及南海诸岛》，北京：五洲传播出版社2014年版，第44页。Ian Storey, “Brunei’s Contested Sea Border with China,” p.38.

② 吴士存:《南沙争端的起源与发展》（修订版），北京：中国经济出版社2013年版，第53页。

极探讨政府间的海上合作。2011年以来，在两国政府指导下，中文石油公司开展了密切合作。

中国与印度尼西亚（简称“印尼”）之间不存在领土争议，双方在南海部分海域存在海洋权益主张重叠。[①] 专家分析，中印尼的海洋权益主张重叠区域的面积约为9.8万平方千米（参见图7–3）。[②] 然而，印尼政府对此并不承认，始终坚称印尼与中国之间不存在海域划界问题。印尼政府认为，南沙群岛没有任何海洋地物能产生自身的专属经济区或大陆架，印尼与中国开展海洋边界划界谈判或与海洋权利有关的任何其他事项都没有法律依据。[③] 尽管中印尼在对南海问题的认识上存在分歧，但两国在处理有关争议上都保持了克制。两国在海上合作领域签署了多份双边文件，两国领导人也达成了对接两国海洋发展战略的共识。

中国与越南既陆地相接，又沿北部湾相邻和相向。越南对中国西沙群岛和南沙群岛均提出了非法的领土要求。至20世纪90年代末，越南已侵占中国南沙群岛29个岛礁。越南还对南海部分海域的海床和底土提出了权利要求。对于中越南海争端，两党两国政府从战略高度和两国关系大局出发，达成了通过谈判妥善处理和解决海上问题的共识。2000年12月，中越签署《关于两国在北部湾领海、专属经济区和大陆

① 中国外交部:《2020年1月8日外交部发言人耿爽主持例行记者会》，2020年1月8日，https://www.fmprc.gov.cn/web/fyrbt_673021/t1730274.shtml。

② I. Made Andi Arsana and Clive Schofield, “Indonesia’s ‘Invisible’ Border with China,” in Bruce A. Elleman, Stephen Kotkin, and Clive Schofield, eds., *Beijing’s Power and China’s Borders: Twenty Neighbors in Asia*, New York: M. E. Sharpe, 2013, p.61.

③ 2010年7月8日，印尼常驻联合国代表团发布的第480/POL-703/VII/10号照会；2020年5月26日，印尼常驻联合国代表团发布的第126/POL-703/V/20号照会；2020年6月12日，印尼常驻联合国代表团发布的第148/POL-703/VI/20号照会。

架的划界协定》，这是中国与海上邻国之间划定的第一条“海上边界”①（参见图8–2、彩插ix）。2011年10月，中越签订政府间《关于指导解决中越海上问题基本原则协议》。目前，中越两国正在稳步推进海上问题（北部湾湾口外划界、南海大范围共同开发和低敏感领域合作）三个工作组的会谈。

20世纪70—80年代《公约》极大地发展了国际海洋法制度，其中最主要是确认沿海国享有200海里专属经济区和扩展至全部自然延伸的大陆架，同时确认了岛屿与大陆享有同等的法律地位。在这一背景下，中国的海上邻国对海洋利益有了新的发现，各国把注意力转到对海洋资源的控制上，并加强了对管辖海域、岛屿、海洋通道的重视。这种对海洋权益的重视，使各国在海洋上的争斗日益激烈。

在1998年6月中国颁布《专属经济区和大陆架法》之前，8个海上邻国已经宣布了各自的专属经济区。按照《公约》规定，专属经济区宽度可达到200海里，但黄海、东海的宽度小于400海里，因此朝鲜、韩国、日本宣布的专属经济区或大陆架与中国主张的管辖海域发生重叠，由此形成中国与海上邻国之间的海洋划界争议。在南海，中国与海上邻国之间同样存在争议，一些国家对中国南海的部分岛屿提出了领土要求，并派军队侵占了一些岛屿。部分南海沿岸国家单方面进入与中国存在海洋管辖权主张重叠的海域大肆开采石油和天然气，损害中国的海洋资源权益。

21世纪被称为海洋世纪。随着海洋世纪的到来，各国纷纷提升海洋在国家发展和国家安全战略中的地位，海洋已经成为各国争夺与较量的场所。中国海洋安全问题随之逐渐凸显出来，成为国家安全的主要战略方向，不仅关系到国家的主权与安全，更关系到国家的未来发

① 中国外交部：《中越北部湾划界协定情况介绍》，2000年12月25日，http://infogate.fmprc.gov.cn/web/ziliao_674904/tytj_674911/tyfg_674913/t145558.shtml。

展。[①] 2012年黄岩岛中菲对峙、2012年日本右翼推动所谓“钓鱼岛国有化”、2014年“海洋石油981”钻井平台中越对峙、2013—2016年菲律宾单方面提起南海仲裁案等事件，都揭示了中国海洋安全问题的尖锐性和长期性。美国等域外大国的亚太战略调整和对中国周边海洋事务的一再粗暴干预，使得中国海洋安全更趋复杂。

中国与海上邻国的海洋争端如果不能得到及时管控，将给中国带来诸多挑战。首先，海洋争端恶化中国同海上邻国的关系，给中国的睦邻外交带来负面影响。其次，海洋争端恶化会影响中国的国际形象。海洋争端问题如果处置不当，会强化部分海上邻国已有的对华负面认知，为“中国威胁论”提供口实，进而影响中国的国际形象。再次，海洋争端问题使中美关系更为复杂。美国是影响中国和平发展的重要外部因素。在中美战略竞争加剧的背景下，海洋争端问题将成为美国制衡中国和“介入”中国周边海洋事务的重要借口。如果中国与海上邻国妥善处理了海洋争端，可以避免海上邻国产生联美制华的动机。最后，海洋争端问题有可能影响中国国内社会政治稳定。海洋争端问题很容易激发出对中国政府工作不满的社会舆论。如果这种舆论被误导，就有可能转化成对国家基本制度的不满甚至否定，进而影响社会政治稳定。

尽管中国的海洋安全问题凸显，但是中国的海洋安全政策并未发生根本性的转变。中国继续坚持和平发展道路，坚持和平解决海上争端，同时不断加强建立海上信任机制，积极开展海洋安全合作，致力于维护地区海洋的和平与稳定。[②] 针对中国与海上邻国之间的海域争端，中国政府明确表示，希望“通过协商，在国际法基础上，按照公

① 新华社:《海洋局报告指出海洋安全是我国国家安全重点方向》，2013年5月8日，http://www.gov.cn/jrzg/2013-05/08/content_2398566.htm。

② 同上。

平原则划定各自海洋管辖权界限”。[①] 对于钓鱼岛和南沙群岛等有关领土问题，中国提出“搁置争议，共同开发”的倡议[②]，这一倡议仍然是有效的。

第三节 中国台湾地区的海洋权益主张分析[③]

中国台湾地区在维护中国海洋权益中具有重要地位。台湾东临太平洋；西隔宽约200千米的台湾海峡与福建省相望；南界巴士海峡，与菲律宾相距约250千米；北濒东海，东北与琉球群岛相距约600千米。[④] 台湾是中国东南沿海的天然屏障，素有“东南锁钥”“七省藩篱”之称。台湾附近的海域是中国通向太平洋的门户。台湾岛是中国南北海上交通线的咽喉地带，对中国海外贸易的顺利进行有极为重要的意义。中国台湾地区的海洋权益主张对于中国在东海海域和南海海域的海洋权益维护有着重要的价值。两岸海洋事务已经开展了一些合作，但在维护中华民族海洋权益这一根本性问题上却缺乏有效的合作，致使中华民族的海洋权益遭受了重大损失。[⑤] 以中日钓鱼岛及其附属岛屿领土争端为例，台湾当局采取了不与中国大陆合作或联手的立场。[⑥]

① 国务院新闻办公室:《中国坚持通过谈判解决中国与菲律宾在南海的有关争议》，2016年7月13日发表，http://www.scio.gov.cn/37236/38180/Document/1626701/1626701.htm。

② 中国外交部:《“搁置争议，共同开发”》，2000年11月7日，https://www.fmprc.gov.cn/web/ziliao_674904/wjs_674919/2159_674923/t8958.shtml。

③ 本书对于台湾文件中“中华民国”的表述作了相应的修改，表述为“中国台湾地区（中国台湾）”。

④ 台湾“内政部”:《“国情”简介：土地》，2020年3月19日更新，https://www.ey.gov.tw/DisplayFile.aspx?FileID=84D6BC8126C18916。

⑤ 李明杰:《台湾地区海洋问题研究》，北京：中国社会科学出版社2011年版，第148页。

⑥ 台湾“外交部”:《在钓鱼台列屿争端，“我国”不与中国大陆合作之立场》，2013年2月8日发布，https://www.mofa.gov.tw/News_Content.aspx?n=214&sms=57&s=62390。

一、中国台湾地区关于领海及毗连区的法律制度及权益主张

1998年1月2日，台湾“立法院”通过《领海及邻接区法》。[①] 该法第3条规定：台湾地区的领海宽度为12海里。该法第4条规定：领海基线的划定，采用以直线基线为原则，正常基线为例外的混合基线法。该法第6条规定：领海与相邻或相向国家间的领海重叠时，以等距中线为其分界线，但有协议者，从其协议。1999年2月10日，台湾当局以“台88内字第06161号”公告了“第一批领海基线”，包括台湾本岛及附属岛屿、东沙群岛、中沙群岛、南沙群岛四个部分。[②] 2009年11月18日，台湾“行政院”公告修正1999年“第一批领海基线、领海及邻接区外界线”。[③]（参见图0–2）

① 台湾“法务部”:《“中华民国”领海及邻接区法》，1998年1月2日通过，1998年1月21日公布实施，“全国”法规资料库，https://law.moj.gov.tw/LawClass/LawAll.aspx?pcode=A0000009。

② 台湾“内政部”地政司:《“中华民国”第一批领海基线、领海及邻接区外界线》，1999年2月10日，台88内字第06161号，https://www.land.moi.gov.tw/upload/d-20180906120151.pdf。

③ 台湾“行政院”公报咨询网:《修正“‘中华民国’第一批领海基线、领海及邻接区外界线”》，2009年11月18日公告并生效，https://gazette.nat.gov.tw/egFront/detail.do?metaid=35541&log=detailLog。

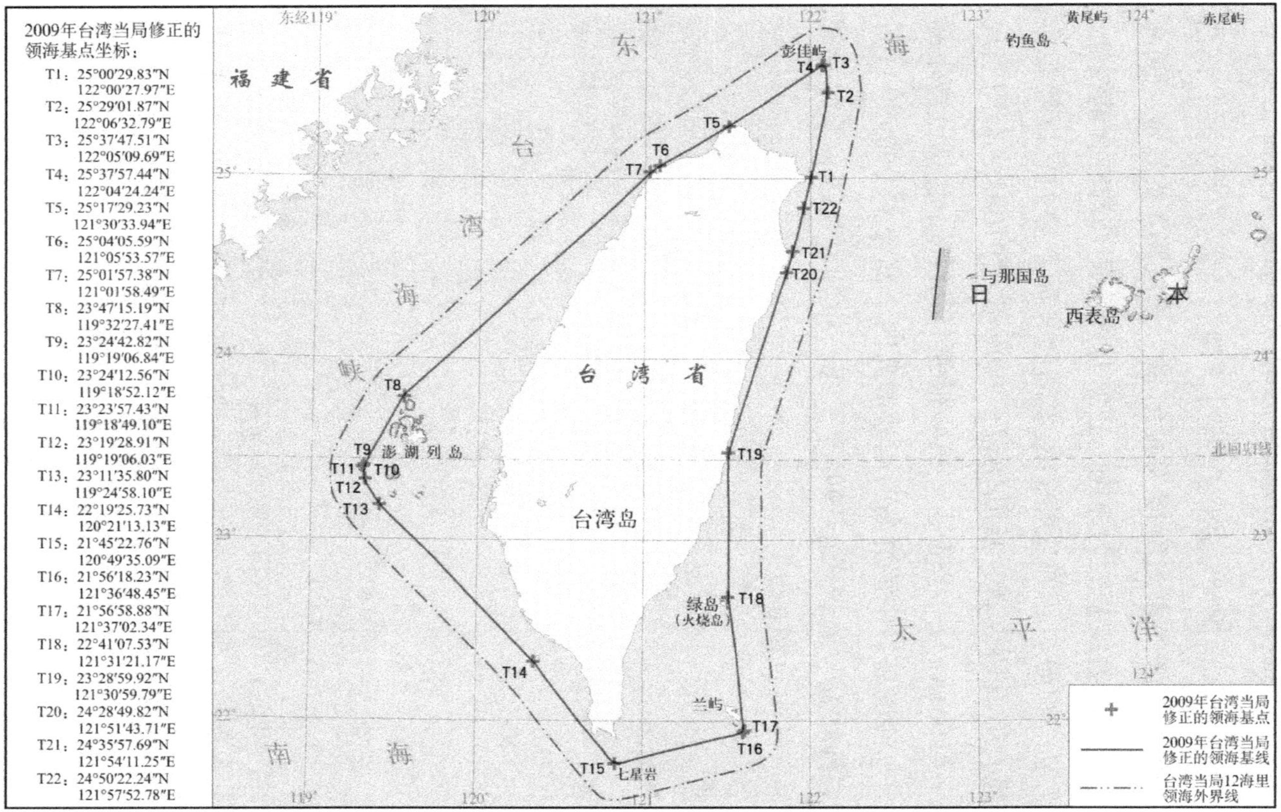

图0–2　2009年中国台湾地区修正“第一批领海基线、领海外界线”简图

审图号：GS（2022）2261号

（备注：本图系台湾当局主张）

此外，台湾地区划设了限制、禁止水域范围。2004年6月7日，台湾“国防部”以“猛狮字第0930001493号”文发布公告，公告了“台湾、澎湖、东沙、金门、东碇、乌坵、马祖、东引、亮岛、南沙地区限制、禁止水域范围及事项”，共将台湾地区分为8个部分。[①] 该公告还绘出了8张附图，包括：台、澎及东沙地区限制、禁止水域创线图；金门地区限制、禁止水域界线图；东碇岛限制、禁止水域界线图；乌坵禁止、限制水域界线图；马祖地区限制禁止水域界线图；东引地区限制、禁止水域界线图；亮岛禁止、限制水域界线图；南沙（太平岛）地区禁止、限制水域界线图。[②] 台湾地区的限制、禁止水域范围其原来意图主要针对大陆船舶，包括公务船和渔船制定；但在管理实践中，在南沙地区对周边其他国家的船舶也同样适用。[③]

二、中国台湾地区关于专属经济区的法律制度及权益主张

1997年12月30日，台湾地区“立法院”通过《专属经济海域及大陆礁层法》。[④] 该法第2条规定：专属经济海域为邻接领海外侧至距离领海基线200海里间之海域，专属经济海域包括水体、海床及底土。该法第4条规定：专属经济海域与相邻或相向国家间之专属经济海域重叠时，其分界线依衡平原则，以协议方式划定之。2003年11月7日，台

① 台湾“国防部”:《修正〈台湾、澎湖、东沙、金门、东碇、乌坵、马祖、东引、亮岛、南沙地区限制、禁止水域范围及事项〉》（猛狮字第0930001493号），发文日期2004年6月7日，生效日期2004年6月15日，https://www.cpami.gov.tw/kids/filesys/file/chinese/new5/0930001493.pdf。

② 同上。

③ 李明杰:《台湾地区海洋问题研究》，北京：中国社会科学出版社2011年版，第134页。

④ 台湾“法务部”:《“中华民国”专属经济海域及大陆礁层法》，1997年12月30日通过，1998年1月21日公布实施，“全国”法规资料库，https://law.moj.gov.tw/LawClass/LawAll.aspx?pcode=A0000010。

湾当局核定了“第一批专属经济海域暂定执法线”（简称“暂定执法线”）（参见图0–3）。暂定执法线的范围自北纬29°18′、东经122°43′的大陆1996年公布的领海基线外12海里，即领海外界开始向东至东经126°为第1点，再沿东经126°线向南，至北纬25°40′的第2点，第3—7点围绕日本八重山列岛，第7—8点为距离台湾岛200海里外缘至北纬20°，第9—12点围绕菲律宾巴坦群岛，最后一点（第13点）为北纬20°、东经119°。①

三、中国台湾地区关于大陆架的法律制度及权益主张

1997年12月30日，台湾“立法院”通过《专属经济海域及大陆礁层法》。② 该法第2条规定：大陆礁层为其领海以外，依其陆地领土自然延伸至大陆边外缘之海底区域，海底区域包括海床及底土。该法第4条规定：大陆礁层与相邻或相向国家间之大陆礁层重叠时，其分界线依衡平原则，以协议方式划定之。2009年5月12日，台湾“外交部”就大陆礁层问题发表声明，强调台湾拥有在东海、台湾东部海域及南海海域主张超过200海里大陆礁层外部界限的权利。③

---

① 郑裕民：《海巡署于“暂定执法线”护渔工作暨相关问题研析》，载（中国台湾地区）《海巡双月刊》第23期（2006年10月），第31页，https://www.cga.gov.tw/GipOpen/wSite/public/Attachment/f1260779674648.pdf；李明杰：《台湾地区海洋问题研究》，北京：中国社会科学出版社2011年版，第135页。

② 台湾“法务部”：《“中华民国”专属经济海域及大陆礁层法》，1997年12月30日通过，1998年1月21日公布实施，“全国”法规资料库，https://law.moj.gov.tw/LawClass/LawAll.aspx?pcode=A0000010。

③ 台湾“外交部”：《“中华民国”大陆礁层外部界限声明》，2009年5月12日，https://www.mofa.gov.tw/News_Content_M_2.aspx?n=8742DCE7A2A28761&sms=491D0E5BF5F4BC36&s=6E18021CE020C9C7。

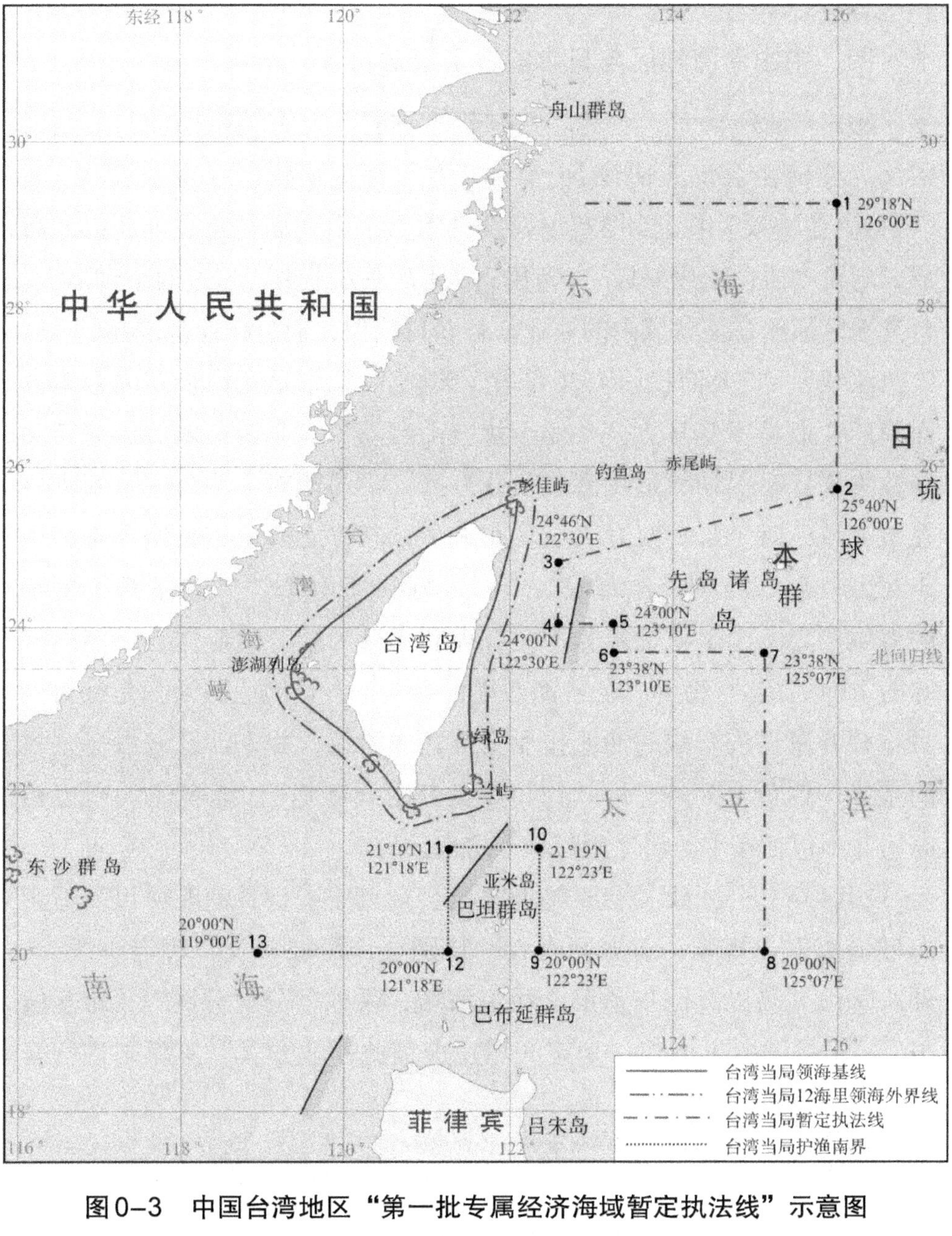

图0–3 中国台湾地区“第一批专属经济海域暂定执法线”示意图

审图号：GS（2022）2261号

（备注：本图系台湾当局主张）

四、中国台湾地区与日本签署了渔业协议

2013年4月10日，台湾当局与日本签署《亚东关系协会与公益财团法人交流协会渔业协议》（简称《台日渔业协议》）（参见图0–4）。《台日渔业协议》在北纬27°以南及日本八重山列岛与宫古列岛以北海域，划设“协议适用海域”，范围达7.4万平方千米，超过两个台湾大。台湾地区渔船在该海域内的作业权益获得确保，而且作业范围超越“暂定执法线”，扩大面积约4530平方千米。[①] “协议适用海域”内台湾方面渔船作业将不受日方公务船干扰，由台湾“渔业署”依照台湾相关渔业法规管理。“协议适用海域”分为：（1）“排除对方法令适用海域”：在该海域，对于台日双方渔业从业人员，己方之渔业相关法令不适用于对方；（2）“特别合作海域”：在“协议适用海域”内渔业现况复杂的海域，为海洋生物资源养护及合理利用且为维持渔业作业秩序之特殊需求而划定。[②] 设置“台日渔业委员会”。《台日渔业协议》是针对台日重叠专属经济海域的渔业作业安排达成协议，并未涉及双方对主权的主张，钓鱼台列屿（即“钓鱼岛及其附属岛屿”，笔者注）周边12海里并不包括在“协议适用海域”之内。[③]

2014年1月24日，“台日渔业委员会”订定《台日渔业协议》适用海域渔船作业规则。双方同意在“特别合作海域”及“暂定执法线”外八重山列岛以北倒三角形之协议海域，采取“分时分区”，“相互通报”，“不排除对方渔船，划定海域适应彼此作业方式”等原则进行合

---

① 台湾“外交部”：《台日渔业协议宣传摺页》，2013年6月，http://www.mofa.gov.tw/Upload/WebArchive/1024/dedce49b-d2ab-4183-a500-00c330d8be9a.PDF。

② 台湾“外交部”：《台日渔业协议》，2013年4月10日签署，https://www.mofa.gov.tw/cp.aspx?n=90BEE1D6497E4C58。

③ 台湾“外交部”：《台日渔业协议宣传摺页》，2013年6月，http://www.mofa.gov.tw/Upload/WebArchive/1024/dedce49b-d2ab-4183-a500-00c330d8be9a.PDF。

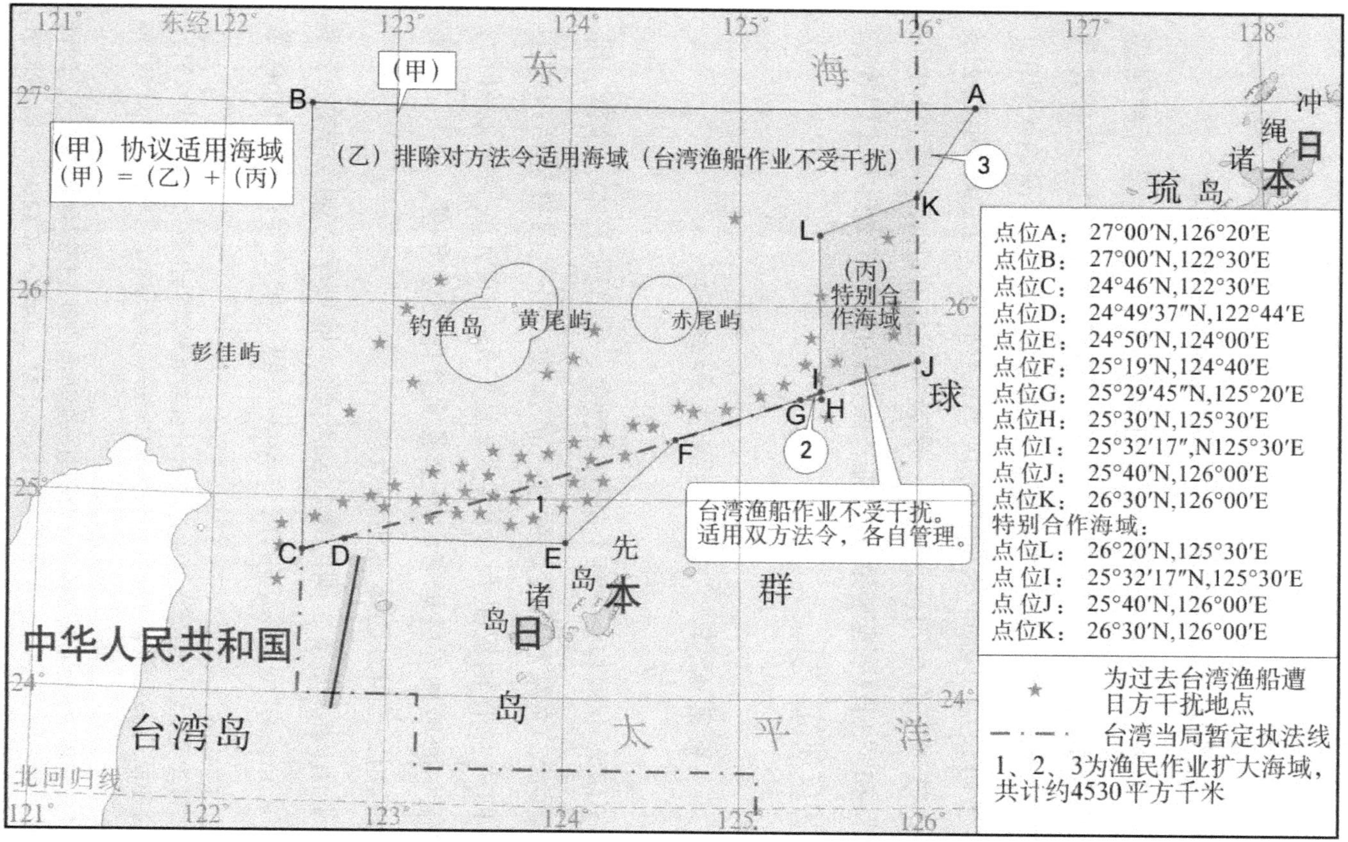

图0–4 《台日渔业协议》适用海域示意图

审图号：GS（2022）2261号

（备注：本图系台湾当局主张；系日本单方面主张，与中国存在争议）

作，让双方渔船可共同作业。[①] “台日渔业委员”会订定该作业规则，有助于降低双方间的渔业争端。

五、中国台湾地区与菲律宾签署了渔业执法合作协定

2015年11月5日，中国台湾地区与菲律宾签署了《台菲有关促进渔业事务执法合作协定》。协定共7条，将“避免使用暴力或不必要武力”“建立紧急通报系统”和“建立迅速释放机制”三项共识纳入规范。台菲双方签署协议后，随即依据该协议第6条规定，于2015年11月5日召开第一次技术工作小组会议。第一次技术工作小组会议将“1小时前通报机制”和“3日内迅速释放机制”等共识的具体执行方式以换函采认并纳入协议规范。[②]

第四节　本书的特点和结构

本书主要研究中国与8个海上邻国（朝鲜、韩国、日本、越南、菲律宾、马来西亚、文莱和印度尼西亚）的海洋事务。内容包括：中国与海上邻国的海洋管辖权主张分析，渔业关系与油气共同开发分析，领土岛屿争端和海域划界的思考，海上务实合作的思考等。

本书期待在以下四方面体现出特点：

一是注重用国际关系、国际法、历史学、地理学、测绘学的跨学科研究方法来分析中国与邻国的海洋事务。研究相关海洋邻国的海洋

① 台湾“行政院”农业委员会渔业署：《台日针对渔船共同作业之规则达成共识》，2014年1月25日发布，http://www.fa.gov.tw/cht/NewsPaper/content.aspx?id=1057&chk=47759E30-F557-4A4E-8FE3-32F4A5971EB0&param=。

② 台湾“外交部”：《台菲双方签署〈台菲有关促进渔业事务执法合作协议〉》，2015年11月5日签署，https://www.mofa.gov.tw/News_Content_M_2.aspx?n=8742DCE7A2A28761&sms=491D0E5BF5F4BC36&s=F6881FC2462D62D1。

管辖权主张，涉及国际关系、国际法和历史学的跨学科研究。研究中国与邻国的海洋划界涉及国际法、地理学和测绘学的跨学科研究。研究中国解决海洋争端的新实践，也需要涉及国际关系和国际法的跨学科研究。比如，一方面，中国坚持通过双边谈判解决与相关国家在南海的有关争议；①另一方面，中国提出以“双轨思路”处理南海问题，即有关争议由直接当事国通过友好协商谈判寻求和平解决，而南海的和平与稳定则由中国与东盟国家共同维护。②本书将在总结国际司法裁判和国家实践的基础上，融合国际关系和国际法知识对中国解决海洋争端的新实践作出学理解读。

二是注重全面系统地分析中国与邻国的海洋事务。本书全面分析了中国与8个海上邻国的海洋事务，并系统梳理了中国与邻国的海洋事务现状与未来发展。本书作者自2015年秋季学期开始给复旦大学本科生开设《中国的边界与海洋事务》课程。通过5年多的教学和研究经历，形成了本书的写作框架。本书试图对海洋划界的法律原则和实践、争议海域的共同开发、相关海域的渔业纠纷解决等问题进行系统的分析。

三是注重分析中国如何与海上邻国通过友好协商解决海上争议。中国与相关海上邻国存在岛屿主权与海洋权益争端，但这一争端不是也不应成为中国与海上邻国关系的全部。中国与海上邻国间的共同利益远大于分歧。中国与海上邻国共同促进睦邻友好合作，坚持双边对

---

① 中国外交部:《中华人民共和国外交部关于坚持通过双边谈判解决中国和菲律宾在南海有关争议的声明》，2016年6月8日，https://www.fmprc.gov.cn/nanhai/chn/snhwtlcwj/t1370477.htm。该声明指出，中国“将继续坚持在尊重历史事实基础上，根据国际法，通过双边谈判解决与菲律宾在南海的有关争议”。

② 中国外交部长王毅2014年8月9日提出以“双轨思路”处理南海问题，即有关争议由直接当事国通过友好协商谈判寻求和平解决，而南海的和平与稳定则由中国与东盟国家共同维护。参见新华网:《王毅：以“双轨思路”处理南海问题》，2014年8月9日，http://news.xinhuanet.com/world/2014-08/09/c_1112007229.htm。

话协商妥善管控分歧，这将推动中国与海上邻国关系的长远稳定发展。

四是力求客观地分析中国与邻国的海洋管辖权主张。这一态度就是毛泽东同志说的“实事求是”。海洋争端有一定的敏感性，特别是在国家之间关系出现紧张态势的情况下，要作到“实事求是”非常困难。本书在介绍中国有关岛屿领土主权和海洋管辖权的立场及相关证据的同时，也将对海上邻国的有关主张、举证、质证进行客观地分析。客观的分析将有助于塑造中国国民理性法治的海洋权益观，这将引导中国国民对于未来的争议海域划界谈判结果形成合理预期，并为中国政府与海上邻国的谈判营造更大的回旋空间。

框架结构上，除导论和结论外，本书共分11章。“导论”主要分析中国的海洋管辖权主张和简要介绍中国与邻国的海洋事务现状。第一章至第八章将逐一分析中国与8个海上邻国的海洋事务。8个海上邻国（按照从北往南，南海海域的邻国按照由北向东而南至西的顺序）依次为朝鲜（第一章）、韩国（第二章）、日本（第三章）、菲律宾（第四章）、马来西亚（第五章）、文莱（第六章）、印度尼西亚（第七章）和越南（第八章）。第九章将分析中国在南海的存在格局与面临挑战。第十章将分析中国在南海共同开发中的动因和政策选项。第十一章将分析构建南海非传统安全多边合作的整体架构。“结论”将重点探讨中国与邻国海洋争议的未来解决。

第一章

中国与朝鲜在黄海的海洋事务

中朝两国既陆地相接，又沿黄海海岸相邻和相向。1962年10月12日，周恩来和金日成分别代表中国政府和朝鲜政府在平壤签订了《中华人民共和国和朝鲜民主主义人民共和国边界条约》(简称《中朝边界条约》),《中朝边界条约》涉及两国的海上分界线（领海边界）。1964年3月20日，陈毅和朴成哲分别代表中国政府和朝鲜政府在北京签订了《中华人民共和国和朝鲜民主主义人民共和国关于中朝边界的议定书》(简称《中朝边界议定书》)，再次确定了《中朝边界条约》的内容，具体勘定了两国的边界，并确定了两国在鸭绿江口外的海上分界线(领海边界线)。但中朝两国在黄海北部仍需要划分专属经济区边界和大陆架边界。此外，中朝两国在黄海北部还面临渔业安排问题。

《中朝边界条约》和《中朝边界议定书》是与本章密切相关的两份文件。中朝两国政府迄今未公开，笔者通过公开的韩文和中文文献考证的方式解决了这个问题。2000年，韩国世宗研究所研究员李钟奭（曾任韩国统一部长官）在公开出版的著作《朝鲜—中国关系（1945—2000)》中，作为附录全文刊载了《中朝边界条约》和《中朝边界议定书》的韩文译本。[①] 据李钟奭书中介绍,《中朝边界条约》和《中朝边界议定书》的韩文译本来自中国吉林省革命委员会外事办公室编印的《中朝、中苏、中蒙有关条约、协定、议定书汇编》(1974年6月，非公开出版物)。笔者根据公开出版的中文文献对李钟奭书中的韩文本作了考证。比如，1993年出版的《长白朝鲜族自治县志》[②] 中有一段中朝边界条约涉及该县管辖的边界线走向的描述，与韩文本中的相关内容和表述文字完全相同。

本章将梳理朝鲜的海洋管辖权主张，介绍朝鲜与苏联的海洋边界划界，分析中朝在黄海北部的海域划界问题，并探讨中朝在黄海的渔业关系和石油共同开发。

第一节　朝鲜的海洋管辖权主张分析

1982年12月10日，朝鲜签署《联合国海洋法公约》(简称《公约》)。[③] 但截至2020年10月，朝鲜未批准《公约》。中朝两国主张的领海、专属经济区(朝鲜称“经济水域”)宽度一致；但朝鲜主张军事警戒线区域(在黄海与经济水域重叠)，在经济水域内必须同时适用军事警戒区制度(参见表1-1)。

① 李钟奭(이종석):《朝鲜—中国关系(1945—2000)》(북한「중국관계，1945—2000)，首尔：图书出版中心(중심)2000年版，韩文。《中朝边界条约》，载李钟奭:《朝鲜—中国关系(1945—2000)》，第321–324页;《中朝边界议定书》，载李钟奭:《朝鲜—中国关系(1945—2000)》，第325–343页。

② 长白县志编纂委员会编:《长白朝鲜族自治县志》，北京：中华书局1993年版，第312–316页。

③ United Nations Treaty Collection, “United Nations Convention on the Law of the Sea,” https://treaties.un.org/Pages/ViewDetailsIII.aspx?src=TREATY&mtdsg_no=XXI-6&chapter=21&Temp=mtdsg3&clang=_en，访问日期：2020年5月25日。

表1–1　中国与朝鲜的海洋管辖权主张比较①

国家	是否批准《联合国海洋法公约》	是否立法直线基线	海洋管辖区域			
			领海	毗连区	专属经济区	大陆架外部界限
中国	1996年5月15日批准[1]	立法[2]	12海里	24海里	200海里	大陆边/200海里 2012年12月正式提交划界案（东海部分海域）
朝鲜	签署但未批准	未立法	12海里	X[3]	200海里	未宣布

注释：

[1] 中国人大网：《全国人民代表大会常务委员会关于批准〈联合国海洋法公约〉的决定》，1996年5月15日通过，http://www.npc.gov.cn/wxzl/gongbao/2000-12/16/content_5003571.htm。

[2] 国务院：《中华人民共和国政府关于中华人民共和国领海基线的声明》，1996年5月15日，https://www.fmprc.gov.cn/web/ziliao_674904/tytj_674911/tyfg_674913/t556673.shtml；中国政府网：《中华人民共和国政府关于钓鱼岛及其附属岛屿领海基线的声明》，2012年9月10日，http://www.gov.cn/jrzg/2012-09/10/content_2221140.htm。

[3] 50海里军事警戒线，朝鲜人民军最高司令部，1977年8月1日颁布。

朝鲜的领海宽度为12海里。根据1955年3月5日朝鲜最高人民会议第25号文件的决议，朝鲜领海采取12海里的标准。② 1985年4月17日签署的《朝苏边界条约》中，朝鲜依然采取的是12海里领海制度的规定。③ 朝鲜没有对外正式公布过领海基线和领海基点。在日本海，朝鲜领海基线的划定系采用直线基线法。基线北起朝鲜、苏联（现俄罗斯）

① DOALOS/OLA United Nations, "Table of Claims to Maritime Jurisdiction (as at 15 July 2011)," http://www.un.org/Depts/los/LEGISLATIONANDTREATIES/PDFFILES/table_summary_of_claims.pdf，笔者对本表作了相应更新。

② 金灿均、李均仓主编：《朝鲜国际法研究》，坡州：韩国学术情报2009年版，第191页，韩文。Choon-ho Park, "North Korea–Soviet Union (Exclusive Economic Zone and Continental Shelf)," in Jonathan I. Charney and Lewis M. Alexander, eds., *International Maritime Boundaries*, Vol. 1, Dordrecht, The Netherlands: Martinus Nijhoff, 1993, p.1150.

③ 金灿均、李均仓主编：《朝鲜国际法研究》，第192页。

陆地边界的终点，中间经过朝鲜中部花台岸线上的一点，南迄军事停战线东部终点，是一条连接上述3点的一条直线（参见图1–2）。这条基线同时也是东朝鲜湾的封口线，朝鲜视基线以内的水域为朝鲜的内水。[①] 朝鲜的这条基线长度达到245.0海里。[②] 在黄海，考虑到朝鲜沿岸海岸线曲折、岛屿众多，朝鲜极有可能采取直线基线法划定领海基线。[③]

在第三次联合国海洋法会议上，朝鲜积极支持建立200海里专属经济区制度。1977年6月21日，朝鲜发布了《关于建立朝鲜民主主义人民共和国经济水域的政令》，该政令指出：朝鲜民主主义人民共和国经济水域自领海基线起延伸200海里；在不能延伸至200海里的水域，应以将该水域一分为二的线作为经济水域的界线；朝鲜民主主义人民共和国对其海洋经济区域（水体、海床和底土）内的所有生物或非生物资源行使主权。[④] 朝鲜的该政令于1977年8月1日生效。对于朝鲜设定200海里的经济水域（专属经济区），朝鲜金日成主席声称是为了“行使朝鲜的主权”，依据“客观条件不得已而采取的措施”。[⑤]

朝鲜提出了半分线（英文表述为“a line bisecting the waters”）划

---

① 杨金森、高之国编著：《亚太地区的海洋政策》，北京：海洋出版社1990年版，第53页。

② 何学武、李令华：《我国及周边海洋国家领海基点和基线的基本状况》，载《中国海洋大学学报（社会科学版）》2008年第3期，第6页。

③ Jong Hwa Choi, *Modern Ocean Law* (in Korean), 4th ed. (Seoul: Doo Nam, 2004), pp. 410-411; Suk Kyoon Kim, “Korean Peninsula Maritime Issues,” *International Journal of Marine and Coastal Law*, Vol. 41, No. 2 (2010), p.170.

④ DOALOS/OLA United Nations, “Decree by the Central People’s Committee Establishing the Economic Zone of the People’s Democratic Republic of Korea,” 21 June 1977, Enter into force on August 1, 1977, http://www.un.org/Depts/los/LEGISLATIONANDTREATIES/PDFFILES/PRK_1977_Decree.pdf；张海文、李红云主编：《世界海洋法译丛 · 亚洲卷》，青岛：青岛出版社2017年版，第23–24页。

⑤ 金日成：《答日本广播协会采访团问》（1977年7月3日），载《金日成著作集》（第32卷，1977.1—12），平壤：外国文出版社1988年版，第251页。

分“经济水域”（专属经济区）的划界原则。根据《关于建立朝鲜民主主义人民共和国经济水域的政令》的规定，朝鲜在黄海北部经济水域（专属经济区）的外部界限是该水域的半分线（一分为二的线）。从朝鲜和苏联划分专属经济区和大陆架的实践来看，两国划界使用的方法部分是等距离，两国终点（第3点）（参见图1–2）是从其他两个沿岸国（日本和韩国*）的领土近似等距离线。①

1977年8月1日，朝鲜人民军最高司令部颁布了关于设立军事警戒区的公告。公告指出："军事警戒区在东海（指日本海，笔者注）为从领海的基线算起50海里，在西海（指黄海，笔者注）与经济水域重叠。在军事警戒区内（海上、海里、空中），禁止外国人、外国军事舰船、外国军用飞机活动；民用船舶（渔船除外）和民用飞机只有在得到有关方面的事先同意或批准后，才能在军事警戒区内航行或飞越。在军事警戒区内（海上、海里、空中），民用船舶和民用飞机不得从事军事目的的活动，也不得从事侵犯朝鲜经济利益的活动。"② 在日本海，军

* 作者注：1992年8月，中韩建交。因为图1–2是朝鲜—苏联1985年领海边界和1986年海洋边界示意图，所以该图将整个朝鲜半岛标注为朝鲜。1945年8月日本投降，美苏军队分别进驻朝鲜半岛南北部。1948年8月朝鲜半岛南半部建立大韩民国；1948年9月朝鲜民主主义人民共和国宣告成立。

① 《苏维埃社会主义共和国联盟和朝鲜民主主义人民共和国之间专属经济区和大陆架边界协定（解说）》，参见：〔韩〕朴椿浩编著：《国际海洋边界——太平洋中部和东部》，王丽云等译，北京：法律出版社1994年版，第241–242页。Choon-ho Park, "North Korea–Soviet Union (Exclusive Economic Zone and Continental Shelf)," in Jonathan I. Charney and Lewis M. Alexander, eds., *International Maritime Boundaries*, Vol. 1, Dordrecht, The Netherlands: Martinus Nijhoff, 1993, pp. 1145-1150.

② 海洋国际问题研究会编：《中国沿海邻国海洋法规和协定选编》，北京：海洋出版社1984年版，第6–7页。Choon-ho Park, "The 50-Mile Military Boundary Zone of North Korea," *American Journal of International Law*, Vol. 72, Issue 4 (October 1978), p.866; U.S. Central Intelligence Agency, "Maritime Zones of Northeast Asia," *Report*, No. 923, 9 February 1978, https://www.cia.gov/library/readingroom/docs/CIA-RDP08C01297R000200130003-5.pdf, accessed 16 April 2017.

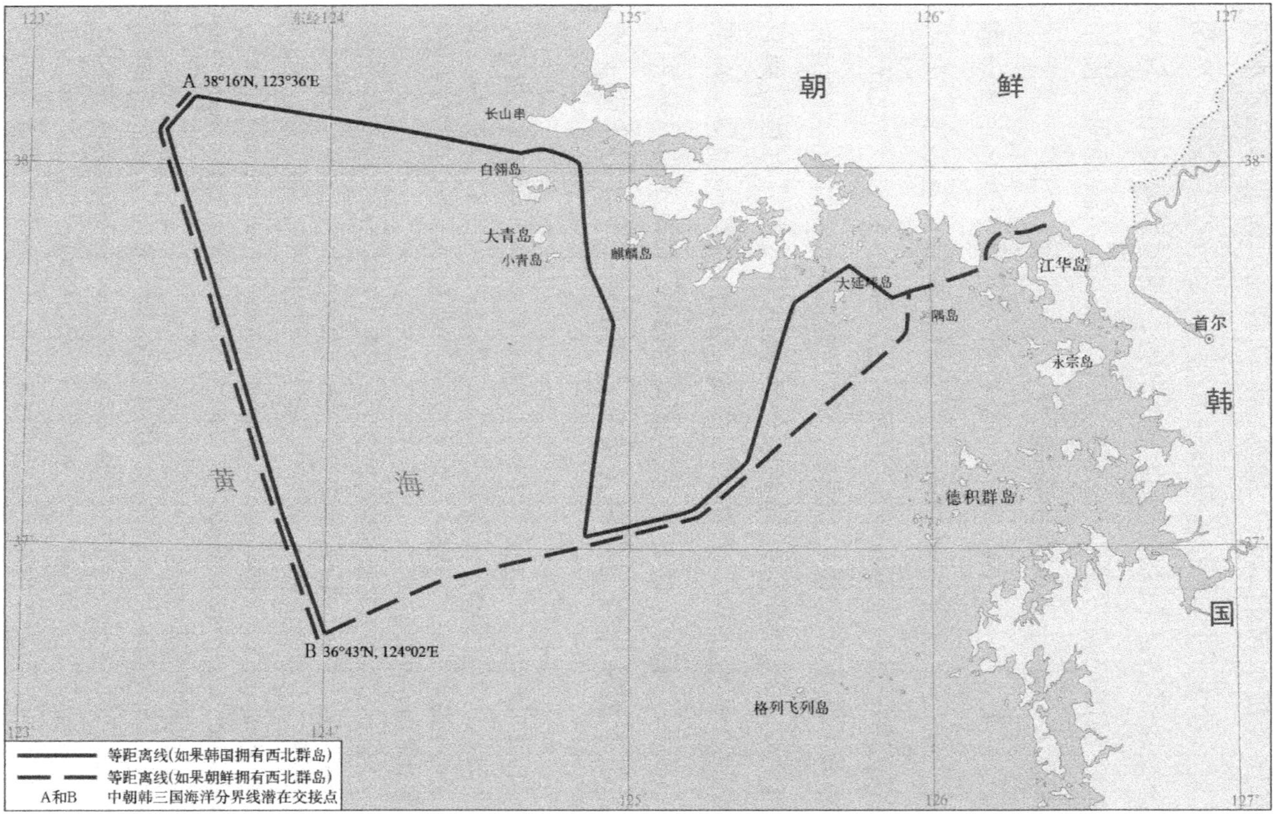

图1–1　朝鲜与韩国在黄海的未定海洋边界示意图

审图号：GS（2022）2261号

（备注：本图系外国学者观点）

事警戒区基本上是一个从基线起向外延伸50海里的梯形区域。外部界限是连接两个坐标（北纬38°36′48″/东经129°30′30″和北纬41°46′13″/东经131°31′15″）的一条直线。[①] 由此可见，在黄海，由于朝鲜的军事警戒区与经济水域重叠，在经济水域内必须同时适用军事警戒区制度，因而提高了经济水域的专属性。[②]

关于大陆架，朝鲜主张沿海国家有权根据其特定的地理条件，确定其领海海域或经济区以外作为其陆地领土自然延伸的大陆架的界限。[③]

第二节　朝鲜与苏联的海洋边界划界

1985年4月17日，朝鲜和苏联在莫斯科签署《苏维埃社会主义共和国联盟和朝鲜民主主义人民共和国关于划定苏联和朝鲜国家边界的条约》（简称《朝苏边界条约》）；1986年1月22日，朝鲜和苏联在平壤签署《苏维埃社会主义共和国联盟和朝鲜民主主义人民共和国之间专属经济区和大陆架边界协定》（简称《朝苏专属经济区和大陆架边界协定》）。[④] 朝苏之间的这两个文件对于未来的中朝黄海北部海域划界有着重要参考价值。

《朝苏边界条约》第1条规定："苏联和朝鲜之间的国家边界线经过苏联、中国和朝鲜边界的交叉点，沿图们江的主航道的中间到其河口，然后，在日本海（东朝鲜海）到与苏联和朝鲜的领海的外部边界相汇

① 杨金森、高之国编著：《亚太地区的海洋政策》，第53页。

② 袁古洁：《国际海洋划界的理论与实践》，北京：法律出版社2001年版，第176页。

③ 杨金森、高之国编著：《亚太地区的海洋政策》，第57页。

④ DOALOS/OLA United Nations, "Democratic People's Republic of Korea," https://www.un.org/Depts/los/LEGISLATIONANDTREATIES/STATEFILES/PRK.htm.

合之点。”① 根据《苏联和朝鲜之间国家边界标界线的说明》:“河流边界线的最后F点位于划在图们江河口湾从苏联海岸最南端一点至朝鲜的日本海(东朝鲜海)海岸的最北端一点的一条线的中心。”“自F点,苏联和朝鲜领水的边界沿着一条直线,伸到地理坐标为北纬42°09′、东经130°53′的一点。”“朝鲜和苏联之间的国家边界总长度为39.13千米,包括沿着图们江的16.93千米和海上22.2千米。”②《朝苏边界条约》是朝鲜的第一个海洋(领海)边界,这一事实对朝鲜而言是特别有意义的。该条约结束了朝苏之间长期存在的河流边界问题。

《朝苏专属经济区和大陆架边界协定》第1条规定:朝苏之间的专属经济区和大陆架边界相交切于1985年4月17日的《朝苏边界条约》所确定的苏联和朝鲜领水的外部界限线,其地理坐标为北纬42°09.0′和东经130°53.0′。自该点起,边界沿着一条直线,首先向东南,至地理坐标为北纬39°47.5′、东经133°13.7′的一点,然后折而向东,并伸延到一个地理坐标为北纬39°39.3′、东经133°45.0′的一点③(参见图1–2)。朝苏专属经济区和大陆架边界采用了单一海洋划界方式(专属经济区和大陆架采用同一条边界线)。划界使用的方法部分是等距离。

① “Treaty Between the Union of Soviet Socialist Republics and the Democratic People’s Republic of Korea on the Demarcation of the Soviet–Korean National Border,” in Jonathan I. Charney and Lewis M. Alexander, eds., *International Maritime Boundaries*, Vol. 1, Dordrecht, The Netherlands: Martinus Nijhoff, 1993, p.1142;〔韩〕朴椿浩编著:《国际海洋边界——太平洋中部和东部》,王丽云等译,北京:法律出版社1994年版,第238页。

② “Description of the Demarcation Line of the National Border Between the Union of Soviet Socialist Republics and the Democratic People’s Republic of Korea,” in Jonathan I. Charney and Lewis M. Alexander, eds., *International Maritime Boundaries*, Vol. 1, p.1144;〔韩〕朴椿浩编著:《国际海洋边界——太平洋中部和东部》,第239–240页。

③ “Agreement Between the Union of Soviet Socialist Republics and the Democratic People’s Republic of Korea on the Delimitation of the Economic Zone and the Continental Shelf,” in Jonathan I. Charney and Lewis M. Alexander, eds., *International Maritime Boundaries*, Vol.1, pp.1152-1153;〔韩〕朴椿浩编著:《国际海洋边界——太平洋中部和东部》,第248–249页。

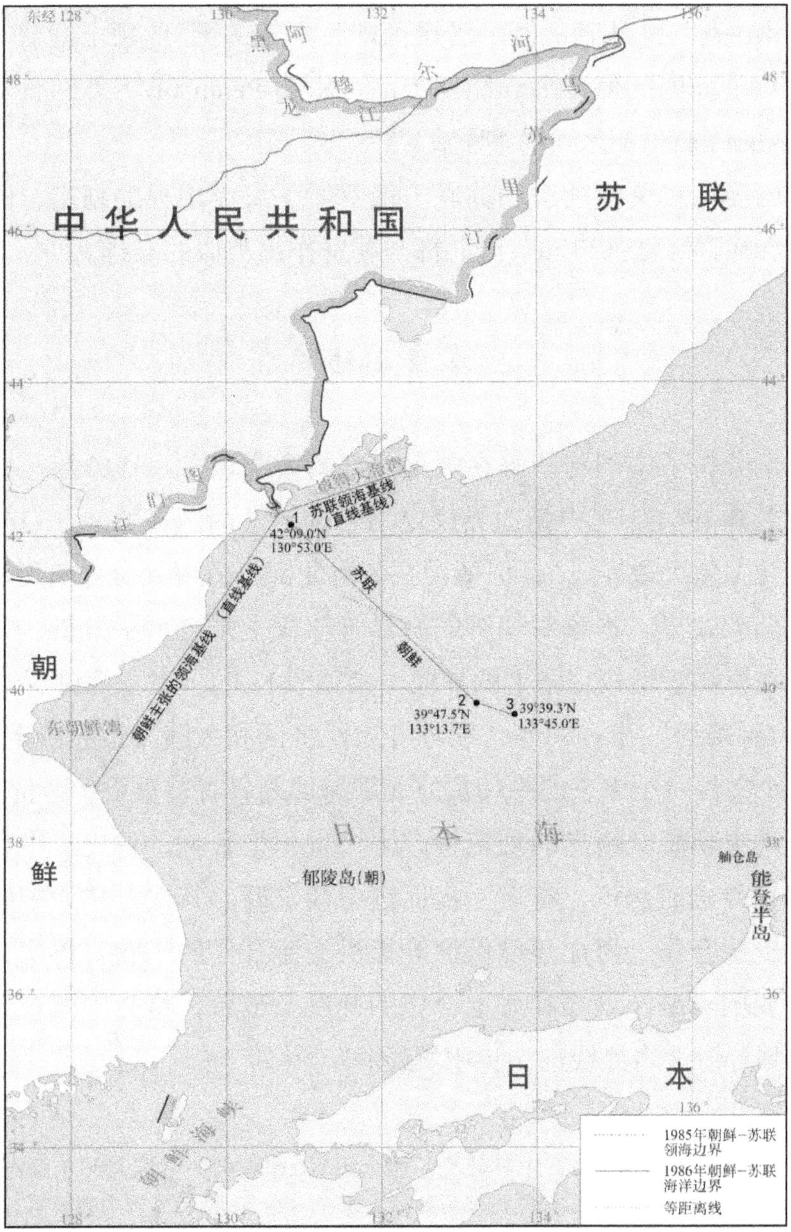

图 1–2　朝鲜—苏联 1985 年领海边界和 1986 年海洋边界示意图

审图号：GS（2022）2261 号

（备注：本图系外国学者观点）

终点“第3点”是从其他两个沿岸国即日本和韩国*的领土近似等距离线，大约是韩国的郁陵岛和能登半岛（Noto Peninsula）外的日本舳仓岛（Hekura Island）之间的等距离。①

中国需认真关注朝鲜和苏联（俄罗斯）海洋边界的划定，因为中国最终会在鸭绿江河口和黄海北部与朝鲜作出类似的安排。②

本章小结

本章分析了中国与朝鲜在黄海北部的海洋事务。1962年《中朝边界条约》和1964年《中朝边界议定书》确定了两国在鸭绿江口外的海上分界线（领海边界线），但两国在黄海北部仍需要划分专属经济区边界和大陆架边界。本章对朝鲜的海洋管辖权主张进行了分析，并对比了中朝在海洋管辖权主张上的异同（参见表1–1）。本章探讨了1985年《朝苏边界条约》和1986年《朝苏专属经济区和大陆架边界协定》，认为这两个文件对于未来的中朝黄海北部海域划界有着重要参考价值。

未来中朝海域边界的划定将产生多重积极影响。首先，中朝如能就黄海划界达成协议，将进一步促进中朝友好。其次，将为中朝两国的渔业资源合作、海洋环境保护等提供交流合作的平台。再次，将推动东北亚国家海洋划界和海上合作的开展。最后，将为中国今后与其他邻国划分海上边界线进一步积累经验。

---

* 作者注：1992年8月，中韩建交。因为图1–2是朝鲜—苏联1985年领海边界和1986年海洋边界示意图，所以该图将郁陵岛标注为“（朝）”。郁陵岛现为韩国领土。

① Choon-ho Park, “North Korea-Soviet Union (Exclusive Economic Zone and Continental Shelf),” p.1147；〔韩〕朴椿浩编著：《国际海洋边界——太平洋中部和东部》，第241–243页。

② Choon-ho Park, “North Korea-Soviet Union (Exclusive Economic Zone and Continental Shelf),” p.1149；〔韩〕朴椿浩编著：《国际海洋边界——太平洋中部和东部》，第245页；李令华：《令人关注的朝俄海洋边界》，载《海洋世界》1998年第3期，第29页。

第二章

中国与韩国在黄海和东海的海洋事务

中韩两国隔海相望，海岸相向。在实际地理条件中，中韩两国间的海域宽度不足400海里。中韩在黄海南部海域和东海北部海域存在专属经济区和大陆架重叠问题，需要划界。2000年8月，两国签订《中韩渔业协定》，对相关水域的渔业问题作出临时安排。本章将梳理韩国的海洋管辖权主张，分析两国海域划界谈判取得的进展和面临的挑战，分析《中韩渔业协定》的内容和存在局限。

第一节　韩国的海洋管辖权主张分析

1983年3月14日，韩国签署《联合国海洋法公约》(简称《公约》)。1996年1月29日，韩国批准《公约》。[①] 自1996年2月28日起，《公约》对韩国生效。[②] 中韩两国的海洋管辖主张有相似性，主张的领海、毗连区、专属经济区宽度和大陆架外部界限一致，但基线的使用

① United Nations Treaty Collection, "United Nations Convention on the Law of the Sea," https://treaties.un.org/Pages/ViewDetailsIII.aspx?src=TREATY&mtdsg_no=XXI-6&chapter=21&Temp=mtdsg3&clang=_en, accessed 28 March 2020.

② DOALOS/OLA United Nations, "Outer Limits of the Continental Shelf Beyond 200 Nautical Miles From the Baselines: Submission by the Republic of Korea," accessed 26 December 2012, https://www.un.org/Depts/los/clcs_new/submissions_files/submission_kor_65_2012.htm.

存在差异（参见表2–1）。

表2–1　中国与韩国的海洋管辖权主张比较①

国家	是否批准《联合国海洋法公约》	是否立法基线	海洋管辖区域			
			领海	毗连区	专属经济区	大陆架外部界限
中国	1996年5月15日批准[1]	立法（直线基线）[2]	12海里	24海里	200海里	大陆边/200海里 2012年12月正式提交划界案（东海部分海域）
韩国	1996年1月29日批准	立法（正常基线与直线基线）[3]	12海里	24海里	200海里	大陆边/200海里 2012年12月正式提交划界案（东海部分海域）

注释：

[1] 中国人大网：《全国人民代表大会常务委员会关于批准〈联合国海洋法公约〉的决定》，1996年5月15日通过，http://www.npc.gov.cn/wxzl/gongbao/2000-12/16/content_5003571.htm。

[2] 国务院：《中华人民共和国政府关于中华人民共和国领海基线的声明》，1996年5月15日，https://www.fmprc.gov.cn/web/ziliao_674904/tytj_674911/tyfg_674913/t556673.shtml；中国政府网：《中华人民共和国政府关于钓鱼岛及其附属岛屿领海基线的声明》，2012年9月10日，http://www.gov.cn/jrzg/2012-09/10/content_2221140.htm。

[3] DOALOS/OLA United Nations, "Territorial Sea and Contiguous Zone Act Law No. 3037, Promulgated on 31 December 1977, Amended by Law No. 14607, which was Promulgated on 21 March 2017," https://www.un.org/depts/los/LEGISLATIONANDTREATIES/PDFFILES/Territorial_Sea_and_Contiguous_Zone_Act_Law_No_14670_21_March_2017.pdf.

① DOALOS/OLA United Nations, "Table of Claims to Maritime Jurisdiction (as at 15 July 2011)," http://www.un.org/Depts/los/LEGISLATIONANDTREATIES/PDFFILES/table_summary_of_claims.pdf，本书作者对本表作了相应更新。

韩国的领海宽度为12海里。经1977年12月31日第3037号法令颁布的《领海法》,[①] 经1995年12月6日第4986号法令修正的《领海及毗连区法》[②] 和经2017年3月21日第14607号法令再次修正的《领海及毗连区法》,[③] 韩国均主张12海里的领海宽度。但上述法律的第1条也规定，特定海域的领海宽度可依据总统令在12海里界限内有所不同。比如，韩国在朝鲜海峡（Korea Strait）领海的外部界限为：外部界限从按顺序连接基点5（1.5米岩）、基点6（萨恩岛）和基点7（鸿岛）的直线基线量起3海里。[④]

韩国同时使用正常基线与直线基线。根据2017年3月修订的韩国《领海及毗连区法》第2条：测量领海宽度的正常基线为大韩民国官方承认的大比例尺海图上标明的沿岸低潮线；在具有特殊地理特征的海域，连接总统令中规定的各点的直线可作为基线。[⑤] 1978年9月20日颁布

① DOALOS/OLA United Nations, "Territorial Sea Law No. 3037 of 31 December 1977," https://www.un.org/Depts/los/LEGISLATIONANDTREATIES/PDFFILES/KOR_1977_Law.pdf.

② DOALOS/OLA United Nations, "Territorial Sea and Contiguous Zone Act Law No. 3037, Promulgated on 31 December 1977, Amended by Law No. 4986, which was Promulgated on 6 December 1995," https://www.un.org/Depts/los/LEGISLATIONANDTREATIES/PDFFILES/KOR_1995_Law.pdf.

③ DOALOS/OLA United Nations, "Territorial Sea and Contiguous Zone Act Law No. 3037, Promulgated on 31 December 1977, Amended by Law No. 14607, which was Promulgated on 21 March 2017," https://www.un.org/depts/los/LEGISLATIONANDTREATIES/PDFFILES/Territorial_Sea_and_Contiguous_Zone_Act_Law_No_14670_21_March_2017.pdf.

④ DOALOS/OLA United Nations, "Enforcement Decree of Territorial Sea and Contiguous Zone Act, Presidential Decree No. 9162, 20 September 1978, Amended by Presidential Decree No. 13463, 7 September 1991, by Presidential Decree No. 15133, 31 July 1996, and by Presidential Decree No. 17803, 18 December 2002," https://www.un.org/Depts/los/LEGISLATIONANDTREATIES/PDFFILES/KOR_2002_Decree.pdf.

⑤ DOALOS/OLA United Nations, "Territorial Sea and Contiguous Zone Act Law No. 3037, Promulgated on 31 December 1977, Amended by Law No. 14607, which was Promulgated on 21 March 2017," https://www.un.org/Depts/los/LEGISLATIONANDTREATIES/PDFFILES/Territorial_Sea_and_Contiguous_Zone_Act_Law_No_14670_21_March_2017.pdf.

的《〈领海法〉执行令》(第9162号《总统令》)，经1991年9月7日第13463号、1996年7月31日第15133号、2002年12月18日第17803号、2013年3月23日第24424号总统令修正的《〈领海及毗连区法〉执行令》[①]，颁布了韩国的直线基线系统。韩国的直线基线起始于釜山附近东南沿海，包括了南部和西部附近的全部岛屿和岩石，包括某些海岸区运用正常基线(低潮线)。从基点1开始向南按顺时针方向确立基线，总共采用23个基点、19条直线基线线段划出了韩国领海基线。在19条直线基线线段中，有12条线段短于24海里，5条在24～48海里之间，2条超过48海里，其中西南海岸基点13—14是最长基线线段，最长达60.3海里。[②] 直线基线线段划出了韩国大部分领海基线。

韩国的毗连区宽度为12海里(从领海基线算起不超过24海里)。1995年12月6日第4986号法令修正的《领海及毗连区法》第3条(增补)规定：大韩民国的毗连区为领海以外的海域，从基线测量起延伸至其外部界限为24海里。但特定海域的毗连区宽度可依据总统令在24海里界限内有所不同。[③]

韩国的专属经济区宽度为188海里(从领海基线算起不超过200海里)。经1996年8月8日第5151号法令公布的韩国《专属经济区法》第2条第1款规定：在符合《联合国海洋法公约》条款规定的情况下，韩国专属经济区依据《领海及毗连区法》第2条所述的基线起延伸至200

① DOALOS/OLA United Nations, "Republic of Korea," updated on 8 October 2020, https://www.un.org/Depts/los/LEGISLATIONANDTREATIES/STATEFILES/KOR.htm.

② U.S. Department of State, "Straight Baseline and Territorial Sea Claims: South Korea," *Limits in the Seas*, No. 121, 30 September 1998, p.5, https://www.state.gov/wp-content/uploads/2020/01/LIS-121.pdf.

③ DOALOS/OLA United Nations, "Territorial Sea and Contiguous Zone Act Law No. 3037, Promulgated on 31 December 1977, Amended by Law No. 4986, which was Promulgated on 6 December 1995," https://www.un.org/Depts/los/LEGISLATIONANDTREATIES/PDFFILES/KOR_1995_Law.pdf.

海里不包括韩国领海的区域。①

韩国的大陆架外部界限主张为“大陆边/200海里”（CM/200）。韩国对大陆架权利的主张体现在1952年1月18日颁布的《对邻近海域主权的公告》（总统令）、1970年1月1日通过的第2184号《海底矿产资源开发法》和1970年5月30日颁布的第5020号总统令。基于上述国内法，韩国宣布拥有其海岸外海床和底土上开采石油和天然气的权利。②韩国2009年5月11日向联合国秘书长提交了表明其在东海200海里以外大陆架外部界限的初步信息（简称“韩国初步信息”）。韩国初步信息指出，从测算领海宽度的基线量起，韩国在东海的200海里以外大陆架的外部界限位于冲绳海槽，但是，此次提交的初步信息仅限于根据1974年协定建立的日韩共同开发区内200海里以外大陆架的外部界限。③ 2012年12月26日，韩国向联合国秘书长提交了东海部分海域200海里以外大陆架外部界限划界案（简称“韩国划界案”）。④ 在韩国划界案中，韩国在确定大陆架外部界限的原则上采用了自然延伸原则，与中国类似，韩国主张存在200海里以外的大陆架并自然延伸至冲绳海槽。

2012年“韩国划界案”中200海里以外大陆架的外部界限位于北纬

---

① DOALOS/OLA United Nations, “Exclusive Economic Zone Act No. 5151, Promulgated on 8 August 1996,” https://www.un.org/Depts/los/LEGISLATIONANDTREATIES/PDFFILES/KOR_1996_EEZAct.pdf. 韩国《专属经济区法》（第5151号法令）于1996年9月10日生效。

② Sun Pyo Kim, *Maritime Delimitation and Interim Arrangements in North East Asia*, Leiden, The Netherlands: Martinus Nijhoff Publishers, 2004, p.175.

③ DOALOS/OLA United Nations, “Preliminary Information Regarding the Outer Limits of the Continental Shelf, the Republic of Korea,” 11 May 2009, https://www.un.org/Depts/los/clcs_new/submissions_files/preliminary/kor_2009preliminaryinformation.pdf.

④ DOALOS/OLA United Nations, “Outer Limits of the Continental Shelf Beyond 200 Nautical Miles From the Baselines: Submission by the Republic of Korea,” 26 December 2012, https://www.un.org/Depts/los/clcs_new/submissions_files/submission_kor_65_2012.htm.

27°27′—30°38′、东经127°35′—129°32′之间①，而2012年“中国划界案”中200海里以外大陆架的外部界限大致位于北纬27°59′—30°54′、东经127°37′—129°18′之间②。比较上述两组数据我们可以清晰地看到，中、韩两国在此次分别提交的东海部分划界案中所主张的大陆架在冲绳海槽内有相当大的重叠区。

第二节　中韩海域划界谈判的进展与挑战

2014年7月3日，中韩联合声明指出：“双方商定于2015年启动海域划界谈判。”③ 这一声明表明中韩两国政府已形成了启动海域划界谈判的政治共识。中韩海域划界谈判，虽不像中国与部分东盟国家间的南海问题和中日之间的东海争端那样直接涉及岛礁归属争端，但谈起来仍有一定难度。笔者将在这一节中梳理中韩海域划界谈判目前面临的四方面挑战。

一、中韩海域划界谈判的进展

2015年12月22日，中韩两国在韩国首尔举行了中韩海域划界首轮会谈。双方表示，为公平解决中韩海域划界问题，将根据包括1982年《公约》在内的国际法，本着合作共赢和坦诚互信的精神，就两国专属

---

① DOALOS/OLA United Nations, “Outer Limits of the Continental Shelf Beyond 200 Nautical Miles From the Baselines: Submission by the Republic of Korea,” 26 December 2012.

② 联合国法律事务厅：《中华人民共和国东海部分海域二百海里以外大陆架外部界限划界案（执行摘要）》，2012年12月14日提交，https://www.un.org/depts/los/clcs_new/submissions_files/chn63_12/executive%20summary_CH.pdf。

③ 中国外交部：《中华人民共和国和大韩民国联合声明》，2014年7月3日发表，https://www.fmprc.gov.cn/web/gjhdq_676201/gj_676203/yz_676205/1206_676524/1207_676536/t1171408.shtml。

经济区和大陆架主张重叠海域划界事宜进行协商。双方还就与划界相关的各项事宜阐述了各自基本立场。双方同意建立三级谈判机制，第一级为外交部主管部领导任团长的政府谈判代表团；第二级为司局级谈判工作组，负责具体谈判工作；第三级为若干专家组，负责技术性问题的谈判。①

表2–2　1997—2009年中韩海洋法正式磋商进程

磋商进程	磋商日期	磋商地点	主要磋商内容
第一次海洋法正式磋商	1997年2月24日	韩国首尔	协商关于海洋边界划定原则和专属经济区施行问题
第二次海洋法正式磋商	1997年6月25—26日	中国上海	协商海洋边界划定原则
第三次海洋法正式磋商	1997年12月1日	韩国首尔	协商关于海洋边界划定原则和专属经济区施行问题
第四次海洋法正式磋商	1999年5月27—28日	韩国首尔	协商海洋边界划定原则
第五次海洋法正式磋商	2000年3月9—10日	中国北京	商议建设和平东北亚海洋秩序的方案；商议国际机构介入的合作方案；商议专属经济区重叠海域的边界划定原则和其他考虑因素
第六次海洋法正式磋商	2001年5月8—9日	韩国首尔	协商海洋边界划定原则
第七次海洋法正式磋商	2002年6月20—21日	中国北京	协商关于海洋边界划定原则问题
第八次海洋法正式磋商	2003年10月7—8日	韩国济州岛	协商海洋边界划定原则
第九次海洋法正式磋商	2004年12月15—16日	中国北京	协商海洋边界划定原则

① 中国外交部：《中韩海域划界首轮会谈成功举行》，2015年12月22日，https://www.fmprc.gov.cn/web/wjbxw_673019/t1326878.shtml。

续表

磋商进程	磋商日期	磋商地点	主要磋商内容
第十次海洋法正式磋商	2005年12月5—6日	韩国首尔	讨论黄海海洋边界划界问题；中韩就不涉及第三方主张的第一阶段划界对象海域的范围达成初步一致①
第十一次海洋法正式磋商	2006年12月6—7日	中国北京	为了讨论海洋边界划界和国际法领域中海洋边界划界的具体事项，约定召开专家会议；双方就共同关心的国际法及海洋法问题交换了意见②
第十二次海洋法正式磋商	2007年12月14日	韩国济州岛	加快推进黄海海洋经济协定谈判，海洋安全与合作防止海盗行为，韩中刑事司法合作；双方就海域划界等共同关心的海洋法问题以及一般国际法问题交换意见③
第十三次海洋法正式磋商	2008年7月4日	中国青岛	商讨黄海海洋边界划界问题、海洋科学调查等海洋法问题
第十四次海洋法正式磋商	2008年12月12日	韩国釜山	协商加速海洋划界早期方案；双方就中韩海域划界、外大陆架申请、海洋科研合作等海洋法问题和其他一般国际法问题交换了意见④

① 中国外交部:《外交部条约法律司司长谈外交中的海洋工作》，2006年5月15日，https://www.fmprc.gov.cn/web/wjb_673085/zzjg_673183/t255507.shtml。

② 中国外交部:《中韩外交部条法司长年度磋商在北京举行》，2006年12月8日，https://www.fmprc.gov.cn/web/wjb_673085/zzjg_673183/tyfls_674667/xwlb_674669/t282918.shtml。

③ 中国外交部:《第十二次中韩海洋法磋商和年度条法司长磋商在韩国济州岛举行》，2007年12月14日，https://www.fmprc.gov.cn/web/wjbxw_673019/t391255.shtml。

④ 中国外交部:《中韩第十四次海洋法磋商和外交部条法司长年度磋商举行》，2008年12月16日，https://www.fmprc.gov.cn/web/wjbxw_673019/t556625.shtml。

续表

磋商进程	磋商日期	磋商地点	主要磋商内容
第十五次海洋法正式磋商	2009年6月5日	中国北京	双方就相关海洋法事务等问题交换了意见①

资料来源：除特别标注外，本表中的信息来自：朴昌建（박창건）、金智艺（김지예）:《东北亚地区协作下的韩中海洋边界划界：以离於岛问题为中心》（동북아 지역 협력으로서의 한중 해양경계획정:이어도문제를 중심으로），载《亚太研究》（아태연구）2013年第3期，第5–33页，韩文。

2015年12月的中韩海域划界首轮会谈是中韩两国时隔多年再谈海域划界。1997年2月到2009年6月，中韩曾举行15次司局级中韩海洋法正式磋商会议（参见表2–2）。2005年12月，中韩在第十次海洋法磋商中就不涉及第三方主张的第一阶段划界对象海域的范围达成初步一致。②

2016年4月22日，中韩海域划界谈判工作组首轮会谈在北京举行，双方就海域划界有关问题交换了意见。③ 2019年7月25日，中韩两国在北京举行了中韩海域划界政府谈判代表团第二轮会谈。双方确认了中韩海域划界谈判启动以来达成的有关共识，并就划界有关问题交换了意见。④

在中国的海岸和岛屿上，可能影响中韩海域划界线位置的控制性

① 中国外交部:《段洁龙司长主持中韩第十五次海洋法磋商》，2009年6月6日，https://www.fmprc.gov.cn/web/gjhdq_676201/gjhdqzz_681964/mzblwelm_683310/xgxw_683316/t575523.shtml。

② 中国外交部:《外交部条约法律司司长谈外交中的海洋工作》，2006年5月15日，https://www.fmprc.gov.cn/web/wjb_673085/zzjg_673183/t255507.shtml。

③ 中国外交部:《2016年4月25日外交部发言人华春莹主持例行记者会》，2016年4月25日，https://www.fmprc.gov.cn/web/fyrbt_673021/t1358312.shtml。

④ 中国外交部:《中韩海域划界政府谈判代表团第二轮会谈在京举行》，2019年7月25日，https://www.fmprc.gov.cn/web/wjbxw_673019/t1683401.shtml。

基点（controlling points）从北至南有：海驴岛、山东高角、镆铘岛、苏山岛、麻菜珩、外磕脚、佘山岛、海礁。[①] 在韩国的海岸和岛屿上，可能影响划界线位置的控制性基点从北至南包括：白翎岛（Paekryung Do）、大青岛（Daechung Do）、小青岛（Sochung Do）、西格列飞岛（Seogyeogyeolbi Do）、红岛（梅加岛，Hong Do）、小黑山岛（Soheugsan Do）、马罗岛（Mara Do）[②]（参见表2–3）。

表2–3　影响中韩海域划界线位置的潜在控制性基点

潜在控制性基点（中国一侧）	坐标	潜在控制性基点（韩国一侧）	坐标
海驴岛（东北角）	37°27′00″N，122°40′12″E	白翎岛（最西侧）	37°58′14″N，124°36′36″E
山东高角（1）	37°24′00″N，122°42′18″E	大青岛（最西侧）	37°49′21″N，124°39′45″E
镆铘岛（1）	36°57′48″N，122°34′12″E	小青岛（最西侧）	37°45′41″N，124°43′37″E
苏山岛	36°44′48″N，122°15′48″E	西格列飞岛	36°36′47″N，125°32′29″E

① 〔澳〕维克托·普雷斯科特、克莱夫·斯科菲尔德：《世界海洋政治边界》，吴继陆、张海文译，北京：海洋出版社2014年版，第301页。Victor Prescott and Clive Schofield, *The Maritime Political Boundaries of the World*, 2nd ed., Leiden, Netherlands: Brill Academic Publishers, 2004, p.441. 在苏山岛和佘山岛的纬度之间，维克托·普雷斯科特和克莱夫·斯科菲尔德选取了三个低潮高地地物（坐标分别为：北纬33°/东经121°33′、北纬32°16′/东经121°52′、北纬31°40′/东经122°06′）；本书作者根据《中华人民共和国政府关于中华人民共和国领海基线的声明》，选取了麻菜珩和外磕脚作为可能影响中韩海域划界线位置的控制性基点。参见：国务院：《中华人民共和国政府关于中华人民共和国领海基线的声明》，1996年5月15日，https://www.fmprc.gov.cn/web/ziliao_674904/tytj_674911/tyfg_674913/t556673.shtml。

② 〔澳〕维克托·普雷斯科特、克莱夫·斯科菲尔德：《世界海洋政治边界》，第301页。Victor Prescott and Clive Schofield, *The Maritime Political Boundaries of the World*, 2nd ed., Leiden, Netherlands: Brill Academic Publishers, 2004, p.441. 部分岛屿的英文名及坐标，可参见：DOALOS/OLA United Nations, "Enforcement Decree of Territorial Sea and Contiguous Zone Act, Presidential Decree No. 9162, 20 September 1978, Amended by Presidential Decree No. 13463, 7 September 1991, by Presidential Decree No. 15133, 31 July 1996, and by Presidential Decree No. 17803, 18 December 2002," https://www.un.org/Depts/los/LEGISLATIONANDTREATIES/PDFFILES/KOR_2002_Decree.pdf。

续表

潜在控制性基点（中国一侧）	坐标	潜在控制性基点（韩国一侧）	坐标
麻菜珩	33°21′48″N，121°20′48″E	红岛（梅加岛）	34°40′29″N，125°10′22″E
外磕脚	33°00′54″N，121°38′24″E	小黑山岛	34°02′49″N，125°07′22″E
佘山岛	31°25′18″N，122°14′36″E	马罗岛（最西侧）	33°07′05″N，126°15′53″E
海礁	30°44′06″N，123°09′24″E		

资料来源：〔澳〕维克托·普雷斯科特、克莱夫·斯科菲尔德：《世界海洋政治边界》，吴继陆、张海文译，北京：海洋出版社2014年版，第301页；Victor Prescott and Clive Schofield, *The Maritime Political Boundaries of the World*, 2nd ed., Leiden, Netherlands: Brill Academic Publishers, 2004, p. 441. 中国一侧部分岛屿的名称及坐标，可参见国务院：《中华人民共和国政府关于中华人民共和国领海基线的声明》，1996年5月15日，https://www.fmprc.gov.cn/web/ziliao_674904/tytj_674911/tyfg_674913/t556673.shtml。韩国一侧部分岛屿的名称及坐标，可参见：DOALOS/OLA United Nations, "Enforcement Decree of Territorial Sea and Contiguous Zone Act, Presidential Decree No. 9162, 20 September 1978, Amended by Presidential Decree No. 13463, 7 September 1991, by Presidential Decree No. 15133, 31 July 1996, and by Presidential Decree No. 17803, 18 December 2002," https://www.un.org/Depts/los/LEGISLATIONANDTREATIES/PDFFILES/KOR_2002_Decree.pdf。部分基点的坐标数据来自：Google Earth, https://earth.google.com/。

备注：需要说明的是，中国一侧和韩国一侧的潜在控制性基点是维克托·普雷斯科特、克莱夫·斯科菲尔德等学者的个人观点，并非中国政府或韩国政府官方立场。

二、中韩在划界原则上的分歧

韩国的专属经济区划界主张采取“中间线”原则，韩国在东海部分海域的大陆架划界上采取自然延伸原则。2017年3月修订的韩国《领海及毗连区法》第4条规定：除非与有关国家另有协议，大韩民国与海岸线相邻或者相向国家之间的领海和毗连区的界线，应为中间线（the median line），中间线指的是该线上各点到韩国基线上最近点的距离与有关国家基线上最近点距离相等的线。[①] 1996年8月8日公布的韩国《专属经济区法》第2条第3款规定：大韩民国与其他海岸相向或相邻国家（简称“有关国家”）的专属经济区界划界，应由有关国家在国际法基础上通过协商划定。韩国《专属经济区法》第5条第2款规定：除大韩民国与有关国家另有协定外，本法第3条规定的大韩民国在其专属经济区享有的权利不适用于超过大韩民国与有关国家中间线的海域。该中间线是指该线上各点到韩国基线上最近点的距离与有关国家基线上最近点距离相等的线。[②] 韩国在东海部分海域的大陆架划界上采取自然延伸原则，体现在2012年12月26日的“韩国划界案”主张中。[③]

中国的专属经济区和大陆架划界坚持“公平”原则。1998年6月26日公布施行的中国《专属经济区和大陆架法》第2条规定：中华人民共和国与海岸相邻或者相向国家关于专属经济区和大陆架的主张重叠的，在国际法的基础上按照公平原则以协议划定界限。[④]

中韩两国在划界原则上的分歧是可以调适的。取得双方均满意的公平划界结果，这是最终的目的。至于划界的具体方法，可以保持灵活性。考虑到中国一侧有关海域的海岸线长度长于韩国一侧，加之鱼类洄游特征，完全按中间线原则划界对中国不公平。中韩相关海域的

① DOALOS/OLA United Nations, “Territorial Sea and Contiguous Zone Act Law No. 3037, Promulgated on 31 December 1977, Amended by Law No. 14607, which was Promulgated on 21 March 2017,” https://www.un.org/Depts/los/LEGISLATIONANDTREATIES/PDFFILES/Territorial_Sea_and_Contiguous_Zone_Act_Law_No_14670_21_March_2017.pdf.

② DOALOS/OLA United Nations, “Exclusive Economic Zone Act No. 5151, Promulgated on 8 August 1996,” https://www.un.org/Depts/los/LEGISLATIONANDTREATIES/PDFFILES/KOR_1996_EEZAct.pdf. 韩国《专属经济区法》（第5151号法令）于1996年9月10日生效。

③ DOALOS/OLA United Nations, “Outer Limits of the Continental Shelf Beyond 200 Nautical Miles From the Baselines: Submission by the Republic of Korea,” 26 December 2012, https://www.un.org/Depts/los/clcs_new/submissions_files/submission_kor_65_2012.htm.

④ 中国人大网：《中华人民共和国专属经济区和大陆架法》，1998年6月26日公布施行，http://www.npc.gov.cn/wxzl/gongbao/2000-12/05/content_5004707.htm。

鱼类资源洄游性很强，大多数鱼种在中方一侧养育、繁殖，长成之后又洄游到韩方一侧。如果完全按照中间线划界，势必忽视中方的贡献和渔民的利益。[①] 如果采用“三阶段方法”（“等距离/有关情况”规则）来划分中韩两国的专属经济区和大陆架边界，需要考虑两国海岸线的长度比率和鱼类洄游特征，需要在临时等距离线基础上将最终的分界线向韩国一侧作适当调整。

三、中韩对对方的直线基线存在质疑

《公约》第7条第1款规定：在海岸线极为曲折的地方，或者如果紧接海岸有一系列岛屿，测算领海宽度的基线的划定可采用连接各适当点的直线基线法。[②] 韩方认为中国海岸形状不符合直线基线法条件，担心中国个别领海基点之间的距离过长，可能导致不当或过度扩大内水和管辖水域，从而造成海域划界时对韩国的不公平。[③] 韩国学者金宣杓（Sun Pyo Kim）和韩国外交部官员朴熙权（Hee Kwon Park）等对中国在黄海和东海的部分基点（9. 麻菜珩、10. 外磕脚、12. 海礁、13. 东南礁）提出了质疑。[④]

韩国的领海基线也存在部分领海基点间距离过远、领海基点离本土过远的问题。比如，韩国西南海岸基点13—14的基线线段长达60.3

① 李国强：《中韩海域划界谈判，幕已启路还长》，载《环球时报》2015年12月23日，https://opinion.huanqiu.com/article/9CaKrnJSyCM。

② 联合国：《联合国海洋法公约》，1982年12月10日通过，https://www.un.org/zh/documents/treaty/files/UNCLOS-1982.shtml。

③ 转引自：刘延华：《中韩启动海域划界谈判有利东亚和平稳定》，载《世界知识》2016年第2期，第28页。

④ Sun Pyo Kim, *Maritime Delimitation and Interim Arrangements in North East Asia*, Leiden, The Netherlands: Martinus Nijhoff Publishers, 2004, pp. 208-209; Hee Kwon Park, *The Law of Sea and Northeast Asia: A Challenge for Cooperation*, Kluwer Law International, 2000, pp. 25-26.

海里，明显过长。[①] 美国国务院海洋事务办公室发布的《海洋界限》研究报告第121期指出，直线基线长度一旦超过24海里，尤其是当被连接的地物相当小且孤立存在时，它周围的水域几乎不可能成为“充分接近陆地领土，使其受内水制度的支配”[②] 的水域。[③]

四、苏岩礁（离於岛）管辖权争议

苏岩礁（韩国称“离於岛”）位于东海北部中韩所主张专属经济区的重叠区域，是一个常年被淹没在水下的暗礁。苏岩礁地理坐标为北纬32°07′22.63″，东经125°10′56.81″。[④] 苏岩礁距中国舟山群岛最东端的海礁[⑤] 246千米（133海里），距中国佘山岛[⑥] 287千米（155海里）；苏岩礁距韩国马罗岛（Mara Island）149千米（80海里）；苏岩礁距日

① U.S. Department of State, “Straight Baseline and Territorial Sea Claims: South Korea,” *Limits in the Seas*, No. 121, 30 September 1998, p.8, https://www.state.gov/wp-content/uploads/2020/01/LIS-121.pdf.

② 《联合国海洋法公约》第7条第3款，参见：联合国:《联合国海洋法公约》，1982年12月10日通过，https://www.un.org/zh/documents/treaty/files/UNCLOS-1982.shtml。

③ U.S. Department of State, “Straight Baseline and Territorial Sea Claims: South Korea,” *Limits in the Seas*, No. 121, 30 September 1998, p.5, https://www.state.gov/wp-content/uploads/2020/01/LIS-121.pdf. 笔者需要指出的是，美国国务院《海洋界限》（*Limits in the Seas*）研究报告为一家之言，并非法律上权威观点。

④ 湖南地图出版社编:《中国海洋国土知识地图集》，长沙：湖南地图出版社2010年版，第20页；Korea Hydrographic and Oceanographic Agency, “Ieodo: About Ocean Research Station,” http://www.khoa.go.kr/eng/kcom/cnt/selectContentsPage.do?cntId=31080200，访问日期：2021年2月28日。

⑤ 海礁的坐标点为：北纬30°44.1′、东经123°09.4′。参见：国务院:《中华人民共和国政府关于中华人民共和国领海基线的声明》，1996年5月15日，https://www.fmprc.gov.cn/web/ziliao_674904/tytj_674911/tyfg_674913/t556673.shtml。

⑥ 佘山岛的坐标点为：北纬31°25.3′、东经122°14.6′。参见：国务院:《中华人民共和国政府关于中华人民共和国领海基线的声明》，1996年5月15日。

本鸟岛（又称“肥前鸟岛”）[①] 276千米（149海里）[②]（参见图2–1、彩插iii）。

苏岩礁及其附近海域拥有丰富的渔业资源和良好的油气远景。苏岩礁附近海域是台风的主要路径区域，既可以作为海洋环境和气象观测等海洋科学调查的据点，又可以作为安装海难救助和渔民救援设备的适合据点。苏岩礁附近海域具有重要的战略和军事价值，既是韩国南方航线需要经过的核心海域，也是中国军用船舶进出太平洋需要经过的重要海域之一。

多年来，韩国加强对苏岩礁的实际控制与开发。1987年，韩国在苏岩礁上设立航路浮标。1995年至2003年6月，韩国在苏岩礁上兴建了“离於岛海洋科学基地”（Ieodo Ocean Research Station）。2001年1月，韩国地理院（Korea Institute of Geology）将苏岩礁命名为“离於岛”（Ieodo）。韩国还在苏岩礁附近海域进行勘探活动，以求在划界谈判中占得先机。[③] 韩国水文与海洋署（Korea Hydrographic and Oceanographic Agency）认为，离於岛（即“苏岩礁”，笔者注）位于其海洋管辖之下。[④] 韩国水文与海洋署也承认，离於岛是一个水下礁石，无论在涨潮和退潮时都不会露出海平面，设立在离於岛之上的人工岛屿或海洋结构，没有自己的领海，其存在将不影响领海、专属经济区或大陆架的

① 日本鸟岛（肥前鸟岛）坐标点为北纬32°14′37″、东经128°06′16″。鸟岛隶属长崎县五岛市，位于日本男女群岛西北方向30千米处。

② 谷歌距离计算器（Google distance calculator）测算，2020年4月1日。

③ 刘延华：《中韩启动海域划界谈判有利东亚和平稳定》，载《世界知识》2016年第2期，第28页。

④ Korea Hydrographic and Oceanographic Agency, “About Ieodo: Considering by International Law,” http://www.khoa.go.kr/eng/kcom/cnt/selectContentsPage.do?cntId=31080103, accessed 10 April 2020.

划定。①

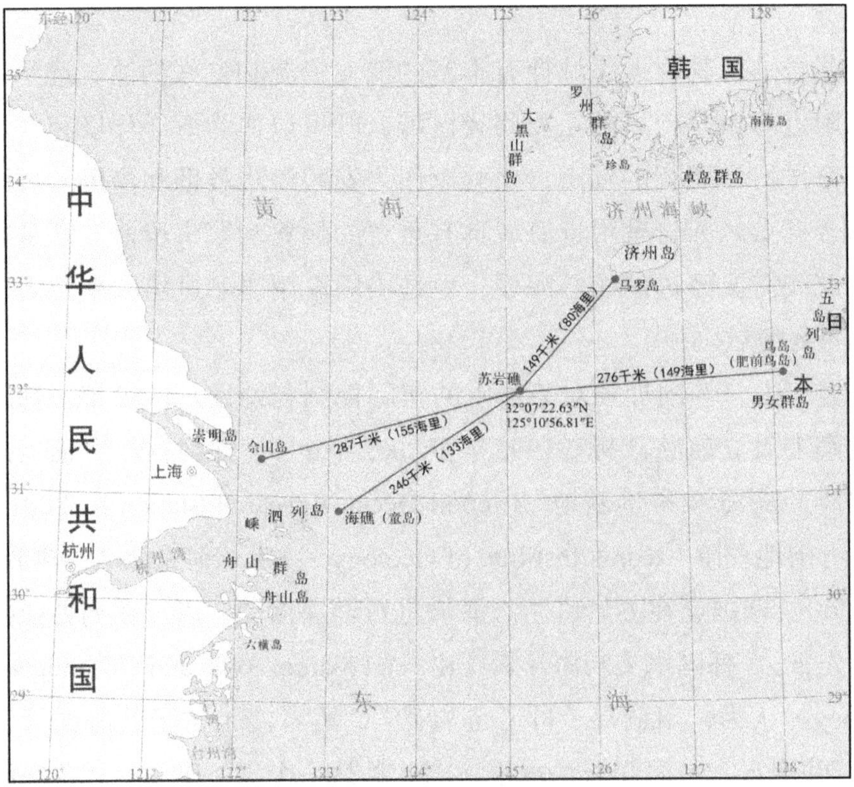

图2–1 苏岩礁位置示意图

审图号：GS（2022）2261号

中韩双方曾就苏岩礁问题达成共识，“该礁不具有领土地位，中韩双方不存在领土争端”。② 中国认为，“苏岩礁所处海域位于中韩专属经

① Korea Hydrographic and Oceanographic Agency, “About Ieodo: Considering by International Law,” http://www.khoa.go.kr/eng/kcom/cnt/selectContentsPage.do?cntId=31080103, accessed 10 April 2020.

② 中国外交部:《2012年3月12日外交部发言人刘为民举行例行记者会》，2012年3月12日，https://www.fmprc.gov.cn/zalt/chn/zgsd/t914637.htm。

济区主张重叠区，其归属须双方通过谈判解决”。[①] 中方多次就韩方在苏岩礁修建海洋观测站问题向韩方提出交涉，反对韩方在两国专属经济区主张重叠海域的单方面活动。[②] “中方在苏岩礁问题上的立场是一贯、明确的，韩方的单方面行动不能产生任何法律效果。”[③]

五、朝鲜和日本作为第三方因素

中韩在黄海的划界涉及第三方因素朝鲜。朝鲜和韩国是黄海东海岸的相邻国家，两国在西北群岛（朝韩称“西海五岛”）存在争议群岛。朝韩存在争议的西北岛屿包括：白翎岛（Paekryung Do，面积47km^2）、大青岛（Daechung Do，面积45km^2)、小青岛（Sochung Do，6km^2）、大延坪岛（Yeounpyung Do，面积7.25km^2）和隅岛（Woo Do，面积0.2km^2），上述5岛目前在韩国的实控下。[④] 澳大利亚学者维克托·普雷斯科特（Victor Prescott）和克莱夫·斯科菲尔德（Clive Schofield）划了两条等距离线，以显示朝鲜或韩国拥有争议群岛产生的效果（参见图1–1）。如果韩国拥有西北群岛，则中国与朝韩之间的三国海洋分界线潜在交接点（trijunction point）将位于北纬38°16′、东经123°36′附近的A点（参见图1–1）；如果朝鲜拥有西北群岛，则中国与朝韩之间的三国海洋分界线潜在交接点将位于北纬36°43′、东经124°02′附近的

---

① 中国外交部:《2012年3月12日外交部发言人刘为民举行例行记者会》，2012年3月12日，https://www.fmprc.gov.cn/zalt/chn/zgsd/t914637.htm。

② 中国外交部:《2006年9月14日外交部发言人秦刚在例行记者会上答记者问》，2006年9月14日，https://www.fmprc.gov.cn/web/gjhdq_676201/gj_676203/yz_676205/1206_676404/fyrygth_676412/t271883.shtml。

③ 同上。

④ Suk Kyoon Kim, “Korean Peninsula Maritime Issues,” *Ocean Development & International Law*, Vol. 41, No. 2 (April-June 2010), p.184.

B点（参见图1–1）。[①]

中韩在东海的划界涉及第三方因素日本。东海北部海域是中日韩三国海域的交汇处，该海域的大陆架主要是中国领土的自然延伸部分，包括韩国陆地向海的自然延伸，终止于冲绳海槽。针对东海部分海域200海里以外大陆架中日韩三国主张的重叠区域，三国之间的争端很难解决，三国在声索重叠区域设立共同开发区可能是唯一的出路。普雷斯科特和斯科菲尔德认为，划分中韩两国专属经济区重叠部分的等距离线，从北纬38°16′、东经123°36′附近的两国与朝鲜的三国海洋分界线潜在交接点延伸约510海里，到达北纬30°46′12″、东经125°55′30″处附近的两国与日本的三国海洋分界线潜在交接点。[②] 普雷斯科特和斯科菲尔德认为，中韩与日本的三国海洋分界线潜在交接点采用的是日韩1974年议定的共同开发区界线上的点6[③]（参见图3–1、彩插v）。但这个三国海洋分界线潜在交接点（北纬30°46′12″、东经125°55′30″）没有与中国协商过，且日韩共同开发区的西界已深入到中国东海大陆架中部。中国政府认为日韩共同开发区侵害了中国的大陆架权益主张，多次表示抗议。[④] 学者季国兴认为，三国海洋分界线潜在交接点应由中

---

① 〔澳〕维克托・普雷斯科特、克莱夫・斯科菲尔德:《世界海洋政治边界》，第303–304页；Victor Prescott and Clive Schofield, *The Maritime Political Boundaries of the World*, 2nd ed., Leiden, Netherlands: Brill Academic Publishers, 2004, p.442.

② 〔澳〕维克托・普雷斯科特、克莱夫・斯科菲尔德:《世界海洋政治边界》，第301页。

③ 同上，第301页。Choon-ho Park, *East Asia and the Law of the Sea*, p.132. 点6（北纬30°46′12″、东经125°55′30″）的坐标来自：DOALOS/OLA United Nations, “Agreement Concerning Joint Development of the Southern Part of the Continental Shelf Adjacent to the Two Countries,” 30 January 1974, Entry into force on 22 June 1978, https://www.un.org/Depts/los/LEGISLATIONANDTREATIES/PDFFILES/TREATIES/jap-kor1974south.pdf。

④ 中国外交部在1974年2月4日（参见《人民日报》1974年2月5日，第1版）、1977年6月13日（参见《人民日报》1977年6月14日，第1版）、1978年6月26日（参见《人民日报》1978年6月27日，第1版）、1980年5月7日（参见《人民日报》1980年5月8日，第1版）发表声明，表示抗议。

日韩三方通过谈判商定，三国海洋分界线潜在交接点应由点6（北纬30°46′12″、东经125°55′30″）向东北移动。[①]

第三节　中韩渔业协定分析

2000年8月3日，中韩两国签订《中华人民共和国政府和大韩民国政府渔业协定》（简称《中韩渔业协定》）。[②]2001年6月30日，《中韩渔业协定》正式生效。《中韩渔业协定》是两国在相向海域尚未完成专属经济区划界前就渔业问题作出的临时安排。在《中韩渔业协定》中，两国同意将沿岸国的专属经济区平均宽度划定为60海里，而这比《日韩渔业协定》和《中日渔业协定》所确定的35海里和52海里更为宽广。[③]

《中韩渔业协定》第1条规定：协定的适用水域（简称"协定水域"）为中国的专属经济区和韩国的专属经济区。

《中韩渔业协定》第7条设立了"暂定措施水域"，其外部界线由北纬37°00′/东经123°40′之点（A1）至北纬37°00′/东经123°40′之点（A17）等17个点顺次用直线连接而围成（参见图2–2、彩插iv）。双方在暂定措施水域采取共同的养护措施和量的管理措施。缔约各方在暂定措施水域对从事渔业活动的本国国民及渔船采取管理和其他必要措施，不对缔约另一方国民及渔船采取管理和其他措施。

《中韩渔业协定》第8条设立了"过渡水域"。中方一侧过渡水域

---

① 季国兴：《海洋划界通常遵循的原则和方法及对解决中日东海划界争议的建议》，载《日本研究集林》2007年下半年刊，第8–15页。

② 中国外交部：《中华人民共和国政府和大韩民国政府渔业协定》，2000年8月3日在北京签订，2001年6月30日生效，https://www.fmprc.gov.cn/web/wjb_673085/zzjg_673183/bjhysws_674671/bhfg_674677/t556669.shtml。

③ 马光：《中韩渔业合作与纠纷探析》，载《浙江社会科学》2014年第5期，第68页。

由北纬35°30′/东经121°55′之点（C1）至北纬35°30′/东经121°55′之点（C12）等12个点之间顺次用直线连接而围成（参见图2–2、彩插iv）。韩方一侧过渡水域由北纬35°30′/东经124°30′之点（K1）至北纬35°30′/东经124°30′之点（K14）等14个点之间顺次用直线连接而围成（参见图2–2、彩插iv）。为在过渡水域逐步实施专属经济区制度，缔约各方应采取适当措施，逐步调整并减少在缔约另一方一侧过渡水域作业的本国国民及渔船的渔业活动，以努力实现平衡。本协定生效之日起四年后，过渡水域适用第2—5条的规定（第8条第5款）。根据第8条第5款的规定，自2005年6月30日起，过渡水域已不复存在，分别纳入中、韩两国的专属经济区水域管理。①

根据韩国学者金贤秀的分析，中韩两国在设定暂定措施水域和过渡水域范围时综合考虑了海岸线形态、与海岸线距离、与假定中间线距离、双方水域面积、双方鱼类资源养护、现有渔业活动维系等相关因素。②

《中韩渔业协定》第9条涉及维持现有渔业活动水域。第9条规定：缔约双方在第7条第1款规定的暂定措施水域北限线所处纬度（北纬37度00分）以北的部分水域及第7条第1款规定的暂定措施水域和第8条第1款规定的过渡水域以南的部分水域，维持现有渔业活动，不将本国有关渔业的法律、法规适用于缔约另一方的国民及渔船，除非缔约双方另有协议。

① 转引自：董加伟:《论中韩、中日渔业协定框架下的传统捕鱼权保障》，载《东北亚论坛》2014年第4期，第37页。

② 金贤秀（김현수）:《韩中渔业协定的发展现状与未来展望》（한중 어업협정의 발효와 향후과제），载《军事论坛》（군사논단）2001年总第27卷，第139页。

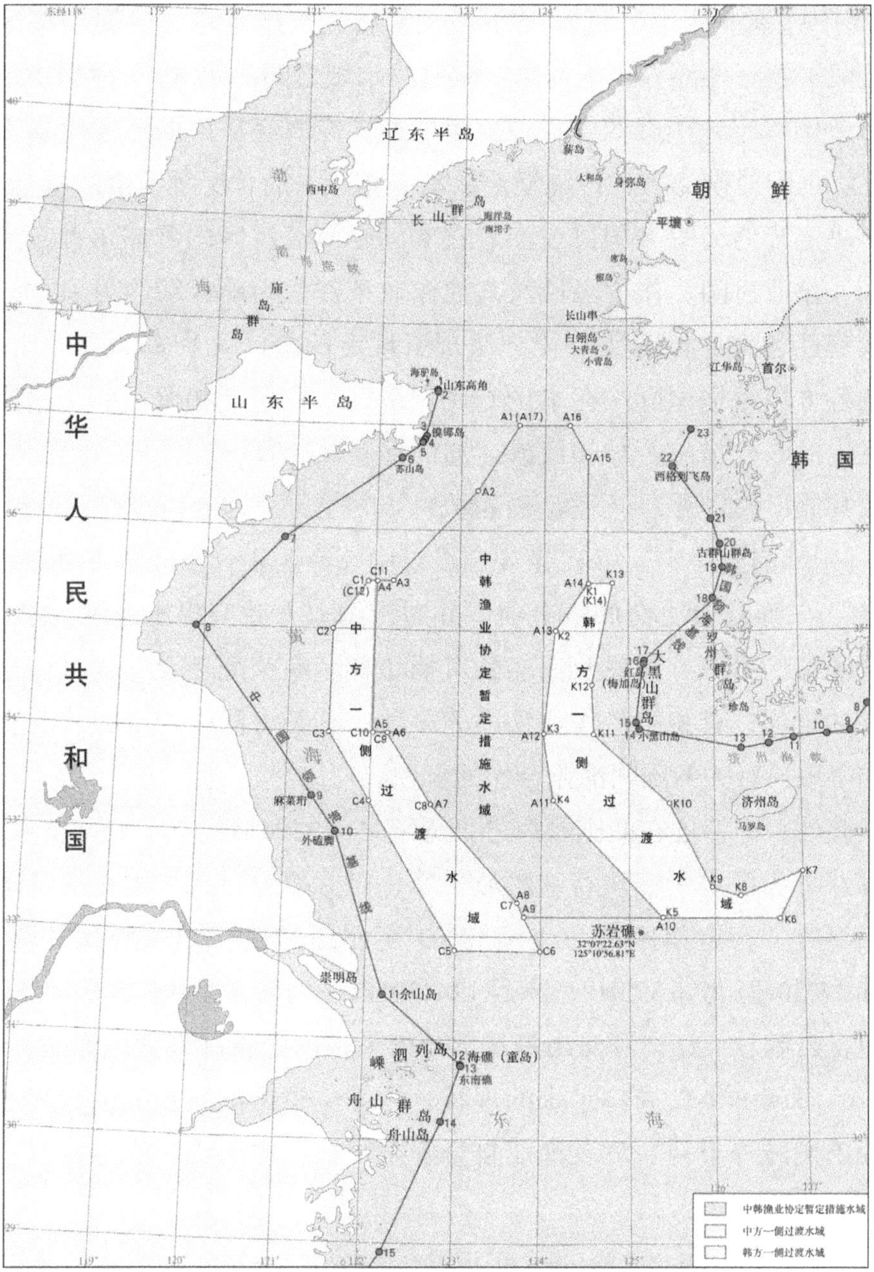

图2-2　中韩渔业协定水域示意图

审图号：GS（2022）2261号

《中韩渔业协定》第2—5条涉及专属经济区水域。专属经济区水域是两国领海外部界线至本国一侧过渡水域之间的水域。① 根据协定第2—5条的规定，中韩双方在综合考虑本国专属经济区的海洋生物资源状况、本国捕捞能力、传统渔业活动、相互入渔状况等因素的基础上，每年决定缔约另一方国民及渔船在本国专属经济区的可捕鱼种、渔获配额、作业时间、作业区域及其他作业条件。为确保缔约另一方的国民及渔船遵守本国有关法律、法规所规定的海洋生物资源养护措施，缔约各方可根据国际法在本国专属经济区采取包括扣留渔船、逮捕船员在内的必要措施。被扣留或逮捕的渔船或船员，在提出适当的保证书或其他担保之后，应迅速获得释放。

《中韩渔业协定》第13条规定设立中韩渔业联合委员会（简称“渔委会”）。渔委会协商如下事项，并向缔约双方政府提出建议：第3条规定的缔约另一方国民及渔船的可捕鱼种、渔获配额及其他具体作业条件的事项；有关维持作业秩序的事项；有关海洋生物资源状况和养护的事项；有关两国间渔业合作的事项。

此外，中韩还在两国领海外部界线之间的海域设立了特殊警戒区。中韩双方各设定了一块特殊水域，禁止对方船只进入，也称为特定禁区。韩方“特定禁区”为北纬38°03′至北纬37°30′、东经124°以东及北纬37°30′至北纬37°10′、东经124°30′以东海域。② 中方“特定禁区”为包含吕泗、长江口和舟山渔场部分海域在内的长江口管理渔区。③ 同时，鉴于朝鲜半岛局势紧张的现状，为避免中国渔船在韩朝交界水域作业引发涉外事件、危及渔船自身安全，根据中国渔政渔港监督管理

① 转引自：董加伟：《论中韩、中日渔业协定框架下的传统捕鱼权保障》，载《东北亚论坛》2014年第4期，第37页。

② 中国渔业协会：《2015年中韩渔业协定水域作业须知》，2014年11月，第15页。

③ 同注①。

局颁布的《关于实施〈中韩渔业协定〉有关问题的补充通知》（国渔政〔2001〕131号）规定，[①] 中国渔船暂不进入韩方“特定水域”（北纬37°30′至北纬37°、东经124°至东经124°30′及北纬37°10′至北纬37°、东经124°30′以东海域[②]）作业。

《中韩渔业协定》的实施加强了双方间养护和合理利用海洋生物资源的合作，维持了协定水域良好的渔业秩序，为解决两国渔业合作和处理海上渔业纠纷提供了依据和准则。

但是，由于该区域复杂的国际关系，以及长期存在的渔业利益冲突，《中韩渔业协定》仍存在一定的局限性。首先，协定中存在维持现有渔业活动水域即共同渔区，该水域的管理制度存在缺失。其次，维持海上渔业秩序和争端解决条款规定有待进一步完善。由于中国渔民对协定以及韩国的有关法律法规不熟悉、不适应，在传统作业习惯及经济利益的驱使下，部分渔民违规捕鱼案件频发。

本章小结

本章分析了中国与韩国在黄海南部和东海北部的海洋事务。中韩两国的海洋管辖主张有相似性，均主张12海里领海、24海里毗连区、200海里专属经济区和大陆边/200海里（CM/200）的大陆架外部界限。但两国基线的使用存在差异，韩国同时使用正常基线与直线基线，中国使用直线基线。

当前，中韩两国正在开展海域划界谈判。2015年12月，两国举行了中韩海域划界首轮会谈，同意建立三级谈判机制。中韩海域划界谈

① 转引自：董加伟：《论中韩、中日渔业协定框架下的传统捕鱼权保障》，载《东北亚论坛》2014年第4期，第37–38页。

② 中国渔业协会：《2015年中韩渔业协定水域作业须知》，2014年11月，第15页。

判目前主要面临以下挑战：一是划界原则上的分歧。韩国的专属经济区划界主张采取“中间线”原则，韩国在东海部分海域的大陆架划界上采取自然延伸原则；中国的专属经济区和大陆架划界坚持“公平”原则。二是对对方的直线基线存在质疑。韩方认为中国海岸形状不符合直线基线法条件；韩国的领海基线也存在部分领海基点间距离过远、领海基点离本土过远的问题。三是苏岩礁（离於岛）的管辖权争议。韩国在苏岩礁上兴建了“离於岛海洋科学基地”，加强对苏岩礁的实际控制与开发。中韩双方曾就苏岩礁问题达成共识，“该礁不具有领土地位，中韩双方不存在领土争端”。[①] 涉及苏岩礁管辖权的争议有望并入东海北部划界范围一揽子解决。四是朝鲜和日本作为第三方因素。中韩在黄海的划界涉及第三方因素朝鲜；中韩在东海的划界涉及第三方因素日本。

对于推进中韩海域划界，两国政府都具有高度的政治意愿，这为划界谈判提供了基础条件。中韩海域划界如能取得进展，将推动中日东海划界和中朝黄海划界的启动，也将展现中国与周边海上邻国和平谈判解决争端的诚意与信心。如果中韩采用“三阶段方法”（“等距离/有关情况”规则）来划分两国的专属经济区和大陆架界限，需要考虑两国海岸线的长度比率和鱼类洄游特征。考虑到中国一侧相关海岸线长度长于韩国一侧相关海岸线长度，以及大多数鱼种在中方一侧繁育但长成之后又洄游到韩方一侧的特征，需要在临时等距离线基础上将最终的分界线向韩国一侧作适当调整。

此外，本章还简要分析了中韩两国在黄海南部和东海北部的渔业关系。2000年8月，两国签订《中韩渔业协定》，2001年6月，《中韩渔业协定》正式生效。《中韩渔业协定》设立了“暂定措施水域”“过渡水

① 中国外交部：《2012年3月12日外交部发言人刘为民举行例行记者会》，2012年3月12日，https://www.fmprc.gov.cn/zalt/chn/zgsd/t914637.htm。

域”“维持现有渔业活动水域”“专属经济区水域”等不同的水域（参见图2–2、彩插iv），并设立了中韩渔业联合委员会。《中韩渔业协定》为解决两国渔业合作和处理海上渔业纠纷提供了依据和准则。

第三章

中国与日本在东海的海洋事务

中国与日本一衣带水，相隔东海比邻而望。中日之间存在钓鱼岛及其附属岛屿的领土问题。中日两国间的海域宽度不足400海里。中日在东海海域存在专属经济区和大陆架划界主张重叠，因此两国之间存在专属经济区和大陆架划界问题。1997年11月，两国签订《中日渔业协定》，对相关水域的渔业问题作出临时安排。本章将梳理日本的海洋管辖权主张，分析中日关于钓鱼岛及其附属岛屿领土争议，分析中日在东海的专属经济区和大陆架划界争议，分析《中日渔业协定》的内容和存在的局限。

第一节　日本的海洋管辖权主张分析

1983年2月7日，日本签署《联合国海洋法公约》(简称《公约》)。1996年6月20日，日本批准《公约》。[①] 自1996年7月20日起,《公约》

① United Nations Treaty Collection, "United Nations Convention on the Law of the Sea," https://treaties.un.org/Pages/ViewDetailsIII.aspx?src=TREATY&mtdsg_no=XXI-6&chapter=21&Temp=mtdsg3&clang=_en, accessed 28 March 2020.

对日本生效。① 中日两国主张的领海、毗连区、专属经济区宽度一致，但基线的使用、专属经济区和大陆架的划界方法却存在差异（参见表3–1）。

表3–1　中国与日本的海洋管辖权主张比较②

国家	是否批准《联合国海洋法公约》	是否立法基线	海洋管辖区域			
			领海	毗连区	专属经济区	大陆架外部界限
中国	1996年5月15日批准[1]	立法（直线基线）[2]	12海里	从领海基线算起不超过24海里	从领海基线算起不超过200海里	大陆边/200海里 2012年12月正式提交东海部分海域200海里以外大陆架外部界限划界案
日本	1996年6月20日批准	立法（正常基线与直线基线）[3]	12海里[4]	从领海基线算起不超过24海里	从领海基线算起不超过200海里	大陆边/200海里

注释：

[1] 中国人大网：《全国人民代表大会常务委员会关于批准〈联合国海洋法公约〉的决定》，1996年5月15日，http://www.npc.gov.cn/wxzl/gongbao/2000-12/16/content_5003571.htm。

[2] 国务院：《中华人民共和国政府关于中华人民共和国领海基线的声明》，1996年5月15日，https://www.fmprc.gov.cn/web/ziliao_674904/tytj_674911/tyfg_674913/t556673.shtml；中国政府网：《中华人民共和国政府关于钓鱼岛及其附属岛屿领海基线的声明》，2012年9月10日，http://www.gov.cn/jrzg/2012-09/10/content_2221140.htm。

[3] DOALOS/OLA United Nations, "Law on the Territorial Sea and the Contiguous Zone (Law No. 30 of 1977, as Amended by Law No. 73 of 1996)," https://

① DOALOS/OLA United Nations, "Outer Limits of the Continental Shelf Beyond 200 Nautical Miles From the Baselines: Submission by Japan," 27 December 2013, https://www.un.org/Depts/los/clcs_new/submissions_files/submission_jpn.htm.

② DOALOS/OLA United Nations, "Table of Claims to Maritime Jurisdiction (as at 15 July 2011)," http://www.un.org/Depts/los/LEGISLATIONANDTREATIES/PDFFILES/table_summary_of_claims.pdf，本书作者对本表作了相应更新。

www.un.org/Depts/los/LEGISLATIONANDTREATIES/PDFFILES/JPN_1996_Law.pdf.

[4] 日本在宗谷海峡、津轻海峡、对马海峡的东西水道、大隅海峡适用3海里的领海。参见：DOALOS/OLA United Nations, "Table of Claims to Maritime Jurisdiction (as at 15 July 2011)," http://www.un.org/Depts/los/LEGISLATIONANDTREATIES/PDFFILES/table_summary_of_claims.pdf。

日本的领海宽度为12海里。1977年5月2日，日本颁布了第30号法律《领海法》。《领海法》第1条第1款规定：日本的领海为自基线向海一侧延伸至12海里的海域。①《领海法》在1996年6月14日经1996年第73号法律修正，改为《领海及毗连区法》。②《领海及毗连区法》于1996年7月20日开始施行。《领海及毗连区法》附则规定了有关特定海域的领海范围：关于宗谷海峡、津轻海峡、对马海峡东水道、对马海峡西水道和大隅海峡（包括与这些海域分别邻接的海域，从船舶通常航行的航线来看，它们被认为分别与上述海域连成一体。简称"特定海域"），暂不适用第1条的规定。特定海域的领海为各自从基线向海一侧延伸至3海里及与此连接的线以内的海域。③

日本同时使用正常基线与直线基线。《领海法》第2条第1款规定：基线应为低潮线和横跨海湾口、海湾内或横跨河口所划的直线；对于属于内水的濑户内海（Seto Naikai），基线应为内阁命令规定的线，作

① DOALOS/OLA United Nations, "Law on the Territorial Sea (Law No. 30)," 2 May 1977, https://www.un.org/Depts/los/LEGISLATIONANDTREATIES/PDFFILES/JPN_1977_Law.pdf.

② DOALOS/OLA United Nations, "Law on the Territorial Sea and the Contiguous Zone (Law No. 30 of 1977, as Amended by Law No. 73 of 1996)," https://www.un.org/Depts/los/LEGISLATIONANDTREATIES/PDFFILES/JPN_1996_Law.pdf.

③ Ibid.

为其他与其相邻的海洋区域的边界。[①]《领海及毗连区法》第2条第1款规定：基线应为低潮线、直线基线和横跨海湾口或海湾内，或横跨河口所划的直线；对于属于内水的濑户内海，基线应为内阁命令规定的线，作为其他与其相邻的海洋区域的边界。[②] 日本1996年“《领海及毗连区法》执行令”（内阁令第206号）标明了本国海岸和海岛共有194个领海基点，162条直线基线线段，计15组。[③] 其中，116条（72%）线段长度小于24海里；31条（19%）线段长度介于24海里和48海里之间；15条（9%）线段长度大于48海里，最长的一段为85.2海里。[④]

日本的毗连区从领海基线算起不超过24海里。《领海及毗连区法》第4条第2款规定：毗连区从基线向海一侧延伸至24海里线的海洋区域（领海除外）。如果该24海里线的任何部分超过了从基线起算的中间

① DOALOS/OLA United Nations, “Law on the Territorial Sea (Law No. 30),” 2 May 1977, https://www.un.org/Depts/los/LEGISLATIONANDTREATIES/PDFFILES/JPN_1977_Law.pdf.

② DOALOS/OLA United Nations, “Law on the Territorial Sea and the Contiguous Zone (Law No. 30 of 1977, as Amended by Law No. 73 of 1996),” https://www.un.org/Depts/los/LEGISLATIONANDTREATIES/PDFFILES/JPN_1996_Law.pdf.

③ DOALOS/OLA United Nations, “Enforcement Order of the Law on the Territorial Sea and the Contiguous Zone (Cabinet Order No. 210 of 1977, as Amended by Cabinet Order No. 383 of 1993, and Cabinet Order No. 206 of 1996),” *Law of the Sea Bulletin*, No. 35, 1997, pp. 79-90, https://www.un.org/Depts/los/doalos_publications/LOSBulletins/bulletinpdf/bulletinE35.pdf; U.S. Department of State, “Straight Baseline and Territorial Sea Claims: Japan,” *Limits in the Seas*, No. 120, 30 April 1998, pp. 23-28, https://www.state.gov/wp-content/uploads/2020/01/LIS-120.pdf. 日本又于2001年颁布了最新的“《领海及毗连区法》执行令”（内阁令第434号），参见：DOALOS/OLA United Nations, “Enforcement Order of the Law on the Territorial Sea and the Contiguous Zone (Cabinet Order No. 210 of 1977, as Amended by Cabinet Order No. 383 of 1993, Cabinet Order No. 206 of 1996 and Cabinet Order No.434 of 2001),” https://www.un.org/Depts/los/LEGISLATIONANDTREATIES/PDFFILES/DEPOSIT/jpn_mzn61_2008.pdf。

④ U.S. Department of State, “Straight Baseline and Territorial Sea Claims: Japan,” *Limits in the Seas*, No. 120, 30 April 1998, p.6, https://www.state.gov/wp-content/uploads/2020/01/LIS-120.pdf.

线，则中间线（或日本与一外国同意用以代替中间线的线）应代替24海里线的该部分。[①]

日本的专属经济区从领海基线算起不超过200海里。日本在1996年6月14日颁布了《专属经济区和大陆架法》，该法于1996年7月20日开始施行。[②]《专属经济区和大陆架法》第1条第2款规定：专属经济区包括从日本的基线到其每一点距离日本基线最近点200海里的线之间的海洋区域（领海除外）及其海床和底土；如果该200海里线的任何部分超过了从日本基线起算的中间线（这里的“中间线”为每一点到日本基线的最近点和测算与日本海岸相向国家领海宽度的基线的最近点距离相等的线），则中间线（或日本与一外国同意代替中间线的线）应取代200海里线的该部分。

日本的大陆架外部界限主张为“大陆边/200海里”（CM/200）。日本1996年《专属经济区和大陆架法》第2条规定：日本按照《联合国海洋法公约》行使沿海国对其大陆架的主权权利和其他权利，大陆架包括如下海洋区域的海床及其底土:（1）日本基线和每一点到日本基线最近点200海里线之间的海洋区域（领海除外）。如果该200海里线的任何部分超过了从日本基线起算的中间线，则中间线（或日本与一外国同意代替中间线的线和应由内阁命令规定的连接这些线所划的线）应取代200海里线的该部分。（2）与前款所指海洋区域相邻的向海一侧的海洋区域（限于每一点从日本基线最近点到200海里线的海洋部分），

① DOALOS/OLA United Nations, “Law on the Territorial Sea and the Contiguous Zone (Law No. 30 of 1977, as Amended by Law No. 73 of 1996),” https://www.un.org/Depts/los/LEGISLATIONANDTREATIES/PDFFILES/JPN_1996_Law.pdf.

② DOALOS/OLA United Nations, “Law on the Exclusive Economic Zone and the Continental Shelf (Law No. 74 of 1996),” *Law of the Sea Bulletin*, No. 35, 1997, pp. 94-96, https://www.un.org/Depts/los/doalos_publications/LOSBulletins/bulletinpdf/bulletinE35.pdf.

由内阁按照《联合国海洋法公约》第76条发布命令规定。[①] 从日本1996年《专属经济区和大陆架法》的规定来看，日本仍然主张与相关国家之间的大陆架划界采用中间线方法；其第2条第2款虽然避免提到“自然延伸”一词，但实质强调根据《公约》第76条的规定，日本应享有200海里范围以外基于自然延伸的大陆架。[②]

2008年11月12日，日本向大陆架界限委员会提交划界案（简称“日本划界案”）。[③] 日本划界案的目的是，在位于日本主岛南部和东南部的7个地区确立其从测算领海宽度的基线量起200海里以外的大陆架的外部界限。7个地区包括:（1）南九州—帕劳海岭地区;（2）南硫黄岛地区;（3）南鸟岛地区;（4）莫日海山地区;（5）小笠原海台地区;（6）南冲大东海岭地区;（7）四国海盆地区。2009年2月6日，中国政府就日本划界案表明了以下立场，认为冲之鸟礁不具备拥有任何范围大陆架的权利基础，日本划界案中以冲之鸟礁为基点划出的200海里以内及以外的部分均超出了《公约》有关委员会作出建议的授权，“中国政府谨要求委员会不对上述部分采取任何行动”。[④]

在东海大陆架划界的问题上，日本与中、韩的主张有着深刻的利益冲突，日本针对中、韩提交了抗议照会。2009年5月11日，中、韩

---

① DOALOS/OLA United Nations, “Law on the Exclusive Economic Zone and the Continental Shelf (Law No. 74 of 1996),” *Law of the Sea Bulletin*, No. 35, 1997, pp. 94-95, https://www.un.org/Depts/los/doalos_publications/LOSBulletins/bulletinpdf/bulletinE35.pdf; 张海文、李红云主编:《世界海洋法译丛·亚洲卷》，青岛：青岛出版社2017年版，第96–97页。

② 袁古洁:《国际海洋划界的理论与实践》，北京：法律出版社2001年版，第188页。

③ Government of Japan, “Japan’s Submission to the Commission on the Limits of the Continnental Shelf,” 12 November 2008, https://www.un.org/Depts/los/clcs_new/submissions_files/jpn08/jpn_execsummary.pdf.

④ 中国常驻联合国代表团:《中国政府对2008年11月12日日本划界案的立场》，2009年2月6日，https://www.un.org/Depts/los/clcs_new/submissions_files/jpn08/chn_6feb09_c.pdf。

提交东海200海里以外大陆架的初步信息后，日本于2009年7月23日分别向联合国秘书长提交了两份针对中[1]、韩[2]的措辞几乎完全相同的抗议照会。日本在其照会中指出，中、韩初步信息中涉及的日本与中、韩相向海岸间的距离小于400海里，相关国家间不足400海里时不能根据《公约》的规定建立200海里以外大陆架的外部界限，该区域大陆架的界限应按照《公约》第83条由日中和日韩协议划定。2012年，中、韩正式提交了东海部分划界案之后，日本又分别于2012年12月18日[3]和2013年1月11日[4]向联合国秘书长提交了两份措辞相似的针对中、韩正式划界案的抗议照会。日本在这两份照会中重申了其在2009年抗议照会中的立场，即相向海岸间距离小于400海里的沿海国不能单方面建立200海里以外大陆架的外部界限；日本同时援引了大陆架界限委员会《议事规则》附件一第5（a）款规定，认为中、韩在东海的划界案涉及的区域属于争端区域，郑重要求大陆架界限委员会不审议中、韩两国的划界案。

1974年1月30日，日本与韩国签署了《关于确定邻接两国的大

① DOALOS/OLA United Nations, "Japan – Note Verbale Dated 23 July 2009 in Relation to the Preliminary Information by China," SC/09/246, 23 July 2009, https://www.un.org/Depts/los/clcs_new/submissions_files/preliminary/jpn_re_chn2009e.pdf.

② DOALOS/OLA United Nations, "Japan – Note Verbale Dated 23 July 2009 in Relation to the Preliminary Information by the Republic of Korea," SC/09/248, 23 July 2009, https://www.un.org/Depts/los/clcs_new/submissions_files/preliminary/jpn_re_kor2009e.pdf.

③ DOALOS/OLA United Nations, "Communications Received with Regard to the Submission Made by China to the CLCS: Japan," SC/12/372, 28 December 2012, https://www.un.org/depts/los/clcs_new/submissions_files/chn63_12/jpn_re_chn_28_12_2012.pdf.

④ DOALOS/OLA United Nations, "Communications Received with Regard to the Submission Made by the Republic of Korea to the CLCS: Japan," SC/13/019, 11 January 2013, https://www.un.org/depts/los/clcs_new/submissions_files/kor65_12/jpn_re_kor_11_01_2013.pdf.

陆架北部边界的协定》[①] 和《关于共同开发邻接两国的大陆架南部的协定》[②]（上述两个协定简称“1974年协定”）。上述两个协定都于1978年6月22日生效。上述两个协定为日韩单方协定。在日韩《关于共同开发邻接两国的大陆架南部的协定》中，两国私自划定24,092平方海里（82,633平方千米）[③] 的所谓“日韩共同开发区”（参见图3-1、彩插v）。日韩共同开发区划分成若干区块，每个区块由双方的特许权持有人进行勘探和开发（第3条）；双方的特许权持有人有权平等分享从共同开发区内开采出的自然资源，并平等分担为勘探和开发这种自然资源产生的合理费用（第9条）；建立并维持一个联合委员会，作为对执行本协定有关事项进行协商的机构（第24条）；协定有效期限为50年（第31条）。[④] 日韩共同开发区由20个坐标点以直线连接而围成（第2条）。其中，点6（北纬30°46′12″、东经125°55′30″）被有关学者认为是中日韩在东海的三国海洋分界线潜在交接点。[⑤]

1978年6月22日，日韩《关于共同开发邻接两国的大陆架南部的协定》生效后，日本政府和韩国政府即正式发布共同开发区分区块划分公

---

① DOALOS/OLA United Nations, “Agreement Between Japan and the Republic of Korea Concerning the Establishment of Boundary in the Northern part of the Continental Shelf Adjacent to the Two Countries,” Signed on 30 January 1974, https://www.un.org/Depts/los/LEGISLATIONANDTREATIES/PDFFILES/TREATIES/jap-kor1974north.pdf.

② Ibid.

③ Choon-ho Park, *East Asia and the Law of the Sea*, Seoul: Seoul National Unversity Press, 1983, p.132.

④ DOALOS/OLA United Nations, “Agreement Between Japan and the Republic of Korea Concerning Joint Development of the Southern Part of the Continental Shelf Adjacent to the Two Countries,” Signed on 30 January 1974, https://www.un.org/Depts/los/LEGISLATIONANDTREATIES/PDFFILES/TREATIES/jap-kor1974south.pdf.

⑤ 〔澳〕维克托·普雷斯科特、克莱夫·斯科菲尔德：《世界海洋政治边界》，吴继陆、张海文译，北京：海洋出版社2014年版，第301页。Choon-ho Park, *East Asia and the Law of the Sea*, p.132.

告。[①] 日韩共同开发区共有9个分区（参见图3–1、彩插v），面积分别为：2,161平方千米（630平方海里，分区I），261平方千米（76平方海里，分区II），113平方千米（33平方海里，分区III），21平方千米（6平方海里，分区IV），12,523平方千米（3,651平方海里，分区V），120平方千米（35平方海里，分区VI），40,370平方千米（11,770平方海里，分区VII），16,361平方千米（4,770平方海里，分区VIII），10,736平方千米（3,130平方海里，分区IX）。[②] 1987年8月，日韩又订立一个有关在矿区内进行勘探和开发活动的新协定，分区数目从原来的9个减少到6个。[③]

1974年2月4日，中国外交部发言人受权声明："中国政府认为，根据大陆架是大陆自然延伸的原则，东海大陆架理应由中国和有关国家协商确定如何划分。现在，日本政府和南朝鲜当局背着中国在东海大陆架划定所谓日、韩'共同开发区'，这是侵犯中国主权的行为。对此，中国政府决不能同意。如果日本政府和南朝鲜当局在这一区域擅自进行开发活动，必须对由此引起的一切后果承担全部责任。"[④]

---

① DOALOS/OLA United Nations, "Agreement Between Japan and the Republic of Korea Concerning Joint Development of the Southern Part of the Continental Shelf Adjacent to the Two Countries," Signed on 30 January 1974. 蔡鹏鸿：《争议海域共同开发的管理模式：比较研究》，上海：上海社会科学院出版社1998年版，第114页。

② U.S. Department of State, "Continental Shelf Boundary and Joint Development Zone: Japan–Republic of Korea," *Limits in the Seas*, No. 75, 2 September 1977, p.6, https://www.state.gov/wp-content/uploads/2019/11/LIS-75.pdf.

③ 蔡鹏鸿：《争议海域共同开发的管理模式：比较研究》，上海：上海社会科学院出版社1998年版，第116页。Jee-hyun Choi, "Korea–Japan JDZ to End in Deadlock? The Potential for Unilateral Korean Exploration and Exploitation," *Ocean Development & International Law*, Vol. 51, No. 2 (2020), pp. 162-174.

④ 新华社1974年2月4日讯，《中华人民共和国外交部发言人声明》。参见：《人民日报》1974年2月5日，第1版。

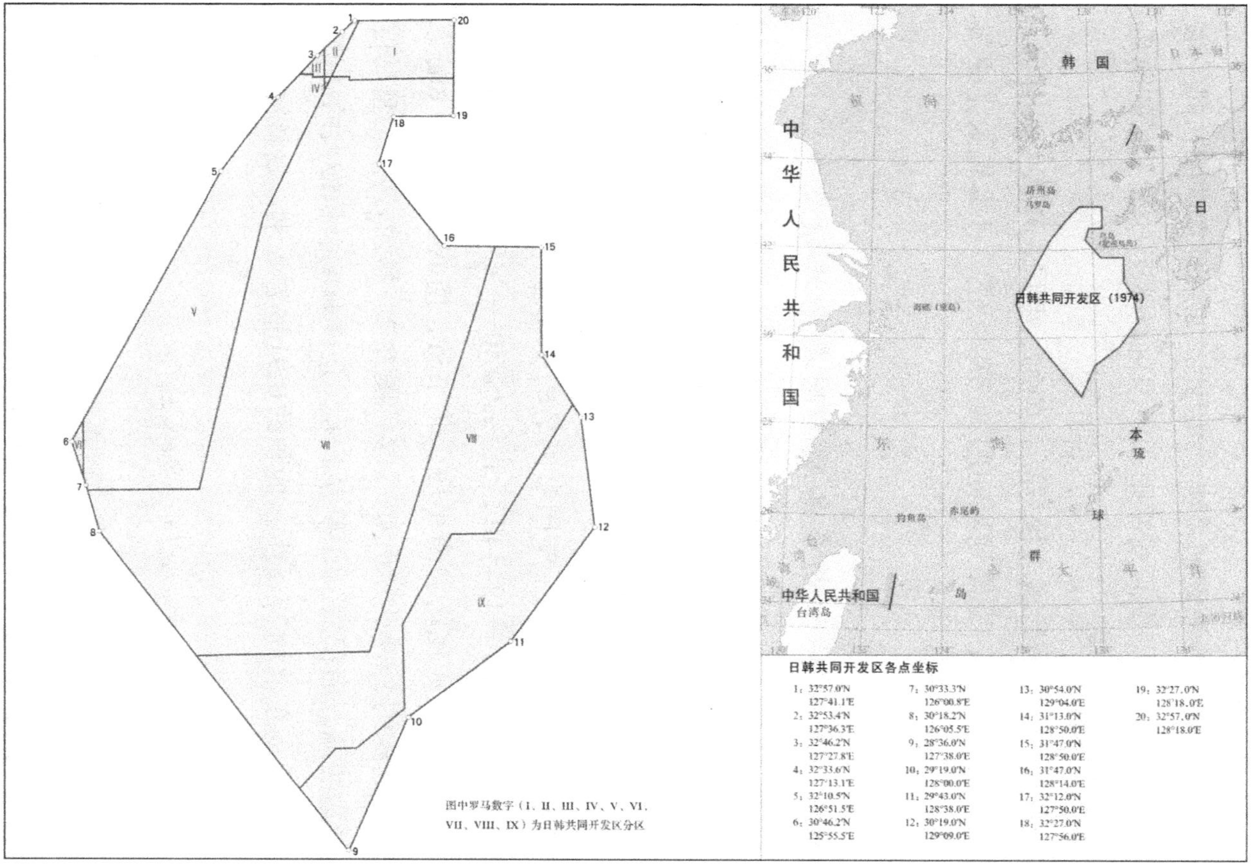

图3–1　日韩共同开发区示意图

审图号：GS（2022）2261号

在日韩1974年《关于共同开发邻接两国的大陆架南部的协定》中，日本同意在中间线自身一侧与一个竞争性声索国开展共同开发，这一事实可能意味着对中间线原则的妥协。[①] 因此，如果日本试图在同一水域的毗邻部分对中国采用中间线原则，中国可以基于日本主张的前后矛盾这一原因予以拒绝。[②]

日本与其所有的7个邻国（俄罗斯、朝鲜、韩国、中国、菲律宾、帕劳和美国）之间均存在海洋划界问题。迄今为止，日本尚未完成与任何一个邻国的海洋划界。[③]

第二节　中日关于钓鱼岛及其附属岛屿领土争议

钓鱼岛及其附属岛屿的主权归属是中日两国在东海争议的核心议题之一。中国政府认为，钓鱼岛及其附属岛屿是中国领土不可分割的一部分，中国对其拥有无可争辩的主权。[④]

钓鱼岛及其附属岛屿位于中国台湾岛的东北部，是台湾的附属岛屿，分布在东经123°20′—124°40′，北纬25°40′—26°00′之间的海域，由钓鱼岛、黄尾屿、赤尾屿、南小岛、北小岛、南屿、北屿、飞屿等岛礁组成，总面积约5.69平方千米[⑤]（参见图3-2、彩插vi）。钓鱼岛位于该海域的最西端，面积约3.91平方千米，是该海域面积最大的岛屿。黄尾屿位于钓鱼岛东北约27千米，面积约0.91平方千米，是该海域的

① Choon-ho Park, *East Asia and the Law of the Sea*, p.260.

② Ibid.

③ 张海文编著：《〈联合国海洋法公约〉与中国》，北京：五洲传播出版社2014年版，第93页。

④ 国务院新闻办公室：《钓鱼岛是中国的固有领土》，2012年9月，http://www.scio.gov.cn/ztk/dtzt/85/4/Document/1222687/1222687.htm。

⑤ 同上。

第二大岛。赤尾屿位于钓鱼岛东北约110千米，是该海域最东端的岛屿，面积约0.065平方千米。[①]

2010年9月的中国渔船船长在钓鱼岛海域被日方抓扣事件，以及2012年9月10日日本政府宣布“购买”钓鱼岛及附属的南小岛、北小岛事件，使得中日关系急剧恶化，显示了钓鱼岛及其附属岛屿领土争议的敏感性和严重性。

一、中国的主张及其依据

2012年9月，中国国务院新闻办公室发表的《钓鱼岛是中国的固有领土》白皮书指出，无论从历史、地理还是从法理的角度来看，钓鱼岛都是中国的固有领土，中国对其拥有无可争辩的主权。中国的主要依据有以下几条：

中国最先发现、命名和利用钓鱼岛。目前所见最早记载钓鱼岛、赤尾屿等地名的史籍，是成书于1403年（明永乐元年）的《顺风相送》。这表明，早在14、15世纪中国就已经发现并命名了钓鱼岛。[②]

中国对钓鱼岛实行了长期管辖。1561年（明嘉靖四十年），明朝驻防东南沿海的最高将领胡宗宪主持、郑若曾编纂的《筹海图编》一书，明确将钓鱼岛等岛屿编入“沿海山沙图”，纳入明朝的海防范围内。1871年（清同治十年）刊印的陈寿祺等编纂的《重纂福建通志》卷八十六将钓鱼岛列入海防冲要，隶属台湾府噶玛兰厅（今台湾省宜兰县）管辖。[③]

---

① 国务院新闻办公室:《钓鱼岛是中国的固有领土》，2012年9月，http://www.scio.gov.cn/ztk/dtzt/85/4/Document/1222687/1222687.htm。

② 同上。

③ 同上。

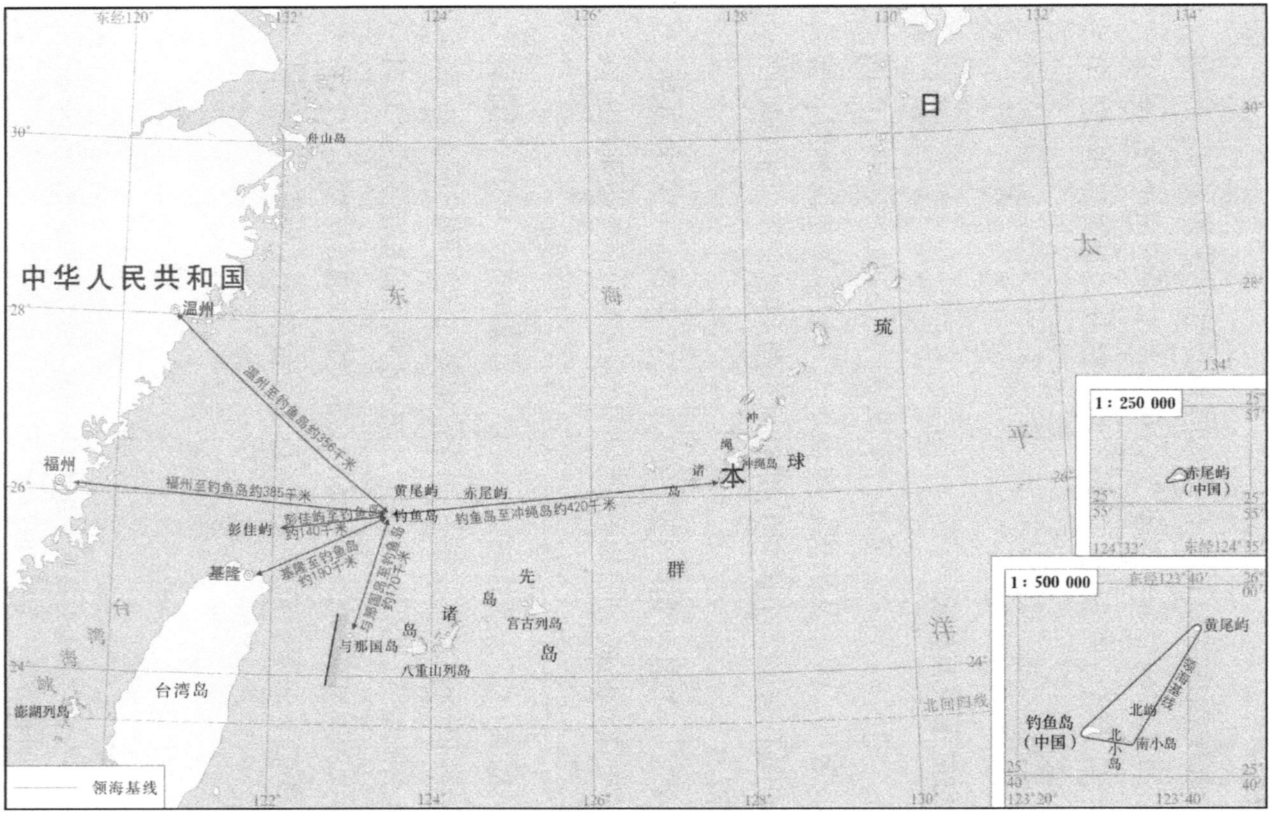

图3–2　中国钓鱼岛及其附属岛屿位置示意图

审图号：GS（2022）2261号

（图3–2中，钓鱼岛距离各点的数据引自：《中华人民共和国钓鱼岛及其附属岛屿地图》，北京：星球地图出版社2012年版）

中外地图标绘钓鱼岛属于中国。1579年（明万历七年）明朝册封使萧崇业所著《使琉球录》中的“琉球过海图”、1629年（明崇祯二年）茅瑞徵撰写的《皇明象胥录》、1767年（清乾隆三十二年）绘制的《坤舆全图》、1863年（清同治二年）刊行的《皇朝中外一统舆图》等，都将钓鱼岛列入中国版图。日本最早记载钓鱼岛的文献为1785年林子平所著《三国通览图说》的附图“琉球三省并三十六岛之图”，该图将钓鱼岛列在琉球三十六岛之外，并与中国大陆绘成同色，意指钓鱼岛为中国领土的一部分。1809年法国地理学家皮耶·拉比等绘《东中国海沿岸各国图》，将钓鱼岛、黄尾屿、赤尾屿绘成与台湾岛相同的颜色。1811年英国出版的《最新中国地图》、1859年美国出版的《柯顿的中国》、1877年英国海军编制的《中国东海沿海自香港至辽东湾海图》等地图，都将钓鱼岛列入中国版图。①

美日对钓鱼岛私相授受非法无效。第二次世界大战结束后，根据《开罗宣言》和《波茨坦公告》，中国收回日本侵占的台湾、澎湖列岛等领土，钓鱼岛及其附属岛屿在国际法上业已回归中国。② 但20世纪50年代，美国擅自将钓鱼岛纳入其托管范围，70年代美国将钓鱼岛“施政权”“归还”日本。美日对钓鱼岛进行私相授受，严重侵犯了中国的领土主权，是非法的、无效的，没有也不能改变钓鱼岛属于中国的事实。③

作为钓鱼岛问题的一个直接相关方，中国台湾地区曾在《对钓鱼台列屿的主权主张与“东海和平倡议”》中提出，从历史、地理、地质、

① 国务院新闻办公室:《钓鱼岛是中国的固有领土》，2012年9月，http://www.scio.gov.cn/ztk/dtzt/85/4/Document/1222687/1222687.htm。

② 中国外交部:《中华人民共和国外交部声明》，2012年9月10日，https://www.fmprc.gov.cn/diaoyudao/chn/flfg/zcfg/t1304548.htm。

③ 国务院新闻办公室:《钓鱼岛是中国的固有领土》，2012年9月，http://www.scio.gov.cn/ztk/dtzt/85/4/Document/1222687/1222687.htm。

使用与国际法来看，钓鱼岛及其附属岛屿都是中国的固有领土。[①]

历史：钓鱼岛及其附属岛屿系中国人最早发现、命名及使用。明朝将钓鱼岛及其附属岛屿纳入海防体系，清朝纳入版图。中、日、琉外交文书中均确认琉球领土不含钓鱼岛及其附属岛屿。[②]

地理：钓鱼岛及其附属岛屿位于台湾东北方的东海中，南距基隆102海里，北距冲绳首府那霸230海里，距离最近的台湾领土彭佳屿73海里，距最近的日本领土与那国岛则为76海里。[③] 钓鱼岛及其附属岛屿位于黑潮向北流经之处，并与台湾属于同一个季风走廊，因此从台湾北部来此，既顺风又顺流，甚为方便，由琉球来此则较为不便。[④]

地质：钓鱼岛位于东海大陆架的边缘，为一贯穿第三纪岩层喷出的火山岛，是台湾北部大屯山、观音山脉延伸入海底的凸出部分，在地质上与台湾东北方花瓶屿、棉花屿、彭佳屿一脉相承。从水深与地质来看，钓鱼台列屿（即“钓鱼岛及其附属岛屿”，笔者注）与琉球群岛具有显著差异。[⑤]

使用：钓鱼岛及其附属岛屿为台湾东北海岸台北、基隆、苏澳地区渔民的传统渔场。中国人民对该列屿的使用，在过去数百年间，是司空见惯的事。[⑥]

国际法：钓鱼岛及其附属岛屿在1885年时并非无主地，日本不能主张“先占”；1885年日本一度企图窃占，但未敢实施；甲午之战，清

① 参见：台湾“外交部”：《“中华民国”对钓鱼台列屿的主权主张与“东海和平倡议”》，2013年8月6日，https://www.mofa.gov.tw/News_Content.aspx?n=214&s=62392。本书对于台湾文件中“中华民国”和“钓鱼台列屿”的表述作了对应的修改，表述为“中国台湾地区（中国台湾）”和“钓鱼岛及其附属岛屿（钓鱼岛）”。

② 同上。

③ 同上。

④ 同上。

⑤ 同上。

⑥ 同上。

廷大败，日本趁机侵略窃占；第二次世界大战后钓鱼岛及其附属岛屿应随同台湾归还中国；日本并不能引用国际法上的“时效”原则取得钓鱼岛主权。[①]

二、日本的主张和中国的反驳

日本政府对于钓鱼岛的基本立场是，“尖阁诸岛（即钓鱼岛及其附属岛屿）是日本固有领土，这无论是在历史上还是在国际法上都很明确，实际上日本有效控制着该诸岛”。[②] 因此，“根本不存在围绕尖阁诸岛要解决的领有权问题”[③]。日本政府对此列举了一些所谓的“依据”，中国政府和台湾当局都进行了相应的反驳。

日本政府第一个“依据”是，钓鱼岛不包含在1952年4月生效的“旧金山和约”第2条规定的日本所放弃的领土之内，而是包含在该条约第3条规定的作为西南诸岛的一部分被置于美国施政之下。后来又根据1972年5月生效的“归还冲绳协定”，“尖阁诸岛被包含在把施政权归还给日本的地区之内”。[④]

对此，中国政府的批驳是，1951年9月8日，美国等一些国家在排除中国的情况下，与日本缔结了“旧金山和约”，规定北纬29°以南的西南诸岛等交由联合国托管，而美国为唯一施政当局。[⑤] 需要指出的是，该条约所确定的交由美国托管的西南诸岛并不包括钓鱼岛。1971

---

① 台湾“外交部”:《“中华民国”对钓鱼台列屿的主权主张与“东海和平倡议”》，2013年8月6日发布，https://www.mofa.gov.tw/News_Content.aspx?n=214&s=62392。

② 日本外务省:《关于尖阁诸岛的基本见解》，2012年11月，https://www.cn.emb-japan.go.jp/territory/senkaku/basic_view.html。

③ 同上。

④ 同上。

⑤ 国务院新闻办公室:《钓鱼岛是中国的固有领土》，2012年9月，http://www.scio.gov.cn/ztk/dtzt/85/4/Document/1222687/1222687.htm。

年6月17日，美日签署“归还冲绳协定”，将琉球群岛和钓鱼岛的“施政权”“归还”给日本。1971年12月30日，中国外交部发表严正声明指出：“美、日两国政府在‘归还’冲绳协定中，把我国钓鱼岛等岛屿列入‘归还区域’，完全是非法的，这丝毫不能改变中华人民共和国对钓鱼岛等岛屿的领土主权。”① 台湾当局对此也表示坚决反对。

日本政府的第二个“依据”是，钓鱼岛在历史上始终都是日本领土西南诸岛的一部分。自1885年以来，日本政府通过冲绳县政府等途径多次对尖阁诸岛进行实地调查，慎重确认钓鱼岛不仅为无人岛，而且也没有受到清朝统治的痕迹。1895年1月14日，由内阁会议（“阁议”）决定在岛上建立标桩，以正式编入日本领土之内。②

对此，中国政府的批驳是，钓鱼岛属于中国，根本不是“无主地”。③ 在日本人“发现”钓鱼岛之前，中国已经对钓鱼岛实施了长达数百年有效管辖，是钓鱼岛无可争辩的主人。日本大量官方文件证明，日本完全清楚钓鱼岛早已归属中国，绝非国际法上的无主地。日本所谓依据“先占”原则将钓鱼岛作为“无主地”“编入”其版图，是侵占中国领土的非法行为，不具有国际法效力。台湾当局也认为，在1895年的前200多年，钓鱼岛及其附属岛屿已随台湾纳入了清朝版图，并非无主地。④

日本政府的第三个“依据”是，钓鱼岛不包含在1895年《马关条

---

① 中国外交部：《中华人民共和国外交部声明》，1971年12月30日，https://www.fmprc.gov.cn/diaoyudao/chn/flfg/zcfg/t1304543.htm。

② 日本外务省：《尖阁诸岛：尖阁诸岛问答》，https://www.cn.emb-japan.go.jp/territory/senkaku/question-and-answer.html#q1，访问日期：2020年4月16日。

③ 国务院新闻办公室：《钓鱼岛是中国的固有领土》，2012年9月，http://www.scio.gov.cn/ztk/dtzt/85/4/Document/1222687/1222687.htm。

④ 台湾“外交部”：《“中华民国”对钓鱼台列屿的主权主张与“东海和平倡议”》，2013年8月6日，https://www.mofa.gov.tw/News_Content.aspx?n=214&s=62392。

约》规定的由清朝割让给日本的台湾及澎湖诸岛当中。[1]

对此，中国政府的批驳是，日本通过不平等的《马关条约》迫使清朝割让包括钓鱼岛在内的"台湾全岛及所有附属各岛屿"。[2] 台湾当局也认为，日本趁甲午之战中国战败之际窃占钓鱼岛及其附属岛屿，而钓鱼岛及其附属岛屿本属台湾之一部，而台湾依据《马关条约》割让予日本，该条约第2条规定台湾的范围是"台湾全岛及所有附属各岛屿"，钓鱼岛及其附属岛屿当然亦在"各附属岛屿中"其中，一并割让给日本。[3] 因此在1895年之后，日本统治台湾（含钓鱼岛及其附属岛屿）50年的唯一法律依据，就是《马关条约》。[4]

日本政府的第四个"依据"是，明治二十八年（1895）迄今（1971），尚未受到世界上任何国家之抗议而平稳地使用该列岛。[5] 日本的这一"依据"涉及国际法上的"时效"原则。

对此，中国政府的批驳是，长期以来，中国为维护钓鱼岛的主权进行了坚决斗争。[6] 1958年，中国政府发表领海声明，宣布台湾及其周围各岛属于中国。[7] 台湾当局也认为，自1895—1945年，日本殖民统治台湾期间，钓鱼岛及其附属岛屿既为台湾属岛，故与台湾俱为日本领土，日本人使用该岛自无他国抗议；自1945—1972年美军托管期间，

---

① 日本外务省:《尖阁诸岛：尖阁诸岛问答》，https://www.cn.emb-japan.go.jp/territory/senkaku/question-and-answer.html#q1，访问日期：2020年4月16日。

② 国务院新闻办公室:《钓鱼岛是中国的固有领土》，2012年9月，http://www.scio.gov.cn/ztk/dtzt/85/4/Document/1222687/1222687.htm。

③ 台湾"外交部":《"中华民国"对钓鱼台列屿的主权主张与"东海和平倡议"》，2013年8月6日，https://www.mofa.gov.tw/News_Content.aspx?n=214&s=62392。

④ 同上。

⑤ 同上。

⑥ 国务院新闻办公室:《钓鱼岛是中国的固有领土》，2012年9月，http://www.scio.gov.cn/ztk/dtzt/85/4/Document/1222687/1222687.htm。

⑦ 中国外交部:《中华人民共和国政府关于领海的声明》，1958年9月4日，https://www.fmprc.gov.cn/diaoyudao/chn/flfg/zcfg/t1304542.htm。

钓鱼岛及其附属岛屿并不在日本统治之下，亦不在任何国家的名义下受到统治，因此美军托管并无主权上的意义。而从1968年至今，钓鱼岛及其附属岛屿问题已具争议性，台湾当局也一再主张主权并对日本多次提出抗议，故并无日本所提的时效问题。①

三、钓鱼岛及其附属岛屿领土争议的未来解决

中日两国在钓鱼岛问题上的立场严重对立，中国政府提出了“搁置争议，共同开发”的倡议。中国政府从发展中日关系出发，在坚持一贯立场的前提下，在中日邦交正常化谈判时同日方达成了将此问题留待以后解决的谅解。1979年5月31日，邓小平同志在会见来华访问的自民党众议员铃木善幸时表示，可考虑在不涉及领土主权情况下，共同开发钓鱼岛附近资源。② 1979年6月，中方通过外交渠道正式向日方提出共同开发钓鱼岛附近资源的设想，表明了中方愿以“搁置争议，共同开发”模式解决同周边邻国间领土和海洋权益争端的立场。③

2014年11月7日，中日就处理和改善中日关系达成四点原则共识，其中的第三点原则共识涉及在钓鱼岛等东海海域建立危机管控机制。中国外交部发布的共识措辞为：“双方认识到围绕钓鱼岛等东海海域近年来出现的紧张局势存在不同主张，同意通过对话磋商防止局势恶化，

① 台湾“外交部”:《“中华民国”对钓鱼台列屿的主权主张与“东海和平倡议”》2013年8月6日，https://www.mofa.gov.tw/News_Content.aspx?n=214&s=62392。

② 中国外交部:《“搁置争议，共同开发”》，2000年11月7日，https://www.fmprc.gov.cn/web/ziliao_674904/wjs_674919/2159_674923/t8958.shtml；张香山:《中日复交谈判回顾》，载《日本学刊》1998年第1期，第47页。

③ 中国外交部:《“搁置争议，共同开发”》，2000年11月7日，https://www.fmprc.gov.cn/web/ziliao_674904/wjs_674919/2159_674923/t8958.shtml。

建立危机管控机制，避免发生不测事态。”[①] 日本外务省发布的共识措辞为：“双方认识到关于尖阁诸岛等东海海域近年发生持续紧张状态，有不同见解，同意通过对话和协议防止情势的恶化，构筑危机管理机制，避免发生不测事态。”[②]

国内外学者和人士对钓鱼岛及其附属岛屿争端解决提出了建议。日本学者天儿慧把钓鱼岛视为“特殊的政治地带”，提出“共同主权，联合执政”建议，他并认为，中日“透过谈判达致共同主权”与邓小平倡导的“搁置争议，共同开发”有关联，从邓小平那儿汲取了合理部分，再往前推进。[③] 美国前总统卡特2012年12月在“三亚财经国际论坛”上，针对中日之间的岛屿纷争，建议双方达成“共同拥有这个岛屿但不会占领它”的共识。[④] 中国学者刘磊提出，中日双方可将钓鱼岛及其附属岛屿非军事化，海洋划界时忽略钓鱼岛及其附属岛屿的划界效力，时机成熟时先行签订双边渔业协定等。[⑤] 中国学者金永明认为，中国应坚守钓鱼岛问题的最低目标：不登岛、不开发、不驻军。[⑥] 中国学者袁古洁认为，钓鱼岛及其附属岛屿具有“中界、微小、无人

① 中国外交部：《杨洁篪会见日本国家安全保障局长谷内正太郎 中日就处理和改善中日关系达成四点原则共识》，2014年11月7日，https://www.fmprc.gov.cn/web/gjhdq_676201/gj_676203/yz_676205/1206_676836/xgxw_676842/t1208349.shtml。

② Ministry of Foreign Affairs of Japan, “Regarding Discussions Toward Improving Japan–China Relations,” 7 November 2014, http://www.mofa.go.jp/a_o/c_m1/cn/page4e_000150.html.

③ （中国香港）亚洲周刊：《钓岛共同主权的灵感》，载《亚洲周刊》2010年第47期，2010年11月22—28日，https://www.yzzk.com/article/details/%E5%B0%81%E9%9D%A2%E5%B0%88%E9%A1%8C/2010-47/1364904035282/%E9%87%A3%E5%B3%B6%E5%85%B1%E5%90%8C%E4%B8%BB%E6%AC%8A%E7%9A%84%E9%9D%88%E6%84%9F。

④ 环球网：《美前总统建议中日共同拥有钓鱼岛 都不应占领》，2012年12月18日，https://mil.huanqiu.com/article/9CaKrnJyeCR。

⑤ 刘磊：《钓鱼岛列屿主权的国际法理新论——兼论主权传统论据的必要修正》，载《北方法学》2015年第1期，第131页。

⑥ 金永明：《中国维护东海权益的国际法分析》，载《上海大学学报》2016年第4期，第14页。

居住和主权有争执”四个特征，就国家实践而言，钓鱼岛及其附属岛屿在大陆架划界中，最多只应享有12海里领海。[①] 中国学者王秀英建议，中日两国可以以双方均能接受的比例划分方法将组成钓鱼群岛的各岛礁在两国之间分配，并尽量使两国获得距离本国较近的岛礁，同时拥有岛礁周围的12海里领海。[②] 笔者建议，为了降低钓鱼岛及其附属岛屿在中日解决海洋划界中的难度，中日在海洋划界时可忽视钓鱼岛及其附属岛屿的划界效力，或只赋予钓鱼岛及其附属岛屿12海里领海，这样的话也将减少中日在专属经济区和大陆架划界中的难度。

第三节　中日东海专属经济区和大陆架划界争议

中日东海划界，包含大陆架划界与专属经济区划界（参见图3–4）。考虑到东海大陆架自然终止于冲绳海槽这一地理特征，中国主张基于“自然延伸”原则和“公平”原则分别对东海大陆架与专属经济区进行划界。而日本基于“中间线”原则主张用同一条边界线划分东海大陆架与专属经济区。

一、中日东海划界原则上的分歧

日本的专属经济区和大陆架划界都主张采取“中间线”原则。日本1996年《专属经济区和大陆架法》第1条第2款规定：如果专属经济区外部界线的任何部分超过了中间线（中间线是一条其每一点同日本领海基线的最近点和与日本海岸相向的其他国家的领海基线的最近点距离相等的线），中间线（或者是日本与其他国家协商同意的其他线）

① 袁古洁:《国际海洋划界的理论与实践》，北京：法律出版社2001年版，第200页。

② 王秀英:《海洋权益论：中日东海争议解决机制研究》，北京：中国民主法制出版社2012年版，第223页。

将代替那一部分线。[①] 该法第2条第1款规定，如果大陆架的外部界线的任何部分超过了中间线，中间线（或者日本与其他国家协商同意的其他线）将代替那一部分线。[②]

中国的专属经济区和大陆架划界坚持“公平”原则。1998年6月26日公布施行的中国《专属经济区和大陆架法》第2条规定：中华人民共和国与海岸相邻或者相向国家关于专属经济区和大陆架的主张重叠的，在国际法的基础上按照公平原则以协议划定界限。[③] 该法第2条同时也规定：中国的大陆架，为中国领海以外依本国陆地领土的全部自然延伸，扩展到大陆边外缘的海底区域的海床和底土。

2015年7月24日，中国外交部发布的《中国东海油气开发活动正当合法》声明指出：中国不承认日本单方面划出的所谓“中间线”，中国也不认同日本以所谓“中间线”为基础进行海域划界的立场。[④] 该声明还指出：中国主张200海里专属经济区，中国在东海的大陆架自然延伸至冲绳海槽；对于中日东海划界问题，中国愿在包括《联合国海洋法公约》在内的国际法基础上按照公平原则以协议方式进行解决。

2012年12月14日，中国政府向联合国秘书长正式提交的《中华人民共和国东海部分海域二百海里以外大陆架外部界限划界案》（简称“中国划界案”），共选取冲绳海槽轴部区域10个最大水深点作为确定东海的部分海域大陆架外部界限的定点（FP1—FP10）（参见图

① DOALOS/OLA United Nations, “Law on the Exclusive Economic Zone and the Continental Shelf (Law No. 74 of 1996),” *Law of the Sea Bulletin*, No.35, 1997, p.94, https://www.un.org/Depts/los/doalos_publications/LOSBulletins/bulletinpdf/bulletinE35.pdf.

② Ibid., p.95.

③ 中国人大网：《中华人民共和国专属经济区和大陆架法》，1998年6月26日公布施行，http://www.npc.gov.cn/wxzl/gongbao/2000-12/05/content_5004707.htm。

④ 中国外交部：《中国东海油气开发活动正当合法》，2015年7月24日，https://www.fmprc.gov.cn/web/ziliao_674904/1179_674909/t1283725.shtml。

3–3）。[①] 2012年“中国划界案”表明中国将反对以“中间线”为基础来划分两国的大陆架。

二、中日对冲绳海槽在大陆架划界中的地位存在分歧

中国与日本在东海大陆架划界问题上的一个难题是冲绳海槽在大陆架划界中的地位。

中国2012年提交的《中华人民共和国东海部分海域二百海里以外大陆架外部界限划界案》指出，东海陆架为稳定的大陆地壳，冲绳海槽则由于上地幔的抬升和地壳的急剧减薄，地壳性质已由减薄陆壳向过渡性地壳转变，在海槽南段轴部的中央裂谷带形成了新生洋壳；东海陆架、东海陆坡和冲绳海槽构成了被动大陆边缘；东海大陆架自然终止于冲绳海槽。[②]

大多数国际知名学者的观点和中方关于冲绳海槽的地理主张相似。比如，普雷斯科特和斯科菲尔德认为，从地质学和地貌学上讲，以冲绳海槽为界限的大陆边是中国的；[③] 约瑟夫·摩根（Joseph Morgan）和马克·瓦伦西亚（Mark J. Valencia）认为，该大陆边从中国大陆沿岸向海延伸，因中国河流产生的沉积物填充了大陆边缘的盆地而形成。[④]

① 联合国法律事务厅:《中华人民共和国东海部分海域二百海里以外大陆架外部界限划界案（执行摘要）》，2012年12月14日提交，https://www.un.org/depts/los/clcs_new/submissions_files/chn63_12/executive%20summary_CH.pdf。

② 同上，第4页。

③〔澳〕维克托·普雷斯科特、克莱夫·斯科菲尔德:《世界海洋政治边界》，第299页。

④ Joseph Morgan and Mark J. Valencia, *Atlas for Marine Policy in East Asian Seas*, Berkeley: University of California Press, 1992, pp.81-82;〔澳〕维克托·普雷斯科特、克莱夫·斯科菲尔德:《世界海洋政治边界》，第299页。

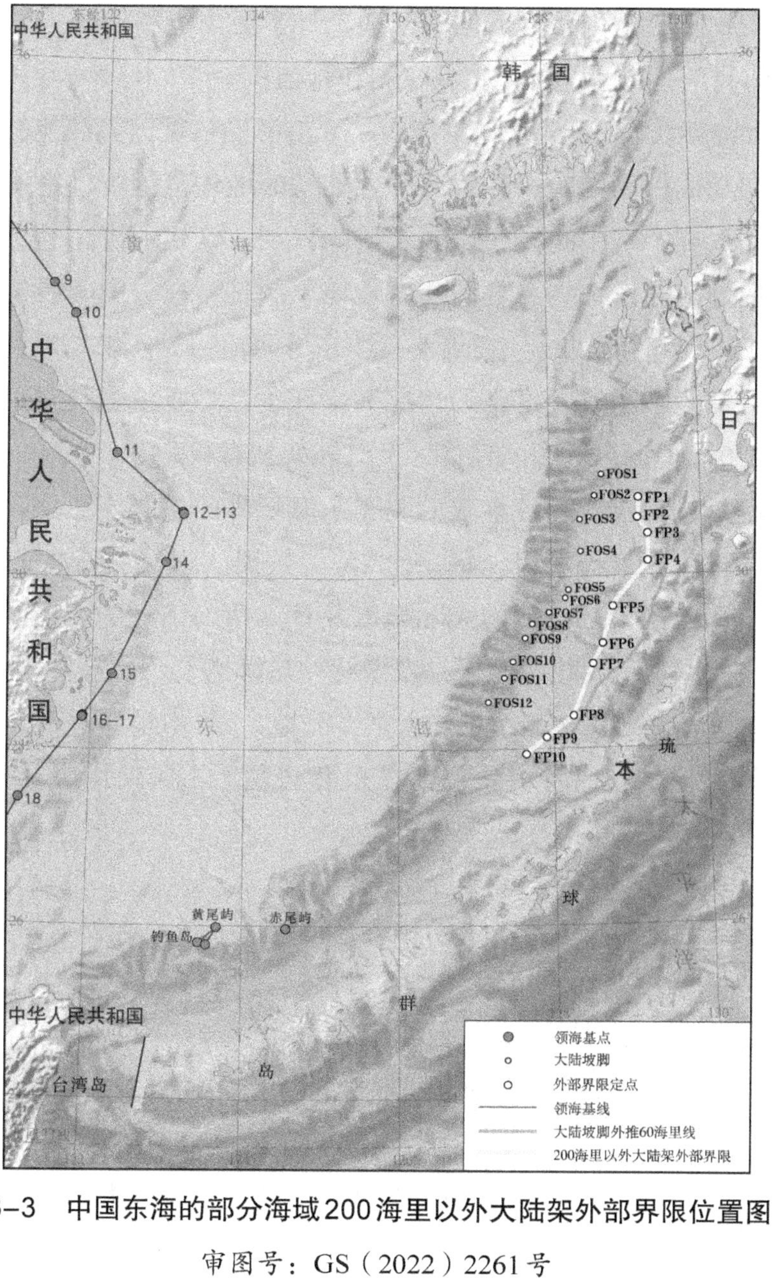

图3–3　中国东海的部分海域200海里以外大陆架外部界限位置图①

审图号：GS（2022）2261号

---

① 联合国法律事务厅:《中华人民共和国东海部分海域二百海里以外大陆架外部界限划界案（执行摘要）》，2012年12月14日提交，第5页。

日本政府的主张是，依据国际法，日本至少能够对尚未划界的海域“中间线”日方一侧行使主权权利和管辖权。① 日本1996年《专属经济区和大陆架法》② 确定了日本作为一个沿海国依据国际法能够行使主权权利和其他权利的专属经济区和大陆架的地理范围。这绝不意味着日本已经放弃了“中间线”以西水域的权利。确切地讲，这意味着日本决定依据国际法在划界之前暂时性地限制日方在“中间线”中方一侧的主权权利和管辖权。③ 在当前日中东海海洋边界还未划定和中国拒绝承认日本“中间线”主张的情况下，日本有必要主张其对距本国领海基线200海里以内的专属经济区及大陆架拥有权利。④

日本部分学者附和日本政府关于东海划界的主张。比如，琉球大学海洋学部木村政昭（Masaaki Kimura）教授认为，“冲绳海槽”的地质构造与从中国大陆延伸的大陆架以及日本西南诸岛的地质构造是相同的，因此，东海大陆架并未是止于“冲绳海槽”，而是越过了日本的西南诸岛，其东部边缘延续了到太平洋海域。⑤ 日本学界对于“中间线”主张有两种说法：一种说法是，在东海问题上不应使用大陆架原则，

① 日本外务省:《我国有关东海自然资源开发的法律立场》(「東シナ海における資源開発に関する我が国の法的立場」), 2015年8月3日，https://www.mofa.go.jp/mofaj/a_o/c_m1/page3_001302.html；英文版本参见：Ministry of Foreign Affairs of Japan, “Japan’s Legal Position on the Development of Natural Resources in the East China Sea,” 6 August 2015, https://www.mofa.go.jp/a_o/c_m1/page3e_000358.html。

② DOALOS/OLA United Nations, “Law on the Exclusive Economic Zone and the Continental Shelf (Law No. 74 of 1996),” *Law of the Sea Bulletin*, No. 35, 1997, pp. 94-96, https://www.un.org/Depts/los/doalos_publications/LOSBulletins/bulletinpdf/bulletinE35.pdf.

③ 日本外务省:《我国有关东海自然资源开发的法律立场》(「東シナ海における資源開発に関する我が国の法的立場」), 2015年8月3日，https://www.mofa.go.jp/mofaj/a_o/c_m1/page3_001302.html。

④ 同上。

⑤ 转引自：周永生:《日本国内关于东海问题的争论》，载《国际政治科学》2008年第1期，第106页。

而应采用专属经济区的有关规定；另一种说法是，中国和日本在东海属于共同大陆架，冲绳海槽只是偶然凹陷，不构成划界的要项，从而事实上架空了大陆架原则。无论从大陆架还是从专属经济区的角度，日本学界都主张中日两国应以“中间线”来划分东海海域。①

表3-2　冲绳海槽与帝汶海槽的地球物理特征比较

	冲绳海槽	帝汶海槽
长度	620海里	625海里
宽度	65～100海里	70～100海里
深度	500～2717米，其中1/2的面积超过1000米，1/5的面积超过2000米	500～3200米，其中2/3的面积超过1000米，1/4的面积超过2000米
大陆架周围的平均深度	90米	95米

资料来源：Ying-jeou Ma, *Legal Problems of Seabed Boundary Delimitation in the East China Sea*, Baltimore: Occasional Papers/Reprints, 1984, p.260。

与冲绳海槽的地理特征相似的是帝汶海槽。从地质上讲，帝汶海槽的起源既不是明显的大陆性，也不是海洋性，而可能是从大陆地壳到海洋地壳的过渡。从地貌上看，帝汶海槽是深达1400米以上的海底板块，远比邻近的陆架深得多。从测深来看，帝汶海槽的水深为陆架水深的15～30倍。② 冲绳海槽与帝汶海槽相比，稍微短一些、窄一些和

① 转引自：周永生：《日本国内关于东海问题的争论》，载《国际政治科学》2008年第1期，第106页。

② Ying-jeou Ma, *Legal Problems of Seabed Boundary Delimitation in the East China Sea*, Baltimore: Occasional Papers/Reprints, 1984, p.188, https://digitalcommons.law.umaryland.edu/mscas/vol1984/iss3/1.

浅一些[①]（参见表3–2）。帝汶海槽由于其本身的地球物理特征，在大陆架划界时获得了相应的法律效力。在东海大陆架划界中，冲绳海槽的存在应是划界时考虑的相关因素，或者是作为划界的重要基础，或者是作为划界谈判的出发点。[②]

三、以专属经济区和大陆架两条线划界

考虑到东海大陆架自然终止于冲绳海槽这一地理特征，中国宜与日本探讨分别划定专属经济区和大陆架边界线。在国际上也存在着专属经济区和大陆架分别划界的案例。

一个案例是1978年12月澳大利亚与巴布亚新几内亚签订的有关托雷斯海峡的划界条约。这一条约规定了用两条线分别划定渔业管辖分界线（渔区）和海底管辖分界线（大陆架）。[①] 这一条约是通过将托雷斯海峡内一部分属于巴新的海底管辖区上覆水域作为澳方的专属渔区这一安排来解决双方冲突的。渔业管辖分界线和海底管辖分界线在开始海域（a）—（b）—（c）—（d）—（e）段是一致的，但在托雷斯海峡地区分开了，渔业管辖权的边界线终止在200海里的地方。

另一个案例是澳大利亚和印度尼西亚在帝汶海和阿拉弗拉海的划界（参见图7–2），这一划界值得中日两国借鉴和参考。中日在冲绳海槽的情况与澳印尼在帝汶海槽的情况类似。中国处于和澳大利亚相似的境地，而日本的境地类似于印尼（东帝汶）。澳大利亚和印度尼西亚划了两条线：一条是大陆架线，另一条是专属经济区线，大陆架

---

① Ying-jeou Ma, *Legal Problems of Seabed Boundary Delimitation in the East China Sea*, Baltimore: Occasional Papers/Reprints, 1984, p.188 & p.260.

② Ibid., p.191.

① H. Burmester, "The Torres Strait Treaty: Ocean Boundary Delimitation by Agreement," *American Journal of International Law*, Vol.76, No.2 (April 1982), pp.321-349.

线位于专属经济区线以北（参见图7–2）。澳大利亚大陆架宽（宽度超过200海里），而印尼大陆架宽度仅40～70海里，大陆边外缘靠近印尼。[①] 两国依据1971年5月18日签署的《确定特定海床边界的协定》[②]和1972年10月9日签署的《关于补充1971年5月18日协定确定帝汶海和阿拉弗拉海特定海床边界的协定》[③]，以海床线划定了两国的大陆架线。该线东起巴布亚新几内亚，西抵阿什莫岛和罗地岛，但在当时尚处于葡萄牙统治的东帝汶附近海域中断（南纬9°28′/东经127°56′和南纬10°28′/东经126°00′之间），形成了“帝汶缺口”(Timor Gap)。帝汶海槽在划界中发挥了重要作用：界线位于帝汶海槽轴线和中间线之间，并且更靠近帝汶海槽轴线，澳大利亚获得了争议区域面积的80%。[④] 1976年，印尼单方面将东帝汶划入印尼版图，将其视作它的第27个省。1989年12月11日，两国签署《澳大利亚和印度尼西亚关于印度尼西亚东帝汶省和澳大利亚北部之间合作区条约》（简称《帝汶缺

① 季国兴:《论大陆架和专属经济区两种制度及中日东海划界》，载《上海交通大学学报（哲学社会科学版）》2007年第5期，第16页。

② DOALOS/OLA United Nations, “Agreement Between the Government of the Commonwealth of Australia and the Government of the Republic of Indonesia Establishing Certain Seabed Boundaries,” Done on 18 May 1971, Entry into force on 8 November 1973, https://www.un.org/Depts/los/LEGISLATIONANDTREATIES/PDFFILES/TREATIES/AUS-IDN1971SB.pdf.

③ DOALOS/OLA United Nations, “Agreement Between the Government of the Commonwealth of Australia and the Government of the Republic of Indonesia Establishing Certain Sea-bed Boundaries in the Area of the Timor and Arafura Seas, Supplementary to the Agreement of 18 May 1971,” Done on 9 October 1972, Entry into force on 8 November 1973, https://www.un.org/Depts/los/LEGISLATIONANDTREATIES/PDFFILES/TREATIES/AUS-IDN1972TA.pdf.

④ 转引自：余民才:《海洋石油勘探与开发的法律问题》，北京：中国人民大学出版社2001年版，第42页。

口条约》)。[1] 在《帝汶缺口条约》中，两国在“帝汶缺口”设立合作区（Zone of Cooperation），仍采用帝汶海槽的轴线作为合作区的北部界限。1997年3月14日，两国签订《关于建立专属经济区边界和特定海床边界的条约》。[2] 根据该条约，两国又划了一条专属经济区线，该线基本上是一条等距离线。该条约第7条规定，在管辖发生重叠的区域，一国对水体可以行使1982年《公约》规定的专属经济区的主权权利和管辖权，另一国对海床可行使1982年《公约》规定的大陆架的主权权利和管辖权。概言之，澳印尼的做法是：专属经济区以等距离为依据划界，水体和海床分别划界，设立海底采矿合作区，在澳大利亚海域划出一个区域（“备忘录盒子”），允许印度尼西亚传统渔民捕鱼。[3]

中日可从澳印尼划分专属经济区和大陆架的经验中获得启示。同时，笔者也需要说明的是，国际法院多次指出，每一个划界案都是独特的。[4] 中国可多借鉴国际法院的这一观点，以此建立中国东海划界的法律观、公平观。

从中国的角度来看，最有利的结果是：以公平原则（“相关海岸长度与各自所获得的相关海域面积成比例”原则）来划定中日专属经济区分界线，以冲绳海槽的轴线为界（陆地领土自然延伸原则）划分中

① “Treaty Between Australia and the Republic of Indonesia on the Zone of Cooperation in an Area Between the Indonesian Province of East Timor and Northern Australia (Timor Gap Treaty),” Done on 11 December 1989, Entry into force on 9 February 1991. See: Parliament of Australia, “Chapter 4 – The Timor Gap (Zone of Co-operation) Treaty,” https://www.aph.gov.au/Parliamentary_Business/Committees/Senate/Foreign_Affairs_Defence_and_Trade/Completed_inquiries/1999-02/east_timor/report/c04, accessed 19 April 2020.

② DOALOS/OLA United Nations, “Treaty Between the Government of Australia and the Government of the Republic of Indonesia Establishing an Exclusive Economic Zone Boundary and Certain Seabed Boundaries,” Done on 14 March 1997, https://www.un.org/Depts/los/LEGISLATIONANDTREATIES/PDFFILES/TREATIES/AUS-IDN1997EEZ.pdf.

③ 详细分析请参见本书第七章第一节和第二节。

④ 转引自：余民才:《海洋石油勘探与开发的法律问题》，第41页。

日大陆架。东海中方一侧是亚洲大陆，有漫长的海岸线，中方一侧在东海的相关海岸线长度（含台湾岛的海岸线长度）为748海里；日方一侧是岛链，日本在东海的相关海岸线长度为415海里，中日在东海的相关海岸线长度比率为64.3：35.7（参见表3–3）。① 北纬33°（杭州湾南侧海岬）以南中方一侧在东海的相关海岸线长度（含台湾岛的相关海岸线长度）为365海里，北纬30°以南日本一侧在东海的相关海岸线长度为205海里，中日在南部区域的相关海岸线长度比率为64：36。② 对日本来说，最佳的结果就是按照“中间线”（“等距离线”）划界。

表3–3　中日在东海的相关海岸线长度[1]比较

<table>
<tr><th colspan="2">中国</th><th colspan="2">日本</th></tr>
<tr><td rowspan="3">中国大陆北纬33°17′至北纬33°（杭州湾南侧海岬）</td><td rowspan="3">383海里</td><td colspan="2">北部区域（北纬30°以北）</td></tr>
<tr><td>九州[3]和五岛列岛</td><td>182海里</td></tr>
<tr><td>大隅诸岛</td><td>28海里</td></tr>
<tr><td rowspan="4">中国大陆北纬33°至福建省海坛岛</td><td rowspan="4">284海里</td><td colspan="2">南部区域（北纬30°以南）（琉球群岛）</td></tr>
<tr><td>吐噶喇列岛</td><td>11海里</td></tr>
<tr><td>奄美诸岛</td><td>64海里</td></tr>
<tr><td>冲绳诸岛</td><td>74海里</td></tr>
<tr><td>中国台湾岛[2]</td><td>81海里</td><td>先岛诸岛</td><td>56海里</td></tr>
<tr><td>相关海岸线长度总计</td><td>748海里</td><td>相关海岸线长度总计</td><td>415海里</td></tr>
<tr><td>比例</td><td>64.3%</td><td>比例</td><td>35.7%</td></tr>
</table>

资料来源：Ying-jeou Ma, *Legal Problems of Seabed Boundary Delimitation in the East China Sea*, Baltimore: Occasional Papers/Reprints, 1984, p.259。

备注：

[1] 中国大陆的相关海岸线长度是以海岸线的一般走向测量，而非所有海岸曲线的自然长度。除台湾岛和九州岛外，相关岛屿的海岸线是以它们的最大长度测量。为了让测量更准确，本表中的台湾岛和九州岛的海岸线被视为大陆海

① Ying-jeou Ma, *Legal Problems of Seabed Boundary Delimitation in the East China Sea*, Baltimore: Occasional Papers/Reprints, 1984, p.259.

② Ibid.

岸线。

[2] 台湾岛的海岸线长度是以沿东海的海岸线的一般走向测量，不包括该岛沿菲律宾海和南海的海岸线长度。

[3] 九州岛的海岸线长度是以该岛面向东海的西侧海岸线的一般走向测量，不包括该岛沿朝鲜海峡和太平洋的海岸线长度。

中日可在综合考虑各种因素后协商划出一条调整的等距离线作为两国的专属经济区分界线，这条线地理位置应比现在日本单方面提出的“中间线”往东移。[①] 普雷斯科特和斯科菲尔德认为，中日大陆架的划界方案有三种：一是在等距离线与200米等深线之间确定一条界线；二是以200米等深线划分海底边界；三是在等距离线与冲绳海槽轴线或200米等深线间确立一个共同的海底区域。[②] 笔者建议，中日如果达成一条大陆架分界线，这条线应在调整的等距离线（专属经济区分界线）和冲绳海槽轴线之间；如果中日无法就大陆架分界线达成协议，两国应竭力在调整的等距离线（专属经济区分界线）和冲绳海槽轴线之间确立一个共同的海底区域。简言之，中日东海划界，可行之道是中日妥协，各退半步。中国从“自然延伸”退半步，日本从“中间线”退半步，双方汇合于“公平”原则或者公平的解决办法。

第四节　中日渔业协定与东海共同开发

1997年11月11日，中日签订《中华人民共和国和日本国渔业协定》

① 季国兴:《论大陆架和专属经济区两种制度及中日东海划界》，载《上海交通大学学报（哲学社会科学版）》2007年第5期，第19页。

②〔澳〕维克托·普雷斯科特、克莱夫·斯科菲尔德:《世界海洋政治边界》，第300页。

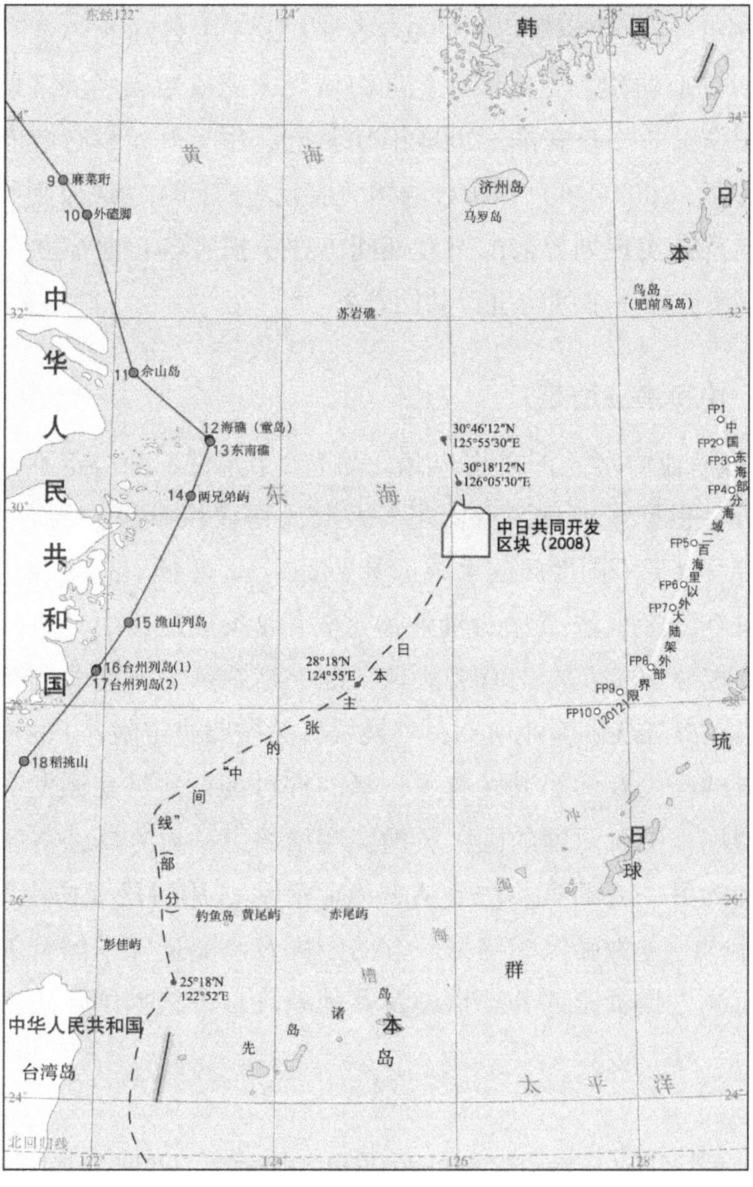

图3–4　中国与日本在东海的海洋主张示意图

审图号：GS（2022）2261号

［备注：本图仅用于示意；日本主张的“中间线”（部分）系日本单方面主张，与中国存在争议］

（简称《中日渔业协定》）。[①] 2000年6月1日，《中日渔业协定》正式生效。《中日渔业协定》是两国在相向海域尚未完成专属经济区划界前就渔业问题作出的临时安排。2004年10月起，中日开始举行政府间的东海问题磋商。2008年6月，中日两国政府就东海问题达成原则共识，双方一致同意在实现划界前的过渡期间，在不损害各自法律立场的情况下，在东海选择一个区块进行共同开发。[②]

一、中日渔业协定

《中日渔业协定》正文共14条，另有2个附件，为协定不可分割之组成部分。根据《中日渔业协定》及其《协议议事录》的有关规定，协定共涉及以下不同性质的水域（参见图3–5、彩插viii）。

专属经济区水域：《中日渔业协定》第2条规定：中日两国根据互惠原则，按照协定及本国有关法令，准许缔约另一方的国民及渔船在本国专属经济区从事渔业活动；其授权机关按照协定附件1的规定向缔约另一方的国民及渔船颁发有关入渔的许可证，并可就颁发许可证收取适当费用；中日两国的国民及渔船在缔约另一方专属经济区按照本协定及缔约另一方的有关法令从事渔业活动。《中日渔业协定》第5条规定：缔约各方为确保缔约另一方的国民及渔船遵守本国有关法令所规定的海洋生物资源的养护措施及其他条件，可根据国际法在本国专

① 中国外交部：《中华人民共和国和日本国渔业协定》，1997年11月11日在东京签订，2001年6月30日生效，https://www.fmprc.gov.cn/web/ziliao_674904/tytj_674911/tyfg_674913/t556672.shtml。

② 中国外交部：《中日就东海问题达成原则共识》，2008年6月18日，https://www.fmprc.gov.cn/web/fyrbt_673021/dhdw_673027/t466568.shtml；中国外交部：《武大伟副部长谈中日就东海问题达成原则共识》，2008年6月19日，https://www.fmprc.gov.cn/123/zxxx/t466991.htm。

属经济区采取必要措施。[①]

暂定措施水域:《中日渔业协定》第7条规定：在东海海域的北纬30°40′和北纬27°之间，划定一块暂定措施水域，其范围为北纬30°40′、东经124°10.1′之点至北纬30°40′、东经128°26.1′之点等10个点顺次用直线连接而围成的水域。缔约各方应对在暂定措施水域从事渔业活动的本国国民及渔船采取管理及其他必要措施。缔约各方在该水域中，不对从事渔业活动的缔约另一方国民及渔船采取管理和其他措施。[②] 暂定措施水域距中国领海基线和日本领海基线各52海里处。[③]

维持现有渔业活动水域：在《中日渔业协定》签订当日（1997年11月11日），中日两国为执行协定有关条款共同签订了“协议议事录”。“协议议事录”指出：两国政府表示，鉴于两国传统和合作的渔业关系，在实施协定和与第三国建立渔业关系时，协定第7条第1款规定的水域（暂定措施水域）北限线以北的东海部分水域，即北纬30°40′以北（东经124°45′至127°30′之间[④]）的东海海域，尊重现有的渔业活动，考虑缔约另一方传统作业及该水域的资源状况，不使缔约另一方在该水域的渔业利益受到不正当的损害。[⑤]

此外，考虑到钓鱼岛和台湾问题的敏感性，两国在签署《中日渔

① 中国外交部:《中华人民共和国和日本国渔业协定》，1997年11月11日在东京签订，2001年6月30日生效，https://www.fmprc.gov.cn/web/ziliao_674904/tytj_674911/tyfg_674913/t556672.shtml。

② 同上。

③ 董加伟:《论中韩、中日渔业协定框架下的传统捕鱼权保障》，载《东北亚论坛》2014年第4期，第39页。

④ 潘澎、程家骅、李彦:《中日渔业协定综述》，载《中国渔业经济》2015年第6期，第19页。

⑤ 中国外交部:《中华人民共和国和日本国渔业协定》，1997年11月11日在东京签订，2001年6月30日生效，https://www.fmprc.gov.cn/web/ziliao_674904/tytj_674911/tyfg_674913/t556672.shtml。

业协定》时，将北纬27°以南的东海海域，排除在了协定相关规定的适用范围之外。[①] 根据《中日渔业协定》第6条第2项的规定，协定对双方专属经济区水域的规定不适用于北纬27°以南的东海协定水域以及东海以南的东经125°30′以西的协定水域（南海的中华人民共和国的专属经济区除外）。1997年11月11日，中国驻日大使徐敦信与日本外务大臣小渊惠三互致意向书，确认两国为确保上述水域海洋生物资源的维持不受过度开发的危害而进行合作为前提，在该水域不将本国有关渔业的法令适用于对方国民。[②]

《中日渔业协定》稳定和发展了中日两国渔业关系，配合了当时历史条件下的国家政治外交大局需要，通过设立较大范围的共同作业水域，避免了日本单方面按"中间线"管理对中国渔业造成的损失。[③] 同时，中国在维持执行协定的前提下，积极通过中日渔业联合委员会反映中国渔民传统捕鱼权受损的情况，争取尽可能多的入渔船数和渔获配额，尽量减轻中国近海水域的捕捞压力。

① 潘澎、程家骅、李彦:《中日渔业协定综述》，载《中国渔业经济》2015年第6期，第19页。

② 中国外交部:《中华人民共和国和日本国渔业协定》，1997年11月11日在东京签订，2001年6月30日生效，https://www.fmprc.gov.cn/web/ziliao_674904/tytj_674911/tyfg_674913/t556672.shtml。

③ 潘澎、程家骅、李彦:《中日渔业协定综述》，载《中国渔业经济》2015年第6期，第19页。

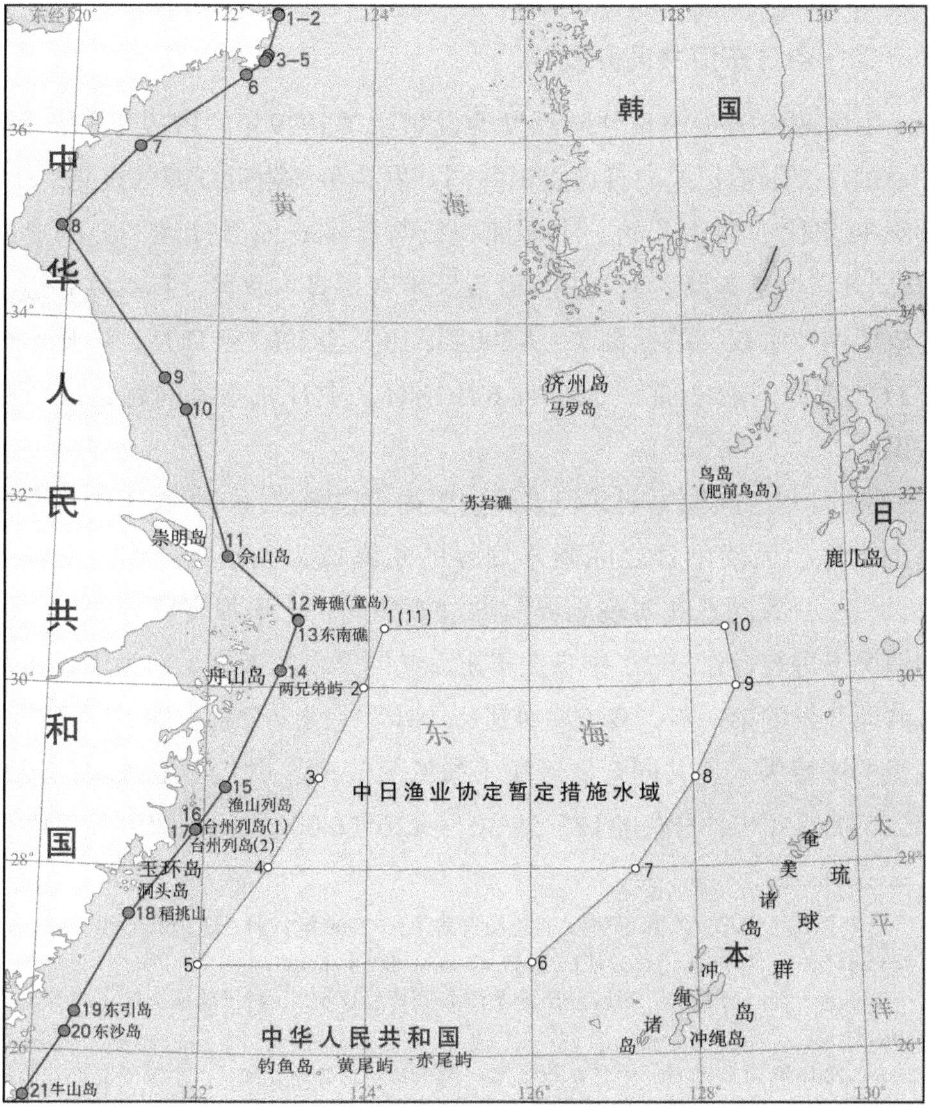

图3–5　中日渔业协定水域示意图

审图号：GS（2022）2261号

二、中日东海共同开发

中国政府关于中日共同开发的设想始于1979年。1979年6月，中方通过外交渠道正式向日方提出共同开发钓鱼岛附近资源的设想。[①] 20世纪80年代中后期开始，中海油积极与日本石油界接触，尝试走通“共同开发”这条路；但“共同开发”卡在了日本政界，日本政界担心造成所谓“主权”的模糊。[②] 从2004年10月至2007年11月，中日举行了11轮东海问题磋商。[③] 2008年6月18日，中日就东海问题达成原则共识。[④]

《中日东海问题原则共识》的主要内容包括：[⑤]（1）关于中日在东海的合作。为使中日之间尚未划界的东海成为和平、合作、友好之海，……一致同意在实现划界前的过渡期间，在不损害双方法律立场的情况下进行合作。（2）中日关于东海共同开发的谅解。作为中日在东海共同开发的第一步，双方将推进以下步骤：由7个各坐标点顺序连线围成的区域为双方共同开发区块（参见图3–6），共同开发区块位于北纬29°31′—30°04′与东经125°53′30″—126°26′00″之间；双方经过联合

① 中国外交部:《“搁置争议，共同开发”》，2000年11月7日，https://www.fmprc.gov.cn/web/ziliao_674904/wjs_674919/2159_674923/t8958.shtml。

② 沈小波:《陈秉骞：我所经历的东海共同开发谈判》，载《能源》2013年第4期，第106–110页。

③ 2004年10月25日，中日举行了第一轮东海问题磋商。参见：中国外交部:《2004年10月26日外交部发言人章启月在例行记者会上答记者问》，2004年10月26日，https://www.fmprc.gov.cn/web/gjhdq_676201/gjhdqzz_681964/lhg_682614/fyrth_682622/t167110.shtml。2007年11月14日，中日举行了第11轮东海问题磋商。参见：中国驻日本大使馆:《中日举行第十一轮东海问题磋商》，2007年11月14日，http://www.china-embassy.or.jp/chn//zrgx/t380924.htm。

④ 中国外交部:《中日就东海问题达成原则共识》，2008年6月18日，https://www.fmprc.gov.cn/web/fyrbt_673021/dhdw_673027/t466568.shtml。

⑤ 同上。

勘探，本着互惠原则，在上述区块中选择双方一致同意的地点进行共同开发，……；双方将努力为实施上述开发履行各自的国内手续，尽快达成必要的双边协议；双方同意，为尽早实现在东海其他海域的共同开发继续磋商。中日确定的共同开发区块面积约为2700平方千米。①（3）关于日本法人依照中国法律参加春晓油气田开发的谅解。中国企业欢迎日本法人按照中国对外合作开采海洋石油资源的有关法律，参加对春晓现有油气田的开发。②

2008年6月19日，时任中国外交部副部长武大伟就中日东海问题原则共识发表了谈话。他指出，中日双方就东海问题达成的共识有两个重要前提：一是有关共识不损害中方在东海的主权权利和管辖权，不损害中方在东海有关问题上的法律立场和主张，……；二是日方同意依照中国法律参加春晓油气田有关合作，接受中国法律的管辖，承认春晓油气田的主权权利属于中国，……。③ 武大伟在这次谈话中，区分了“共同开发”与“合作开发”。他指出：关于共同开发，我们讲搁置主权争议，就是中方的主张和日方的主张都不受影响；在这种情况下我们选择一个双方都能接受的海域进行共同开发；在共同开发的这个区块内不是依照中国法律，也不是依照日本法律，而是根据两国政

① 贾宇：《试论中日东海共同开发与中国200海里以外大陆架的关系》，载《中国海洋法学评论》2009年第1期，第24页；Eric Watkins, “China, Japan Agree on East China Sea E&P Projects,” 20 June 2008, https://www.ogj.com/exploration-development/article/17268471/china-japan-agree-on-east-china-sea-ep-projects; Alexander M. Peterson, “Sino-Japanese Cooperation in the East China Sea: A Lasting Arrangement,” *Cornell International Law Journal*, Vol. 42, Issue 3 (Fall 2009), p.443.

② 中国外交部：《中日就东海问题达成原则共识》，2008年6月18日，https://www.fmprc.gov.cn/web/fyrbt_673021/dhdw_673027/t466568.shtml。

③ 中国外交部：《武大伟副部长谈中日就东海问题达成原则共识》，2008年6月19日，https://www.fmprc.gov.cn/123/zxxx/t466991.htm。

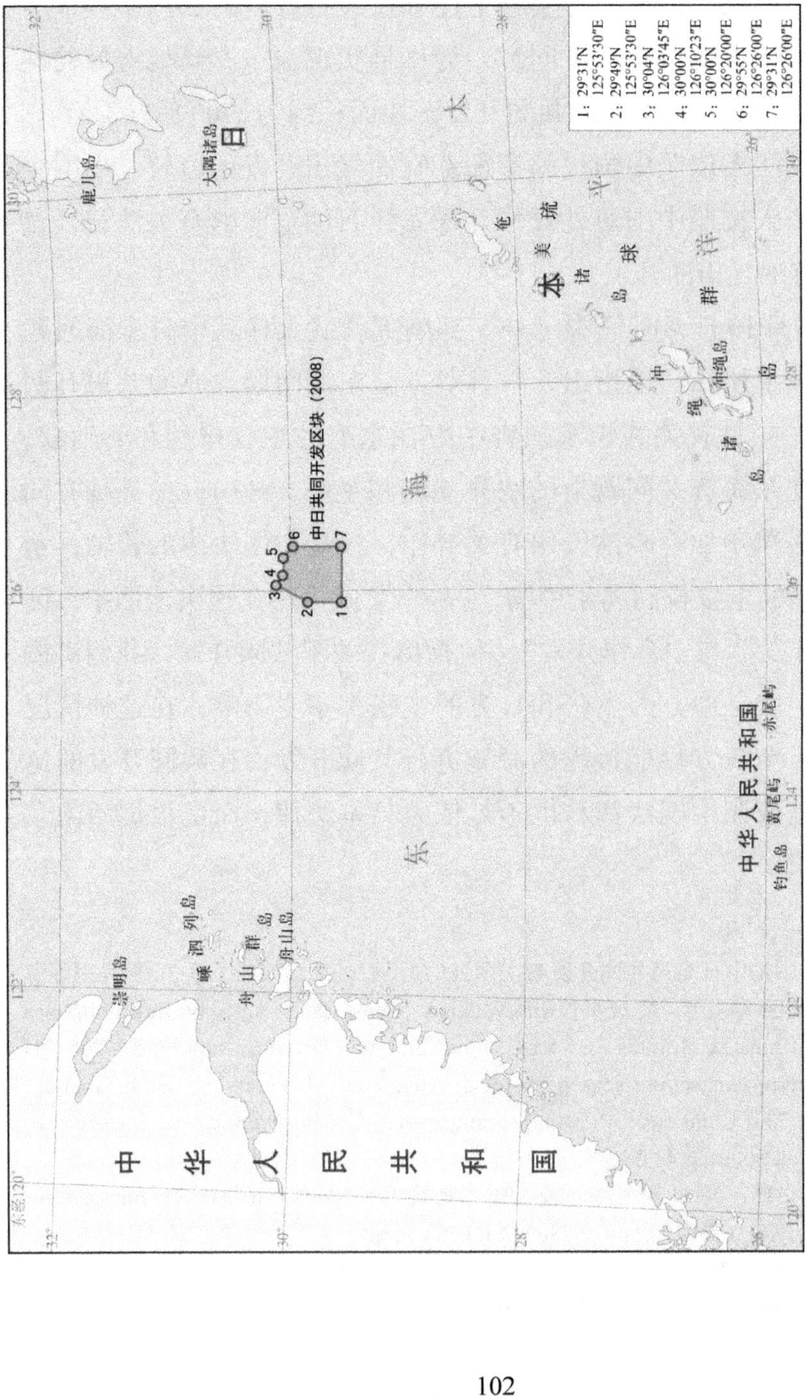

图 3-6　中日共同开发区块示意图

审图号：GS（2022）2261 号

（备注：本图仅用于示意）

府商定的原则和办法来进行开发。[①] 关于“合作开发”，他指出：日本企业按照中国法律，即《中华人民共和国对外合作开采海洋石油资源条例》，参加春晓油气田的合作开发；日本企业依照中国相关法律，参与春晓油气田的合作，其性质与尤尼科、壳牌公司参与春晓合作开发完全一样；春晓油气田的合作开发和其他海域的共同开发是两回事；最重要的标志就是，春晓油气田的开发必须要依照中国法律来进行；春晓油气田的主权权利属于中国。[②]

中国学者贾宇认为，日方企业参与春晓油气田的合作开发，不是国际法意义上的共同开发，而是基于“关于日本法人依照中国法律参加春晓油气田开发的谅解”，依据中国法律作出的商业性安排，其性质是中国近海油气资源的合作开发，与“中日关于东海共同开发的谅解”没有关系。[③]

中日虽然就东海问题达成了原则共识，但仍存在以下两个重要分歧：一是“区块”跨越“中间线”是否意味着中国接受或承认日方所谓的“中间线”主张，二是“中间线”以西中国已开发的油气田是否为共同开发对象海域的一部分。

关于第一个分歧，根据《中日东海问题原则共识》中的“区块”坐标信息，东海“区块”跨越了“中间线”[④]。东海“区块”既包括日

① 中国外交部：《武大伟副部长谈中日就东海问题达成原则共识》，2008年6月19日，https://www.fmprc.gov.cn/123/zxxx/t466991.htm。

② 同上。

③ 贾宇：《试论中日东海共同开发与中国200海里以外大陆架的关系》，载《中国海洋法学评论》2009年第1期，第25–26页。

④ 余民才：《中日东海问题原则共识述评》，载《中国海洋法学评论》2009年第1期，第43页；Ministry of Foreign Affairs of Japan, “Joint Press Conference by Minister for Foreign Affairs Masahiko Koumura and Minister of Economy, Trade and Industry Akira Amari (Regarding Cooperation Between Japan and China in the East China Sea),” 18 June 2008, https://www.mofa.go.jp/announce/fm_press/2008/6/0618.html。

方所谓“中间线”以东的争议区，又包括“中间线”以西的无争议区。[①]但这并不意味着中国接受或承认日方所谓的“中间线”主张。2008年6月19日，时任中国外交部副部长武大伟在谈话中就声明：中方在东海划界问题上不承认日方所谓的“中间线”主张，中日之间也不存在划定“中间线”问题。[②]中日东海“区块”与在权利重叠区域设立共同开发区的惯常做法有所不同，但也不是没有先例。1965年7月，科威特与沙特阿拉伯签署《划分中立区的协定》，[③]该协定建立的共同开发区包括争议区以外的区域，即所划分的中立区（the Neutral Zone）以及中立区6海里领水（territorial waters）以外的海底区域。[④]

关于第二个分歧，中国认为，“中间线”以西中国已开发的油气田位于“无争议”的中国管辖海域，日本企业依据中国法律参与合作。但是，日本一直试图要在“中间线”以西的油气田与中方进行共同开发，认为中方在“中间线”以西的油气开发是“单边开发”（unilateral development）。[⑤]比如，2008年6月，日本承认白桦（即中方的“春晓”，笔者注）油气田位于日本主张的“中间线”中方一侧，但日本认为，日

① Gao Jianjun, “A Note on the 2008 Cooperation Consensus Between China and Japan in the East China Sea,” *Ocean Development & International Law*, Vol. 40, No. 3, 2009, p.293.

② 中国外交部：《武大伟副部长谈中日就东海问题达成原则共识》，2008年6月19日，https://www.fmprc.gov.cn/123/zxxx/t466991.htm。

③ Sayed M. Hosni, “The Partition of the Neutral Zone,” *The American Journal of International Law*, Vol. 60, No. 4 (October 1966), pp. 735-749.

④ 余民才：《海洋石油勘探与开发的法律问题》，北京：中国人民大学出版社2001年版，第132、141页；余民才：《中日东海问题原则共识述评》，载《中国海洋法学评论》2009年第1期，第43–44页。

⑤ 根据日本外务省的《中国在东海的自然资源单边开发现状》文件，截至2020年9月30日，日本已确认“中间线”中方一侧有16处油气钻井平台。日本政府强烈要求中国停止单边开发，尽快落实2008年6月协议（即《中日东海问题原则共识》，笔者注）以重启磋商。参见：Ministry of Foreign Affairs of Japan, “The Current Status of China’s Unilateral Development of Natural Resources in the East China Sea,” updated on 30 September 2020, https://www.mofa.go.jp/a_o/c_m1/page3e_000356.html。

方参与白桦油气田的开发属于“共同开发”（joint development）。[①] 2015年8月，日本外务省发布的《有关东海自然资源开发的法律立场》指出：……这绝不意味着日本已经放弃了“中间线”以西水域的权利；在当前日中东海海洋边界还未划定和中国拒绝承认日本“中间线”主张的情况下，日本有必要主张其对距本国领海基线200海里以内的专属经济区及大陆架拥有权利。[②] 日本的这一“法律立场”虽未提及东海共同开发，但从日本的专属经济区和大陆架新主张来看，日本认为“中间线”以西中国一侧的油气田位于争议海域。

2018年5月，中国国务院总理李克强访日期间，两国政府首脑一致同意要使东海成为和平、合作、友好之海。[③] 根据日本驻华大使馆发布的信息，2018年10月，日本首相安倍晋三访华期间，双方再次确认完全坚持关于东海资源开发的《2008年共识》（即《中日东海问题原则共识》，笔者注），一致认为双方应以早日重启落实谈判为目标，进一步加强沟通。[④]

2008年6月的《中日东海问题原则共识》指出：“双方同意，为尽早实现在东海其他海域的共同开发继续磋商。”[⑤] 因此，两国存在在权

① Ministry of Foreign Affairs of Japan, “Joint Press Conference by Minister for Foreign Affairs Masahiko Koumura and Minister of Economy, Trade and Industry Akira Amari (Regarding Cooperation Between Japan and China in the East China Sea),” 18 June 2008, https://www.mofa.go.jp/announce/fm_press/2008/6/0618.html.

② 日本外务省：《我国有关东海自然资源开发的法律立场》（「東シナ海における資源開発に関する我が国の法的立場」），2015年8月3日，https://www.mofa.go.jp/mofaj/a_o/c_m1/page3_001302.html。

③ 中国外交部：《李克强与日本首相安倍晋三共同会见记者》，2018年5月10日，https://www.fmprc.gov.cn/web/zyxw/t1558181.shtml。

④ 日本驻华大使馆：《安倍晋三总理访华（概要）》，2018年11月8日，https://www.cn.emb-japan.go.jp/itpr_zh/00_000044.html。

⑤ 中国外交部：《中日就东海问题达成原则共识》，2008年6月18日，https://www.fmprc.gov.cn/web/fyrbt_673021/dhdw_673027/t466568.shtml。

利重叠海域的其他区域划定共同开发区的问题。可把日本主张的“中间线”和中国主张的冲绳海槽轴线作为将要划定的共同开发区的西部和东部的界线；在东部（2008年6月已划定的共同开发区除外）和西部，将目前双方权利重叠区域各收缩一定距离；在北部，日本与韩国1974年共同开发协议侵犯了中国的大陆架权利，中日共同开发区北部边界需与日、韩协商确定；在南部，考虑到钓鱼岛的敏感性，将共同开发区南部界线定于1997年中日渔业协定中划定的北纬27°。[①] 通过这一思路划定的共同开发区距离中日两国海岸都有一定距离，不仅可以消除两国在国家安全方面的顾虑，而且可以达到共同开发和利用资源的目的。中日两国根据东海的地理位置和地质情况，可以把共同开发区划分为若干分区，在利益均享和义务均担的原则下，通过由双方官员组成的联合委员会建立租让权人经营制，经营活动中的财政事宜依各方股份多少来分摊。[②]

本章小结

本章分析了中国与日本在东海的海洋事务。中日两国主张的领海（12海里）、毗连区（从领海基线算起不超过24海里）、专属经济区（从领海基线算起不超过200海里）宽度一致。但两国基线的使用存在差异，日本同时使用正常基线与直线基线，中国使用直线基线。

钓鱼岛及其附属岛屿的主权归属是中日两国在东海争议的核心议题之一。中国政府认为，从历史、地理还是从法理的角度，钓鱼岛都是中国的固有领土。日本政府对于钓鱼岛的基本立场是“尖阁诸岛（即

① 王秀英：《海洋权益论：中日东海争议解决机制研究》，北京：中国民主法制出版社2012年版，第257页。

② 同上，第258页。

钓鱼岛及其附属岛屿）是日本固有领土”。中日两国在钓鱼岛问题上的立场严重对立，中国政府提出了“搁置争议，共同开发”的倡议。为了降低中日解决钓鱼岛及其附属岛屿争端的难度，中日在海洋划界时可忽视钓鱼岛及其附属岛屿的划界效力，以减少中日在专属经济区和大陆架划界中的难度。

中日东海划界，包含大陆架划界与专属经济区划界。考虑到东海大陆架自然终止于冲绳海槽这一地理特征，中国主张基于“自然延伸”原则和“公平”原则分别对东海大陆架与专属经济区进行划界。而日本基于“中间线”原则主张用同一条边界线划分东海大陆架与专属经济区。考虑到东海大陆架自然终止于冲绳海槽这一地理特征，中国宜与日本探讨分别划定专属经济区和大陆架边界线。中日可在综合考虑各种因素后协商划出一条调整的等距离线作为两国的专属经济区分界线，这条线地理位置应比现在日本单方面提出的“中间线”往东移。中日如果达成一条大陆架分界线，这条线应在调整的等距离线（专属经济区分界线）和冲绳海槽轴线之间；如果中日无法就大陆架分界线达成协议，两国应竭力在调整的等距离线（专属经济区分界线）和冲绳海槽轴线之间确立一个共同的海底区域。

本章简要分析了中日两国在东海的渔业关系。1997年11月，两国签订《中日渔业协定》；2000年6月1日，《中日渔业协定》正式生效。《中日渔业协定》设立了“专属经济区水域”“暂定措施水域”“维持现有渔业活动水域”等不同的水域（参见图3–5、彩插viii），并设立了中日渔业联合委员会。《中日渔业协定》稳定和发展了中日两国渔业关系，通过设立较大范围的共同作业水域，避免了日本单方面按“中间线”管理对中国渔业造成的损失。

此外，本章还简要分析了中日两国在东海的共同开发磋商。2008年6月达成的《中日东海问题原则共识》，确定了一个面积约2700平方千米[①]的共同开发区块（参见图3–6），经过联合勘探，在上述区块中选择双方一致同意的地点进行共同开发。中日虽然就东海问题达成了原则共识，但仍存在两个重要分歧：一是“区块”跨越“中间线”是否意味着中国接受或承认日方所谓的“中间线”主张？二是“中间线”以西中国已开发的油气田是否为共同开发对象海域的一部分？关于第一个分歧，东海“区块”跨越了“中间线”，但这并不意味着中国接受或承认日方所谓“中间线”主张。关于第二个分歧，中国认为，“中间线”以西中国已开发的油气田位于“无争议”的中国管辖海域，日本企业依据中国法律参与合作；但是，日本一直试图要在“中间线”以西的油气田与中方进行共同开发，认为中方在“中间线”以西的油气开发是“单边开发”。由于上述分歧的存在，中日东海共同开发迄今仍未成功实现。

① 贾宇:《试论中日东海共同开发与中国200海里以外大陆架的关系》，载《中国海洋法学评论》2009年第1期，第24页。Eric Watkins, “China, Japan Agree on East China Sea E&P Projects,” 20 June 2008, https://www.ogj.com/exploration-development/article/17268471/china-japan-agree-on-east-china-sea-ep-projects; Alexander M. Peterson, “Sino-Japanese Cooperation in the East China Sea: A Lasting Arrangement,” *Cornell International Law Journal*, Vol. 42, Issue 3 (Fall 2009), p.443.

第四章

中国与菲律宾在南海的海洋事务

中国和菲律宾隔海相望。自20世纪70年代起，菲律宾开始侵占中国南沙群岛部分岛礁，由此制造了中菲在南海的部分岛礁领土问题。在南海，中国的陆地领土海岸和菲律宾的陆地领土海岸相向，相距不足400海里；两国主张的海洋权益区域存在重叠，由此产生海洋划界争议。[①] 2013年1月，菲律宾时任政府单方面提起南海仲裁案，试图借此否定中国在南海的领土主权和海洋权益。2016年6月，杜特尔特担任菲律宾总统以来，中菲关系逐步改善。2017年初，双方启动了南海问题双边磋商机制，并重启了南海共同开发磋商。本章将梳理菲律宾的海洋管辖权主张，分析中菲关于南沙群岛和黄岩岛主权归属争议，分析菲律宾诉中国南海仲裁案的裁决及其影响，分析中菲南海共同开发的制约瓶颈与应对思考。

第一节　菲律宾的海洋管辖权主张分析

1982年12月10日，菲律宾签署《联合国海洋法公约》(简称《公

① 国务院新闻办公室:《中国坚持通过谈判解决中国与菲律宾在南海的有关争议》，2016年7月13日发表，http://www.scio.gov.cn/37236/38180/Document/1626701/1626701.htm。

约》)。1984年5月8日，菲律宾批准《公约》。① 自1994年11月16日起，《公约》对菲律宾生效。② 中菲两国主张的毗连区、专属经济区、大陆架宽度一致，领海基线都使用直线基线；但菲律宾的领海宽度主张超过12海里，由菲律宾条约线的相关坐标决定（参见表4–1）。

表4–1　中国与菲律宾的海洋管辖权主张比较③

国家	是否批准《联合国海洋法公约》	是否立法基线	海洋管辖区域			
			领海	毗连区	专属经济区	大陆架外部界限
中国	1996年5月15日批准[1]	立法（直线基线）[2]	12海里	24海里	200海里	大陆边/200海里 2012年12月正式提交划界案（东海部分海域）
菲律宾	1984年5月8日批准	立法（直线基线）[3]	由坐标决定[4]	—[5]	200海里	大陆边/200海里 2009年4月正式提交划界案（宾汉隆起区域）[6]

注释：

[1] 中国人大网：《全国人民代表大会常务委员会关于批准〈联合国海洋法公约〉的决定》，1996年5月15日通过，http://www.npc.gov.cn/wxzl/gongbao/2000-12/16/content_5003571.htm。

[2] 国务院：《中华人民共和国政府关于中华人民共和国领海基线的声明》，1996年5月15日，https://www.fmprc.gov.cn/web/ziliao_674904/tytj_674911/tyfg_674913/t556673.shtml；中国政府网：《中华人民共和国政府关于钓鱼岛及其附属岛屿领海基线的声明》，2012年9月10日，http://www.gov.cn/jrzg/2012-09/10/content_2221140.htm。

① United Nations Treaty Collection, "United Nations Convention on the Law of the Sea," https://treaties.un.org/Pages/ViewDetailsIII.aspx?src=TREATY&mtdsg_no=XXI-6&chapter=21&Temp=mtdsg3&clang=_en, accessed 28 March 2020.

② DOALOS/OLA United Nations, "Outer Limits of the Continental Shelf Beyond 200 Nautical Miles From the Baselines: Submission by the Republic of the Philippines," 19 July 2012, https://www.un.org/Depts/los/clcs_new/submissions_files/submission_phl_22_2009.htm.

③ DOALOS/OLA United Nations, "Table of Claims to Maritime Jurisdiction (as at 15 July 2011)," http://www.un.org/Depts/los/LEGISLATIONANDTREATIES/PDFFILES/table_summary_of_claims.pdf，本书作者对本表作了相应更新。

[3] Congress of the Philippines, "Republic Act No. 9522: An Act to Amend Certain Provisions of Republic Act No. 3046, as Amended by Republic Act No. 5446, to Define the Archipelagic Baselines of the Philippines, and for Other Purposes," Approved on 10 March 2009, https://www.senate.gov.ph/republic_acts/ra%209522.pdf.

[4] 菲律宾的领海宽度是可变的，领海宽度主张超过12海里，由菲律宾条约线的相关坐标决定。参见：DOALOS/OLA United Nations, "Table of Claims to Maritime Jurisdiction (as at 15 July 2011)," http://www.un.org/Depts/los/LEGISLATIONANDTREATIES/PDFFILES/table_summary_of_claims.pdf; Lowell B. Bautista, "The Legal Status of the Philippine Treaty Limits in International Law," *Aegean Review of the Law of the Sea and Maritime Law*, Vol. 1, No. 1 (2010), p.115。

[5] 菲律宾未制定单独的毗连区法律，但1995年的《菲律宾矿业法》(第7942号共和国法令)第3条指出："毗连区"指的是从菲律宾群岛的基线量起向外24海里的海域、海底和下层。Congress of the Philippines, "An Act Instituting a New System of Mineral Resources Exploration, Development, Utilization and Conservation," *Republic Act* No. 7942, Approved on 3 March 1995, http://mgb.gov.ph/images/stories/RA_7942.pdf.

[6] DOALOS/OLA United Nations, "Submissions to the Commission: Submission by the Republic of the Philippines," 8 April 2009, https://www.un.org/Depts/los/clcs_new/submissions_files/phl22_09/phl_esummary.pdf.

1987年的《菲律宾共和国宪法》第1条对其国家领土作了界定。国家领土的组成为：菲律宾群岛及其所包含的所有岛屿和水域；以及菲律宾拥有主权和管辖权的所有其他领土，由其陆地、水域和空中区域构成，包括其领海、海床、底土、岛架和其他海底区域；所有环绕及连接菲律宾群岛之间的水域，不论其宽度和大小，构成菲律宾内水的组成部分。①

菲律宾的领土范围是由以下国际条约所确定。1898年12月10日，

① GOVPH, "The Constitution of the Republic of the Philippines (The 1987 Constitution)," Ratified on 2 February 1987, https://www.officialgazette.gov.ph/constitutions/1987-constitution/.

美国和西班牙签订《美西和平条约》(《巴黎条约》)，该条约第3条规定：西班牙现将被称为菲律宾列岛的群岛，其中包括位于下列各线内的诸岛屿割让给美国：一条线从东经118°到东经127°沿着或靠近北纬20°由西向东穿过巴士海峡航道中间，然后沿着东经127°到北纬4°45′，然后沿北纬4°45′到与东经119°35′的交叉点，然后从东经119°35′到北纬7°40′，然后沿北纬7°40′到与东经116°的交叉点，然后再以一条直线到达北纬10°与东经118°的交叉点，然后再沿东经118°到达起点。① 1900年11月7日，美国和西班牙签订《美西关于菲律宾外围岛屿割让的条约》(《华盛顿条约》)，该条约的单独条款规定：西班牙让与美国在其缔结《巴黎条约》时可能拥有的、对位于《巴黎条约》第3条所述范围之外的属于菲律宾群岛的全部岛屿，特别是对于卡拉延、苏禄及锡布图及其附属地的权利及权利主张，并同意所有这些岛屿应完全包括在所让与的群岛之中，就像它们明显包括在上述范围内一样。② 1930年1月2日，美国和英国签署《关于划定英属北婆罗洲与美属菲律宾之间的边界条约》，该条约规定：1898年美西《巴黎条约》和1900年美西《华盛顿条约》所确定的一部分线将由分割属于菲律宾

① GOVPH, "Treaty of Peace Between the United States of America and the Kingdom of Spain (Treaty of Paris)," Signed on 10 December 1898, https://www.officialgazette.gov.ph/1898/12/10/treaty-of-peace-between-the-united-states-of-america-and-the-kingdom-of-spain-treaty-of-paris-signed-in-paris-december-10-1898/; 国家海洋局政策研究室编:《国际海域划界条约集》，北京：海洋出版社1989年版，第299页。

② GOVPH, "Treaty Between the Kingdom Spain and the United States of America for Cession of Outlying Islands of the Philippines," Signed on 7 November 1900, https://www.officialgazette.gov.ph/1900/11/07/the-philippine-claim-to-a-portion-of-north-borneo-treaty-between-the-kingdom-spain-and-the-united-states-of-america-for-cession-of-outlying-islands-of-the-philippines-1900/; 国家海洋局政策研究室编:《国际海域划界条约集》，第300页。

群岛的岛屿和属于英国保护的北婆罗洲岛屿的线取代。[①] 中国认为,"中国黄岩岛明显位于这一界限以外","中国南海诸岛在菲律宾领土范围之外"。[②]

菲律宾的领海宽度是可变的,领海宽度主张超过12海里。[③] 菲律宾主张的领海从基线向外扩展到1898年《巴黎条约》界限(巴黎条约线)。[④] 菲律宾对巴黎条约线以西的"卡拉延岛群"这一多边形区域的声索,使得菲律宾本已充满矛盾的海洋管辖区域变得更为复杂。[⑤] 菲律宾的领海宽度主张即使不违反国际法,也是非常独特的。2021年12月6日,菲律宾众议院通过了第9981号法案,即《宣告菲律宾共和国管辖海洋区域的法令》(简称《菲律宾海洋区域法令》,Philippine Maritime

① GOVPH, "Convention Between the United States of America and Great Britain Delimiting the Boundary Between the Philippine Archipelago and the State of North Borneo," Signed on 2 January 1930, https://www.officialgazette.gov.ph/1932/12/15/convention-between-the-united-states-of-america-and-great-britain-delimiting-the-boundary-between-the-philippine-archipelago-and-the-state-of-north-borneo-1930/.

② 国务院新闻办公室:《中国坚持通过谈判解决中国与菲律宾在南海的有关争议》,2016年7月13日发表,http://www.scio.gov.cn/37236/38180/Document/1626701/1626701.htm。

③ DOALOS/OLA United Nations, "Table of Claims to Maritime Jurisdiction (as at 15 July 2011)," http://www.un.org/Depts/los/LEGISLATIONANDTREATIES/PDFFILES/table_summary_of_claims.pdf.

④ Juan Arreglado, *Kalayaan: Historical, Legal, Political Background*, Manila: Foreign Service Institute, 1982; Lowell B. Bautista, "The Legal Status of the Philippine Treaty Limits in International Law," *Aegean Review of the Law of the Sea and Maritime Law*, Vol. 1, No. 1 (2010), p.115.

⑤ Arturo Tolentino, "The Philippine Territorial Sea," *Philippine Yearbook of International Law*, Vol. 3 (1974), pp. 46-54; Lowell B. Bautista, "The Legal Status of the Philippine Treaty Limits in International Law," *Aegean Review of the Law of the Sea and Maritime Law*, Vol. 1, No. 1 (2010), p.115.

Zones Act）。[①] 菲律宾第9981号众议院法案第6条规定：菲律宾的领海指的是从领海基线量起12海里的带状海域。2021年12月7日，菲律宾众议院将第9981号众议院法案提交菲律宾参议院，该法案有待菲律宾参议院的讨论。

菲律宾2009年通过第9522号共和国法令，宣布将其采用直线基线画法的领海基线修改为群岛基线。[②] 根据1961年6月17日《关于确定菲律宾领海基线的法令》（第3046号共和国法令），确定菲律宾领海的基线由连接群岛中最外部岛屿上适当的点的直线组成。[③] 1968年9月18日第5446号共和国法令，菲律宾修正了1961年《关于确定菲律宾领海基线的法令》第1条中的印刷错误。[④] 2009年3月《关于确定群岛基线和其他目的》的第9522号共和国法令再次修正了菲律宾的领海基线（参见图4-1）。[⑤] 根据菲律宾第9522号共和国法令，菲律宾的群岛基线系统由101条线段构成，最短的线段长度为0.08海里，最长的线段长度为122.88海里，总计长度为2808海里；该群岛基线系统包括了

① House of Representatives of the Philippines, "An Act Declaring the Maritime Zones Under the Jurisdiction of the Republic of the Philippines," Approved by the House on 6 December 2021, https://hrep-website.s3.ap-southeast-1.amazonaws.com/legisdocs/third_18/HBT09981.pdf.

② 张海文编著:《〈联合国海洋法公约〉与中国》，北京：五洲传播出版社2014年版，第51页。

③ DOALOS/OLA United Nations, "Republic Act No. 3046: An Act to Define the Baselines of the Territorial Sea of the Philippines," 17 June 1961, https://www.un.org/Depts/los/LEGISLATIONANDTREATIES/PDFFILES/PHL_1961_Act.pdf.

④ DOALOS/OLA United Nations, "Republic Act No. 5446: An Act to Amend Section One of the Republic Act Numbered Thirty Hundred and Forty-Six, Entitled 'An Act to Define the Baselines of the Territorial Sea of the Philippines'," 18 September 1968, https://www.un.org/Depts/los/LEGISLATIONANDTREATIES/PDFFILES/PHL_1968_Act.pdf.

⑤ Congress of the Philippines, "Republic Act No. 9522: An Act to Amend Certain Provisions of Republic Act No. 3046, as Amended by Republic Act No. 5446, to Define the Archipelagic Baselines of the Philippines, and for Other Purposes," Approved on 10 March 2009, https://www.senate.gov.ph/republic_acts/ra%209522.pdf.

菲律宾所有的主要岛屿，但未将菲律宾提出非法领土主张的中国南沙群岛中业岛等部分岛礁（菲称“卡拉延岛群”）和中国黄岩岛（菲称“斯卡伯勒礁”）纳入其中。[①] 菲律宾建立领海基线的法律，未明确基线内的水域是“内水”（internal waters）还是“群岛水域”（archipelagic waters）。[②]

菲律宾主张专属经济区宽度为188海里（从领海基线算起不超过200海里）。根据1978年6月11日《设立专属经济区及其他事项》（第1599号总统令）第1条，菲律宾的专属经济区应从测算领海宽度的基线量起，向外延伸到200海里的距离。[③]《设立专属经济区及其他事项》第1条同时指出，如按此测定的该区域的外部界限与毗连或相邻的国家的专属经济区相重叠，则共同的边界线应与有关国家协议或按照有关划界的适当公认的国际法原则予以确定。

菲律宾的大陆架外部界限主张为“大陆边/200海里”（CM/200）。菲律宾的大陆架外部界限主张可在2009年“菲律宾划界案”中得到体现。2009年4月8日，菲律宾政府向大陆架界限委员会递交《菲律宾共和国关于大陆架外部界限部分申请的数据和信息》（简称“菲律宾划界案”），就菲律宾群岛东海岸宾汉隆起区域（Benham Rise Region）的大陆架外部界限提出申请。[④] 2009年“菲律宾划界案”执行摘要指出，宾

① U.S. Department of State, “Philippines: Archipelagic and Other Maritime Claims and Boundaries,” *Limits in the Seas*, No. 142, 15 September 2014, p.3, https://www.state.gov/wp-content/uploads/2019/10/LIS-142.pdf.

② Ibid., p.8.

③ DOALOS/OLA United Nations, “Presidential Decree No. 1599 of 11 June 1978 Establishing an Exclusive Economic Zone and for Other Purposes,” 11 June 1978, https://www.un.org/Depts/los/LEGISLATIONANDTREATIES/PDFFILES/PHL_1978_Decree.pdf.

④ DOALOS/OLA United Nations, “Submissions to the Commission: Submission by the Republic of the Philippines,” 8 April 2009, https://www.un.org/Depts/los/clcs_new/submissions_files/phl22_09/phl_esummary.pdf.

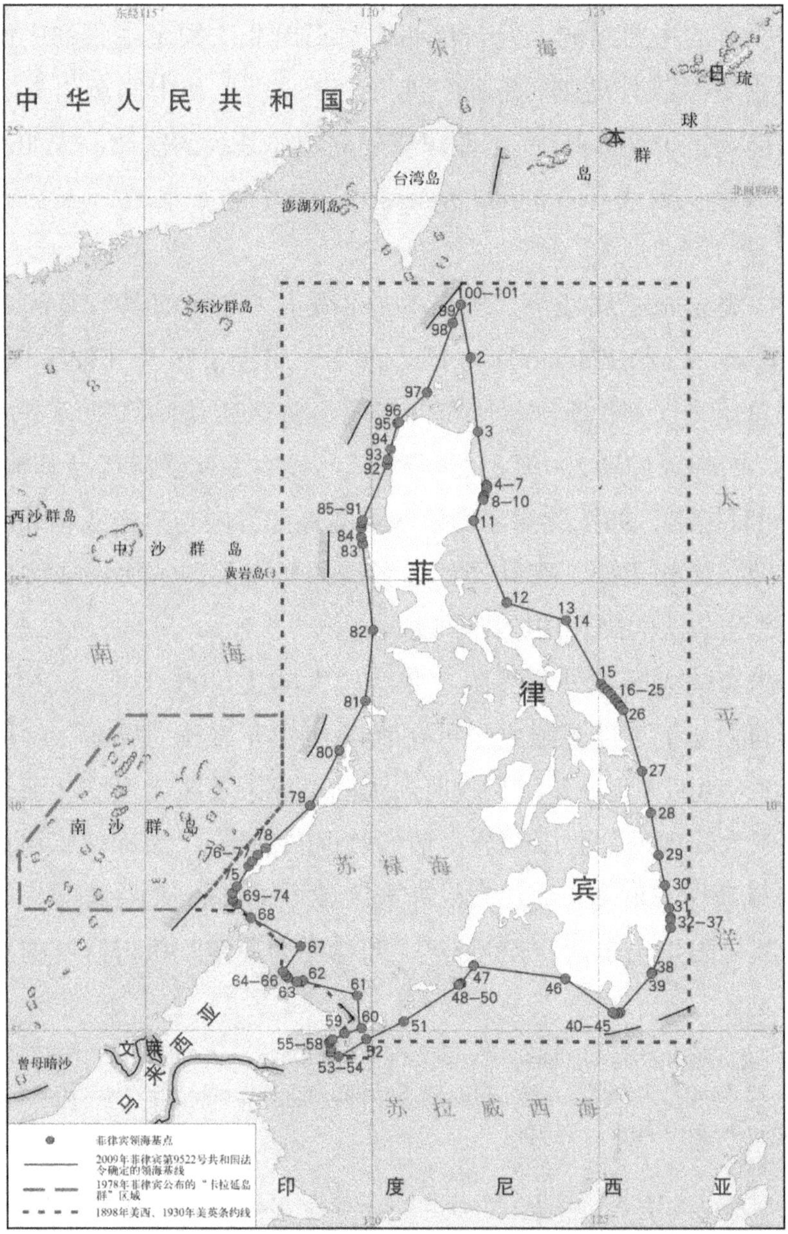

图4–1　菲律宾第9522号法令所规定的菲律宾群岛基线示意图

审图号：GS（2022）2261号

（备注：本图系菲律宾单方面主张，与中国存在争议）

汉隆起区域的北部和东部是西菲律宾盆地（West Philippine Basin），其西部和南部是吕宋岛，其经纬度在从东经119°30′到东经132°00′、从北纬12°10′到北纬20°30′之间的区域；宾汉隆起区域与吕宋岛之间的海床是大陆架的自然延伸和地貌的延续（geomorphological continuity），其结构距离菲律宾领海基线之外200海里；菲律宾自认为宾汉隆起区域与邻国不存在纠纷。2009年"菲律宾划界案"共选取253个定点（fixed points），各定点之间的直线连线即为宾汉隆起区域的大陆架外部界限，定点之间的连线距离大陆坡不超过60海里，也未超过从测算领海宽度的基线量起350海里。2012年4月12日，大陆架界限委员会审查通过了菲律宾关于宾汉隆起区域的申请。① 2017年5月16日，菲律宾第25号总统行政命令将"宾汉隆起"改名为"菲律宾隆起"。②

菲律宾对其大陆架上的所有矿物和其他自然资源主张管辖权和控制权。1968年3月20日，菲律宾总统费迪南德·马科斯签署第370号总统令。③ 该总统令宣布：邻接菲律宾但在领海之外，其上覆水域的深度允许对资源进行开发的大陆架海床和底土上的所有矿物和其他自然资源，包括属于定居物种的有机生物体，属于菲律宾并且菲律宾对其享有排他性管辖权和以勘探和开发为目的的管理权。在与邻近国家共有大陆架的情况下，边界应由菲律宾和该国家根据法律的和公平的原则决定。这些海底区域上覆水域作为公海的性质以及这些水域上空的

① DOALOS/OLA United Nations, "Recommendations of the Commission on the Limits of the Continental Shelf in Regard to the Submission Made by the Philippines in Respect of the Benham Rise Region on 8 April 2009," Adopted on 12 April 2012, https://www.un.org/depts/los/clcs_new/submissions_files/phl22_09/phl_rec.pdf.

② DOALOS/OLA United Nations, "Changing the Name of 'Bentham Rise' to 'Philippine Rise' and for Other Purposes," 16 May 2017, https://www.un.org/Depts/los/LEGISLATIONANDTREATIES/PDFFILES/PHL_executiveorder_16_05_2017.pdf.

③ GOVPH, "Proclamation No. 370, s. 1968," Signed on 20 March 1968, https://www.officialgazette.gov.ph/1968/03/20/proclamation-no-370-s-1968/.

性质不受这一声明的影响。

菲律宾与邻国的海洋划界情况：2014年5月23日，菲律宾和印度尼西亚签署《关于专属经济区划界的协定》，两国划定了一条专属经济区分界线。[①] 2019年8月1日，菲律宾和印度尼西亚《关于专属经济区划界的协定》生效。截至2020年5月，菲律宾还未与中国、日本、马来西亚和帕劳划定海上分界线。[②] 不过，马来西亚可能认为其已经与菲律宾划定了海上边界。1979年12月21日马来西亚官方出版的“领水和大陆架边界”地图[③]，以及2009年5月6日马来西亚和越南向大陆架界限委员会联合提交的划界案附图[④]，画出了马来西亚与菲律宾的海上分界线。但是，1968年9月菲律宾的第5446号共和国法令第2条指出，本法令中菲律宾群岛领海基线的定义，不损害北婆罗洲（North Borneo）北部的沙巴（Sabah）周围领海基线的划定，菲律宾对沙巴主张管辖权

---

① GOVPH, “Agreement Between the Government of the Republic of the Philippines and the Government of the Republic Indonesia Concerning the Delimitation of the Exclusive Economic Zone Boundary,” 23 May 2014, https://www.officialgazette.gov.ph/2014/05/23/agreement-between-the-government-of-the-republic-of-the-philippines-and-the-government-of-the-republic-indonesia-concerning-the-delimitation-of-the-exclusive-economic-zone-boundary/.

② DOALOS/OLA United Nations, “Philippines,” updated on 8 October 2020, https://www.un.org/Depts/los/LEGISLATIONANDTREATIES/STATEFILES/PHL.htm.

③ “Malaysia: Peta menunjukkan sempadan perairan dan pelantar benua Malaysia” (“Map Showing Territorial Waters and Continental Shelf Boundaries of Malaysia”), Kuala Lumpur: Pengarah Pemetaan Negara, 1979. 马来西亚“领水和大陆架边界”地图中的84个转折点坐标，参见：R. Haller-Trost, *The Contested Maritime and Territorial Boundaries of Malaysia: An International Law Perspective*, London: Kluwer, 1998, p.431。

④ DOALOS/OLA United Nations, “Joint Submission by Malaysia and Viet Nam – in the Southern Part of the South China Sea,” 6 May 2009, http://www.un.org/depts/los/clcs_new/submissions_files/submission_mysvnm_33_2009.htm.

和主权。[①] 迄今，菲律宾仍主张对沙巴拥有主权。

第二节　中菲之间的南沙群岛部分岛礁和黄岩岛领土争议

菲律宾对中国南沙群岛中业岛等部分岛礁提出领土要求，并非法将其命名为"卡拉延岛群"（Kalayaan Island Group），因此中菲之间在南海存在领土争议。1971年9月至今，菲律宾共侵占中国南沙群岛的马欢岛、费信岛、中业岛、南钥岛、北子岛、西月岛、双黄沙洲和司令礁等8个岛礁。[②] 菲律宾在侵占岛礁上派驻军队、兴建简易机场。菲律宾通过1971年7月总统声明和1978年6月两个法令阐述了其侵占南沙群岛部分岛礁的所谓依据。

1971年7月10日，菲律宾时任总统马科斯（Ferdinand E. Marcos）发表公报，[③] 这是菲律宾首次对中国南沙群岛部分岛礁正式提出领土要求。该公报主要涉及三个问题：（1）由于太平岛邻近菲律宾，台湾军队（或事实上，任何外国的军队）驻扎该岛，构成对菲律宾国家安全的"严重威胁"；（2）重申1956年立场，南沙群岛是处在盟国的"托管"之下，因此，在没有得到盟国的同意和准许的情况下，任何国家均不得在这些岛礁中任何一个之上驻扎军队；（3）重申1956年立场，

① DOALOS/OLA United Nations, "Republic Act No. 5446: An Act to Amend Section One of the Republic Act Numbered Thirty Hundred and Forty-Six, Entitled 'An Act to Define the Baselines of the Territorial Sea of the Philippines'," 18 September 1968, https://www.un.org/Depts/los/LEGISLATIONANDTREATIES/PDFFILES/PHL_1968_Act.pdf.

② 中国外交部：《中华人民共和国政府关于菲律宾共和国所提南海仲裁案管辖权问题的立场文件》，2014年12月7日，https://www.fmprc.gov.cn/nanhai/chn/snhwtlcwj/t1368888.htm；张海文：《南海及南海诸岛》，第86页。

③ GOVPH, "President's Week in Review: July 9-July 15, 1971," 19 July 1971, https://www.officialgazette.gov.ph/1971/07/19/presidents-week-in-review-july-9-july-15-1971/.

“自由地”的53个岛礁不属于南沙群岛，它们是由菲律宾公民克洛马（Tomas Cloma）发现的“无主地”（terra nulllius），命名为“卡拉延岛群”（Kalayaan Island Group），据此是可以开发和占领的。[①]

1978年6月11日，菲律宾时任总统马科斯发布了两个总统法令（第1596号[②]和第1599号总统令[③]），分别宣布“卡拉延岛群”的确切方位坐标和菲律宾的专属经济区（包括“卡拉延岛群”）有关事项。第1596号总统令规定了“卡拉延岛群”的界限和方位坐标：从东经116°00′和北纬7°40′的一点（位于菲律宾条约线上）起，沿北纬7°40′线向西至东经112°10′，再沿东经112°10′线向北至北纬9°00′，再向东北方向至东经114°30′和北纬12°00′的一点，再沿北纬12°00′线向东至东经118°00′，再沿东经118°00′向南至北纬10°00′，再向西南至东经116°00′和北纬7°40′的一点（起点）（参见图4–1）。第1596号总统令还指出：菲律宾不仅对“卡拉延岛群”中的岛礁本身有主权要求，而且主张岛礁的“海床、底土、大陆边及其上空”也应在其主权范围之内，“卡拉延岛群”隶属于巴拉旺省（Province of Palawan）管辖。[④]从所谓的“卡拉延岛群”所包括的岛礁来看，它与1956年克洛马的“自由地”几乎一致。但从主张的依据来看，二者有所不同。克洛马的依

---

① 转引自：张海文:《南海及南海诸岛》，第86–87页。参见：GOVPH, “President's Week in Review: July 9-July 15, 1971,” https://www.officialgazette.gov.ph/1971/07/19/presidents-week-in-review-july-9-july-15-1971/; The New York Times, “Manila Asks Taiwan's Troops To Quit South China Sea Island,” 11 July 1971, p. 18, https://www.nytimes.com/1971/07/11/archives/manila-asks-taiwans-troops-to-quit-south-china-sea-island.html。

② GOVPH, “Presidential Decree No. 1596, s. 1978,” Signed on 11 June 1978, https://www.officialgazette.gov.ph/1978/06/11/presidential-decree-no-1596-s-1978/.

③ GOVPH, “Presidential Decree No. 1599, s. 1978,” Signed on 11 June 1978, https://www.officialgazette.gov.ph/1978/06/11/presidential-decree-no-1599-s-1978/.

④ Ibid.

据是“发现”，[①] 而在第1596号总统令中论述了划定“卡拉延岛群”的4个依据：

（1）该区域“对菲律宾的安全及经济生存至关重要”；

（2）该区域是“菲律宾群岛大陆边的一部分”；

（3）“该区域在法律上不属于任何国家或民族，但由于历史的原因，不可或缺的需要，以及按照国际法所确立的有效占领和控制，该区域现在必须被视为属于菲律宾的主权范围”；

（4）“有些国家曾对该区域的某些部分提出主权要求，但这些要求已因放弃而失效，且无法胜过菲律宾依据法律、历史和公平理由所提出的要求”。[②]

2009年3月，菲律宾共和国第9522号法令第2条提到，菲律宾按照“岛屿制度”[③] 对“卡拉延岛群”领海基线内行使主权和管辖权。[④]

此外，菲律宾还对中国中沙群岛的黄岩岛提出了非法的领土要求。黄岩岛的坐标值为北纬15°8′55″，东经117°45′50″。[⑤] 黄岩岛环礁轮廓似等腰三角形，周长55千米，腰长15千米，包括潟湖，全部面积150平方千米[⑥]（参见图4–2）。黄岩岛环礁宽约1千米，环围着中间的三角

① 张海文：《南海及南海诸岛》，第88页。

② GOVPH, “Presidential Decree No. 1596, s. 1978,” Signed on 11 June 1978, https://www.officialgazette.gov.ph/1978/06/11/presidential-decree-no-1596-s-1978/.

③ 《联合国海洋法公约》第121条“岛屿制度”。

④ Congress of the Philippines, “Republic Act No. 9522: An Act to Amend Certain Provisions of Republic Act No. 3046, as Amended by Republic Act No. 5446, to Define the Archipelagic Baselines of the Philippines, and for Other Purposes,” Approved on 10 March 2009, https://www.senate.gov.ph/republic_acts/ra%209522.pdf.

⑤ Asia Maritime Transparency Initiative, “Scarborough Shoal,” https://amti.csis.org/scarborough-shoal/.

⑥ 王颖：《黄岩岛海域环境与战略地位分析》，载《亚太安全与海洋研究》2017年第3期，第19页；黄金森：《南海黄岩岛的一些地质特征》，载《海洋学报》1980年第2期，第112页。

形潟湖，面积约130平方千米，水深10～20米。[①] 潟湖出口在东南侧，宽360～400米，中间水深6～11米，边缘水深约3米，小船可进入潟湖避风。[②] 黄岩岛距中沙大环礁约318千米，距菲律宾吕宋岛西部的帕拉维格（Palauig）约230千米[③]（参见图4–2）。中国渔民在黄岩岛及其附属海域有传统渔业权利。黄岩岛地缘战略地位重要，它是南海东北部的门户要塞，扼守台湾海峡南端以及由太平洋进入南海之通道，是中国通过南海海域与世界大洋海运交往的枢纽控制点。[④] 2016年7月，应菲律宾单方面请求建立的南海仲裁案仲裁庭（简称“仲裁庭”）所谓“裁决”认为，斯卡伯勒礁（Scarborough Shoal）（即中国黄岩岛，笔者注）是“岩礁”（Rock），不能主张专属经济区或大陆架。[⑤]

黄岩岛是中国固有领土。[⑥] 中国对黄岩岛的领土主权拥有充分法理依据，体现为：[⑦]

---

① 王颖：《黄岩岛海域环境与战略地位分析》，载《亚太安全与海洋研究》2017年第3期，第19页。

② 同上。

③ 谷歌距离计算器（Google distance calculator）测算，测地距离（geodesic distance），2021年1月7日。黄岩岛的坐标值为北纬15°8′55″，东经117°45′50″。

④ 王颖：《黄岩岛海域环境与战略地位分析》，载《亚太安全与海洋研究》2017年第3期，第18页。

⑤ Permanent Court of Arbitration, “The South China Sea Arbitration Award of 12 July 2016,” 12 July 2016, p.259, https://www.pcacases.com/pcadocs/PH-CN%20-%2020160712%20-%20Award.pdf.

⑥ 中国外交部：《外交部发言人朱邦造就黄岩岛主权及管辖权答记者问》，2001年3月19日，https://www.fmprc.gov.cn/web/fyrbt_673021/dhdw_673027/t3975.shtml。

⑦ 新华社：《中国对黄岩岛的领土主权拥有充分法理依据》，2012年4月14日，http://www.gov.cn/jrzg/2012-04/14/content_2113706.htm。

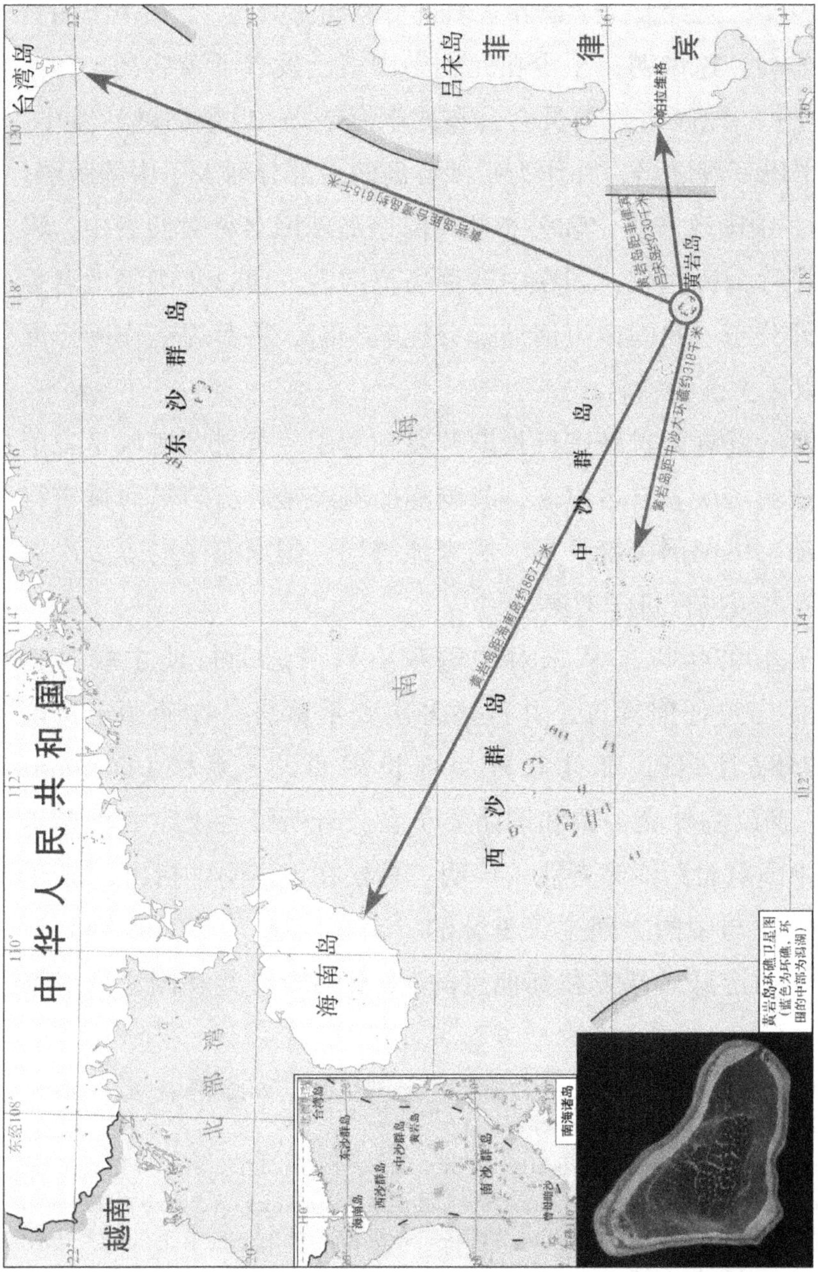

图4-2　中国黄岩岛位置示意图

审图号：GS（2022）2261号

（备注：本图仅用于示意）

（1）中国最早发现、命名黄岩岛，并将其列入中国版图，实施主权管辖。1279年，元代天文学家郭守敬进行“四海测验”，在南海的测量点就在黄岩岛。这说明，至少在元朝中国就已发现了黄岩岛。1935年1月，中国水陆地区审查委员会公布的南海诸岛132个岛礁沙滩中，黄岩岛以斯卡巴罗礁之名，并作为中沙群岛的一部分列入了中国版图。1947年10月，中国政府核定和公布的南海诸岛新旧名称对照表中，将斯卡巴罗礁改称为民主礁，列在中沙群岛范围内。1983年中国地名委员会授权对外公布“我国南海诸岛部分地名”时，将黄岩岛作为标准名称，同时以民主礁为副名。

（2）中国一直对黄岩岛进行长期开发和利用。黄岩岛海域是我国渔民的传统捕鱼场所。自古以来，我国渔船就经常赴黄岩岛海域进行渔业生产活动。中国国家统计局、国家地震局、国家海洋局等多次对黄岩岛及附近水域进行科学考察。

菲律宾在1997年以前从未对中国政府对黄岩岛行使主权管辖和开发利用提出过任何异议，并且还多次表示黄岩岛在菲领土范围之外。[①] 1997年6月5日，菲律宾外交部长多明戈·夏松（Domingo Siazon）在菲参议院外交关系和国防委员会公开听证会上发表涉斯卡伯勒礁（即中国黄岩岛，笔者注）声明。夏松在该声明中指出，“斯卡伯勒礁是菲律宾与中国之间主张重叠的一个新问题”[②]。2009年3月，菲律宾《关于确定群岛基线和其他目的》（第9522号共和国法令）第

① 新华社:《中国对黄岩岛的领土主权拥有充分法理依据》，2012年4月14日，http://www.gov.cn/jrzg/2012-04/14/content_2113706.htm。

② Statement of the Philippine Foreign Affairs Secretary Domingo Siazon Before the Public Hearing of the Senate Foreign Relations and Defence Committees on 5 June 1997. 转引自：Zou Keyuan, “Scarborough Reef: A New Flashpoint in Sino-Philippine Relations?” *IBRU Boundary and Security Bulletin*, Summer 1999, p.74, https://www.dur.ac.uk/ibru/publications/download/?id=149。

2条提到，菲律宾按照“岛屿制度”[①]对“巴约的马辛洛克”（Bajo de Masinloc）（又称“斯卡伯勒礁”）（即中国黄岩岛，笔者注）领海基线内行使主权和管辖权。[②] 2012年5月，菲律宾将黄岩岛改名为“帕纳塔格礁”（Panatag Shoal）。[③]

菲律宾在南海提出的领土权利及其依据，无法回避和忽略法律上的“硬伤”。20世纪70年代之前，菲律宾的法律对其领土范围有明确限定，没有涉及中国的南海岛礁。1935年《菲律宾共和国宪法》第1条“国家领土”明确规定：“菲律宾的领土包括根据1898年12月10日美国同西班牙缔结的《巴黎条约》割让给美国的该条约第3条所述范围内的全部领土，连同1900年11月7日美国同西班牙在华盛顿缔结的条约和1930年1月2日美国同英国缔结的条约中包括的所有岛屿，以及由菲律宾群岛现政府行使管辖权的全部领土。”[④]根据上述规定，菲律宾的领土范围限于菲律宾群岛，不涉及中国的南海岛礁。[⑤] 1961年6月，《关于确定菲律宾领海基线的法令》（第3046号共和国法令）第一段重申了菲

① 《联合国海洋法公约》第121条“岛屿制度”。

② Congress of the Philippines, “Republic Act No. 9522: An Act to Amend Certain Provisions of Republic Act No. 3046, as Amended by Republic Act No. 5446, to Define the Archipelagic Baselines of the Philippines, and for Other Purposes,” Approved on 10 March 2009, https://www.senate.gov.ph/republic_acts/ra%209522.pdf.

③ GOVPH, “Palace Says Philippines Able to Relax Tension in Panatag Shoal,” 3 May 2012, https://pcoo.gov.ph/wp-content/uploads/News%20Releases/2012/may03.htm#Panatag_Shoal_.

④ GOVPH, “The 1935 Constitution,” Adopted on 8 February 1935, https://www.officialgazette.gov.ph/constitutions/the-1935-constitution/.

⑤ 中国外交部：《中华人民共和国政府关于菲律宾共和国所提南海仲裁案管辖权问题的立场文件》，2014年12月7日，https://www.fmprc.gov.cn/nanhai/chn/snhwtlcwj/t1368888.htm。

律宾1935年宪法关于其领土范围的规定。[①] 菲律宾于2009年3月颁布的第9522号共和国法令，正式将“卡拉延岛群”和中国黄岩岛写为菲律宾领土。[②] 此法令当然是不具备国际法效力的。

第三节　南海仲裁案仲裁庭所谓“裁决”及其影响

2013年1月22日，菲律宾外交部照会中国驻菲律宾大使馆称，菲律宾依据1982年《联合国海洋法公约》(简称《公约》)第287条和附件七的规定，就中菲有关南海“海洋管辖权”的争端递交仲裁通知，提起强制仲裁。2013年2月19日，中国政府退回菲律宾政府的照会及所附仲裁通知。[③]

菲律宾将其所提仲裁事项主要归纳为以下三类：[④]

第一，中国在《公约》规定的权利范围之外，对“九段线”(即中国的南海断续线)内的水域、海床和底土所主张的“历史性权利”与《公约》不符；

第二，中国依据南海若干岩礁、低潮高地和水下地物提出的200海里甚至更多权利主张与《公约》不符；

---

① DOALOS/OLA United Nations, “Republic Act No. 3046: An Act to Define the Baselines of the Territorial Sea of the Philippines,” 17 June 1961, https://www.un.org/Depts/los/LEGISLATIONANDTREATIES/PDFFILES/PHL_1961_Act.pdf.

② Congress of the Philippines, “Republic Act No. 9522: An Act to Amend Certain Provisions of Republic Act No. 3046, as Amended by Republic Act No. 5446, to Define the Archipelagic Baselines of the Philippines, and for Other Purposes,” Approved on 10 March 2009, https://www.senate.gov.ph/republic_acts/ra%209522.pdf.

③ 中国外交部:《中华人民共和国政府关于菲律宾共和国所提南海仲裁案管辖权问题的立场文件》，2014年12月7日，https://www.fmprc.gov.cn/nanhai/chn/snhwtlcwj/t1368888.htm。

④ 同上。

第三，中国在南海所主张和行使的权利非法干涉菲律宾基于《公约》所享有和行使的主权权利、管辖权以及航行权利和自由。[①]

中国外交部于2014年12月7日发表《中华人民共和国政府关于菲律宾共和国所提南海仲裁案管辖权问题的立场文件》(简称《立场文件》)。[②]《立场文件》阐明仲裁庭对于菲律宾提起的仲裁没有管辖权；中国不接受、不参与菲律宾单方面提起的仲裁具有充分的国际法依据；直接有关的主权国家进行友好磋商和谈判，是和平解决中国与周边邻国间的海洋争端最有效的方式。《立场文件》是新中国成立以来中国首次出台反击南海问题"司法化"的政府立场文件。[③]

2015年10月29日，仲裁庭就南海仲裁案管辖权和可受理性问题作出裁决。仲裁庭裁决认定对菲律宾提出的15项请求中的7项具有管辖权。[④] 7项具有管辖权的请求包括：斯卡伯勒礁（即中国黄岩岛，笔者注）不能产生专属经济区或者大陆架（第3项请求）；美济礁、仁爱礁和渚碧礁为低潮高地，不能产生领海、专属经济区或者大陆架，并且为不能够通过先占或其他方式取得的地物（第4项请求）；南薰礁和西门礁（包括东门礁）为低潮高地，不能产生领海、专属经济区或者大陆架，但是，它们的低潮线可能可以作为分别测量鸿庥岛和景宏岛的领海宽度的基线（第6项请求）；赤瓜礁、华阳礁和永暑礁不能产生专属经济区或者大陆架（第7项请求）；通过干扰其在黄岩岛的传统渔业

---

① 中国外交部:《中华人民共和国政府关于菲律宾共和国所提南海仲裁案管辖权问题的立场文件》，2014年12月7日，https://www.fmprc.gov.cn/nanhai/chn/snhwtlcwj/t1368888.htm。

② 同上。

③ 马新民:《南海仲裁案庭外法理斗争：回顾与展望》，载《边界与海洋研究》2017年第4期，第18页。

④ Permanent Court of Arbitration, "Arbitration Between the Republic of the Philippines and the People's Republic of China," *Press Release*, 29 October 2015, p.8, http://www.pcacases.com/web/sendAttach/1503.

活动，中国不合法地阻止了菲律宾渔民寻求生计（第10项请求）；中国在黄岩岛和仁爱礁违反了《公约》下保护和保全海洋环境的义务（第11项请求）；中国危险地操作其执法船只给在黄岩岛附近航行的菲律宾船只造成严重碰撞危险的行为违反了其在《公约》下的义务（第13项请求）。2015年10月30日，中国外交部声明："仲裁庭于2015年10月29日就管辖权和可受理性问题作出的裁决是无效的，对中方没有拘束力。"①

2016年7月12日，仲裁庭发布裁决。裁决认为，"中国对'九段线'内海洋区域的资源主张历史性权利没有法律依据"，"中国主张的岛礁无一能够产生专属经济区"等。②

在仲裁庭裁决发布不到1小时，中国外交部发布《中华人民共和国政府关于在南海的领土主权和海洋权益的声明》（简称《权益声明》）和《中华人民共和国外交部关于应菲律宾共和国请求建立的南海仲裁案仲裁庭所作裁决的声明》（简称《裁决声明》）。③《权益声明》是新中国成立以来首次系统阐述中国在南海的领土主权和海洋权益。④《权益声明》明确指出中国在南海的四个方面的领土主权和海洋权益，系统展示了中国南海诸岛的整体论主张。《裁决声明》针对仲裁庭所作裁决指出："该裁决是无效的，没有拘束力，中国不接受、不承认"，强

① 中国外交部：《中华人民共和国外交部关于应菲律宾共和国请求建立的南海仲裁案仲裁庭关于管辖权和可受理性问题裁决的声明》，2015年10月30日，http://www.fmprc.gov.cn/web/zyxw/t1310470.shtml。

② Permanent Court of Arbitration, "The South China Sea Arbitration (the Republic of the Philippines v. the People's Republic of China)," *Award*, 12 July 2016, pp. 473-474, https://pca-cpa.org/wp-content/uploads/sites/175/2016/07/PH-CN-20160712-Press-Release-No-11-English.pdf.

③ 马新民：《南海仲裁案庭外法理斗争：回顾与展望》，载《边界与海洋研究》2017年第4期，第19页。

④ 同上。

调“中国在南海的领土主权和海洋权益在任何情况下不受仲裁裁决的影响，中国反对且不接受任何基于该仲裁裁决的主张和行动”，并重申“在领土问题和海洋划界争议上，中国不接受任何第三方争端解决方式，不接受任何强加于中国的争端解决方案”。[①]

2016年7月的仲裁庭裁决，对中国南海维权造成恶劣和复杂的影响，并且这一影响具有长期性。政治上，从稳定周边大局和南海形势出发，中国需尽快翻过“仲裁案”这一页，但在法律上，必须清醒地认识到，尽管中国不承认裁决的法律效力，但仲裁程序并无纠错纠偏机制，裁决一旦作出，无法撤销，亦无法提出上诉，客观上对中国不利。[②] 有关国家绝不会善罢甘休，还会一而再，再而三地拿所谓仲裁裁决做文章，不能排除有些国家可能仿效菲律宾的做法对中国提起新的仲裁或司法程序。

第四节　中菲南海共同开发的制约瓶颈与应对思考[*]

菲律宾是我国推动南海“共同开发”合作的主要对象国之一。2016年6月，杜特尔特担任菲律宾总统以来，中菲关系逐步实现转圜。2017年初，中菲建立了南海问题双边磋商机制，并重启了南海共同开

① 中国外交部：《中华人民共和国外交部关于应菲律宾共和国请求建立的南海仲裁案仲裁庭所作裁决的声明》，2016年7月12日，https://www.fmprc.gov.cn/nanhai/chn/snhwtlcwj/t1379490.htm。

② 马新民：《南海仲裁案庭外法理斗争：回顾与展望》，载《边界与海洋研究》2017年第4期，第22页。

* 本节（第四章第四节）内容由以下文章修改而成：祁怀高：《当前中菲南海共同开发的制约瓶颈与应对思考》，载《太平洋学报》2019年第3期，第1–9页。感谢复旦大学国际关系与公共事务学院硕士董一帮忙搜集整理资料。

发磋商。2017年7月，中菲两国外长就两国尽早启动南海共同开发达成了政治共识。[①] 2018年3月，菲方证实中菲两国正考虑就南海的两个区块开展油气联合勘探磋商。[②] 其中一个区块位于中菲共同主张的礼乐滩（菲方标注为服务合同区块SC72），该区块面积为8800平方千米[③]，中菲正在探讨这一区块的共同开发事宜。另一个区块位于巴拉望西北部的卡拉棉群岛近海（菲方标注为服务合同区块SC57），靠近菲律宾一侧,（按照菲方说法）位于中国南海断续线范围外，该区块面积为7120平方千米[④]，中国海洋石油集团有限公司（简称“中国海油”）正在磋商参与开发。[⑤] 2018年8月，菲律宾外长卡亚塔诺表示，菲律宾已经为在南海争议海域进行联合勘探专门成立了技术工作组（Technical Working Group, TWG），期待两国尽早制定合作协议，尽早开展联合勘探计划。[⑥] 2018年11月，中菲两国签署《关于油气开发合作的谅解备忘录》。该备忘录指出，双方决定根据有关国际法加快谈判相关安排（简称“合作安排”），为双方在有关海域的油气勘探和开采提供便利；双

① 中国外交部:《中菲两国外长谈南海“共同开发”》，2017年7月25日，https://www.fmprc.gov.cn/web/wjbzhd/t1479986.shtml。

② Reuters, “Philippines Earmarks Two Sites for Possible Joint Oil Exploration with China,” 2 March 2018, https://uk.reuters.com/article/philippines-china-southchinasea-energy/philippines-earmarks-two-sites-for-possible-joint-oil-exploration-with-china-idUKL4N1QK4CW.

③ Philippine Department of Energy, “List of Philippine Service Contracts,” https://www.doe.gov.ph/sites/default/files/pdf/pecr5/list_of_scac.pdf, accessed 18 March 2020.

④ Ibid.

⑤ Danessa Rive, “Philippines, China Set up Joint Exploration in Palawan Field,” *The Philippine Star*, 27 September 2017, https://www.philstar.com/business/2017/09/27/1743265/philippines-china-set-joint-exploration-palawan-field.

⑥ Joyce Ann L. Rocamora, “PH Notified China on Working Group for Joint Exploration: Cayetano,” *Philippine News Agency*, 11 August 2018, http://www.pna.gov.ph/articles/1044542.

方将在该备忘录签订后12个月内致力于就合作安排达成一致。[①] 2019年10月，中国—菲律宾油气开发合作政府间联合指导委员会召开了第一次会议，双方确认油气开发合作政府间联合指导委员会正式成立。[②] 2020年10月15日，杜特尔特解除了在南海区域的石油勘探禁令，这将使得SC59、SC72和SC75这三个服务合同项目得以恢复。[③] 杜特尔特解除南海石油勘探禁令，将有助于中菲推进和实施共同勘探项目。2020年10月20日，菲律宾国家石油公司（PNOC）表示，将在2021年前与中国海油开启一项能源勘探商业项目。[④]

当前菲对共同开发南海油气资源的需求相当迫切。近年来，菲经济保持高速增长，2017—2019年的GDP年平均增长率达到了6.2%，[⑤] 能源供应面临巨大压力与缺口。2017年，菲律宾本土能源为2950万吨油当量，其中，石油为62万吨油当量，天然气为323万吨油当量；2017年，菲律宾进口能源为2842万吨油当量，其中石油进口为1903万吨油当量。[⑥] 2017年菲律宾能源自给率为50.93%，这是自2009年以来的最低点。目前菲在南海马拉帕亚（Malampaya）地区的石油和天然

① 中国外交部：《中华人民共和国政府和菲律宾共和国政府关于油气开发合作的谅解备忘录》，2018年11月20日签署，https://www.mfa.gov.cn/web/ziliao_674904/tytj_674911/tyfg_674913/t1616639.shtml。

② 中国外交部：《中国—菲律宾油气开发合作政府间联合指导委员会第一次会议在北京召开》，2019年10月29日，https://www.fmprc.gov.cn/web/wjbxw_673019/t1711665.shtml。

③ Pia Ranada, "Duterte Lifts Ban on West Philippine Sea Oil Exploration," 15 October 2020, https://www.rappler.com/nation/duterte-lifts-ban-west-philippine-sea-oil-exploration.

④ Reuters, "Philippines' PNOC Aims to Start S. China Sea Venture with CNOOC by 2021," 20 October 2020, https://www.reuters.com/article/southchinasea-philippines-energy-idUSL4N2HB1YH.

⑤ The World Bank, "Data: Philippines," https://data.worldbank.org/country/philippines?view=chart, accessed 18 March 2020.

⑥ Philippine Statistics Authority, *2019 Philippine Statistics Yearbook*, Released on 5 March 2020, pp.14-3, https://psa.gov.ph/sites/default/files/2019%20PSY_as%20of%2010March20revised_0.pdf.

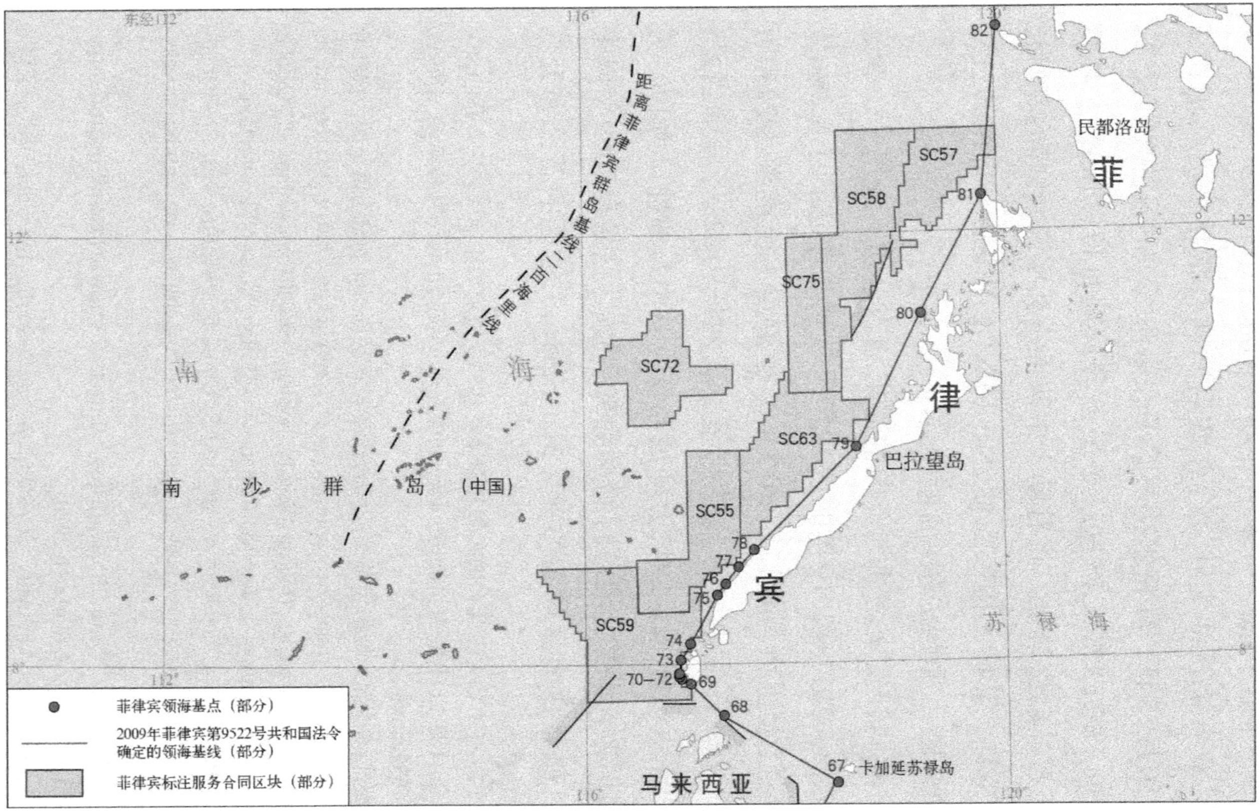

图4–3 菲律宾标注服务合同区块（南海）位置示意图

审图号：GS（2022）2261号

（备注：本图系菲律宾单方面主张，与中国存在争议）

气储备，估计将于2024年开采枯竭。① 马拉帕亚油气田是目前菲主要的天然气开采基地，为吕宋岛提供了约40%的能源供应。② 如果该油气田枯竭，那么菲经济发展计划将受到严重影响。针对菲潜在的能源危机，存在三种可能的解决方案。第一种方案是寻找煤炭等替代能源；第二种方案是和新的石油公司合作在南海非争议区开发新的油气田；第三种方案是和中国合作共同开发南海油气资源。综合比较上述三种方案，和中国共同开发南海对菲而言是最好的选择。主要原因是中菲共同开发方案可以获得中国的帮助，中国油气公司可以提供技术和资金，是最佳也是最为可行的方案。

尽管当前推进中菲南海共同开发磋商的势头良好，但仍存在一些亟待解决的制约瓶颈。本章拟从菲律宾的角度出发，探究中菲南海共同开发存在的五方面制约瓶颈，包括菲国内法律障碍、菲国内政治分歧、菲政策不稳定性、菲民众的疑虑等，并针对上述制约瓶颈提出应对思考。

一、针对菲国内法律障碍建议菲修改相关法律

中菲在南海争议海域共同开发中最难突破的法律问题是所有权争议。菲1987年《宪法》第12条第2款规定："一切公有土地、水域、矿藏、煤、石油和其他矿物油，一切潜在的能源、渔场、森林或树林、野生物、动植物和其他自然资源，都属于国家所有。除农田外，其他

① Iris Gonzales, "Philippines Needs to Discover New Gas Field – Experts," *The Philippine Star*, 9 March 2015, https://www.philstar.com/business/2015/03/09/1431428/philippines-needs-discover-new-gas-field-experts#aBbm0PgI8yuwLA32.99.

② Kristine de Guzman, "Malampaya: When the Gas Runs Out Will Luzon Have Power?" *CNN Philippines*, 27 June 2015, http://cnnphilippines.com/news/2015/06/26/Malampaya-When-the-gas-runs-out-will-Luzon-have-power.html.

所有的自然资源均不得转让。”[①] 菲宪法的这一规定使得菲领导人不敢轻易执行违反宪法的政策。根据菲最高法院2004年12月作出的一项裁决（127882号裁决），国家和私营实体可以签订（勘探、开发和利用矿产、石油和其他矿物油）服务合同进行商业交易。公司作为分包商，仅作为国家的代理人进行资源开采，无法获得和委托人（即国家）相同的权利。[②] 即使该公司完全为外国所有并全权负责经营管理，它也仍受菲律宾的全面控制和监督。[③] 这意味着，中菲南海共同开发区将受到菲政府的全面控制和监督。如果中国遵守菲法律开展共同开发，则意味着中方承认菲方的所有权，这对中国来说无法接受。2016年7月，应菲律宾单方面请求建立的南海仲裁案仲裁庭作出的所谓“裁决”，给中菲南海共同开发增加了新的法律风险。

菲律宾修改《石油勘探开采法》等资源类法律是解决所有权争议的可行办法。比如，在原有的法律上补充附加条款，附加对“共同开发争议区”的补充说明。菲律宾国内有人建议杜特尔特修改宪法，允许其他国家参与菲律宾“专属经济区”油气资源共同开发，宪法修改后菲律宾政府和外国公司可各提取油气开发利润的50%。[④] 笔者认为，菲律宾修改其《宪法》中的相关条文不现实，在菲国内面临极大阻力。菲修改《宪法》难度大，耗时长，此前菲律宾多任政府都曾提出相关的宪法修订案，但都未能成功。因此，相比之下，解决共同开发的所

① GOVPH, *The Constitution of the Republic of the Philippines*, Ratified on 2 February 1987, http://www.officialgazette.gov.ph/constitutions/1987-constitution/.

② Supreme Court of the Philippines, “G.R. No. 127882,” 1 December 2004, http://sc.judiciary.gov.ph/jurisprudence/2004/dec2004/127882.htm.

③ Jay Batongbacal, “Philippine–China Joint Development Talks Still at An Impasse, Despite Green Light,” *Asia Maritime Transparency Initiative*, 13 April 2018, https://amti.csis.org/Philippine–China-joint-development-impasse/.

④ Aaron Jed Rabena, “Future: Duterte’s Push for Joint Development in the South China Sea,” *Offshore World*, 1 February 2018.

有权问题，菲修改资源类相关法条比修改《宪法》相关条款更具可操作性。

菲对涉及外资的石油天然气勘探作出了“60/40原则”的法律规定。菲1987年《宪法》第12条第2款规定：“对自然资源的勘探、开发与使用，必须在国家的完全控制与监督之下。国家可以直接开展这些活动，或者与菲律宾公民或菲律宾公民控制资本60%以上的企业或机构签署共同生产、合资或产量分成的协议。”[①] 菲1972年《石油勘探开采法》（第18.b条）还规定，菲律宾政府必须提成净利润的60%以上。这些规定一般被统称为“60/40原则”。[②]

“60/40原则”中的相关限制可以灵活务实地加以解决。菲宪法第12条第2款“菲律宾公民控制资本60%以上”并非绝对的限制。菲1987年《宪法》第12条第2款对与外国公司签订油气勘探开发协议作出了如下规定：“国家……依据法律规定的一般条件，与外国公司签订大规模勘探、开发和利用矿产、石油或其他矿物油的技术或资金援助协定。”“总统应将依据本款签订的合同，自其生效之日起30日内通知国会。”[③] 在菲律宾政府无法负担石油开采活动时，可以和外国公司签订服务类合同协议，以获取外国公司提供的服务、技术和资金支持。在这种情况下，外国公司甚至可以拥有100%的股份。[④] 在利润分配方

① GOVPH, *The Constitution of the Republic of the Philippines*, Ratified on 2 February 1987.

② 菲1972年《石油勘探开采法》又被称为菲律宾第87号总统令，1972年12月31日签署实施。参见：Philippine Department of Energy, “Presidential Decree No. 87,” Done on 31 December 1972, https://www.doe.gov.ph/sites/default/files/pdf/downstream_natgas/pd_no_87_s_1972.pdf。

③ GOVPH, *The Constitution of the Republic of the Philippines*, Ratified on 2 February 1987.

④ Jay Batongbacal, “Philippine–China Joint Development Talks Still at An Impasse, Despite Green Light,” 13 April 2018.

面，菲法律允许政府向投资方提供各种补偿，形式包括服务费、费用报销和财税免除。考虑到油气产业分上下游产业链，在石油的勘探开采等上游产业链的净利润中菲可以按照“60/40原则”进行分配，而石油的加工和销售等下游产业链可以由菲对华进行适当补偿。[①]

二、针对菲国内政治分歧先开展联合勘探以累积共识

目前，支持中菲南海共同开发的菲政界人士有菲总统杜特尔特及其重要政治盟友，包括：前总统格洛丽亚·阿罗约（Gloria Macapagal Arroyo）、众议院议长艾伦·卡亚塔诺（Alan Peter Cayetano）、外长特奥多罗·洛钦（Teodoro L. Locsin Jr.）、前众议院议长何塞·德贝尼西亚（Jose de Venecia Jr.）、华裔参议员蒙·吴（Bong Go）、华裔商业大亨丹尼斯·埃（Dennis Uy）等。反对共同开发的菲政界人士有菲副总统莱妮·罗布雷多（Leni Robredo）、参议员弗朗西斯·彭泽伦（Francis Pangilinan）、前参议员安东尼奥·特里兰尼斯（Antonio Trillanes）、前首席大法官玛丽亚·塞雷诺（Maria Lourdes Sereno）、前大法官安东尼奥·卡皮奥（Antonio Carpio）、前大法官肯奇塔·卡皮奥–莫拉莱斯（Conchita Carpio-Morales）、前外交部长阿尔伯特·罗萨里奥（Albert del Rosario）等。

在菲政界中，目前杜特尔特的支持者众多，而反对派的声音相对弱小。在2019年5月菲参议院中期选举中，当选的12名参议员有9名是杜特尔特的盟友。参议院中期选举后，杜特尔特的政治联盟在参议院24席中占20席，牢牢占据多数。支持和中国进行南海共同开发的前外长卡亚塔诺在2019年7月当选众议院议长，成为杜特尔特在众议院的有力支持者。在最高法院，截至2020年7月，15名大法官中已有11

① 祁怀高：《当前中菲南海共同开发的制约瓶颈与应对思考》，载《太平洋学报》2019年第3期，第4页。

名由杜特尔特任命。[①] 2019年10月，杜特尔特任命佩拉尔塔（Diosdado Peralta）担任最高法院首席大法官。而强烈反对和中国签订南海共同开发协议的大法官卡皮奥已于2019年10月退休。

目前，菲国内副总统罗布雷多、前大法官卡皮奥、前参议员特里兰尼斯等反对力量难以对杜特尔特构成实质性挑战。杜特尔特总统在国会两院和部分司法部门中获得了较为广泛的支持，这将有助于他在共同开发政策上获得国内政治支持。

应对菲国内对共同开发的政治分歧，中菲两国可先从联合勘探研究入手，推动菲国内逐渐达成共同开发的政治共识。鉴于中菲在南海争议区谋求“共同开发”的复杂性与敏感性，两国可先在礼乐滩附近海域开展联合勘探的研究性工作。合作性研究工作将分析和处理相关数据，旨在研究中菲两国都宣称拥有主权的南海相关海域的石油潜力。这一合作性研究将作为未来联合勘察前的准备工作。合作性研究和未来的联合勘探建议主要在中菲两国石油公司之间开展，中菲两国外交部在整个过程中提供咨询。中菲开展联合勘探研究有前例可以参考，如2004年9月，中国海油与菲律宾国家石油公司共同签署了《南中国海部分海域联合海洋地震工作协议》，研究评估协议区（14万2886平方千米海域）的石油资源状况。[②] 2018年2月，中国—菲律宾南海问题双边磋商机制第二次会议中就“启动渔业、油气、海洋科研与环保、

① Rey Panaligan, “Padilla Takes Oath as New SC Justice,” 17 July 2020, https://mb.com.ph/2020/07/17/padilla-takes-oath-as-new-sc-justice/.

② CNOOC & PNOC, “An Agreement for Joint Marine Seismic Undertaking in Certain Areas in the South China Sea By and Between China National Offshore Oil Corporation and Philippine National Oil Company,” 1 September 2004, https://www.spratlys.org/documents/agreement_bilateral_marine_seismic_undertaking.pdf.

政治安全等技术工作组达成一致”。[①] 中菲如能在相对低敏感度的联合勘探研究上取得进展，确认南海相关海域的石油储藏量，为菲民众展现共同开发的经济前景，将有助于弥合菲国内对共同开发的政治分歧。

中菲可从无争议海域的“合作开发”中增进互信，积累经验，为逐步过渡到油气资源共同开发进行铺垫和准备。比如，在57号合同区，中国公司（中国海油）积极参与合作开发，切实遵守菲律宾宪法和法律，不给菲律宾国内反对派留有口实。在积累共识和合作模式的探索中，中菲再逐步过渡到争议海域。

寻找一个争议海域推动共同开发是两国的长远目标。2019年10月正式成立的中国—菲律宾油气开发合作政府间联合指导委员会负责达成油气开发合作安排及其适用的海域（合作区域），并决定具体位置（工作区块）。[②] 从地理位置上来看，72号合同区（SC72）所处的礼乐滩是适合中菲南海油气资源共同开发的潜在区域。中菲越三国曾在2005—2008年完成了对该区块的前期三维地震勘探，积累了较为丰富的资料。2005年4月，英国论坛能源公司（Forum Energy Plc）从斯特林能源公司（Sterling Energy Ltd.）获得了72号合同区的服务合同，弗洛姆能源公司拥有72号合同区70%的权益。[③] 菲律宾PXP能源公司（PXP Energy Corporation）拥有弗洛姆能源公司67.19%的股份。[④] 由于中菲南海争端，弗洛姆能源公司从2014年12月起暂停了对72号合

---

① 中国外交部:《中国—菲律宾南海问题双边磋商机制第二次会议》，2018年2月13日，https://www.fmprc.gov.cn/nanhai/chn/wjbxw/t1534825.htm。

② 中国外交部:《中华人民共和国政府和菲律宾共和国政府关于油气开发合作的谅解备忘录》，2018年11月20日签署；中国外交部:《中国—菲律宾油气开发合作政府间联合指导委员会第一次会议在北京召开》，2019年10月29日。

③ PXP Energy Corporation, “SC 72 Recto Bank,” https://www.pxpenergy.com.ph/service-contracts/sc-72; PXP Energy Corporation, “Forum Energy Limited,” https://www.pxpenergy.com.ph/home/our-business/forum-energy, accessed 16 January 2019.

④ Ibid.

同区的勘探作业。2018年12月，弗洛姆能源公司的全资子公司弗洛姆GSEC公司致信菲能源部长，请求菲政府解除对72号合同区的勘探禁令，准许在该合同区进行勘探活动。[①]

三、针对菲民众对共同开发的疑虑开展民生外交

中菲两国建立互信是真正实现共同开发的重要前提。目前，菲国内不少民众对中国的南海共同开发意图存有疑虑。2004年9月，中菲两国曾开展南海共同开发的初步尝试，中国海油与菲律宾国家石油公司共同签署了《南中国海部分海域联合海洋地震工作协议》，协议区面积约14万2886平方千米。[②] 2005年3月，中菲越三国国家石油公司签署了为期3年的《南中国海协议区三方联合海洋地震工作协议》。[③]《南中国海协议区三方联合海洋地震工作协议》有效期为2005年7月1日至2008年6月30日。[④] 虽然中国和越南都希望续约，但身受法律挑战和政治压力重重包围的菲阿罗约政府最终让该三方协议于2008年7月1日自

① Ronnel W. Domingo, “Lifting of Ban on Recto Bank Exploration Sought,” *Philippine Daily Inquirer*, 24 December 2018, https://business.inquirer.net/262687/lifting-of-ban-on-recto-bank-exploration-sought.

② CNOOC & PNOC, “An Agreement for Joint Marine Seismic Undertaking in Certain Areas in the South China Sea By and Between China National Offshore Oil Corporation and Philippine National Oil Company,” 1 September 2004, https://www.spratlys.org/documents/agreement_bilateral_marine_seismic_undertaking.pdf.

③ Chinese Embassy in the Philippines, “Oil Companies of China, the Philippines and Vietnam Signed Agreement on South China Sea Cooperation,” 14 March 2005, http://ph.chineseembassy.org/eng/zt/nhwt/t187333.htm; Vietnam Ministry of Foreign Affairs, “Tripartite Agreement for Joint Marine Seismic Undertaking in the Agreement Area in the South China Sea,” 14 March 2005, http://www.mofa.gov.vn/en/tt_baochi/pbnfn/ns050314164241/view.

④ Leszek Buszynski and Christopher B. Roberts, “The South China Sea: Stabilization and Resolution,” in Leszek Buszynski and Christopher B. Roberts, eds., *The South China Sea: Political, Legal and Regional Perspectives*, London: Routledge, 2015, p.200.

动过期。[①]

好消息是，相对于阿基诺三世政府时期（2010年6月至2016年6月）而言，杜特尔特政府时期（2016年6月以来）菲民众对华不信任感总体在降低。在阿基诺三世政府时期，菲民众对华信任得分多为负值，2015年9月菲民众对华信任得分达到最低值，得分为–46。杜特尔特上台后，菲民众对华信任感总体呈增加趋势。菲“社会气象站”（Social Weather Stations）2017年第四季度的民调结果显示，菲民众对华信任感为“中立”（neutral），得分为+7。相对于2017年9月（信任得分为–13）而言，2017年12月菲民众对华信任感增长了20个百分点。[②] 在菲政治环境中，总统可以利用民意来为自己的对外政策辩护，而舆论的支持或反对必定也会影响总统的判断。因此，在中菲合作中，中国不应只关注和菲政府层面的沟通，还应加大与菲民众的交流，赢得菲民众的信任，使菲民众相信中国的良好意图。中菲都需要增加两国民众对彼此的了解，矫正各自对对方国家的错误认知，改善针对对方国家的舆论，从而积极塑造两国民众支持共同开发的国内舆论氛围。

表4–2　阿基诺三世政府时期和杜特尔特政府时期

菲民众对华信任得分变化

年月	项目				
	信任	未决定	不信任	信任得分	重大事件
2010年6月	40%	33%	23%	+17	2010年6月30日，贝尼尼奥·阿基诺（阿基诺三世）开始担任菲总统
2010年9月	43%	27%	28%	+15	—

① International Crisis Group, “Stirring up the South China Sea (IV): Oil in Troubled Waters,” *International Crisis Group Asia Report* No. 275, 26 January 2016, p.21, https://www.crisisgroup.org/asia/north-eastasia/china/stirring-south-china-sea-iv-oil-troubled-waters.

② Social Weather Stations, “Fourth Quarter 2017 Social Weather Survey,” 28 February 2018, https://www.sws.org.ph/swsmain/artcldisppage/?artcsyscode=ART-20180228140019.

续表

年月	项目				
	信任	未决定	不信任	信任得分	重大事件
2011年9月	38%	25%	35%	+3	2011年8月30日至9月3日，菲总统阿基诺三世访华
2011年12月	33%	29%	34%	–1	—
2012年3月	39%	30%	29%	+10	—
2012年5月	19%	24%	55%	–36	2012年4—6月，发生黄岩岛中菲对峙事件
2012年8月	26%	31%	41%	–15	—
2012年12月	24%	28%	45%	–20	—
2013年3月	29%	27%	41%	–13	2013年1月22日，菲律宾启动“菲律宾诉中国仲裁案”（“南海仲裁案”）
2013年6月	27%	32%	37%	–10	—
2013年9月	23%	21%	54%	–31	2012年9月12日，菲总统阿基诺三世政府正式将菲律宾群岛以西的南海部分海域命名为“西菲律宾海”
2013年12月	30%	22%	47%	–17	—
2014年3月	29%	26%	44%	–15	—
2014年6月	20%	20%	56%	–36	2014年4月28日，美菲签署《强化防务合作协议》
2014年9月	24%	22%	53%	–29	—
2015年3月	22%	20%	57%	–35	2014年12月7日，中国政府发表关于菲律宾所提南海仲裁案管辖权问题的立场文件
2015年6月	17%	19%	62%	–45	2015年6月3日，菲总统阿基诺三世访日时暗示中国的行动类似于二战前的纳粹扩张主义
2015年9月	16%	19%	62%	–46	2015年7月，应菲律宾单方面请求建立的南海仲裁案仲裁庭就管辖权和可受理性问题进行开庭审理
2015年12月	16%	20%	60%	–44	2015年7月，南海仲裁案仲裁庭对实体问题进行审理
2016年4月	18%	24%	56%	–37	—
2016年6月	27%	19%	51%	–24	2016年6月30日，杜特尔特开始担任菲总统

续表

年月	项目				
	信任	未决定	不信任	信任得分	重大事件
2016年9月	22%	22%	55%	−33	2016年7月12日，应菲律宾单方面请求建立的南海仲裁案仲裁庭作出所谓“裁决”。同日，中国外交部发表声明
2016年12月	39%	29%	30%	+9	2016年10月，菲总统杜特尔特访华
2017年3月	34%	27%	38%	−4	2017年3月，中国测量船在宾汉隆起海域活动
2017年6月	28%	29%	41%	−13	2017年5月，菲总统杜特尔特来华出席首届“一带一路”国际合作高峰论坛
2017年9月	27%	32%	39%	−13	—
2017年12月	38%	30%	31%	+7	2017年11月，李克强总理访问菲律宾
2018年6月	18%	27%	53%	−35	2018年4月，中国海军在海南岛附近南海海域举行大规模军事演习
2018年9月	27%	28%	43%	−16	2018年8月，“南海行为准则”单一磋商文本草案形成
2018年12月	31%	29%	39%	−7	2018年11月，习近平主席访问菲律宾
2019年3月	32%	27%	39%	−6	—
2019年6月	27%	21%	51%	−24	2019年4月，菲总统杜特尔特就中业岛事件对华发表强硬声明；2019年4月，杜特尔特来华出席第二届“一带一路”国际合作高峰论坛
2019年9月	21%	23%	54%	−33	2019年8—9月，杜特尔特访华
2019年12月	23%	27%	49%	−27	—
2020年7月	22%	18%	58%	−36	2020年1月30日，菲律宾报告第一例COVID–19患者（中国公民）；2020年3月7日，菲律宾确认第一例COVID–19国内传染者①

资料来源：菲民众对华信任得分变化来自菲“社会气象站”（Social Weather Stations）的民调结果；重大事件由笔者整理。参见：Social Weather Stations, “SWS July 3-6, 2020 National Mobile Phone Survey,” 19 July 2020, https://www.sws.org.ph/

① World Health Organization, “Coronavirus Disease (COVID–19) in the Philippines,” 9 May 2020, https://www.who.int/philippines/emergencies/covid-19-in-the-philippines.

swsmain/artcldisppage/?artcsyscode=ART-20200719141007。

为了降低菲民众对华不信任感，中国可加大对菲民众的民生外交工作力度。中国可帮助菲建设发展类项目和民生类项目，让菲民众切实感受到和中国合作带来的实质性好处。中国在菲进行项目建设时，要了解社区的需求并给予积极回应，要积极参与社区事务，要多为当地社区创造工作机会。渔业是菲重要产业，中国可向菲方分享渔业技术，派遣专家服务团队对菲渔民开展现场培训与交流，帮助菲渔民发展海水养殖，促进菲渔民就业增收。中菲两国可考虑将黄岩岛12海里以外的相关海域和礼乐滩附近海域作为两国共同渔区。据菲律宾媒体2019年7月透露，菲总统杜特尔特在2016年10月访华期间与中方达成一项渔业口头协议，中方不再封锁菲渔民进入黄岩岛海域，作为交换，菲允许中国渔民进入礼乐滩海域捕鱼。[①] 中国多向菲民众介绍南海共同开发的好处，展示中菲南海共同开发的良好经济前景。中海油和菲律宾石油公司正在磋商的57号合同区（按照菲方说法，位于菲律宾一侧海域），尽早达成协议和开采出油气，给两国带来实实在在的经济收益。中菲先在非争议区多搞一点油气开发的早期收获，将有助于菲民众相信和中国开展共同开发是有利于菲国家利益和民众利益的。

本章小结

本章分析了中国与菲律宾在南海的海洋事务。中菲两国主张的毗连区、专属经济区、大陆架宽度一致，领海基线都使用直线基线；但

① CNN Philippines Staff, “Verbal Fishing Deal Between PH, China Legally Binding – Panelo,” 1 July 2019, *CNN Philippines*, https://cnnphilippines.com/news/2019/7/1/Duterte-Xi-Philippines-China-Recto-Bank-fishing.html.

菲律宾的领海宽度主张超过12海里，由菲律宾条约线的相关坐标决定（参见表4–1）。

南沙群岛和黄岩岛的主权归属是中菲两国在南海争议的核心议题之一。中国最早发现、命名和开发利用南海诸岛及相关海域，最早并持续、和平、有效地对南海诸岛及相关海域行使主权和管辖，确立了在南海的领土主权和相关权益；中国政府于1947年审核修订了南海诸岛地理名称，编写了《南海诸岛地理志略》和绘制了标绘有南海断续线的《南海诸岛位置图》，并于1948年2月正式公布。[①] 黄岩岛是中国的固有领土。[②] 中国最早发现、命名黄岩岛，并将其列入中国版图，实施主权管辖；中国一直对黄岩岛进行长期开发和利用。[③] 1971年7月10日，菲律宾时任总统马科斯发表公报，首次正式对南沙群岛的部分岛礁提出官方主张，并将菲律宾主张的部分南沙岛礁命名为“卡拉延岛群”。[④] 2009年3月，菲律宾颁布的《关于确定群岛基线和其他目的》（第9522号共和国法令）正式将“卡拉延岛群”和中国黄岩岛写为菲律宾领土。菲律宾在南海提出的领土权利及其依据无法回避和忽略其法律上的“硬伤”，其9522号共和国法令当然也不具备国际法效力。

中菲在南海部分海域存在海洋划界争议。在南海，中国的陆地领土海岸和菲律宾的陆地领土海岸相向，相距不足400海里；两国主张的

① 中国外交部:《中华人民共和国政府关于在南海的领土主权和海洋权益的声明》，2016年7月12日，http://www.fmprc.gov.cn/web/zyxw/t1379491.shtml。

② 中国外交部:《外交部发言人朱邦造就黄岩岛主权及管辖权答记者问》，2001年3月19日，https://www.fmprc.gov.cn/web/fyrbt_673021/dhdw_673027/t3975.shtml。

③ 新华社:《中国对黄岩岛的领土主权拥有充分法理依据》，2012年4月14日。

④ 转引自：张海文:《南海及南海诸岛》，第86–87页。参见：GOVPH, “President's Week in Review: July 9-July 15, 1971,” https://www.officialgazette.gov.ph/1971/07/19/presidents-week-in-review-july-9-july-15-1971/; The New York Times, “Manila Asks Taiwan's Troops to Quit South China Sea Island,” 11 July 1971, p. 18, https://www.nytimes.com/1971/07/11/archives/manila-asks-taiwans-troops-to-quit-south-china-sea-island.html。

海洋权益区域重叠，由此产生海洋划界争议。[①] 按照菲公布的200海里专属经济区外界计算，菲将分割南海海域面积达65万平方千米。[②] 中国主张，同直接有关的当事国依据包括《联合国海洋法公约》在内的国际法，通过谈判公平解决南海海洋划界问题。[③] 未来中菲如果开展划界谈判，涉及的海上分界线可区分为4部分或4段：[④]

（1）位于中国台湾和菲律宾群岛北部之间的一段潜在海上分界线；

（2）位于中国东沙群岛和菲律宾群岛西北部之间的一段潜在海上分界线；

（3）中菲围绕黄岩岛将划定的一段海上分界线；

（4）中菲围绕南沙群岛将划定的一段海上分界线。[⑤]

2013年1月22日，菲律宾单方面提起南海仲裁案，企图借此否定中国在南海的领土主权和海洋权益。2016年7月12日，仲裁庭的所谓“裁决”认为，“中国对‘九段线’内海洋区域的资源主张历史性权利没有法律依据”，“中国主张的岛礁无一能够产生专属经济区”等。[⑥] 2016

① 国务院新闻办公室：《中国坚持通过谈判解决中国与菲律宾在南海的有关争议》，2016年7月13日，http://www.scio.gov.cn/37236/38180/Document/1626701/1626701.htm。

② 吴士存：《南沙争端的起源与发展》（修订版），北京：中国经济出版社2013年版，第53页。

③ 国务院新闻办公室：《中国坚持通过谈判解决中国与菲律宾在南海的有关争议》，2016年7月13日，http://www.scio.gov.cn/37236/38180/Document/1626701/1626701.htm。

④ Lowell Bautista and Clive Schofield, “Philippine–China Border Relations: Cautious Engagement Amid Tensions,” in Bruce Elleman, Stephen Kotkin, and Clive Schofield, eds., *Beijing's Power and China's Borders: Twenty Neighbors in Asia*, New York: M.E. Sharpe, 2013, p.237.

⑤ Lowell Bautista and Clive Schofield, “Philippine–China Border Relations: Cautious Engagement Amid Tensions,” p.237.

⑥ Permanent Court of Arbitration, “The South China Sea Arbitration (the Republic of the Philippines v. the People's Republic of China),” *Award*, 12 July 2016, pp. 473-474, https://pca-cpa.org/wp-content/uploads/sites/175/2016/07/PH-CN-20160712-Press-Release-No-11-English.pdf.

年7月12日，中国外交部发布《中华人民共和国政府关于在南海的领土主权和海洋权益的声明》，明确指出中国在南海的四个方面领土主权和海洋权益，系统展示了中国南海诸岛的整体论主张；2016年7月12日，中国外交部发布《中华人民共和国外交部关于应菲律宾共和国请求建立的南海仲裁案仲裁庭所作裁决的声明》，针对仲裁庭所作裁决指出，“该裁决是无效的，没有拘束力，中国不接受、不承认”。2016年7月的仲裁庭裁决，对中国南海维权造成恶劣和复杂的影响，并且这一影响具有长期性。有关国家会继续拿所谓仲裁裁决做文章，不能排除有些国家可能仿效菲律宾的做法对中国提起新的仲裁或司法程序。

本章还分析了中菲南海共同开发的制约瓶颈与应对思考。菲宪法和相关法律对与外国公司签订油气勘探开发协议存在所有权和“60/40原则”规定，针对菲国内法律障碍，建议菲修改《石油勘探开采法》等资源类法律。菲国内对与中国开展南海共同开发存在政治分歧，针对菲国内政治分歧，中菲可先从无争议海域的“合作开发”（如菲标注的57号合同区）中取得早期收获，在积累共识和探索合作模式中逐步过渡到争议海域的共同开发。菲国内不少民众对中国的南海共同开发意图存有疑虑，针对菲民众疑虑，中国可积极对菲开展民生外交，中国可帮助菲建设发展类项目和民生类项目，让菲民众切实感受到和中国合作带来的实质性好处。中菲南海共同开发如能成功实现，将为中国与其他南海沿岸国开展共同开发提供“标杆”。这不仅让邓小平提出的“搁置争议，共同开发”主张成为现实，而且有助于中菲关系进一步改善和整个南海局势进一步降温趋稳。

第五章

中国与马来西亚在南海的海洋事务

马来西亚位于东南亚，国土被南海分隔成东、西两部分。中国和马来西亚在南海隔海相望。马来西亚对中国南沙群岛部分岛礁有领土主权要求，侵占其中5个岛礁。中马之间在南海存在领土争议，两国在南海南部还存在着海洋管辖权争议。马来西亚从20世纪60年代起在南海南部海域开展勘探和开发油气资源。迄今，马来西亚已与泰国、越南和文莱3个海上邻国开展了海上油气共同开发/合作开发；但马来西亚还未与中国正式讨论在南海的共同开发事宜。本章将梳理马来西亚的海洋管辖权主张，分析中马之间涉及南沙群岛部分岛礁的领土争议，分析中马在南海共同开发上的前景和潜在可能。

第一节　马来西亚的海洋管辖权主张分析

1982年12月10日，马来西亚签署了《联合国海洋法公约》(简称《公约》)。1996年10月14日，马来西亚批准《公约》。[①] 自1996年11月

① United Nations Treaty Collection, “United Nations Convention on the Law of the Sea,” https://treaties.un.org/Pages/ViewDetailsIII.aspx?src=TREATY&mtdsg_no=XXI-6&chapter=21&Temp=mtdsg3&clang=_en, accessed 28 March 2020.

13日起,《公约》对马来西亚生效。① 中马两国主张的领海、专属经济区、大陆架宽度一致（参见表5-1）。

表5-1 中国与马来西亚的海洋管辖权主张比较②

国家	是否批准《联合国海洋法公约》	是否立法基线	海洋管辖区域			
			领海	毗连区	专属经济区	大陆架外部界限
中国	1996年5月15日批准[1]	立法（直线基线）[2]	12海里	24海里	200海里	大陆边/200海里 2012年12月正式提交划界案（东海部分海域）
马来西亚	1996年10月14日批准	不详[3]	12海里	—	200海里	大陆边/200海里 2009年5月（联合越南）正式提交划界案（南海南部海域）[4]；2019年12月正式提交划界案（南海部分海域）[5]

注释：

[1] 中国人大网：《全国人民代表大会常务委员会关于批准〈联合国海洋法公约〉的决定》，1996年5月15日通过，http://www.npc.gov.cn/wxzl/gongbao/2000-12/16/content_5003571.htm。

[2] 国务院：《中华人民共和国政府关于中华人民共和国领海基线的声明》，1996年5月15日，https://www.fmprc.gov.cn/web/ziliao_674904/tytj_674911/tyfg_674913/t556673.shtml;《中华人民共和国政府关于钓鱼岛及其附属岛屿领海基线的声明》，2012年9月10日，http://www.gov.cn/jrzg/2012-09/10/content_2221140.htm。

[3] 马来西亚迄今未公开发布其基线主张是否为直线基线。但从1969年《马

① DOALOS/OLA United Nations, “Outer Limits of the Continental Shelf Beyond 200 Nautical Miles From the Baselines: Joint Submission by Malaysia and the Socialist Republic of Viet Nam,” 3 May 2011, https://www.un.org/depts/los/clcs_new/submissions_files/submission_mysvnm_33_2009.htm.

② DOALOS/OLA United Nations, “Table of Claims to Maritime Jurisdiction (as at 15 July 2011),” http://www.un.org/Depts/los/LEGISLATIONANDTREATIES/PDFFILES/table_summary_of_claims.pdf. 本书作者对本表作了相应更新。

来西亚政府和印度尼西亚政府关于两国大陆架的划界协定》来看，马来西亚显然使用了直线基线系统。

[4] DOALOS/OLA United Nations, "Outer Limits of the Continental Shelf Beyond 200 Nautical Miles From the Baselines: Joint Submission by Malaysia and the Socialist Republic of Viet Nam," 6 May 2009, https://www.un.org/depts/los/clcs_new/submissions_files/submission_mysvnm_33_2009.htm.

[5] DOALOS/OLA United Nations, "Outer Limits of the Continental Shelf Beyond 200 Nautical Miles From the Baselines: Partial Submission by Malaysia in the South China Sea," 12 December 2019, https://www.un.org/Depts/los/clcs_new/submissions_files/submission_mys_12_12_2019.html.

马来西亚的领海宽度为12海里。1969年8月2日颁布的《马来西亚第7号紧急（基本权力）法令》第3条，将其领海宽度界定为12海里。①

马来西亚迄今未公开发布其基线主张是否为直线基线，但该国似乎使用了直线基线系统。马来西亚的直线基线长度约为1,750海里。② 1969年10月27日，马来西亚和印度尼西亚签署《马来西亚政府和印度尼西亚政府关于两国大陆架的划界协定》，从该协定来看，马来西亚显然使用了直线基线系统；马来西亚采用直线基线这一做法被认为明显是"有意让马来西亚和采用直线基线的印度尼西亚在大陆架划界中处于更加平等的地位"。③

马来西亚主张专属经济区宽度为188海里（从领海基线算起不超过

① DOALOS/OLA United Nations, "Emergency (Essential Powers) Ordinance, No. 7, 1969, as Amended in 1969," https://www.un.org/Depts/los/LEGISLATIONANDTREATIES/PDFFILES/MYS_1969_Ordinance.pdf.

② Renate Haller-Trost, "The Brunei–Malaysia Dispute Over Territorial and Maritime Claims in International Law," *Maritime Briefing*, Vol. 1, No. 3 (1994), p.51.

③ U.S. Department of State, "Continental Shelf Boundary Indonesia–Malaysia," *Limits in the Seas*, No. 1, 21 January 1970, p.4, https://www.state.gov/wp-content/uploads/2019/10/LIS-1.pdf; U.S. Department of State, "Territorial Sea Boundary Indonesia–Malaysia," *Limits in the Seas*, No. 50, 10 January 1973, p.5, https://www.state.gov/wp-content/uploads/2019/11/LIS-50.pdf.

200海里）。1980年4月25日，马来西亚宣布了其专属经济区，马来西亚的专属经济区为马来西亚领海以外并邻接领海的区域，从测算领海宽度的基线量起延至200海里。① 根据1984年马来西亚《专属经济区法》（第311号法令）第3条，马来西亚的专属经济区是从其领海基线量起向外延伸到200海里。② 该法令第3条同时指出，马来西亚与海岸相向或相邻国家如果存在已生效的协定，专属经济区划界问题应根据相关协议的条款确定。

马来西亚的大陆架外部界限主张为“大陆边/200海里”（CM/200）。1966年7月28日颁布的《马来西亚大陆架法》（第57号法令）第2条指出：“大陆架”是指邻接马来西亚海岸，并在国家领水界限以外的海床和底土，其深度不超过海面以下200米，或超过此限而上覆水域的深度容许开采其自然资源的海底区域的海床和底土。③ 1972年的第83号法令对1966年的《马来西亚大陆架法》作了修订。马来西亚的“大陆边/200海里”主张体现在2009年马越联合划界案和2019年马来西亚划界案中。

2009年5月6日，马来西亚政府和越南政府向大陆架界限委员会联合递交南海南部200海里以外大陆架划界案（简称“马越联合划界

① “Proclamation of the Exclusive Economic Zone of April 25 1980,” available at: http://extwprlegs1.fao.org/docs/pdf/mal4799.pdf, accessed on 28 May 2020.

② DOALOS/OLA United Nations, “Exclusive Economic Zone Act, 1984, Act No. 311,” https://www.un.org/Depts/los/LEGISLATIONANDTREATIES/PDFFILES/MYS_1984_Act.pdf.

③ DOALOS/OLA United Nations, “Continental Shelf Act 1966 – Act No. 57 of 28 July 1966, as Amended by Act No. 83 of 1972,” https://www.un.org/Depts/los/LEGISLATIONANDTREATIES/PDFFILES/MYS_1966_Act.pdf.

案”），就南海南部的大陆架外部界限提出申请。[①] 马越联合划界案执行摘要对限定区域（the Defined Area）内大陆架界限作了如下描述：东面是马来西亚和菲律宾200海里界限外包络的交点（点A）；从点A向西南，是马来西亚两条汇聚的200海里界限外包络的交点（点B和点C）；再向西南，是马来西亚200海里界限和1969年《马来西亚政府和印度尼西亚政府关于两国大陆架的划界协定》项下的边界线的交点（点D）；再向西北，是上述协定的点25（点E）；再向西北，是2003年《越南和印度尼西亚关于划分大陆架界限协定》的点25（点F）；再向西北，是上述协定界线和越南200海里界限的交点（点G）；向东北，是越南200海里界限的外包络（点H和点I）。[②] 该界限包括810个定点，列在该划界案执行摘要的表1中。2009年5月7日，中国常驻联合国代表团就马越联合划界案表达了如下立场：“马来西亚和越南联合划界案所涉二百海里以外大陆架区块，严重侵害了中国在南海的主权、主权权利和管辖权。”[③]

2019年12月12日，马来西亚向大陆架界限委员会提交涉南海200海里以外大陆架划界案（简称“马来西亚划界案”）。[④] 马来西亚划界案

① DOALOS/OLA United Nations, “Outer Limits of the Continental Shelf Beyond 200 Nautical Miles From the Baselines: Joint Submission by Malaysia and the Socialist Republic of Viet Nam,” 6 May 2009, https://www.un.org/depts/los/clcs_new/submissions_files/submission_mysvnm_33_2009.htm.

② 高健军译：《200海里外大陆架外部界限的划定——划界案的执行摘要和大陆架界限委员会的建议摘要》，北京：海洋出版社2014年版，第210页。

③ 中国常驻联合国代表团：《中国常驻联合国代表团就马越联合划界案表达立场》，第CML/17/2009号照会，2009年5月7日，https://www.un.org/Depts/los/clcs_new/submissions_files/mysvnm33_09/chn_2009re_mys_vnm.pdf。

④ DOALOS/OLA United Nations, “Outer Limits of the Continental Shelf Beyond 200 Nautical Miles From the Baselines: Partial Submission by Malaysia in the South China Sea,” 12 December 2019, https://www.un.org/Depts/los/clcs_new/submissions_files/submission_mys_12_12_2019.html.

执行摘要指出：此次划界案是马来西亚就南海剩余部分的200海里以外大陆架提交的部分划界案；马来西亚200海里外大陆架外部界限由96个定点确定，96个定点是由距离大陆坡脚60海里所决定；定点由长度不超过60海里的直线连接；所有定点构成的大陆架外部界限不超过从测算领海宽度的基线量起350海里，或者距离2500米等深线不超过100海里。[①] 2019年12月12日，中国常驻联合国代表团就马来西亚划界案表达了如下立场：马来西亚划界案严重侵害了中国在南海的主权、主权权利和管辖权。[②]

马来西亚海上邻国包括印度尼西亚、泰国、新加坡、文莱、菲律宾、越南和中国。马来西亚已与印度尼西亚、泰国、新加坡、文莱等部分海上邻国划定了海洋边界（参见表5–2），已与越南向大陆架界限委员会联合递交了南海南部200海里以外大陆架划界案；但与中国、菲律宾仍存在海洋管辖权争议。

1969年10月27日，马来西亚和印度尼西亚签署《马来西亚政府和印度尼西亚政府关于两国大陆架的划界协定》（简称《马—印尼大陆架协定》）。1969年11月7日，两国交换了《马—印尼大陆架协定》的批准书。《马—印尼大陆架协定》共12个条款，确定了三条划界线，划分了两国马六甲海峡和南海的大陆架；位于南海部分的划界线有两段，分别是西段（西马来西亚东侧海岸近岸海域）和东段（东马来西亚沙捞越近岸海域）；西段由10个折点相连接，折点11—20；东段由5个折

① DOALOS/OLA United Nations, “Outer Limits of the Continental Shelf Beyond 200 Nautical Miles From the Baselines: Partial Submission by Malaysia in the South China Sea,” 12 December 2019, https://www.un.org/Depts/los/clcs_new/submissions_files/submission_mys_12_12_2019.html.

② 中国常驻联合国代表团：《中国常驻联合国代表团就马来西亚划界案表达立场》，CML/14/2019，2019年12月12日，https://www.un.org/Depts/los/clcs_new/submissions_files/mys85_2019/CML_14_2019_C.pdf。

点相连接，折点21—25。[①] 在《马—印尼大陆架协定》中，印度尼西亚的纳土纳群岛与马来西亚沙捞越北部达都角之间的界线，进入中国的南海“断续线”以内[②]（参见图7–1和图7–3），损害中国作为第三国的利益。

涉及中国海洋权益的部分，中国可以留待未来与马来西亚和印度尼西亚进行划界谈判时分别协商解决。

1970年3月17日，马来西亚与印度尼西亚签署《关于两国在马六甲海峡领海的划界条约》，该条约于1971年3月10日生效。[③]

1971年12月21日，马来西亚与泰国、印度尼西亚签订了《三国政府关于在马六甲海峡北部大陆架的划界协定》。[④] 1973年7月16日，该协定生效。该协定的特点是三国确立了各自的大陆架，并确定了一个共同点（北纬5°57.0′和东经98°01.5′）。

1979年10月24日，马来西亚和泰国签署《关于划分两国领海的协

① DOALOS/OLA United Nations, “Agreement Between the Government of Malaysia and the Government of Indonesia on the Delimitation of the Continental Shelves Between the Two countries,” Signed on 27 October 1969, https://www.un.org/Depts/los/LEGISLATIONANDTREATIES/PDFFILES/TREATIES/MYS-IDN1969CS.PDF.

② 贾宇:《南海问题的国际法理》，载《中国法学》2012年第6期，第30页。

③ “Treaty Between the Republic of Indonesia and Malaysia Relating to the Delimitation of the Territorial Seas of the Two Countries in the Strait of Malacca, 17 March 1970,” See: DOALOS/OLA United Nations, “Malaysia,” updated on 10 October 2020, https://www.un.org/Depts/los/LEGISLATIONANDTREATIES/STATEFILES/MYS.htm.

④ “Agreement Between the Government of the Republic of Indonesia, the Government of Malaysia and the Government of the Kingdom of Thailand Relating to the Delimitation of the Continental Shelf Boundaries in the Northern Part of the Strait of Malacca, 21 December 1971,” See: U.S. Department of State, “Maritime Boundaries: Indonesia–Malaysia–Thailand,” *Limits in the Seas*, No. 81, 27 December 1978, https://www.state.gov/wp-content/uploads/2019/11/LIS-81.pdf.

定》，该协定于1982年7月15日生效。[①]

1979年10月24日，马来西亚和泰国签署《关于划分两国在泰国湾的大陆架备忘录》，[②] 该备忘录于1982年7月15日生效。

1995年8月7日，马来西亚和新加坡签署《两国政府根据〈1927年海峡殖民地和柔佛领水协定〉划分领水边界的协定》，[③] 该协定在1995年8月7日生效。

2005年4月26日，马来西亚和新加坡签署《关于新加坡在柔佛海峡内及其周围开垦土地案（马来西亚诉新加坡）：和解协议》。[④]

2009年3月16日，马来西亚和文莱以“换文”（exchange of letters, EOL）形式划定两国海洋边界，[⑤] 但其具体内容未向国际社会公开。根据该“换文”，文莱似乎放弃了其对林梦（Limbang）地区的主张，文

① "Treaty Between the Kingdom of Thailand and Malaysia Relating to the Delimitation of the Territorial Seas of the Two Countries, 24 October 1979," See: DOALOS/OLA United Nations, "Malaysia," updated on 10 October 2020, https://www.un.org/Depts/los/LEGISLATIONANDTREATIES/STATEFILES/MYS.htm.

② DOALOS/OLA United Nations, "Memorandum of Understanding Between the Kingdom of Thailand and Malaysia on the Delimitation of the Continental Shelf Boundary Between the Two Countries in the Gulf of Thailand," Done on 24 October 1979, https://www.un.org/Depts/los/LEGISLATIONANDTREATIES/PDFFILES/TREATIES/THA-MYS1979CS.PDF.

③ "Agreement Between the Government of Malaysia and the Government of the Republic of Singapore to Delimit Precisely the Territorial Waters Boundary in Accordance with the Straits Settlement and Johore Territorial Waters Agreement 1927," in Jonathan I. Charney and Lewis M. Alexander, eds., *International Maritime Boundaries*, Vol. 3, Dordrecht, The Netherlands: Martinus Nijhoff Publishers, 1998, pp. 2351-2356.

④ "Case Concerning Land Reclamation by Singapore In and Around the Straits of Johor (Malaysia v. Singapore): Settlement Agreement, 26 April 2005," See: DOALOS/OLA United Nations, *Law of the Sea Bulletin*, No. 59, 2005, p.30, https://www.un.org/Depts/los/doalos_publications/LOSBulletins/bulletinpdf/bulletin59e.pdf.

⑤ Jeffrey J. Smith, "Brunei and Malaysia Resolve Outstanding Maritime Boundary Issues," *LOS Reports*, Vol. 1 (2010), p.2.

莱的国土被林梦分割为东西两部分。作为交换，马来西亚似乎接受了文莱的海洋管辖权主张，马来西亚也似乎放弃了对南通礁的主张。[①]

表5–2　马来西亚与其海上邻国间的划界协定

序号	海上邻国	协定或条约的名称	签署日期	生效日期
1	文莱	马来西亚和文莱"换文"	2009年3月16日	2009年3月16日
2	印度尼西亚	马来西亚政府和印度尼西亚政府关于两国大陆架的划界协定	1969年10月27日	1969年11月7日
3		关于两国在马六甲海峡领海的划界条约	1970年3月17日	1971年3月10日
4	印度尼西亚、泰国	三国政府关于在马六甲海峡北部大陆架的划界协定	1971年12月21日	1973年7月16日
5	新加坡	两国政府根据《1927年海峡殖民地和柔佛领水协定》划分领水边界的协定	1995年8月7日	1995年8月7日
6		关于新加坡在柔佛海峡内及其周围开垦土地案（马来西亚诉新加坡）：和解协议	2005年4月26日	2005年4月26日
7	泰国	关于划分两国领海的协定	1979年10月24日	1982年7月15日
8		关于划分两国在泰国湾的大陆架备忘录	1979年10月24日	1982年7月15日

资料来源：DOALOS/OLA United Nations, "Malaysia," updated on 10 October 2020, https://www.un.org/Depts/los/LEGISLATIONANDTREATIES/STATEFILES/MYS.htm。

马来西亚可能认为其已经与菲律宾划定了海上边界，但菲律宾认为其与马来西亚之间存在沙巴（Sabah）领土争议。1979年12月21日

① David M. Ong, "Implications of Recent Southeast Asian State Practice for the International Law on Offshore Joint Development," in Robert Beckman, Ian Townsend-Gault, Clive Schofield, Tara Davenport, and Leonardo Bernard, eds., *Beyond Territorial Disputes in the South China Sea: Legal Frameworks for the Joint Development of Hydrocarbon Resources*, Cheltenham, UK: Edward Elgar, 2013, pp.206-207.

马来西亚官方出版的“领水和大陆架边界”地图，[1] 以及2009年5月6日马来西亚和越南向大陆架界限委员会联合提交的划界案附图，[2] 画出了马来西亚与菲律宾的海上分界线。但是1968年9月菲律宾的第5446号共和国法令第二条指出，本法令中菲律宾群岛领海基线的定义，不损害北婆罗洲（North Borneo）北部的沙巴周围领海基线的划定，菲律宾对沙巴主张管辖权和主权。[3] 迄今，菲律宾仍主张对沙巴拥有主权。

第二节　中马之间的南沙群岛部分岛礁领土争议

马来西亚对中国南沙群岛部分岛礁有领土主权要求，从20世纪60年代起在南海南部开展近岸油气资源勘探和开发活动。马来西亚侵占中国南沙群岛5个岛礁，包括：弹丸礁、光星仔礁、南海礁、榆亚暗沙、簸箕礁；[4] 马来西亚有关海洋管辖权主张覆盖南沙群岛及其相关海域面积达27万平方千米[5]（参见图5–1）。

---

① “Malaysia: Peta menunjukkan sempadan perairan dan pelantar benua Malaysia” (“Map Showing Territorial Waters and Continental Shelf Boundaries of Malaysia”), Kuala Lumpur: Pengarah Pemetaan Negara, 1979. 马来西亚“领水和大陆架边界”地图中的84个转折点坐标，参见：R. Haller-Trost, *The Contested Maritime and Territorial Boundaries of Malaysia: An International Law Perspective*, London: Kluwer, 1998, p.431。

② DOALOS/OLA United Nations, “Joint Submission by Malaysia and Viet Nam – in the Southern part of the South China Sea,” 6 May 2009, http://www.un.org/depts/los/clcs_new/submissions_files/submission_mysvnm_33_2009.htm.

③ DOALOS/OLA United Nations, “Republic Act No. 5446: An Act to Amend Section One of the Republic Act Numbered Thirty Hundred and Forty-Six, Entitled ‘An Act to Define the Baselines of the Territorial Sea of the Philippines’,” 18 September 1968, https://www.un.org/Depts/los/LEGISLATIONANDTREATIES/PDFFILES/PHL_1968_Act.pdf.

④ 张海文:《南海及南海诸岛》，第43页。

⑤ 吴士存:《南沙争端的起源与发展》(修订版)，第53页。

1979年12月，马来西亚官方出版了一张“领水和大陆架边界”地图（简称“1979年地图”）[①]（参见图5–1）。1979年地图中的坐标点TP52（东经109°38.6′和北纬06°18.2′）[②]至TP66（东经116°00.0′和北纬07°40.0′）[③]将中国南沙群岛的安波沙洲（Amboyna Cay）、隐遁暗沙（Stag Shoal）、柏礁（Barque Canada Reef）、簸箕礁（Erica Reef）、南海礁（Mariveles Reef）、光星礁（Dallas Reef）、光星仔礁（Ardasier Reef）、弹丸礁（Swallow Reef）、皇路礁（Royal Charlotte Reef）、南通礁（Louisa Reef）、榆亚暗沙（Investigator Shoal）、校尉暗沙（Northeast Shea）、司令礁（Commodore Reef）、双礁（Glasgow Bank）等岛礁划入马来西亚大陆架范围。[④]马来西亚在1979年地图上划定本国大陆架范围时，似乎并没有顾及上述岛礁实际上构成中国南沙群岛的组成部分，而是试图以对大陆架的主权权利对抗中国的领土主权。马来西亚1979年地图与中国的南海断续线、1978年菲律宾公布的“卡拉延岛群”区域、越南在南海的海洋权利主张、文莱在南海的海洋管辖权主张，均不同程度地存在重叠。

① 马来西亚1979年地图中的84个转折点坐标，参见：R. Haller-Trost, *The Contested Maritime and Territorial Boundaries of Malaysia: An International Law Perspective*, London: Kluwer, 1998, p.431。

② TP52坐标（东经109°38.6′和北纬06°18.2′）与马来西亚—印度尼西亚大陆架边界线第25点的坐标一致，参见：DOALOS/OLA United Nations, “Agreement Between the Government of Malaysia and the Government of Indonesia on the Delimitation of the Continental Shelves Between the Two Countries,” 27 October 1969, https://www.un.org/Depts/los/LEGISLATIONANDTREATIES/PDFFILES/TREATIES/MYS-IDN1969CS.PDF。

③ TP66坐标（东经116°00.0′和北纬07°40.0′）与菲律宾主张的“卡拉延岛群”的起点坐标一致，参见：GOVPH, “Presidential Decree No. 1596, s. 1978,” Signed on 11 June 1978, https://www.officialgazette.gov.ph/1978/06/11/presidential-decree-no-1596-s-1978/。

④ U.S. Department of State, “Spratly Islands in the South China Sea,” Washington, D.C.: Department of State, 2015, https://cdn.loc.gov/service/gmd/gmd9/g9237/g9237s/2016587286.pdf.

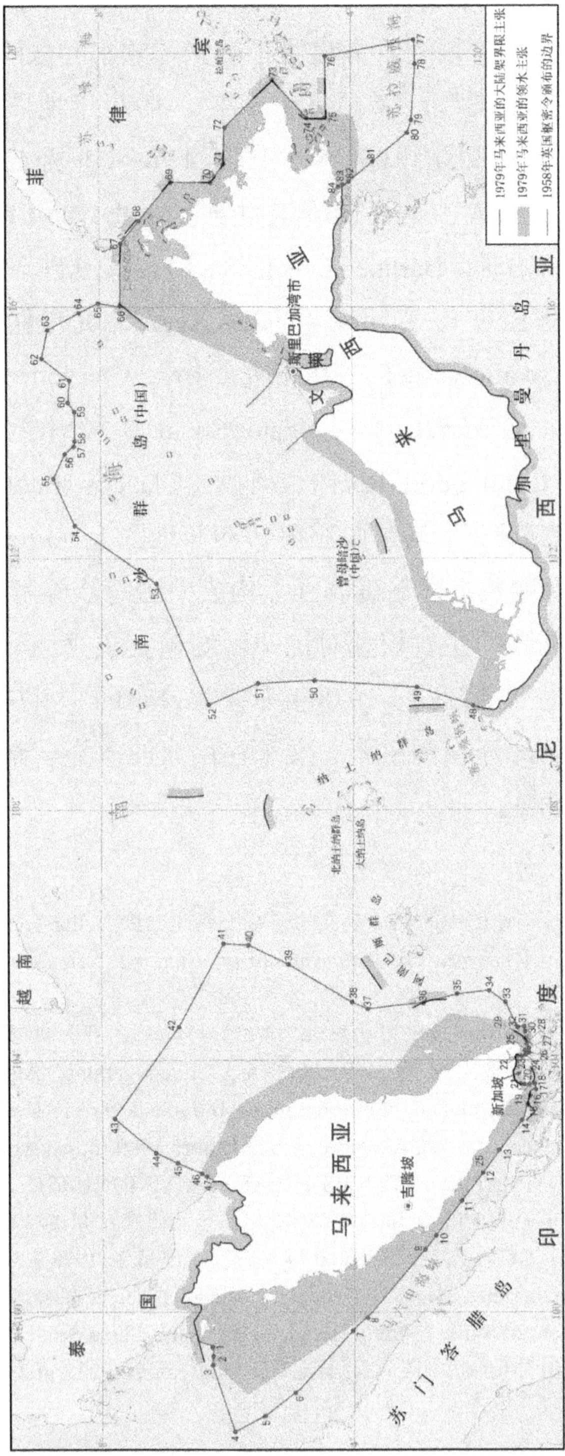

图5–1　1979年马来西亚领水和大陆架主张示意图

审图号：GS（2022）2261号

（备注：本图系外国学者观点）

1983年9月，马来西亚宣布占领中国南沙群岛弹丸礁，对此中国和越南先后对马来西亚提出了抗议。1983年9月9日，马来西亚外交部就此占领行为发表声明并进行辩护称："弹丸礁一直以来是马来西亚领土的一部分"，同时又称"马来西亚政府对'斯普拉特利群岛'（指中国南沙群岛，笔者注）没有权利主张"。①

从马来西亚的相关法律和官方表态可以看出，马来西亚对中国南沙群岛部分岛礁提出了领土要求，其所提出的理由主要有两项：（1）根据1966年颁布的《马来西亚大陆架法》，② 这些岛礁位于马来西亚沙巴的大陆架范围内；（2）马来西亚1983年9月9日声明称，这些岛礁"一直以来是马来西亚领土的一部分"。③

第三节　中马在南海共同开发的前景分析

马来西亚与泰国、越南和文莱这3个海上邻国开展了油气共同开发/合作开发（参见表5–3）。笔者将简要分析上述3个案例，提出对中马探讨南海共同开发的启示。

马泰两国在靠近南海的泰国湾下部，存在7250平方千米的大陆架

① Kuan-Hsiung Wang, "Peaceful Settlement of Disputes in the South China Sea Through Fisheries Resources Cooperation and Management," *Maryland Series in Contemporary Asian Studies*, Vol. 2015, No. 3, pp. 11-12, https://digitalcommons.law.umaryland.edu/mscas/vol2015/iss3/1.

② DOALOS/OLA United Nations, "Continental Shelf Act 1966 – Act No. 57 of 28 July 1966, as Amended by Act No. 83 of 1972," https://www.un.org/Depts/los/LEGISLATIONANDTREATIES/PDFFILES/MYS_1966_Act.pdf.

③ Kuan-Hsiung Wang, "Peaceful Settlement of Disputes in the South China Sea through Fisheries Resources Cooperation and Management," *Maryland Series in Contemporary Asian Studies*, Vol. 2015, No. 3, pp. 11-12, https://digitalcommons.law.umaryland.edu/mscas/vol2015/iss3/1.

主张重叠区域。[①] 1979年2月21日，马来西亚与泰国签署《马来西亚和泰王国为开发泰国湾两国大陆架限定区域内海床资源而设立联合管理机构的谅解备忘录》(简称《马泰谅解备忘录》)。[②]《马泰谅解备忘录》指出：两国同意在泰国湾存在一块重叠海域，该区域由7个坐标点以直线连接而成；同意对重叠区域内的非生物自然资源开展联合勘探和开发，期限为50年；在共同开发区开展活动所产生的费用，以及由此获得的利润，应由两国平等分担和分享。1990年5月30日，马来西亚与泰国签署《马来西亚政府和泰王国政府关于设立马来西亚—泰国联合管理机构及其他事项的1990年协定》(简称《马泰联管机构协定》)。[③]《马泰联管机构协定》指出：马泰联管机构应当具备法律人格和相应的能力；马泰联管机构负责勘探和开发1979年《马泰谅解备忘录》规定的共同开发区内海床和底土的非生物自然资源；产品分成合同的有效期不应超过35年；马泰联管机构在共同开发区所有活动产生的支出和获得的收益，应由两国政府平等承担和分享。马泰联管机构的总部位于吉隆坡，由马泰两国政府委任的相同数量的两国国民（每国各7名成员）组成的董事会管理；马泰联管机构管理层包括涉及石油业务的技术、法律和财政方面的管理人员，管理层受董事会的监管（参见图

① MTJA, “About JDA,” https://www.mtja.org/about_jda.php, accessed 30 May 2020.

② “1979 Memorandum of Understanding Between Malaysia and the Kingdom of Thailand on the Establishment of the Joint Authority for the Exploitation of the Resources of the Sea Bed in a Defined Area of the Continental Shelf of the Two Countries in the Gulf of Thailand,” 该谅解备忘录的全文，参见：https://cil.nus.edu.sg/wp-content/uploads/2019/02/1979-Malaysia-Thailand-MOU-on-the-JA-for-Exploitation-of-Seabed-Resources-1.pdf。

③ “1990 Agreement Between the Government of Malaysia and the Governemnt of the Kingdom of Thailand on the Constitution and Other Matters Relating to the Establishment of the Malaysia–Thailand Authority,” 该协定的全文，参见：https://cil.nus.edu.sg/wp-content/uploads/formidable/14/1990-Malaysia-Thailand-Joint-Authority.pdf。

5–2）。①

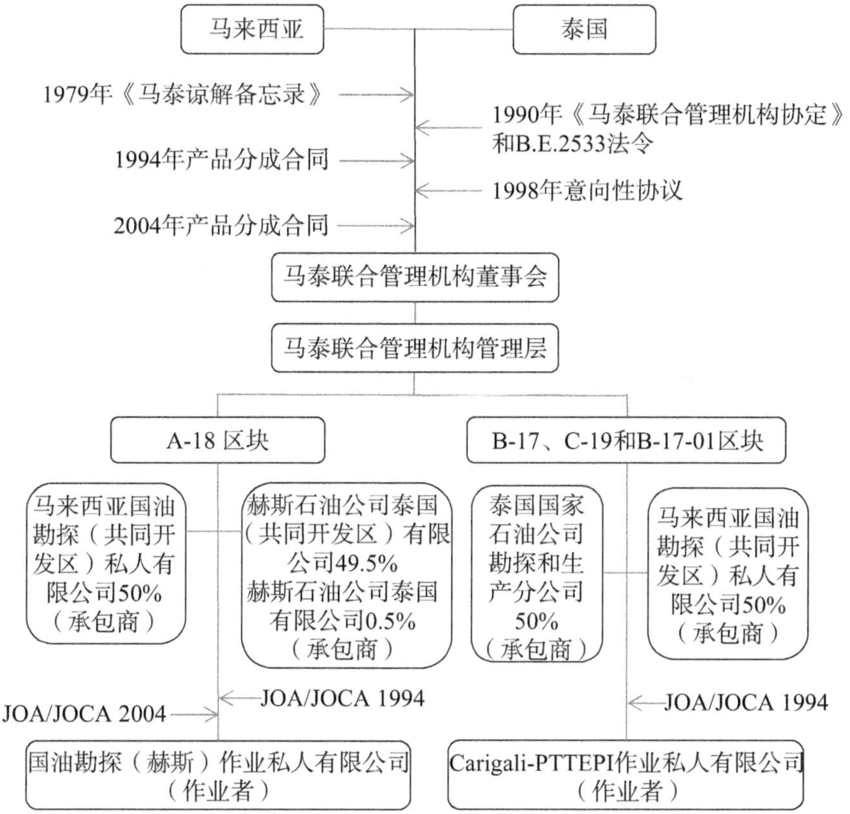

图5–2　马泰联管机构组织架构及其产品分成承包商示意图

资料来源：MTJA, “Contractors & Operators,” https://www.mtja.org/operator, accessed 22 August 2021。

① MTJA, “About MTJA,” https://www.mtja.org/about_mtja.php, accessed 30 May 2020.

马来西亚西部的东北部海岸和越南的西南部海岸的大陆架边界线主张存在重叠，重叠海域面积约为2800平方千米。[①] 1992年6月5日，马来西亚和越南签署《马来西亚与越南社会主义共和国关于两国大陆架限定区域内石油勘探和开采的谅解备忘录》(简称《马越谅解备忘录》)。[②]《马越谅解备忘录》指出：两国重叠海域（限定区域）是由6个坐标点相连的直线围成的区域；双方应平等分担“限定区域”内石油勘探和开采产生的所有费用，平等分享其产生的收益；马来西亚和越南分别责成马来西亚国家石油公司（PETRONAS）和越南国家石油公司（PetroVietnam）就“限定区域”内的石油勘探和开采达成商业安排。《马越谅解备忘录》为马越共同开发区确立了一个基本的法律框架。1993年8月25日，马来西亚国家石油公司和越南国家石油公司达成商业安排，建立了一个由8人组成的协调委员会。[③]

就共同开发的管理模式而言，马越共同开发模式比马泰共同开发模式更加灵活。[④] 马越协调委员会的委员是由两家国有石油公司任命，而非像马泰模式中那样由两国政府直接任命。任何与商业和石油作业相关的争端或分歧，在协调委员会的大方向下，都将由两家国有石油

---

① 根据南越政府1971年的大陆架主张和马来西亚政府1979年的大陆架主张，马越两国有2800平方千米重叠区域。参见：Nguyen Manh Dong, “Maritime Delimitation Between Vietnam and Her Neighboring Countries,” UN–Nippon Foundation Alumni Meeting, Tokyo, 13-16 April 2009, https://www.un.org/Depts/los/nippon/unnff_programme_home/alumni/tokyo_alumni_presents_files/alum_tokyo_dong.pdf。

② “1992 Memorandum of Understanding Between Malaysia and the Socialist Republic of Vietnam for the Exploration and Exploitation of Petroleum in a Defined Area of the Continental Shelf involving the Two Countries,” 该协定的全文，参见：https://cil.nus.edu.sg/wp-content/uploads/formidable/14/1992-MOU-between-Malaysia-and-Vietnam-for-the-Exploration-and-Exploitation-of-Petroleum.pdf。

③ Nguyen Hong Thao, “Joint Development in the Gulf of Thailand,” *IBRU Boundary and Security Bulletin*, Vol. 7, No. 3 (Autumn 1999), p.82.

④ Ibid., p.83.

公司解决。[①] 马越两国政府并不深度介入共同开发的商业运行。

2009年3月16日，马来西亚和文莱以“换文”形式划定了两国海洋边界。[②] 根据该“换文”，马来西亚放弃了对两个石油区块的主张，但马文两国也同意把两个石油区块指定为“商业安排区”（现已被命名为CA1和CA2），联合对碳氢化合物进行开发。[③]（参见图6–1） 马文“商业安排区”参考了马越“商业安排区”。马文两国的国有石油公司是主要参与方，两国政府并未直接参与商业运营。不过，马文“商业安排区”在两国政府“换文”后不再是争议区了，马来西亚已将其海洋主张让渡给了文莱，作为交换，文莱允许马来西亚参与油气开发，期限是40年。马文的这一合作关系的条款细节直到2015年才最终敲定。[④]

中国和马来西亚迄今还未就南海共同开发事宜进行正式讨论。[⑤] 尽管马来西亚已经与部分海上邻国（如泰国、越南和文莱）开展了共同开发/合作开发，但马来西亚迄今未与中国就共同开发开展任何严肃的讨论。

---

① Nguyen Hong Thao, “Joint Development in the Gulf of Thailand,” *IBRU Boundary and Security Bulletin*, Vol. 7, No. 3 (Autumn 1999), p.83.

② Jeffrey J. Smith, “Brunei and Malaysia Resolve Outstanding Maritime Boundary Issues,” *LOS Reports*, Vol. 1 (2010), p.2.

③ David M. Ong, “Implications of Recent Southeast Asian State Practice for the International Law on Offshore Joint Development.” in Robert Beckman, Ian Townsend-Gault, Clive Schofield, Tara Davenport, and Leonardo Bernard, eds., *Beyond Territorial Disputes in the South China Sea: Legal Frameworks for the Joint Development of Hydrocarbon Resources*, Cheltenham, UK: Edward Elgar, 2013, pp. 206-207.

④ The Borneo Post, “Malaysia, Brunei Finalize O&G Exploration in Overlapping Area,” 12 August 2015, https://www.theborneopost.com/2015/08/12/malaysia-brunei-finalise-og-exploration-in-overlapping-area/.

⑤ Vivian Louis Forbes, “Malaysia and China: Economic Growth Overshadows Sovereignty Dispute,” in Bruce A. Elleman, Stephen Kotkin, and Clive Schofield, eds., *Beijing's Power and China's Borders: Twenty Neighbors in Asia*, London: M. E. Sharpe, 2013, p.165.

表 5–3 马来西亚与泰国、越南和文莱的海上油气开发

油气开发	区块	产品分成合同（承包商）	指定作业者
马泰共同开发区	A-18	马来西亚国油勘探（共同开发区）私人有限公司（PC JDA Ltd.）（占比50%）	国油勘探（赫斯）私人有限公司（Carigali Hess Operating Company Sdn. Bhd.）
		赫斯石油公司泰国（共同开发区）有限公司（Hess Oil Company of Thailand (JDA) Ltd.）（占比49.5%）	
		赫斯石油公司泰国（共同开发区）有限公司（Hess Oil Company of Thailand (JDA) Ltd.）（占比0.5%）	
	B-17 C-19 B-17-01	泰国国家石油公司勘探和生产分公司（PTTEPI International Ltd.）（占比50%）	Carigali-PTTEPI作业私人有限公司（Carigali-PTTEPI Operating Company Sdn. Bhd., CPOC）
		马来西亚国油勘探（共同开发区）私人有限公司（PC JDA Ltd.）（占比50%）	
马越商业安排区	PM-3	塔里斯曼（马来西亚）有限公司（Talisman Malaysia Ltd.）（占比35%）	塔里斯曼（马来西亚）公司
		马来西亚国油勘探（PETRONAS Carigali Sdn. Bhd, PCSB）（占比35%）	
		越南石油勘探生产公司（PetroVietnam Exploration Production Corporation, PVEP）（占比30%）	
马文商业安排区	CA1	壳牌石油（Shell）（占比86.95%）	壳牌石油
		墨菲石油公司（Murphy Oil Corporation）（占比8.05%）	
		马来西亚国家石油公司（占比5%）	
	CA2	马来西亚国家石油公司（占比45%）	马来西亚国油勘探（文莱）有限公司
		墨菲石油公司（占比30%）	
		壳牌石油（Shell Deep Water Borneo Ltd.）（占比12.5%）	
		康菲石油（ConocoPhillips）（占比6.25%）	
		日本三菱（Mitsubishi）（占比6.25%）	

备注：马来西亚国油勘探（共同开发区）私人有限公司（PC JDA Ltd.）是马来西亚国油勘探（PETRONAS Carigali）的全资子公司。

资料来源：Ngeow Chow-Bing, "Prospects for Sino-Malaysian Joint Development in the South China Sea: Lessons from Malaysia's Experiences," in Huaigao Qi and Song Xue, eds., *Cooperative Development in the South China Sea: Policies, Obstacles and Prospects*, London: Routledge, 2021, p.65; The Star, "Petronas, PetroVietnam Extend PSC for 10 More Years," 9 May 2016, https://www.thestar.com.my/business/business-news/2016/05/09/petronas-petrovietnam-extend-psc-for-10-more-years/#JxxHdmbk1JudxpM1.99; MTJA, "Contractors & Operators," https://www.mtja.org/operators.php; NrgEdge, "CA1 Deepwater Offshore Block," https://www.nrgedge.net/project/ca1-deepwater-offshore-block; NrgEdge, "CA2 Deepwater Offshore Block," https://www.nrgedge.net/project/ca2-deepwater-offshore-block。

从马来西亚的角度来看，目前阻碍中马两国讨论南海共同开发的主要因素有以下方面：一是双方有待建立起足够的战略互信。尽管中马关系总体友好，但由于涉海问题高度敏感，对马来西亚而言，与中国开展共同开发在政治上仍颇具挑战性。二是马来西亚大多数政策制定者和官员对中国的南海断续线主张存在疑虑。中马对各自主张没有共同的法律认知基础，马来西亚官员甚至不承认和中国在南海存在领土和海洋管辖权争议。[①] 不承认存在争议，就很难开启共同开发。三是马来西亚没有特别强烈的技术动因来与中国开展油气共同开发。马来西亚国家石油公司（PETRONAS）参与了马泰、马越、马文的共同开发/合作开发，具有海上油气开发经验，且运行良好。除非中国能够实质性地提供有成本效益的开发方案或者更先进的技术，否则马来

① Ngeow Chow-Bing, "Prospects for Sino-Malaysian Joint Development in the South China Sea: Lessons from Malaysia's Experiences," in Huaigao Qi and Song Xue, eds., *Cooperative Development in the South China Sea: Policies, Obstacles and Prospects*, London: Routledge, 2021, p.70.

西亚政府或者马来西亚国家石油公司与中国开展共同开发的动因将非常低。[①]

尽管有上述障碍，但并不意味着中马就不能开展共同开发磋商了。[②] 根据马来西亚学者饶兆斌（Ngeow Chow-Bing）的观点，中马可以讨论建立互惠的商业安排区（Reciprocal Commercial Arrangement Area）、开展联合科学调查、建立渔业联合股份有限公司等。[③] 互惠的商业安排区设想如下：中国和马来西亚可联合建立两个商业安排区（即油气开发区），一个靠近马来西亚沙捞越海岸（仅中马两国海洋管辖权主张重叠海域），另一个靠近中国主张的管辖海域；两国都不触及敏感的海洋管辖权问题；两个商业安排区将仅依据商业合作条款来推进，以此展示双方的良善意愿。开展联合科学调查的设想如下：南沙群岛部分岛礁及其附近海域的地物特征仍有待进一步调查，中马可联合开展科学调查，调查结果可作为科技界和两国渔民的公共产品，这将有助于两国建立政治互信。建立渔业联合股份有限公司的设想如下：马来西亚缺乏深海捕鱼技术和经验，马来西亚的渔业部门未能充分开发其主张的专属经济区内的渔业资源；因此，中马可建立渔业联合股份有限公司，在两国达成协议的相关海域开展深海捕鱼作业。

---

① Ngeow Chow-Bing, "Prospects for Sino-Malaysian Joint Development in the South China Sea: Lessons from Malaysia's Experiences," in Huaigao Qi and Song Xue, eds., *Cooperative Development in the South China Sea: Policies, Obstacles and Prospects*, London: Routledge, 2021, p.71.

② 中马在共同开发的区块选择、管理模式、开发技术、"先存权"处理等领域都具有较为广阔的探讨空间。参见：祁怀高：《马来西亚的共同开发政策及中马共同开发前景》，载《太平洋学报》2021年第10期，第64–76页。

③ Ngeow Chow-Bing, "Prospects for Sino-Malaysian Joint Development in the South China Sea: Lessons from Malaysia's Experiences," pp. 71-73.

本章小结

本章分析了中国与马来西亚在南海的海洋事务。中马两国主张的领海、专属经济区、大陆架宽度一致（参见表5–1）。

中马之间存在南沙群岛部分岛礁领土争议。马来西亚侵占中国南沙群岛5个岛礁，包括：弹丸礁、光星仔礁、南海礁、榆亚暗沙、簸箕礁。[①] 从马来西亚的相关法律和官方表态可以看出，马来西亚对中国南沙群岛部分岛礁提出领土要求的理由主要有两项：（1）根据1966年颁布的《马来西亚大陆架法》，这些岛礁位于马来西亚沙巴的大陆架范围内；（2）马来西亚1983年9月9日声明称，这些岛礁“一直以来是马来西亚领土的一部分”。

中马在南海南部海域还存在着海洋管辖权争议。1979年马来西亚官方出版的“领水和大陆架边界”地图[②] 与中国南海断续线存在重叠海域（参见图5–1）。马来西亚的海洋管辖权主张覆盖南沙群岛及其相关海域面积达27万平方千米。[③] 2009年5月马越联合划界案和2019年12月马来西亚划界案所涉200海里以外大陆架外部界限，严重侵害中国在南海的主权、主权权利和管辖权。

马来西亚从20世纪60年代起在南海南部海域开展油气资源勘探和开发活动。迄今，马来西亚已与泰国、越南和文莱这3个海上邻国开展了油气共同开发/合作开发；但迄今未与中国正式讨论南海共同开发事

① 张海文：《南海及南海诸岛》，第43页。

② 马来西亚1979年地图中的84个转折点坐标，参见：R. Haller-Trost, *The Contested Maritime and Territorial Boundaries of Malaysia: An International Law Perspective*, London: Kluwer, 1998, p.431。

③ 吴士存：《南沙争端的起源与发展》（修订版），第53页。

宜。尽管目前中马之间开展南海共同开发存在一些障碍，但未来两国仍有推进共同开发磋商的可能。比如，中马可以讨论建立互惠的商业安排区，开展联合科学调查，建立渔业联合股份有限公司等。

第六章

中国与文莱在南海的海洋事务

中国和文莱在南海隔海相望。文莱主张的大陆架和专属经济区（渔区）覆盖中国南沙群岛部分岛礁及其相关海域。1987年和1988年，文莱测绘部门先后出版了“文莱领水地图”，“文莱大陆架地图”和“文莱渔业界限地图”等三份体现文莱海洋管辖权主张的地图。[①] 在这些地图中，文莱的海洋管辖权主张所形成的一个矩形海洋区域覆盖中国南沙群岛南通礁、南薇滩等岛礁。文莱官方未正式、明确对中国南沙群岛有关岛礁提出领土要求，但其主张的海洋管辖权范围将中国南沙群岛一些岛礁划入其中。文莱有关主张具有一定的模糊性，对此文莱政府未作任何正式公开声明和解释，文莱外交部官员仅称文莱对南通礁有非正式的主张。[②] 截至目前，文莱未对南沙群岛有关岛礁实施实际占领。[③] 文莱的海洋管辖权主张覆盖南海南部海域的面积约达4万平方千

---

① Renate Haller-Trost, “The Brunei–Malaysia Dispute Over Territorial and Maritime Claims in International Law,” *Maritime Briefing*, Vol. 1, No. 3 (1994), pp. 2-5.

② Ian Storey, “Brunei's Contested Sea Border with China,” in Bruce Elleman, Stephen Kotkin, and Clive Schofield, eds., *Beijing's Power and China's Borders: Twenty Neighbors in Asia*. Routledge, 2013, p.38.

③ 张海文:《南海及南海诸岛》，第44页。Ian Storey, “Brunei's Contested Sea Border with China,” p.38.

米。① 文莱实行相对温和的南海政策，主张通过外交途径和平解决南海争端，主张维护南海地区的和平与稳定。本章将梳理文莱的海洋管辖权主张，分析文莱与马来西亚海上争端的解决，分析中国与文莱在南海的海上合作。

第一节　文莱的海洋管辖权主张分析

1984年12月5日，文莱签署了《联合国海洋法公约》(简称《公约》)。1996年11月5日，文莱批准《公约》。② 自1996年11月5日起，《公约》对文莱生效。③

表6–1　中国与文莱的海洋管辖权主张比较④

国家	是否批准《联合国海洋法公约》	是否立法基线	海洋管辖区域			
			领海	毗连区	专属经济区	大陆架外部界限
中国	1996年5月15日批准[1]	立法（直线基线）[2]	12海里	24海里	200海里	大陆边/200海里 2012年12月正式提交划界案（东海部分海域）
文莱	1996年11月5日批准	不详[3]	12海里	—	200海里	大陆边/200海里 2009年5月提交大陆架外部界限初步信息（南海）[4]

① 吴士存:《南沙争端的起源与发展》(修订版)，第53页。

② United Nations Treaty Collection, "United Nations Convention on the Law of the Sea," https://treaties.un.org/Pages/ViewDetailsIII.aspx?src=TREATY&mtdsg_no=XXI-6&chapter=21&Temp=mtdsg3&clang=_en, accessed 28 March 2020.

③ Attorney General's Chambers of Brunei Darussalam, *Brunei Darussalam Treaty Series: Law of the Sea and Maritime*, January 2013, p.7.

④ DOALOS/OLA United Nations, "Table of Claims to Maritime Jurisdiction (as at 15 July 2011)," http://www.un.org/Depts/los/LEGISLATIONANDTREATIES/PDFFILES/table_summary_of_claims.pdf，本书作者对本表作了相应更新。

注释：

[1] 中国人大网：《全国人民代表大会常务委员会关于批准〈联合国海洋法公约〉的决定》，1996年5月15日通过，http://www.npc.gov.cn/wxzl/gongbao/2000-12/16/content_5003571.htm。

[2] 国务院：《中华人民共和国政府关于中华人民共和国领海基线的声明》，1996年5月15日，https://www.fmprc.gov.cn/web/ziliao_674904/tytj_674911/tyfg_674913/t556673.shtml；中国政府网：《中华人民共和国政府关于钓鱼岛及其附属岛屿领海基线的声明》2012年9月10日，http://www.gov.cn/jrzg/2012-09/10/content_2221140.htm。

[3] 文莱迄今未公开发布其基线主张是否为直线基线。但从1987年出版的“文莱领水地图”来看，文莱似乎使用了直线基线系统。参见：Renate Haller-Trost, “The Brunei–Malaysia Dispute Over Territorial and Maritime Claims in International Law,” *Maritime Briefing*, Vol. 1, No. 3 (1994), pp. 2-3。

[4] DOALOS/OLA United Nations, “Brunei Darussalam's Preliminary Submission Concerning the Outer Limits of Its Continental Shelf,” 12 May 2009, https://www.un.org/Depts/los/clcs_new/commission_preliminary.htm; https://www.un.org/depts/los/clcs_new/submissions_files/preliminary/brn2009preliminaryinformation.pdf.

文莱的领海宽度为12海里。1982年《文莱领水法令》第2条，宣布其领水（territorial waters）宽度为12海里，该宽度应按照国际法测算。① 文莱在南海的基线长度约为70海里。② 文莱迄今未公开发布其基线主张是否为直线基线，也未发布其领海基点。1987年出版的“文莱领水地图”显示，其领海界限是由7个坐标点的连线构成。这7个坐标点为：

（1）北纬4°47.88′和东经113°58.70′；

（2）北纬4°47.55′和东经114°11.58′；

① DOALOS/OLA United Nations, “Territorial Waters of Brunei Act, 1982,” https://www.un.org/Depts/los/LEGISLATIONANDTREATIES/PDFFILES/BRN_1982_Act.pdf.

② Renate Haller-Trost, “The Brunei–Malaysia Dispute Over Territorial and Maritime Claims in International Law,” *Maritime Briefing*, Vol. 1, No. 3 (1994), p.51.

（3）北纬4°51.50′和东经114°22.60′；

（4）北纬4°59.65′和东经114°32.25′；

（5）北纬5°09.40′和东经114°44.85′；

（6）北纬5°12.00′和东经114°53.24′；

（7）北纬5°13.87′和东经114°55.20′。①

从该图来看，文莱似乎使用了直线基线系统。

1983年1月1日实施的文莱《渔区界限法令》（*Fishery Limits Act*），确立了从测算领海宽度的基线量起延至200海里的渔区。1988年出版的“文莱渔区界限地图”显示，其渔区外部界限标注了10个坐标点。这10个坐标点为：

（1）北纬5°01.15′和东经113°44.87′；

（2）北纬5°42.00′和东经114°24.24′；

（3）北纬7°35.32′和东经111°05.50′；

（4）北纬8°15.23′和东经111°56.27′；

（5）北纬6°59.13′和东经111°42.98′；

（6）北纬6°58.80′和东经111°55.86′；

（7）北纬7°02.74′和东经112°06.86′；

（8）北纬7°15.63′和东经112°21.20′；

（9）北纬7°25.37′和东经112°33.75′；

（10）北纬7°27.97′和东经112°42.13′。②

“文莱渔区界限地图”由两种颜色显示：深蓝色区域，从文莱海岸向南海方向到达坐标点5—10构成的连线，这一连线标记“200海里”，很可能是从文莱所称的领海基线开始测量；浅蓝色区域，从前述“200

① Renate Haller-Trost, “The Brunei–Malaysia Dispute Over Territorial and Maritime Claims in International Law,” pp. 2-3.

② Ibid., pp. 4-5.

海里线”（坐标点5—10构成的连线）到达坐标点3和坐标点4，坐标点3和坐标点4标记“接近大陆”（approximate mainland）。[①] 文莱渔区的面积约为18,550平方海里（63,625平方千米）。[②] 尽管文莱主张200海里的渔区，但从其1988年出版的渔区界限地图来看，这一渔区的界限实为与越南大陆的中间线，距文莱所称的领海基线距离约为265海里。[③] 2016年1月，文莱渔业部门将其主张管辖的渔区划分为4个区域：渔区一（距离文莱海岸0～3海里）、渔区二（距离文莱海岸3～20海里）、渔区三（距离文莱海岸20～45海里）和渔区四（距离文莱海岸45～200海里），并对每个渔区作业渔船的总吨位数和发动机马力作出了限定。[④] 从2016年文莱渔业部门对不同渔区的渔船分类规定来看，文莱未提及200海里以外的渔区。

文莱主张专属经济区宽度为188海里（从领海基线算起不超过200海里）。1993年7月20日制定的《专属经济区公告》第4条指出，文莱专属经济区的外部界限是由一条从测算领海宽度的基线量起延至200海里的线构成。[⑤] 第4条同时指出：和沙巴领土邻接的一条侧面边界，与1958年9月11日英国枢密令《北婆罗洲（边界解释）》（Statutory Instruments 1958 No.1517）颁布的大陆架边界相同，并以直线延至200海里；和沙捞越领土邻接的一条侧面边界，与1958年9月11日英国枢

① Renate Haller-Trost, “The Brunei–Malaysia Dispute Over Territorial and Maritime Claims in International Law,” *Maritime Briefing*, Vol. 1, No. 3 (1994), p.5.

② Ibid., p.43.

③ Ibid.

④ Department of Fisheries of Brunei Ministry of Primary Resources and Tourism, “FAQS: Capture Fisheries,” 19 January 2016, http://www.fisheries.gov.bn/SiteCollectionDocuments/FAQs/Capture%20Fisheries%20Industry%20Division.pdf.

⑤ Brunei Government, “Proclamation of An Exclusive Economic Zone,” Made on 20 July 1993, *Brunei Darussalam Government Gazette*, 26 March 1994, http://www.agc.gov.bn/AGC%20Images/LOB/Order/DEF/E/s04.pdf.

密令《沙捞越（边界解释）》（Statutory Instruments 1958 No. 1518）颁布的大陆架边界相同，并以直线延至200海里。《专属经济区公告》第6条指出，文莱专属经济区的界限可根据文莱政府达成并生效的国际协定作必要之修改。

1988年出版的“文莱大陆架地图”显示，其大陆架界限是由11个坐标点的连线构成。[①] 这11个坐标点为：

（1）北纬5°01.15′和东经113°44.87′；

（2）北纬5°42.00′和东经114°24.24′；

（3）北纬7°35.32′和东经111°05.50′；

（4）北纬8°15.23′和东经111°56.27′；

（5）北纬4°47.88′和东经113°58.70′；

（6）北纬4°47.55′和东经114°11.58′；

（7）北纬4°51.50′和东经114°22.60′；

（8）北纬4°59.65′和东经114°32.25′；

（9）北纬5°09.40′和东经114°44.85′；

（10）北纬5°12.00′和东经114°53.24′；

（11）北纬5°13.87′和东经114°55.20′。[②]

1988年“文莱大陆架地图”中的坐标点5—11与1987年“文莱领水地图”中的坐标点1—7相同。1988年“文莱大陆架地图”中的坐标点3和坐标点4标记了“接近大陆”（approximate mainland），似乎指的是文莱与越南之间的等距离线。[③]《公约》第76条第7款规定：沿海国

① Renate Haller-Trost, “The Brunei–Malaysia Dispute Over Territorial and Maritime Claims in International Law,” p.4.

② Ibid.

③ Renate Haller-Trost, “The Brunei–Malaysia Dispute Over Territorial and Maritime Claims in International Law,” p.4.

的大陆架如从测算领海宽度的基线量起超过200海里，应连接以经纬度坐标标出的各定点划出长度各不超过60海里的若干直线，划定其大陆架的外部界限。文莱的两条侧向大陆架界限线明显地超过了《公约》规定的60海里限制。坐标点1和坐标点3连接的文莱西侧大陆架界限线长约222海里，坐标点2和坐标点4连接的文莱东侧大陆架界限线长约213海里。[①]

文莱的大陆架外部界限主张为"大陆边/200海里"（CM/200）。2009年5月，文莱向大陆架界限委员会提交其大陆架外部界限初步信息。[②] 根据文莱提交的"初步信息"第24段，文莱的大陆架外部界限不超过350海里制约线（constraint line）。文莱"初步信息"第25段指出，有关大陆边外缘以"海德伯格公式线"（Hedberg Formula line）为基础构建，满足"从属权利检验"（test of appurtenance）。文莱"初步信息"第26段指出，文莱的扩展大陆架和邻国的大陆架有必要依据国际法予以划界。根据这一"初步信息"，文莱主张的大陆架外部界限与中国在南海海域内的权利有所重叠。

第二节 文莱与马来西亚海上争端的解决

文莱于1984年1月获得完全独立。文莱完全独立3年后相继出版

---

① 谷歌距离计算器（Google distance calculator）测算，测地距离（geodesic distance），2020年8月13日。

② DOALOS/OLA United Nations, "Brunei Darussalam's Preliminary Submission Concerning the Outer Limits of Its Continental Shelf," 12 May 2009, https://www.un.org/Depts/los/clcs_new/commission_preliminary.htm; https://www.un.org/depts/los/clcs_new/submissions_files/preliminary/brn2009preliminaryinformation.pdf.

3幅关于其海洋区域的地图。[①] 包括：1987年出版的“文莱领水地图”、1988年出版的“文莱大陆架地图”、1988年出版的“文莱渔区界限地图”。起初，马来西亚拒绝了这3幅地图，马来西亚认为其在1979年出版的“领水和大陆架边界”地图已指出，文莱的海上边界止于100英寻（182.88米）等深线。[②] 马来西亚1979年地图似乎仅承认文莱的海洋主张止于100英寻，其依据是1958年英国发布的2份枢密令，即《北婆罗洲（边界解释）》和《沙捞越（边界解释）》，这两份枢密令划定了文莱的海洋边界。[③] 文莱反驳了马来西亚的观点，并坚称文莱的海洋权益能够合法地从测算领海宽度的基线量起延至200海里。[④]

2003年，文莱和马来西亚两国因两个油气区块的归属争端发生海军对峙事件。2个油气区块（马来西亚称L区块和M区块，文莱称J区块和K区块）位于距离文莱海岸100英寻等深线之外，但位于1988年“文莱大陆架地图”主张的范围内；马来西亚根据其1979年地图，认为这两个油气区块位于其主张的大陆架范围内（参见图6–1）。2003年3月，墨菲石油（Murphy Oil）的一艘船被文莱的一艘炮艇驱逐，墨菲石油是马来西亚授予油气开发许可的外国公司；2003年4月，马来西亚海军也封锁了道达尔公司（Total）的一艘船，以阻止该船进入油气区

① Renate Haller-Trost, “The Brunei–Malaysia Dispute Over Territorial and Maritime Claims in International Law,” pp. 2-5.

② Jolene Hui Yun Liew, “From Joint Cooperation to Joint Development in the South China Sea: Incentives, Challenges, and Prospects for Brunei Darussalam,” in Huaigao Qi and Song Xue, eds., *Cooperative Development in the South China Sea: Policies, Obstacles, and Prospects*, London: Routledge, 2021, p.18.

③ Ngeow Chow-Bing, “Prospects for Sino-Malaysian Joint Development in the South China Sea: Lessons from Malaysia’s Experiences,” p.63.

④ Jolene Hui Yun Liew, “From Joint Cooperation to Joint Development in the South China Sea: Incentives, Challenges, and Prospects for Brunei Darussalam,” p.18.

块所在海域，道达尔公司是文莱授予油气开发许可的外国公司之一。①马文海军对峙事件发生后，两国政府加快了海上争端的谈判。

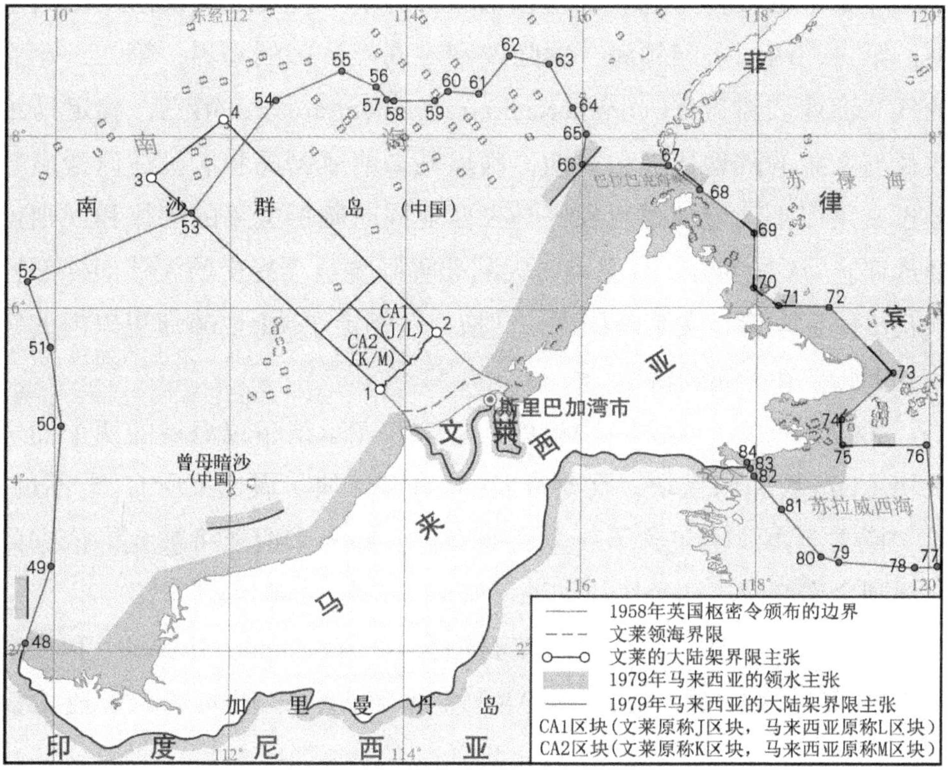

图6–1　文莱与马来西亚的油气“商业安排区”示意图

审图号：GS（2022）2261号

（备注：本图系外国学者观点）

① Shen-li Leong, “A Tale of Two Oil Blocks,” *The Star*, 9 May 2010, https://www.thestar.com.my/news/nation/2010/05/09/a-tale-of-two-oil-blocks/; Asri Salleh, *Malaysia's Territorial Disputes, 1963–2008*, Shah Alam: Penerbir Universiti Teknologi Mara, 2012, p.12.

2009年3月16日，文莱和马来西亚以“换文”形式划定了两国海洋边界，[①] 但其具体内容未向国际社会公开。从马来西亚和文莱政府于2009年3月16日发布的联合公告来看，马文“换文”协议涉及四大事项：第一，两国之间领海、大陆架和专属经济区的划界；第二，建立油气“商业安排区”（commercial arrangement area）；第三，确定马来西亚与文莱的陆地边界；第四，确保马来西亚国民和居民往返沙捞越经过文莱海上区域的通行权，马来西亚同时确保文莱的法律和规则得到遵守。[②] 从2009年5月文莱向大陆架界限委员会提交的大陆架外部界限初步信息来看，文莱确认这一“换文”划定了两国200海里以内的领海、大陆架和专属经济区。[③]

2009年马文“换文”协议中，马来西亚承认争议海域的两个油气区块（L区块和M区块，文莱称J区块和K区块）属文莱所有。[④] 不过，该“换文”协议也包含了一个商业安排，即马来西亚将被允许依据商业原则合作开发这两个区块的油气资源，期限为40年。[⑤]

2010年9月21日，文莱国家石油公司（Petroleum Brunei）和马来西亚国家石油公司（PETRONAS）签署了CA1区块的产品分成协议

---

① Jeffrey J. Smith, “Brunei and Malaysia Resolve Outstanding Maritime Boundary Issues,” *LOS Reports*, Vol. 1 (2010), p.2.

② “Joint Press Statement by Leaders on the Occasion of the Working Visit of YAB Dato' Seri Abdullah Haji Ahmad Badawi, Prime Minister of Malaysia, to Brunei Darussalam on 15-16 March 2009,” http://bn.chineseembassy.org/eng/wlxw/t542877.htm, accessed 13 August 2020.

③ DOALOS/OLA United Nations, “Brunei Darussalam's Preliminary Submission Concerning the Outer Limits of Its Continental Shelf,” 12 May 2009, p.3.

④ Malaysian Ministry of Foreign Affairs, “Statement on the Exchange of Letters Between Malaysia and Brunei Darussalam, Dated 16 March 2009,” 30 April 2010, https://www.kln.gov.my/archive/content.php?t=7&articleId=735675.

⑤ Ibid.

（PSA）。[①] CA1区块原称J区块（马来西亚原称L区块）。CA1区块的面积约144万英亩（约5850平方千米），截至2019年年底已打下4个钻井。[②] 截至2020年4月，CA1区块股份中，壳牌石油占比86.95%，墨菲石油公司占比8.05%，马来西亚国家石油公司占比5%。[③] 2010年12月14日，文莱国家石油公司和马来西亚国家石油公司签署了CA2区块的产品分成协议（PSA）。[④] CA2区块原称K区块（马来西亚原称M区块）。CA2区块的面积约149万英亩（约6030平方千米），截至2019年年底已打下7个钻井。[⑤] 截至2018年3月，CA2区块股份中，马来西亚国家石油公司占比45%，墨菲石油公司占比30%，壳牌石油占比12.5%，康菲石油和日本三菱各占比6.25%。[⑥]

自2010年达成CA1区块和CA2区块的产品分成协议之后，文莱国家石油公司和马来西亚国家石油公司之间的能源合作积极开展起来。这两家公司推动了两国政府在文莱其他海域的合作。2013年12月8日，文莱国家石油公司把N区块的产品分成协议授予马来西亚国油勘探（文莱）有限公司（Petronas Carigali Brunei Ltd.），Q区块的产品分成协议

---

① Azlan Othman, "Sultan Welcomes Joint Oil Exploration Deal," *Borneo Bulletin*, 14 December 2010, http://www.sultanate.com/news_server/2010/14_dec_1.html.

② Murphy Oil Corporation, *2019 Annual Report*, 26 February 2020, p.4, https://ir.murphyoilcorp.com/static-files/235f13b1-bd51-4b3e-b739-384da244a0b2; Total, "Brunei: Total Sells Its Interest in Offshore Block CA1," 30 October 2019, https://www.total.com/media/news/press-releases/brunei-total-sells-its-interest-offshore-block-ca1.

③ Offshore, "Shell Takes Control of Offshore Brunei Block," 7 April 2020, https://www.offshore-mag.com/regional-reports/article/14173564/shell-takes-control-of-offshore-brunei-block.

④ Azlan Othman, "Sultan Welcomes Joint Oil Exploration Deal," *Borneo Bulletin*, 14 December 2010, http://www.sultanate.com/news_server/2010/14_dec_1.html.

⑤ Murphy Oil Corporation, *2019 Annual Report*, 26 February 2020, p.4.

⑥ ConocoPhillips, "Asia Pacific and Middle East: Fact Sheet," March 2018, p.4, http://static.conocophillips.com/files/resources/factsheet-apme-march2018.pdf.

授予了壳牌深海（婆罗）公司（Shell Deepwater Borneo Ltd.）。在N区块和Q区块中，马来西亚国油勘探（文莱）有限公司和壳牌深海（婆罗）公司分别各占50%的权益。N区块和Q区块位于文莱近海的东部浅海区域。①

2017年11月23日，文莱和马来西亚确定了4个油气田的一体化安排框架（the framework for unitisation arrangements），这表明两国油气合作达到了新的高度。这4个油气田包括：（1）亚庇（哥打基纳巴卢）西部天然气田（Kinabalu West NAG, KN）和马哈拉惹里拉北部油田（Maharajalela North fields, MLJ）；（2）古慕苏—卡卡油田（Gumusut-Kakap fields, GK）和格隆贡—加古司东部油田（Geronggong-Jagus East fields, GRG/JGE）。② 根据马文两国政府于2017年11月达成的“一体化框架协议”（Unitization Framework Agreement, UFA），文莱的GRG/JGE油田已和马来西亚的GK油田一体化；文莱的MLJ油田已和马来西亚的KN天然气田一体化。③

文莱和马来西亚除了在油气领域开展合作外，两国自2015年以来已在渔业领域开展合作。马文两国领导人在年度磋商会议中已多次讨

① Offshore Energy, “Brunei and Malaysia Enter Several Oil and Gas Deals,” 9 December 2013, https://www.offshore-energy.biz/brunei-and-malaysia-enter-several-oil-and-gas-deals/.

② Malaysian Ministry of Foreign Affairs, “Joint Statement on the 21st Annual Leaders’ Consultation Between His Majesty Sultan Haji Hassanal Bolkiah Mu’izzaddin Waddaulah, Sultan and Yang Di-Pertuan of Brunei Darrusalam and The Honourable Dato’ Sri Mohd Najib Tun Abdul Razak, Prime Minister of Malaysia,” 23 November 2017, https://www.kln.gov.my/web/guest/speeches-statements/-/asset_publisher/mN2jZPwqWjGA/content/joint-statement-on-the-21st-annual-leaders-consultation-between-brunei-darussalam-and-malaysia?redirect=%2Fweb%2Fguest%2Fspeeches-statements&inheritRedirect=true.

③ Murphy Oil Corporation, *2017 Annual Report*, 23 February 2018, p.3, https://ir.murphyoilcorp.com/static-files/804851d3-4bcd-4d1b-a0e4-e58273293322; Jolene Hui Yun Liew, “From Joint Cooperation to Joint Development in the South China Sea: Incentives, Challenges, and Prospects for Brunei Darussalam,” p.19.

论渔业合作问题。比如，2015年8月的第19次年度领导人磋商会议，两国领导人讨论了传统渔场在内的渔业合作问题，并敦促两国渔业官员达成一项渔业合作的谅解备忘录，[①] 这一备忘录将允许两国渔民在“传统渔场”捕鱼，即使一国渔民进去了另一国海域。[②]

第三节　中国与文莱在南海的海上合作

尽管中国与文莱在南海存在潜在的岛礁领土问题和海洋管辖权争议，但两国在南海问题上都保持了克制，并就处理南海问题达成一些共识。比如，双方“强调应由直接有关的主权国家根据包括1982年《联合国海洋法公约》在内的公认的国际法原则，通过和平对话和协商解决领土和管辖权争议”；[③] “致力于维护南海地区和平与稳定，敦促有关各方继续保持克制，增进互信，加强合作”；[④] “双方将同其他东盟国家一道，全面有效落实《南海各方行为宣言》，推进‘南海行为准则’磋

① Brunei Ministry of Foreign Affairs, “Joint Statement on the 19th Annual Leaders’ Consultation Between Brunei Darussalam and Malaysia,” *The Daily Brunei Resources*, 11 August 2015, https://bruneiresources.blogspot.com/2015/08/joint-statement-19th-annual-leaders.html.

② Quratul-Ain Bandial, “Brunei, Malaysia Agree to Hasten Commercialisation of Oil, Gas Find,” *The Brunei Times*, 12 August 2015, https://btarchive.org/news/national/2015/08/12/Brunei–Malaysia-agree-hasten-commercialisation-oil-gas-find.

③ 中国外交部:《中华人民共和国和文莱达鲁萨兰国联合声明》，2013年4月5日，https://www.fmprc.gov.cn/nanhai/chn/zcfg/t1028639.htm；中国外交部:《中华人民共和国和文莱达鲁萨兰国联合声明》，2013年10月11日，https://www.fmprc.gov.cn/web/gjhdq_676201/gj_676203/yz_676205/1206_677004/1207_677016/t1087458.shtml；中国外交部:《中华人民共和国和文莱达鲁萨兰国政府间联合指导委员会首次会议联合新闻稿》，2020年1月22日，https://www.fmprc.gov.cn/web/wjbzhd/t1734984.shtml。

④ 中国外交部:《中华人民共和国和文莱达鲁萨兰国联合声明》，2013年4月5日，https://www.fmprc.gov.cn/nanhai/chn/zcfg/t1028639.htm。

商，争取在协商一致基础上早日达成‘准则’”；① 双方一致认为，“中国和东盟国家有责任通过‘双轨渠道’处理南海问题，通过协商谈判解决争议，管控分歧，维护地区和平稳定”。②

2016年4月，中国与文莱、柬埔寨、老挝三国就南海问题达成四点共识：一是中方和三国都认为南沙部分岛礁存在的争议不是中国和东盟之间的问题，不应影响中国—东盟关系；二是中方和三国都认为应尊重各国根据国际法自主选择争端解决方式的权利，不赞成单方面强加于人的做法；三是中方和三国都认为应根据《南海各方行为宣言》第四条的规定，坚持由直接当事国通过对话协商解决领土和海洋权益争议；四是中方和三国都认为中国和东盟国家有能力通过合作共同维护好南海的和平稳定，域外国家应发挥建设性作用，而不是相反。③

近年来，文莱在一些多边场合中就南海问题给予了中国适度的支持。比如，2013年6月30日东盟外长会议期间，菲律宾外交部工作人员在会议现场向媒体散发一份指责中国的新闻稿。文莱外交部的一名工作人员表示，“绝不会允许让领土争端问题影响中国与东盟的合作大局，更不会认同菲律宾在会上的做法”。④ 文莱在东盟会议上关于南海问题的这些表态和行动，对推动东盟与中国之间的整体合作以及在南海问题上的协商沟通发挥了积极作用。

中文两国政府间的海上合作正在积极开展。2004年9月，中国国家

---

① 中国外交部：《中华人民共和国和文莱达鲁萨兰国联合声明》，2018年11月19日，https://www.fmprc.gov.cn/web/gjhdq_676201/gj_676203/yz_676205/1206_677004/1207_677016/t1691366.shtml。

② 中国外交部：《王毅会见文莱外交与贸易部长穆罕默德亲王》，2014年8月10日，https://www.fmprc.gov.cn/web/zyxw/t1181512.shtml。

③ 中国外交部：《2016年4月25日外交部发言人华春莹主持例行记者会》，2016年4月25日，https://www.fmprc.gov.cn/web/fyrbt_673021/t1358312.shtml。

④ 韩硕、暨佩娟：《中方强调稳步推进制定“准则”进程》，载《人民日报》2013年7月1日，第3版。

主席胡锦涛向文莱苏丹哈桑纳尔表示，“中方鼓励中国公司积极参与文莱的油气资源勘探开发和基础设施建设”。[①] 2011年11月，温家宝总理访问文莱，中文双方签署了能源、油气商业合作等合作备忘录。[②] 2011年11月，中国国家发展和改革委员会与文莱能源部签署了两国政府间《关于能源领域合作谅解备忘录》，双方此后在商业、炼油、石化及公私领域合作取得积极进展。2013年4月的《中文联合声明》第十条指出："两国元首同意支持两国有关企业本着相互尊重、平等互利的原则共同勘探和开采海上油气资源。有关合作不影响两国各自关于海洋权益的立场。"[③] 2013年10月的《中文联合声明》指出，“双方鼓励各自官员根据2013年4月5日中文联合声明第十条所表述的原则为基础，探讨两国相关企业在其他方面共同勘探和开采海上油气资源”。[④] 2013年10月，两国政府签署《关于海上合作的谅解备忘录》。2018年11月的《中文联合声明》指出，双方“同意将继续支持两国有关企业本着相互尊重、平等互利原则，按照2013年4月5日两国联合声明第十段所述及国际法原则，在海上油气资源领域开展合作”。[⑤] 2018年11月的《中文联合声明》还指出，双方欢迎签署两国政府间《关于建立政府间联合指导委员会的谅解备忘录》，建立部级磋商机制，进一步促进和鼓励双方包括

① 中国外交部:《胡锦涛与文莱苏丹会谈》，2004年9月21日，https://www.fmprc.gov.cn/web/gjhdq_676201/gj_676203/yz_676205/1206_677004/xgxw_677010/t160077.shtml。

② 中国驻文莱大使馆经商处:《国务院总理温家宝11月20日访问文莱》，http://bn.mofcom.gov.cn/article/todayheader/201111/20111107850975.shtml。

③ 中国外交部:《中华人民共和国和文莱达鲁萨兰国联合声明》，2013年4月5日，https://www.fmprc.gov.cn/nanhai/chn/zcfg/t1028639.htm。

④ 中国外交部:《中华人民共和国和文莱达鲁萨兰国联合声明》，2013年10月11日，https://www.fmprc.gov.cn/web/gjhdq_676201/gj_676203/yz_676205/1206_677004/1207_677016/t1087458.shtml。

⑤ 中国外交部:《中华人民共和国和文莱达鲁萨兰国联合声明》，2018年11月19日，https://www.fmprc.gov.cn/web/gjhdq_676201/gj_676203/yz_676205/1206_677004/1207_677016/t1691366.shtml。

海上、能源等在内的各领域合作交流。[①] 2020年1月，中国文莱政府间联合指导委员会举行了首次会议，双方同意在能源、海上等10个合作领域成立若干工作组。[②]

2011年以来，中文两国的石油公司开展了密切的合作。2011年11月，中海油与文莱国油签署了《中国海洋石油总公司与文莱国家石油公司油气领域商业性合作谅解备忘录》，双方约定在油气勘探、开发和生产、炼油、化工、运输、液化天然气贸易、人员培训、技术转让及油田服务等领域开展合作。[③] 2013年10月，中国海洋石油集团有限公司（简称“中国海油”）和文莱国油签署关于成立油田服务领域合资公司的协议。2012年10月，中国浙江恒逸集团与文莱壳牌石油公司签署《原油供应协议》，获得长达15年的原油供应。[④] 2017年3月，恒逸实业（文莱）有限公司与文莱能源局、经济发展局正式签署关于恒逸文莱PMB（大摩拉岛）石油化工项目的实施协议。2019年11月，恒逸石化建设的文莱大摩拉岛石化项目正式投产，该项目是中国在文莱最大的投资项目。[⑤]

中文两国的海上务实合作为其他的东盟有关国家提供了积极的案例。如果其他东盟有关国家也能像文莱那样和中国采取合作性做法，

① 中国外交部:《中华人民共和国和文莱达鲁萨兰国联合声明》，2018年11月19日，https://www.fmprc.gov.cn/web/gjhdq_676201/gj_676203/yz_676205/1206_677004/1207_677016/t1691366.shtml。

② 中国外交部:《中华人民共和国和文莱达鲁萨兰国政府间联合指导委员会首次会议联合新闻稿》，2020年1月22日，https://www.fmprc.gov.cn/web/wjbzhd/t1734984.shtml。

③ 一带一路能源合作网:《中莱能源合作》，2018年12月17日，http://obor.nea.gov.cn/v_practice/toPictureDetails.html?channelId=1187。

④ 中国驻文莱大使馆:《恒逸集团与文莱壳牌石油公司签署原油供应协议》，2012年10月29日，https://www.fmprc.gov.cn/ce/cebn/chn/jmwl/t983133.htm。

⑤ 新华社:《中国在文莱最大投资项目全面投产》，2019年11月3日，http://www.xinhuanet.com/2019-11/03/c_1125187670.htm。

那么它们将和中国一起实现互利共赢。

本章小结

本章分析了中国与文莱在南海的海洋事务。中文两国主张的领海、专属经济区、大陆架宽度一致（参见表6–1）。

文莱的海洋管辖权主张所形成的一个矩形海洋区域覆盖中国南沙群岛南通礁、南薇滩等岛礁。但是，文莱的有关主张具有模糊性，文莱政府尚未就此作出任何正式公开声明，文莱外交部官员也仅称是文莱对南通礁有非正式的主张。①

2009年3月，文莱和马来西亚以“换文”形式划定了两国海洋边界，② 但其具体内容未向国际社会公开。2010年，文莱和马来西亚达成CA1区块和CA2区块的产品分成协议（参见图6–1）。此后，文莱国家石油公司和马来西亚国家石油公司之间的能源合作积极开展起来。2017年11月，文莱和马来西亚确定了4个油气田的一体化安排框架，两国油气合作达到了新的高度。

尽管中文在南海问题上存在争议，但两国在有关争议问题上都保持了克制，并就处理南海问题上达成一些共识。2011年以来，中文两国在能源领域和海上合作领域开展了密切的合作，签署了多份谅解备忘录。比如，2011年11月签署了两国政府间《关于能源领域合作谅解备忘录》，2011年11月签署了《中国海洋石油总公司与文莱国家石油

① Ian Storey, “Brunei’s Contested Sea Border with China,” in Bruce Elleman, Stephen Kotkin, and Clive Schofield, eds., *Beijing’s Power and China’s Borders: Twenty Neighbors in Asia*. Routledge, 2013, p.38.

② Jeffrey J. Smith, “Brunei and Malaysia Resolve Outstanding Maritime Boundary Issues,” *LOS Reports*, Vol. 1 (2010), p.2.

公司油气领域商业性合作谅解备忘录》，2013年10月签署了两国政府间《关于海上合作的谅解备忘录》等。

展望未来，中国应继续推动与文莱友好关系的发展，进一步加强两国间政治互信和建立更紧密的商贸关系。未来时机成熟时，中文两国适时启动在南海的油气共同开发，并最终通过和平对话和协商解决领土和管辖权争议。

第七章

中国与印度尼西亚在南海的海洋事务

印度尼西亚（简称“印尼”）是南海周边与中国不存在领土争议的国家。但是，中国和印尼在南海西南部部分海域存在着海洋管辖权主张重叠的问题。1969年《马—印尼大陆架协定》和2003年《越—印尼大陆架协定》，封闭了印尼纳土纳群岛以北海域的大陆架范围（参见图7–1和图7–3）。印尼在南海南部的大陆架跨断中国南海断续线。中印尼的海洋权益主张重叠区域的面积约为9.8万平方千米。[①] 本章将梳理印尼的海洋管辖权主张，分析中印尼在南海的海洋权益主张重叠和渔业争议，分析印尼对纳土纳群岛海域主权的强化措施，分析中印尼在南海的海上合作。

第一节　印尼的海洋管辖权主张分析

1982年12月10日，印度尼西亚签署《联合国海洋法公约》（简称

① I. Made Andi Arsana and Clive Schofield, “Indonesia’s ‘Invisible’ Border with China,” in Bruce A. Elleman, Stephen Kotkin, and Clive Schofield, eds., *Beijing’s Power and China’s Borders: Twenty Neighbors in Asia*, New York: M. E. Sharpe, 2013, p.61.

《公约》)。1986年2月3日，印度尼西亚批准《公约》。① 自1994年11月16日起,《公约》对印度尼西亚生效。②

表7–1 中国与印度尼西亚的海洋管辖权主张比较③

国家	是否批准《联合国海洋法公约》	是否立法基线	海洋管辖区域			
			领海	毗连区	专属经济区	大陆架外部界限
中国	1996年5月15日批准[1]	立法（直线基线）[2]	12海里	24海里	200海里	大陆边/200海里 2012年12月正式提交划界案（东海部分海域）
印尼	1986年2月3日批准	立法（直线基线）[3]	12海里	—	200海里	大陆边/200海里 2008年6月正式提交划界案（苏门答腊西北地区部分海域）[4]；2019年4月正式提交划界案（巴布亚北部部分海域）[5]

注释：

[1] 中国人大网:《全国人民代表大会常务委员会关于批准〈联合国海洋法公约〉的决定》，1996年5月15日通过，http://www.npc.gov.cn/wxzl/gongbao/2000-12/16/content_5003571.htm。

[2] 国务院:《中华人民共和国政府关于中华人民共和国领海基线的声明》，1996年5月15日，https://www.fmprc.gov.cn/web/ziliao_674904/tytj_674911/tyfg_674913/t556673.shtml；中国政府网:《中华人民共和国政府关于钓鱼岛及其附属岛屿领海基线的声明》，2012年9月10日，http://www.gov.cn/jrzg/2012-09/10/

① United Nations Treaty Collection, "United Nations Convention on the Law of the Sea," https://treaties.un.org/Pages/ViewDetailsIII.aspx?src=TREATY&mtdsg_no=XXI-6&chapter=21&Temp=mtdsg3&clang=_en, accessed 3 March 2020.

② DOALOS/OLA United Nations, "Outer Limits of the Continental Shelf Beyond 200 Nautical Miles From the Baselines: Submission by the Republic of Indonesia," 1 February 2012, https://www.un.org/Depts/los/clcs_new/submissions_files/submission_idn.htm.

③ DOALOS/OLA United Nations, "Table of Claims to Maritime Jurisdiction (as at 15 July 2011)," http://www.un.org/Depts/los/LEGISLATIONANDTREATIES/PDFFILES/table_summary_of_claims.pdf，本书作者对本表作了相应更新。

content_2221140.htm。

[3] DOALOS/OLA United Nations, "Act No. 6 of 8 August 1996 Regarding Indonesian Waters," https://www.un.org/Depts/los/LEGISLATIONANDTREATIES/PDFFILES/IDN_1996_Act.pdf.

[4] Government of Indonesia, "Continental Shelf Submission of Indonesia: Partial Submission in Respect of the Area of North West of Sumatra," 16 June 2008, https://www.un.org/depts/los/clcs_new/submissions_files/idn08/Executive20Summary.pdf.

[5] Government of Indonesia, "Continental Shelf Submission of Indonesia: Partial Submission in Respect of the Area of North of Papua," 11 April 2019, https://www.un.org/Depts/los/clcs_new/submissions_files/idn1_83_19/2019-02-01_IDN-Executive_Summary.pdf.

1957年12月13日，印尼时任总理朱安达·卡塔维查亚（Djuanda Kartawidjaja）发表了一份关于印度尼西亚共和国水域的声明，即"朱安达声明"（Declaration of Djuanda）。根据该声明，印尼宣布自己为群岛国，领海宽度为12海里，印尼宣称对以直线基线连接的印尼群岛最外缘岛屿之内的所有水域拥有"绝对主权"。① 1960年2月18日，印尼颁布《关于印度尼西亚水域的1960年第4号法令》(简称《印尼4/1960法令》),《印尼4/1960法令》将位于印尼群岛最外缘岛屿上的定点连接起来划出群岛基线。

印尼的领海宽度为12海里。1996年8月8日，印尼颁布了《关于印度尼西亚水域的1996年第6号法令》(简称《印尼6/1996法令》)。②

① John G. Butcher and R.E. Elson, *Sovereignty and the Sea: How Indonesia Became an Archipelagic State*, Singapore: National University of Singapore Press, 2017, https://nuspress.nus.edu.sg/blogs/news/how-did-indonesia-become-an-archipelagic-state; Yuda Benharry Tangkilisan, "The Declaration of Djuanda 1957," *Bogor International Conference for Social Science (BICSS) 2017*, 2017, https://scholar.ui.ac.id/en/publications/the-declaration-of-djuanda-1957.

② DOALOS/OLA United Nations, "Act No. 6 of 8 August 1996 Regarding Indonesian Waters," https://www.un.org/Depts/los/LEGISLATIONANDTREATIES/PDFFILES/IDN_1996_Act.pdf.

《印尼6/1996法令》第3条规定：印度尼西亚领海为从本法令第5条所指的印度尼西亚群岛基线起算12海里宽度的海道（sea channel）。《印尼6/1996法令》第26条规定：本法令生效后，《印尼4/1960法令》不再有效。

印尼于1960年2月18日颁布的《印尼4/1960法令》，宣布采用直线基线连接印度尼西亚各个处于外部的岛屿的最外缘各点。① 印尼这一法令是基于当时尚未获得国际法认可的群岛国理论。②《公约》通过后，确立了群岛国和群岛基线制度。依据《公约》规定，印尼享有群岛国地位，可划定群岛基线。《印尼6/1996法令》第3条第3款规定：印度尼西亚群岛水域是位于群岛直线基线内侧的所有水域，不论其深度或距离海岸的远近如何。《印尼6/1996法令》第5条规定：③

1. 印度尼西亚群岛基线用群岛直线基线划出；

2. 如果本法令第1款所指的群岛直线基线无法使用，则使用正常基线或直线基线；

3. 本条第1款所指的群岛直线基线应为连接各岛屿低潮线上的最外点和印度尼西亚群岛各干礁最外缘各点的直线；

4. 本条第3款所指的群岛直线基线不应将低潮高地划入，除非低潮高地上已建有灯塔或类似的设施并永久高于海平面，或该低潮高地全部或一部分与最近岛屿的距离不超过领海的宽度；

5. 本条第2款所指的正常基线是沿海岸的最低潮线；

---

① U.S. Department of State, “Straight Baselines: Indonesia,” *Limits in the Seas*, No. 35, 20 July 1971, pp. 2-4, https://www.state.gov/wp-content/uploads/2019/11/LIS-35.pdf.

② 廖雪霞：《南海周边国家海洋划界协议研究》，载《国际法研究》2015年第6期，第38页。

③ DOALOS/OLA United Nations, “Act No. 6 of 8 August 1996 Regarding Indonesian Waters,” https://www.un.org/Depts/los/LEGISLATIONANDTREATIES/PDFFILES/IDN_1996_Act.pdf.

6. 本条第2款所指的直线基线为连接向前延伸并转向陆地的海岸线上或与邻近海岸并沿着海岸的一系列岛屿上的最外缘各点的直线。①

2009年3月11日，印尼政府将其群岛基线的地理坐标及其示意图递交联合国秘书长②（参见图7–1）。该地理坐标是基于印尼政府2002年第38号规定，并根据印尼政府2008年第37号规定作了修订。

中国需要关注印尼对纳土纳群岛的基线划法。1998年6月16日，印尼政府制定了《印度尼西亚在纳土纳海群岛基线的基点地理坐标表》（第61号政府规章）。③ 第61号政府规章第2条指出：纳土纳海的群岛基线是在适当尊重与邻国关于组成印度尼西亚群岛水域的海洋区域的现有条约和协议的基础上确定的；纳土纳海的印度尼西亚群岛基线确定在以下最外缘岛屿低潮线的最外缘点上。第61号政府规章的附件1列出了15个基点的地理坐标。2009年3月11日，印尼政府递交联合国秘书长的印度尼西亚群岛基线地理坐标，对纳土纳海（含南海）的群岛基点地理坐标作了更新，并列出了16个基点的地理坐标④（参见表7–2和图7–1）。

---

① DOALOS/OLA United Nations, "Act No. 6 of 8 August 1996 Regarding Indonesian Waters."

② "List of Geographical Coordinates of Points of the Indonesian Archipelagic Baselines Based on the Government Regulation of the Republic of Indonesia Number 38 of 2002, as Amended by the Government Regulation of the Republic of Indonesia Number 37 of 2008," 11 March 2009. See: DOALOS/OLA United Nations, *Law of the Sea Bulletin*, No. 69, 2009, pp. 81-104, https://www.un.org/Depts/los/LEGISLATIONANDTREATIES/PDFFILES/DEPOSIT/idn_mzn67_2009.pdf.

③ DOALOS/OLA United Nations, "Government Regulation No. 61 of 1998 on the List of Geographical Coordinates of the Base Points of the Archipelagic Baselines of Indonesia in the Natuna Sea," https://www.un.org/Depts/los/LEGISLATIONANDTREATIES/PDFFILES/IDN_1998_Regulation61.pdf.

④ DOALOS/OLA United Nations, *Law of the Sea Bulletin*, No. 69, 2009, pp. 81-104, https://www.un.org/Depts/los/LEGISLATIONANDTREATIES/PDFFILES/DEPOSIT/idn_mzn67_2009.pdf.

表7–2　纳土纳海中印度尼西亚群岛基线基点的地理坐标表

编号	坐标	基线类型，距离	海图编号，比例尺，坐标系
1	北纬01°14′27″ 东经104°34′32″	Tg. Berakit 基点编号：TD.001 参照点编号：TR.001 距离=19.19海里（TD.001—TD.001A） 群岛直线基线	No. 431 1：200,000 1984年世界大地坐标系 （WGS'84）
2	北纬01°02′52″ 东经104°49′50″	P. Sentut 基点编号：TD.001A 参照点编号：TR.001A 距离=88.06海里（TD.001A—TD.022） 群岛直线基线	No. 430, 431 1：200,000 1984年世界大地坐标系 （WGS'84）
3	北纬02°18′00″ 东经105°35′47″	P.Tokong Malang Biru 基点编号：TD.022 参照点编号：TR.022 距离=29.50海里（TD.022—TD.023） 群岛直线基线	No. 430 1：200,000 1984年世界大地坐标系 （WGS'84）
4	北纬02°44′29″ 东经105°22′46″	P. Damar 基点编号：TD.023 参照点编号：TR.023 距离=24.34海里（TD.023—TD.024） 群岛直线基线	No. 423 1：200,000 1984年世界大地坐标系 （WGS'84）
5	北纬03°05′32″ 东经105°35′00″	P. Mangkai 基点编号：TD.024 参照点编号：TR.024 距离=26.28海里（TD.024—TD.025） 群岛直线基线	No. 423 1：200,000 1984年世界大地坐标系 （WGS'84）
6	北纬03°19′52″ 东经105°57′04″	P. Tokong Nanas 基点编号：TD.025 参照点编号：TR.025 距离=20.35海里（TD.025—TD.026） 群岛直线基线	No. 423 1：200,000 1984年世界大地坐标系 （WGS'84）

续表

编号	坐标	基线类型，距离	海图编号，比例尺，坐标系
7	北纬 03°27′04″ 东经 106°16′08″	P. Tokongbelayar 基点编号：TD.026 参照点编号：TR.026 距离 =79.03 海里（TD.026—TD.028） 群岛直线基线	No. 423 1 : 200,000 1984 年世界大地坐标系 （WGS'84）
8	北纬 04°04′01″ 东经 107°26′09″	P. Tokongboro 基点编号：TD.028 参照点编号：TR.028 距离 =32.06 海里（TD.028—TD.029） 群岛直线基线	No. 422 1 : 200,000 1984 年世界大地坐标系 （WGS'84）
9	北纬 04°31′09″ 东经 107°43′17″	P. Semiun 基点编号：TD.029 参照点编号：TR.029 距离 =15.76 海里（TD.029—TD.030A） 群岛直线基线	No. 421, 422 1 : 200,000 1984 年世界大地坐标系 （WGS'84）
10	北纬 04°42′25″ 东经 107°54′20″	P. Sebetul 基点编号：TD.030A 参照点编号：TR.030A 距离 =8.18 海里（TD.030A—TD.030B） 群岛直线基线	No. 421 1 : 200,000 1984 年世界大地坐标系 （WGS'84）
11	北纬 04°47′38″ 东经 108°00′39″	P. Sekatung 基点编号：TD.030B 参照点编号：TR.030A TD.030B—TD.030D 之间 正常基线	No. 421 1 : 200,000 1984 年世界大地坐标系 （WGS'84）
12	北纬 04°47′45″ 东经 108°01′19″	P. Sekatung 基点编号：TD.030D 参照点编号：TR.030 距离 =52.58 海里（TD.030D—TD.031） 群岛直线基线	No. 421 1 : 200,000 1984 年世界大地坐标系 （WGS'84）

续表

编号	坐标	基线类型，距离	海图编号，比例尺，坐标系
13	北纬04°00′48″ 东经108°25′04″	P. Senua 基点编号：TD.031 Reference Point No. TR.031 距离=66.03海里（TD.031—TD.032） 群岛直线基线	No. 421 1：200,000 1984年世界大地坐标系 （WGS'84）
14	北纬03°01′51″ 东经108°54′52″	P. Subi Kecil 基点编号：TD.032 参照点编号：TR.032 距离=27.67海里（TD.032—TD.033） 群岛直线基线	No. 420 1：200,000 1984年世界大地坐标系 （WGS'84）
15	北纬02°38′43″ 东经109°10′04″	P. Kepala 基点编号：TD.033 参照点编号：TR.033 距离=44.10海里（TD.033—TD.035） 群岛直线基线	No. 420 1：200,000 1984年世界大地坐标系 （WGS'84）
16	北纬02°05′10″ 东经109°38′43″	Tg. Datu 基点编号：TD.035 参照点编号：TR.035 TD.035—TD.036C之间 加里曼丹	No. 420 1：200,000 1984年世界大地坐标系 （WGS'84）

资料来源：DOALOS/OLA United Nations, *Law of the Sea Bulletin*, No. 69, 2009, pp. 81-104, https://www.un.org/Depts/los/LEGISLATIONANDTREATIES/PDFFILES/DEPOSIT/idn_mzn67_2009.pdf；张海文、李红云主编：《世界海洋法译丛·亚洲卷》，青岛：青岛出版社2017年版，第61–63页。

印尼主张专属经济区宽度为188海里（从领海基线算起不超过200海里）。1980年3月21日，印尼发布《印度尼西亚政府关于专属经济区的宣言》。[①] 该宣言宣告：印度尼西亚的专属经济区是位于根据《关于

① DOALOS/OLA United Nations, “Declaration by the Government of Indonesia Concerning the Exclusive Economic Zone of Indonesia,” 21 March 1980, https://www.un.org/Depts/los/LEGISLATIONANDTREATIES/PDFFILES/IDN_1980_DeclarationEEZ.pdf.

印度尼西亚水域的1960年第4号法令》公布的印度尼西亚领海以外的区域，其宽度从测算印度尼西亚领海宽度的基线量起向外延伸200海里；印度尼西亚专属经济区的界限如造成与相邻或相向国家间的划界问题，印度尼西亚政府将在适当的时候，与有关国家进行谈判，以期达成协议。1983年10月18日，印尼颁布《关于印度尼西亚专属经济区的1983年第5号法令》（简称《印尼5/1983法令》）。[①]《印尼5/1983法令》第2条规定：印度尼西亚专属经济区是与适用于印度尼西亚水域的法律所确定的、印度尼西亚领海以外，并邻接领海的一条海水带，包括海床、底土及其上覆水域，其外部界限为从印度尼西亚领海基线起算200海里。《印尼5/1983法令》第3条规定：如果印度尼西亚专属经济区与另一海岸与印度尼西亚海岸相向或相邻国家的专属经济区重叠时，印度尼西亚与该国专属经济区的界线应由印度尼西亚与相关国家通过协议确定（第1款）；在没有本条第1款所指协议并且没有其他需要考虑的特殊条件时，印度尼西亚与另一国专属经济区的界线应为中间线，或到印度尼西亚领海基线或印度尼西亚最外部点和到另一国领海基线或最外部点距离相等的线，除非与该国达成印度尼西亚专属经济区边界的临时安排（第2款）。

印尼的大陆架外部界限主张为“大陆边/200海里”（CM/200）。[②]在1982年《公约》缔结之前，印尼已和其诸多邻国在各个海域达成一系列大陆架划界协定，建立了印尼的大陆架。比如，与印度在印度洋和安达曼海、与泰国在安达曼海、与马来西亚在马六甲海峡和南海、

① DOALOS/OLA United Nations, “Act No. 5 of 1983 on the Indonesian Exclusive Economic Zone,” 18 October 1983, https://www.un.org/Depts/los/LEGISLATIONANDTREATIES/PDFFILES/IDN_1983_Act.pdf.

② DOALOS/OLA United Nations, “Table of Claims to Maritime Jurisdiction (as at 15 July 2011),” http://www.un.org/Depts/los/LEGISLATIONANDTREATIES/PDFFILES/table_summary_of_claims.pdf.

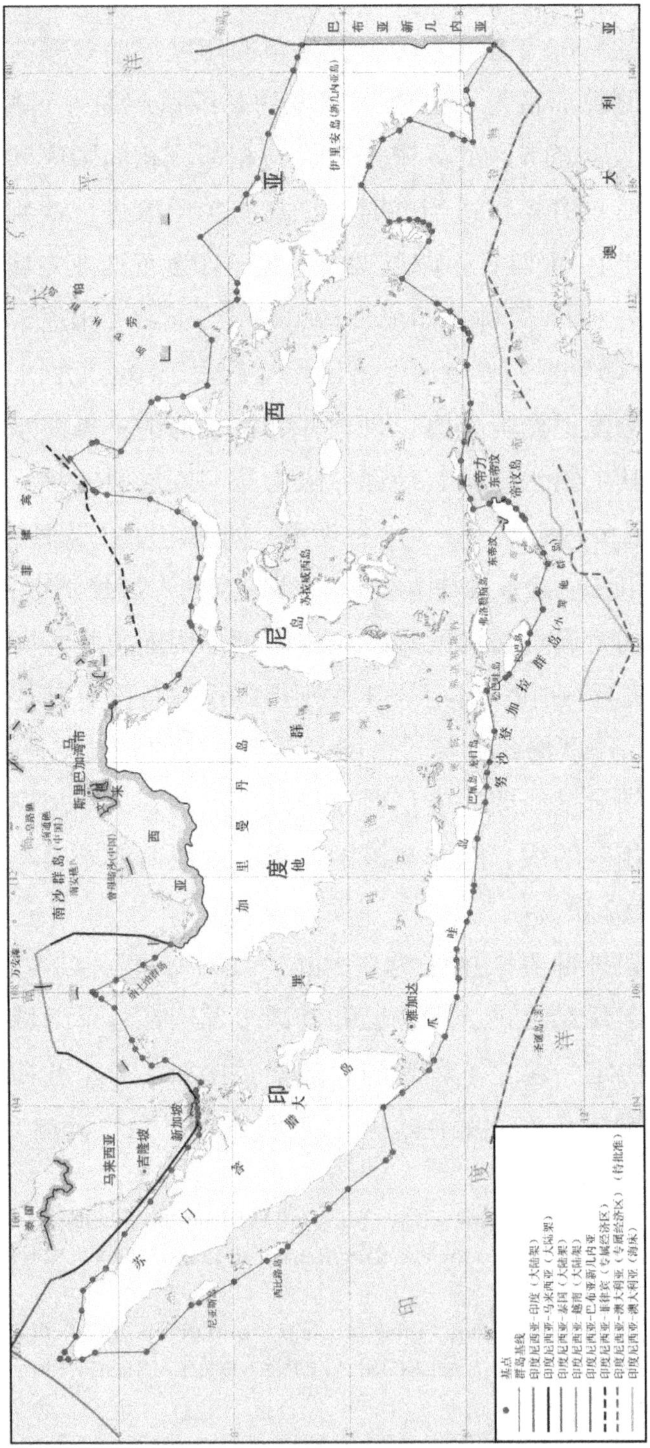

图7-1 印度尼西亚群岛基线和海洋边界示意图

审图号：GS（2022）2261号

（备注：本图系外国学者观点）

与巴布亚新几内亚在太平洋和阿拉弗拉海、与澳大利亚在帝汶海和阿拉弗拉海。[①] 2008年6月16日，印尼政府向大陆架界限委员会递交苏门答腊西北地区大陆架划界案（简称“2008年印尼划界案”），就苏门答腊西北地区扩展大陆架的外部界限提出申请。[②] 2008年印尼划界案执行摘要认为，苏门答腊的西北地区，不是印度尼西亚和任何其他国家之间的任何争端的对象。印尼划界案在苏门答腊西北地区建立了由1%沉积厚度公式（卡地纳或爱尔兰公式）所决定的线，确定了5个定点，与200海里界限一起构成苏门答腊西北地区扩展大陆架的外部界限。[③] 2019年4月11日，印尼政府向大陆架界限委员会递交划界案（简称“2019年印尼划界案”），就巴布亚北部部分海域200海里外的大陆边外部界限提出申请。[④]

印尼海上邻国包括澳大利亚、中国、东帝汶、印度、马来西亚、帕劳、巴布亚新几内亚、菲律宾、新加坡、泰国和越南等。1969—2014年期间，印尼已与大部分海上邻国划定了海洋边界，解决了大部分海洋划界问题（参见表7–3）。但印尼和其海上邻国仍有一些未完成的海洋划界任务，比如：印尼和马来西亚在加里曼丹岛东侧海域存在划界纠纷，印尼和马来西亚、新加坡在马六甲海峡的划界问题还未最终解决，印尼和澳大利亚关于1997年条约的批准问题，印尼和东帝汶

① Government of Indonesia, “Continental Shelf Submission of Indonesia: Partial Submission in Respect of the Area of North West of Sumatra,” 16 June 2008, https://www.un.org/depts/los/clcs_new/submissions_files/idn08/Executive20Summary.pdf.

② Government of Indonesia, “Continental Shelf Submission of Indonesia: Partial Submission in Respect of the Area of North West of Sumatra,” 16 June 2008.

③ 高健军译:《200海里外大陆架外部界限的划定——划界案的执行摘要和大陆架界限委员会的建议摘要》，第95–97页。

④ Government of Indonesia, “Continental Shelf Submission of Indonesia: Partial Submission in Respect of the Area of North of Papua,” 11 April 2019, https://www.un.org/Depts/los/clcs_new/submissions_files/idn1_83_19/2019-02-01_IDN-Executive_Summary.pdf.

关于印尼领海基线的争议，印尼和帕劳的海洋划界问题、印尼与巴布亚新几内亚划设专属经济区界限、印尼与菲律宾的大陆架划界问题。[①]此外，印尼和中国在南海部分海域存在海洋权益主张重叠。[②]

表7–3 印度尼西亚与其海上邻国间的划界协定

序号	海上邻国	协定或条约的名称	签署日期	生效日期
1	澳大利亚	澳大利亚联邦政府和印度尼西亚共和国政府确立海床边界的协定	1971年5月18日	1973年11月8日
2	澳大利亚	澳大利亚联邦政府和印度尼西亚共和国政府确立帝汶海和阿拉弗拉海海域海床边界的协定：对1971年5月18日《协定》补充	1972年10月9日	1973年11月8日
3	澳大利亚	澳大利亚和印度尼西亚关于巴布亚新几内亚和印度尼西亚间边界的协定	1973年2月12日	1973年11月26日
4	澳大利亚	澳大利亚政府和印度尼西亚共和国政府确立专属经济区边界和海床边界的条约	1997年3月14日	待批准
5	印度	印度共和国政府和印度尼西亚共和国政府关于两国大陆架的划界协定	1974年8月8日	1974年12月17日
6	印度	印度共和国政府和印度尼西亚共和国政府关于延长1974年两国在安达曼海和印度洋大陆架边界线的协定	1977年1月14日	1980年12月22日
7	马来西亚	马来西亚政府和印度尼西亚政府关于两国大陆架的划界协定	1969年10月27日	1969年11月7日
8	马来西亚	印度尼西亚共和国和马来西亚关于两国在马六甲海峡领海的划界条约	1970年3月17日	1971年3月10日
9	巴布亚新几内亚	印度尼西亚政府和巴布亚新几内亚政府关于两国海洋边界和相关事务合作的协定	1980年12月13日	1982年7月10日

① 刘畅:《印度尼西亚海洋划界问题：现状、特点与展望》，载《东南亚研究》2015年第5期，第36–38页。

② 中国外交部:《2020年1月8日外交部发言人耿爽主持例行记者会》，2020年1月8日，https://www.fmprc.gov.cn/web/fyrbt_673021/t1730274.shtml。

续表

序号	海上邻国	协定或条约的名称	签署日期	生效日期
10	菲律宾	印度尼西亚共和国政府和菲律宾共和国政府关于专属经济区的划界协定	2014年5月23日	2019年8月1日
11	新加坡	印度尼西亚共和国和新加坡共和国关于两国在新加坡海峡领海的划界条约	1973年5月25日	1974年8月29日
12		印度尼西亚共和国和新加坡共和国关于两国在新加坡海峡西部领海的划界条约	2009年3月10日	2009年3月10日
13		新加坡共和国和印度尼西亚共和国关于两国在新加坡海峡东部领海的划界条约	2014年9月3日	2017年2月10日
14	泰国	泰王国政府和印度尼西亚共和国政府关于两国在马六甲海峡北部和安达曼海大陆架的划界协定	1971年12月17日	1973年4月7日
15		泰王国政府和印度尼西亚共和国政府关于两国在安达曼海海床的划界协定	1975年12月11日	1978年2月18日
16	印度、泰国	泰王国政府、印度共和国政府和印度尼西亚共和国政府关于确定三国交界点和三国在安达曼海有关边界的划界协定	1978年6月22日	1979年3月2日
17	马来西亚、泰国	印度尼西亚共和国政府、马来西亚政府和泰王国政府关于在马六甲海峡北部大陆架的划界协定	1971年12月21日	1973年7月16日
18	越南	越南社会主义共和国政府和印度尼西亚共和国政府关于大陆架的划界协定	2003年6月26日	2007年5月29日

资料来源：DOALOS/OLA United Nations, "Indonesia," updated on 29 December 2020, https://www.un.org/Depts/los/LEGISLATIONANDTREATIES/STATEFILES/IDN.htm。

在印尼与邻国签署的众多海洋边界条约中，印尼与澳大利亚的海洋边界划界值得特别关注。1971年5月，澳印尼两国签署《澳大利亚联邦政府和印度尼西亚共和国政府确立海床边界的协定》（1973年11月生效），划分了约克角（Cape York）西部阿拉弗拉海域至阿拉姆地（Arnhem Land）北部的长约478海里的大陆架界线。[①] 1972年10月，澳印尼两国签署《澳大利亚联邦政府和印度尼西亚共和国政府确立帝汶海和阿拉弗拉海海域海床边界的协定：对1971年5月18日〈协定〉补充》（1973年11月生效），划分了阿拉姆地北部至西帝汶海的长约647海里的大陆架分界线。[②] 由于当时东帝汶为葡萄牙的殖民地，澳印尼的大陆架划界协定未涉及东帝汶南部海域边界，留下了一个约200海里的空隙。1976年7月，印尼将东帝汶合并为印尼的第27个省。1989年12月，澳印尼两国签署《澳大利亚与印度尼西亚共和国在印度尼西亚东帝汶省与澳大利亚北部之间的区域设立合作区的条约》（1991年2月生效），为对印度尼西亚东帝汶省与澳大利亚北部之间的区域进行勘探开发，两国设立了合作区，由A、B、C三个区域组成。[③] 合作区总面积60500平方千米。[④] 1997年3月，澳印尼两国签署《澳大利亚政府和印度尼西亚共和国政府确立专属经济区边界和海床边界的条约》，划分了

---

① Vivian L. Forbes, "The Australian and Indonesian Maritime Boundary Delimitation Treaty," *IBRU Boundary and Security Bulletin*, Winter 1997-1998, p.72, https://www.dur.ac.uk/ibru/publications/download/?id=121.

② Vivian L. Forbes, "The Australian and Indonesian Maritime Boundary Delimitation Treaty," p.72.

③ "Treaty Between Australia and the Republic of Indonesia on the Zone of Cooperation in an Area Between the Indonesian Province of East Timor and Northern Australia," Adopted on 11 December 1989, Entered into force on 9 February 1991, https://cil.nus.edu.sg/databasecil/1989-treaty-between-australia-and-the-republic-of-indonesia-on-the-zone-of-cooperation-in-an-area-between-the-indonesian-province-of-east-timor-and-northern-australia/.

④ Vivian L. Forbes, "The Australian and Indonesian Maritime Boundary Delimitation Treaty," p.72.

两国在印度洋海域澳大利亚的圣诞岛（Christmas Island）和印度尼西亚的爪哇岛之间的专属经济区和大陆架界线（二者完全重合），划分了澳大利亚大陆和印尼南部群岛之间的专属经济区分界线，划分了1972年10月两国大陆架分界线向西延伸的部分。澳印尼《确立专属经济区边界和海床边界的条约》的签署，使澳印尼完成了两国海域界线的划分，除了在帝汶海槽海域实施共同开发。[①] 在长达26年的海洋边界磋商中，两国对阿拉弗拉海和帝汶海长约1300海里的海洋边界采取如下创新性解决办法：专属经济区以等距离为依据划界，水体和海床分别划界，设立海底采矿合作区，在澳大利亚海域划出一个区域允许印度尼西亚传统渔民捕鱼[②]（参见图7–2）。在海洋边界的不同区域，两国使用了等距离线原则和自然延伸原则，降低小岛屿在划界中的主张效力，保护相关海域传统使用者的利益，在无法达成一个单一边界的区域设立一个合作区。[③]

印尼在解决与其邻国处理海洋划界问题时，有三个重要特点：[④] 一是反复强调1982年《公约》的核心地位；二是划界谈判定力较强，面对一些非常困难的海洋划界争端，印尼保持了相当强的谈判定力；三

---

① 1999年，东帝汶正式脱离印尼成为一个独立的主权国家。2002年5月，东帝汶和澳大利亚签署了《帝汶海条约》（2003年4月生效），取代了1989年12月澳印尼签署的条约。

② 澳大利亚在帝汶海划出一片海域允许印尼传统渔民仅能以传统捕鱼方式作业，这一海域被称为“备忘录盒子”（MOU Box）。参见：Department of Agriculture, Water and the Environment of Australian Government, “Indonesia–Australia Fisheries Cooperation,” updated on 4 November 2019, https://www.agriculture.gov.au/fisheries/international/cooperation/indonesia。关于“备忘录盒子”的分析，详见本章（第七章）第二节。

③ J.R.V. Prescott, “Australia–Indonesia,” in Jonathan I. Charney and Robert W. Smith, eds., *International Maritime Boundaries*, Vol. 4, The Hague, Martinus Nijhoff Publishers, 2002, p.2710.

④ 刘畅：《印度尼西亚海洋划界问题：现状、特点与展望》，载《东南亚研究》2015年第5期，第38–39页。

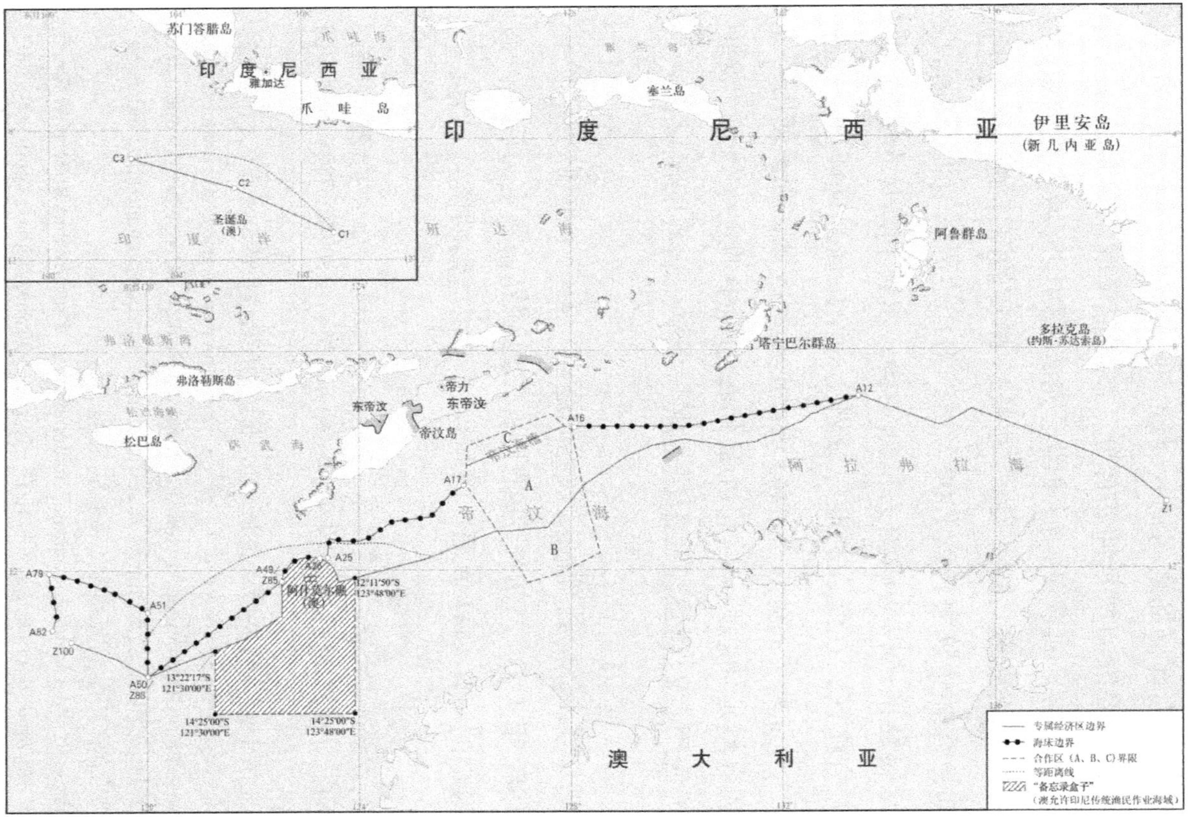

图7-2　印度尼西亚与澳大利亚海洋划界示意图

审图号：GS（2022）2261号

（备注：本图系外国学者观点）

是乐于参加国际海洋合作，印尼不排斥在最终解决海洋划界问题之前开展国际海洋合作。

印尼与其海上邻国签订的划界协定中，有两个协定侵入中国主张的管辖海域（参见图7–1和图7–3）。一个协定是1969年10月27日签订的《马—印尼大陆架协定》（1969年11月7日生效）。在《马—印尼大陆架协定》中，印度尼西亚的纳土纳群岛与马来西亚沙捞越北部达都角之间的界线，跨断中国的南海“断续线”，损害中国作为第三国的利益。另一个协定是2003年6月26日签订的《越—印尼大陆架协定》（2007年5月29日生效）。《越—印尼大陆架协定》所确定的海洋界限侵入中国主张的管辖海域约3.5万平方千米，中国对此提出了交涉。[①]

第二节　中印尼在南海的海洋管辖权主张重叠和渔业争议

中国与印尼不存在领土主权争议，双方在南海西南部部分海域存在着海洋管辖权主张重叠的问题（参见图7–3）。印尼将《公约》关于专属经济区和大陆架权利的规定作为划定其在南海南部海洋管辖权区域的主要依据。在中国看来，虽然印尼没有对中国南沙群岛有关岛礁提出领土要求，但其以纳土纳群岛为基础主张的专属经济区和大陆架区域部分跨断中国南海断续线，与中国主张的海洋管辖权产生了重叠。

1969年10月27日，印度尼西亚和马来西亚签署《马来西亚政府和印度尼西亚政府关于两国大陆架的划界协定》（简称《马—印尼大陆架协定》）；2003年6月26日，印度尼西亚和越南签署《越南社会主义共和国政府和印度尼西亚共和国政府关于大陆架的划界协定》（简称

① 中国南海网:《大事记：2000—2009》，2016年7月22日，http://www.thesouthchinasea.org.cn/2016-07/22/c_53608.htm。

《越—印尼大陆架协定》)。[①] 1969年《马—印尼大陆架协定》东段的部分界线和2003年《越—印尼大陆架协定》部分界线跨断中国南海断续线(参见图7–1和图7–3)。

1969年《马—印尼大陆架协定》东段(东马来西亚沙捞越近岸海域)由5个折点相连接,折点21至折点25。[②] 其中,折点22(东经109°54.5′和北纬03°00.0′)至折点23(东经110°02.0′和北纬04°40.0′)的一部分、折点23至折点24(东经109°59.0′和北纬05°31.2′)、折点24至折点25(东经109°38.6′和北纬06°18.2′)进入中国的南海"断续线"以内。[③] 在《马—印尼大陆架协定》中,印度尼西亚的纳土纳群岛与马来西亚沙捞越北部达都角之间的界线,跨断中国南海断续线,损害了中国作为第三国的利益。

---

① "Agreement Between the Government of the Socialist Republic of Vietnam and the Government of the Republic of Indonesia Concerning the Delimitation of the Continental Shelf Boundary," Signed on 26 June 2003. See: DOALOS/OLA United Nations, "Indonesia," updated on 29 December 2020, https://www.un.org/Depts/los/LEGISLATIONANDTREATIES/STATEFILES/IDN.htm.

② DOALOS/OLA United Nations, "Agreement Between the Government of Malaysia and the Government of Indonesia on the Delimitation of the Continental Shelves between the Two countries," Signed on 27 October 1969, https://www.un.org/Depts/los/LEGISLATIONANDTREATIES/PDFFILES/TREATIES/MYS-IDN1969CS.PDF.

③ 折点22、23、24、25的坐标来自:DOALOS/OLA United Nations, "Agreement Between the Government of Malaysia and the Government of Indonesia on the Delimitation of the Continental Shelves Between the Two countries," Signed on 27 October 1969, https://www.un.org/Depts/los/LEGISLATIONANDTREATIES/PDFFILES/TREATIES/MYS-IDN1969CS.PDF;测算进入中国的南海"断续线",参考了以下地图:国家测绘局编制:《中国1∶1000000地图》,B-49南通礁、A-49曾母暗沙,北京:中国地图出版社1997年版。

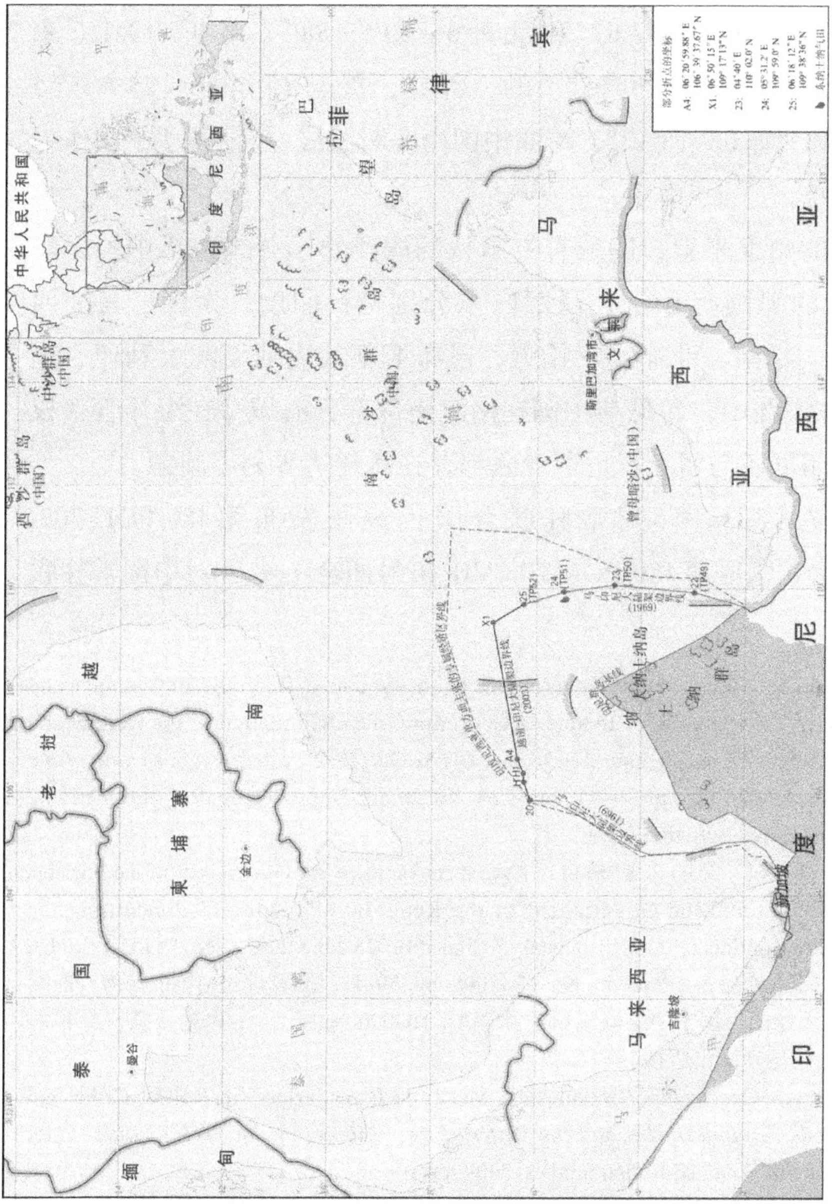

图7–3　中国与印度尼西亚在南海部分海域的海洋管辖权主张重叠示意图

审图号：GS（2022）2261号

（备注：本图系外国学者观点）

2003年《越—印尼大陆架协定》涉及6个折点，自西向东分别为：折点20—折点H—折点H1—折点A4—折点X1—折点25。[①] 其中，折点A4（东经106°39′37.67″和北纬06°20′59.88″）至折点X1（东经109°17′13″和北纬06°50′15″）的一部分、折点X1至折点25（东经109°38′36″和北纬06°18′12″）跨断中国南海断续线，[②] 损害了中国作为第三国的利益。

从印尼的角度来看，印尼官方承认的海洋邻国并未包括中国。印尼官方承认的邻国有10个，从西向东分别是：印度、泰国、马来西亚、新加坡、越南、菲律宾、帕劳、巴布亚新几内亚、澳大利亚、东帝汶。[③] 但在实践中，印尼与中国在南海南部部分海域存在海洋管辖权主张重叠，印尼还与密克罗尼西亚联邦存在海洋边界划界问题。

2010年7月8日，印尼常驻联合国代表团发布第480/POL-703/VII/10号照会（印尼第480/POL-703/VII/10号照会）。[④] 针对中国常驻联

---

① "Agreement Between the Government of the Socialist Republic of Vietnam and the Government of the Republic of Indonesia Concerning the Delimitation of the Continental Shelf Boundary," Signed on 26 June 2003. See: DOALOS/OLA United Nations, *Law of the Sea Bulletin*, No. 67, 2008, pp. 39-41, https://www.un.org/Depts/los/doalos_publications/LOSBulletins/bulletinpdf/bulletin67e.pdf.

② 折点A4、X1、25的坐标来自："Agreement Between the Government of the Socialist Republic of Vietnam and the Government of the Republic of Indonesia Concerning the Delimitation of the Continental Shelf Boundary," Signed on 26 June 2003. See: DOALOS/OLA United Nations, *Law of the Sea Bulletin*, No. 67, 2008, pp. 39-41；测算进入中国的南海"断续线"，参考了以下地图：国家测绘局编制：《中国1：1000000地图》，B-49南通礁、A-49曾母暗沙，北京：中国地图出版社1997年版。

③ Arif Havas Oegroseno, "Indonesia's Maritime Boundaries," in Robert Cribb and Michele Ford, eds., *Indonesia beyond the Waters Edge: Managing An Archipelagic State*, Singapore: Institute of Southeast Asian Studies, 2009, pp. 49-58.

④ The Permanent Mission of the Republic of Indonesia to the United Nations, "The Circular Note of No. 480/POL-703/VII/10," 8 July 2010, https://www.un.org/Depts/los/clcs_new/submissions_files/mysvnm33_09/idn_2010re_mys_vnm_e.pdf.

合国代表团于2009年5月7日提交的第CML/17/2009号照会（中国第CML/17/2009号照会）①，印尼在第480/POL-703/VII/10号照会中表达了如下立场：

（1）印度尼西亚不是南海主权争端的声索国，因此，自20世纪90年代以来，印度尼西亚一直扮演着一个中立但积极的角色，已在声索国之间构建信任措施，通过举办一系列关于南海的研讨会，创造了一个和平的氛围。印度尼西亚的上述努力最终促成《南海各方行为宣言》于2002年签署。

（2）印度尼西亚也密切关注围绕所谓的“九段线”地图展开的辩论。到目前为止，对那些分开的断续线的法律基础、绘制方法和地位未作明确解释。在南海海域，那些分开的断续线也可能是各种有争端的小地物的海洋区域。不管这些地物归谁所有，印度尼西亚应该借此机会提及中华人民共和国有关极小岛礁的海洋区域的立场，体现在如下声明中：a. 2009年6月，中华人民共和国代表团团长陈京华大使在牙买加金斯敦举行的国际海底管理局第15届会议上的声明，特别提及“以岩礁作为基点主张专属经济区和大陆架，涉及《公约》的重要原则和国际社会的整体利益”。在提及马耳他的阿尔维德·帕多（Arvid Prado）大使的声明时，陈京华更进一步地指出，“如果200海里的管辖权可以建立在无人居住、遥远的小岛上，对国家管辖范围外的海洋空间所实施的国际管理的有效性将受到严重损害”。b. 2009年6月，中国代表团在纽约举行的《联合国海洋法公约》第十九次缔约国会议上的声明，重申“根据《联合国海洋法公约》第121条，不能维持人类居住或其本身经济生活的岩礁，不应有专属经济区或大陆架”。

---

① 中国常驻联合国代表团:《中国常驻联合国代表团就马越联合划界案表达立场》，第CML/17/2009号照会，2009年5月7日，https://www.un.org/Depts/los/clcs_new/submissions_files/mysvnm33_09/chn_2009re_mys_vnm.pdf。

（3）在这方面，这些尊敬的中华人民共和国代表们的声明，也与南海的局势相关，因此，唯一正确的表述是，位于南海的那些遥远的或极小的地物本身不拥有专属经济区或大陆架。允许使用远离大陆和公海中间的无人居住岩礁作为基点主张海洋空间，涉及《公约》的基本原则并侵犯了全球社会的合法利益。

（4）因此，就像那些声明所证实的，包含在2009年5月7日第CML/17/2009号照会中的所谓“九段线”，明显缺乏国际法律依据，并无异于扰乱了1982年《公约》。①

2020年5月26日，印尼常驻联合国代表团就南海问题以照会形式（印尼第126/POL-703/V/20号照会）表达了印尼方的三点立场：

（1）印度尼西亚再次重申印度尼西亚不是南海领土争议当事方。

（2）而且，印度尼西亚注意到其在2010年7月8日第480/POL-703/VII/10号照会中关于海洋地物的海洋权利主张，已被2016年7月12日公布的仲裁庭裁决所确认，这一裁决认定南沙群岛没有任何的海洋地物能产生自身的专属经济区或者大陆架。

（3）印度尼西亚重申，九段线地图所涵盖的历史性权利主张明显缺乏国际法律基础，无异于给1982年《公约》带来困扰。这一观点已被2016年7月12日公布的仲裁庭裁决所确认，这一裁决认定，中华人民共和国对生物和非生物资源可能曾拥有的任何的历史性权利已被1982年《公约》限定的海洋区域范围所取代。②

2020年6月2日，中国常驻联合国代表团针对印尼2020年5月26

① The Permanent Mission of the Republic of Indonesia to the United Nations, “The Circular Note of No. 480/POL-703/VII/10,” 8 July 2010, https://www.un.org/Depts/los/clcs_new/submissions_files/mysvnm33_09/idn_2010re_mys_vnm_e.pdf.

② The Permanent Mission of the Republic of Indonesia to the United Nations, “The Circular Note of No. 126/POL-703/V/20,” 26 May 2020, https://www.un.org/Depts/los/clcs_new/submissions_files/mys_12_12_2019/2020_05_26_IDN_NV_UN_001_English.pdf.

日照会表达了中方立场：[①]

（1）中国对包括南沙群岛在内的南海诸岛及其附近海域拥有主权。中国南海诸岛拥有内水、领海、毗连区及专属经济区和大陆架。中国在南海拥有历史性权利。中国的上述主权和相关权益是在长期的历史实践中形成的，符合包括《联合国宪章》和《联合国海洋法公约》在内的国际法。中国政府坚决反对印度尼西亚上述照会（2020年5月26日第126/POL-703/V/20号照会）的内容。

（2）中国与印度尼西亚在南海不存在领土主权争议，但中国同印度尼西亚在南海部分海域存在海洋权益主张重叠。中方愿同印尼方通过谈判协商解决权益主张重叠问题，共同维护南海和平稳定。

（3）关于南海仲裁案及其裁决，中方的立场是一贯的、明确的。仲裁庭明显越权，在认定事实和适用法律上存在明显错误，仲裁庭的行为及其裁决严重背离国际仲裁一般实践，完全背离《公约》促进和平解决争端的目的及宗旨，严重损害《公约》的完整性和权威性，严重损害中国作为主权国家和《公约》缔约国的合法权利，是不公正的和不合法的。中国政府已郑重声明，中国不接受、不参与南海仲裁案，不接受、不承认该裁决。这一立场符合国际法。[②]

2020年6月12日，印尼常驻联合国代表团针对中国2020年6月2日照会表达了印尼政府的立场：

（1）南沙群岛没有任何的海洋地物能产生自身的专属经济区或大陆架，因此没有地物将由此产生与印度尼西亚的专属经济区或大陆架

① 中国常驻联合国代表团：《就印度尼西亚共和国常驻联合国代表团2020年5月26日向联合国秘书长递交的第126/POL-703/V/20号照会表达中方立场》，2020年6月2日，https://www.un.org/Depts/los/clcs_new/submissions_files/mys_12_12_2019/2020_06_02_CHN_NV_UN_chn.pdf。

② 同上。

重叠的海洋权利主张。

（2）中华人民共和国没有历史性权利存在于印度尼西亚的专属经济区和大陆架。如果在1982年《公约》生效之前存在任何历史性权利，这些权利已被1982年《公约》条款所取消。印尼2020年6月12日照会（印尼第148/POL-703/VI/20号照会）进一步指出：相应地，印度尼西亚政府认为，根据国际法，尤其是1982年《公约》，与中华人民共和国开展海洋边界划界谈判或与海洋权利有关的任何其他事项或者违反国际法的利益主张要求，都没有法律依据。①

2020年6月18日，中国常驻联合国代表团针对印尼2020年6月12日照会表达了中方立场：中国在南海的领土主权和海洋权益是在长期历史过程中形成的，是明确的，符合包括《联合国宪章》和《联合国海洋法公约》在内的国际法。对印度尼西亚在148/POL-703/VI/20号照会中所述的内容，中国政府予以坚决反对。②

综观印尼的上述三份照会，其核心主张是：南沙群岛没有任何的海洋地物能产生自身的专属经济区或大陆架，印尼与中国开展海洋边界划界谈判或与海洋权利有关的任何其他事项都没有法律依据。③ 印尼的主张涉及如何看待大陆国家远洋群岛的国际法地位问题。早在《公约》签署前，大陆国家的远洋群岛作为整体的地位在习惯国际法上已经确立；《公约》签署以来，大陆国家在远洋群岛方面的实践进一步发

① The Permanent Mission of the Republic of Indonesia to the United Nations, "The Circular Note of No. 148/POL-703/VI/20," 12 June 2020, https://www.un.org/Depts/los/clcs_new/submissions_files/mys_12_12_2019/2020_06_12_IDN_NV_UN_002_ENG.pdf.

② 中国常驻联合国代表团：《就印度尼西亚共和国常驻联合国代表团2020年6月12日向联合国秘书长递交的第148/POL-703/VI/20号照会表达中方立场》，2020年6月18日，https://www.un.org/Depts/los/clcs_new/submissions_files/mys_12_12_2019/2020_06_18_CHN_NV_UN_006_Original.pdf。

③ 2010年7月8日，印尼第480/POL-703/VII/10号照会；2020年5月26日，印尼第126/POL-703/V/20号照会；2020年6月12日，印尼第148/POL-703/VI/20号照会。

展了相关习惯国际法。[①] 中国在1958年宣布将直线基线方法适用于包括南沙群岛在内的远洋群岛；1994年《公约》生效后，中国再次通过立法确认将直线基线方法适用于其远洋群岛，并先后划定了西沙群岛和钓鱼岛及其附属岛屿的领海基线。[②] 中国南沙群岛构成“地理、经济和政治的实体”。[③] 中国基于南沙群岛整体拥有完整的海洋权利[④]；中国南海诸岛拥有专属经济区和大陆架[⑤]。

中印尼两国在南沙群岛西南海域的捕鱼权之争是两国海洋权益之争的重要体现。南沙西南渔场是中国渔民的传统渔场，中国渔船长期以来一直在南沙群岛西南渔场海域捕捞。但是，中国渔民在该海域捕鱼时渔船经常遭到印尼海上执法机构的干扰，2016年6月曾发生印尼海军向中国渔船开火的事件。印尼认为中国渔船进入了印尼的专属经济区。有关渔业活动地处未划界海域，即位于中国南沙群岛专属经济区与印尼纳土纳群岛专属经济区主张重叠海域，中国和印尼尚未进行海域划界。[⑥] 对于印尼方的抗议或做法，中国的立场是：中国渔民一直在中国南沙群岛有关海域开展正常的渔业生产活动，合法合理；中国海警船按照自身职责在有关海域开展常态化巡逻管理，维持海上秩序，保护本国人民的正当权益。[⑦]

---

① 中国国际法学会:《南海仲裁案裁决之批判》，北京：外文出版社2018年版，第241页（第575段）。

② 同上，第248页（第581段）。

③ 同上，第252页（第591段）。

④ 同上，第255页（第598段）。

⑤ 中国外交部:《中华人民共和国政府关于在南海的领土主权和海洋权益的声明》，2016年7月12日，https://www.fmprc.gov.cn/web/zyxw/t1380021.shtml。

⑥ 雷筱璐:《纳土纳群岛附近该如何捕鱼》，环球网，2020年3月17日，https://opinion.huanqiu.com/article/9CaKrnKpWMu。

⑦ 中国外交部:《2019年12月31日外交部发言人耿爽主持例行记者会》，2019年12月31日，https://www.fmprc.gov.cn/web/fyrbt_673021/t1728948.shtml。

中印尼可考虑借鉴印尼澳渔业合作“备忘录盒子”（MOU Box）的做法。“备忘录盒子”指的是澳大利亚在帝汶海的一片海域，该海域允许印尼的传统渔民仅能使用传统捕鱼方式作业[①]（参见图7–2）。“备忘录盒子”官方的表述是1974年《澳大利亚和印度尼西亚关于印度尼西亚传统渔民在澳大利亚捕渔区和大陆架区域作业的谅解备忘录》。[②]作为两国海床边界划界谈判的一部分，印尼和澳大利亚达成了该备忘录，备忘录确认印尼传统渔民拥有进入澳大利亚北部共有海域的权利。这一权利是对印尼人在该海域历史上长期捕鱼的承认。该备忘录为澳大利亚提供了一项“工具”，以管理进入该海域捕鱼的印尼传统渔民；同时，备忘录也赋予印尼传统渔民延续他们的传统实践，并可以捕捞海参、马蹄螺、鲍鱼、海绵等鱼种。为了明晰传统渔民的进入界限和考虑200海里捕渔区的宣言，印尼澳两国在1989年达成了该备忘录的指导方针。由于该备忘录海域的形状近似一只盒子，后来被人们熟知为“备忘录盒子”。[③]为了确保“备忘录盒子”海域渔业资源的可持续发展，印尼澳海洋事务和渔业工作组在2009年达成了一个“备忘录盒子”合作管理路线图。推进路线图的关键要素包括：研究的职权范围和一项研究计划；管理措施和选项；经济社会和民生方面；培训和能力建设需要；利益攸关方的协商进程和与传统渔民的协商，考虑传统渔民的

---

① Department of Agriculture, Water and the Environment of Australian Government, “Indonesia–Australia Fisheries Cooperation,” updated on 4 November 2019, https://www.agriculture.gov.au/fisheries/international/cooperation/indonesia.

② Ibid.“备忘录盒子”（澳允许印尼传统渔民作业海域）的地理坐标，参见：Natasha Stacey, *Boats to Burn: Bajo Fishing Activity in the Australian Fishing Zone*, Canberra, Australia: ANU Press, 2007, p.202。

③ Department of Agriculture, Water and the Environment of Australian Government, “Indonesia–Australia Fisheries Cooperation,” updated on 4 November 2019.

关切，包括他们在捕捞活动中的技术使用。[①] 迄今为止，印尼澳两国政府签署的《确立专属经济区边界和海床边界的条约》（1997年3月14日签署）仍未获批，但“备忘录盒子”仍然有效。近十年来，虽然印尼澳双边关系起起伏伏，但是在渔业合作方面，双方保持了良好的合作基础和合作共识。[②]

中印尼可把《公约》第123条中的“合作义务”[③] 作为两国共同接受的合作基础。由于印尼不承认与中国之间存在海洋划界争议，中印尼对渔业合作的法律基础存在严重分歧。印尼方面很可能只接受《公约》第123条的“合作义务”，如“协调海洋生物资源的管理、养护、勘探和开发”。在《公约》第123条的合作义务项下，中国和印尼可尽量模糊有关海域在各自法律立场中的性质，妥善考虑渔业资源养护和开发利用问题，[④] 这将有利于促进双方就特定海域渔业资源问题达成协议。

在海上划界最终达成前，中印尼可建立双边磋商机制处理两国渔业纠纷、管控分歧。在此基础上，在不影响双方海洋权利立场的前提下，中印尼可就渔业资源开发与养护等问题积极推动务实合作。

① Department of Agriculture, Water and the Environment of Australian Government, “Indonesia–Australia Fisheries Cooperation,” updated on 4 November 2019.

② 刘畅：《印度尼西亚海洋划界问题：现状、特点与展望》，载《东南亚研究》2015年第5期，第39页。

③ 《联合国海洋法公约》第123条（闭海或半闭海沿岸国的合作）规定：闭海或半闭海沿岸国在行使和履行本公约所规定的权利和义务时，应互相合作。为此目的，这些国家应尽力直接或通过适当区域组织：（a）协调海洋生物资源的管理、养护、勘探和开发；（b）协调行使和履行其在保护和保全海洋环境方面的权利和义务；……

④ Lei Xiaolu, “Who Can Fish in Waters Near Natuna Islands and How?” *The Jakarta Post*, 11 March 2020, https://www.thejakartapost.com/academia/2020/03/11/who-can-fish-in-waters-near-natuna-islands-and-how.html.

第三节　印尼对纳土纳群岛海域主权的强化措施

纳土纳群岛，位于马来半岛和婆罗洲岛之间的南海内，隶属印尼廖内群岛省，由272个岛屿组成，2019年人口约9万。纳土纳群岛的主岛大纳土纳岛（坐标北纬3°59′45″和东经108°11′17″）距离婆罗洲岛（印尼称之为加里曼丹岛）的最近距离为262千米；大纳土纳岛距离曾母暗沙453千米。[①] 印尼标注的东纳土纳区块（之前的"纳土纳D–阿尔法区块"）湿气（wet gas）储量约222万亿立方英尺，探明可采储量为46万亿立方英尺，是亚洲最大的气田之一。[②] 东纳土纳气田的日最高产量预计将达到40亿标准立方英尺，至少开采20年后该气田的供应量才会开始下降。[③]

印尼在强调其与中国不存在专属经济区或者大陆架权利重叠的同时，通过多种方式和手段对纳土纳群岛海域的主权权利进行强化，以示纳土纳群岛海域是在印尼主权和管辖权之下。

一、法律方面

签署1982年《公约》和制定相关国内法律是印尼强化纳土纳群岛

---

① 谷歌距离计算器（Google distance calculator）测算，测地距离（geodesic distance），2020年8月19日。

② ExxonMobil, "ExxonMobil Indonesia at A Glance," April 2016, https://www.exxonmobil.co.id/-/media/Indonesia/Files/Indonesia-publications/news_pub_fs_country.pdf; Amahl S. Azwar, "Govt Looks to Approve East Natuna Bid," *The Jakarta Post*, 14 August 2013, https://www.thejakartapost.com/news/2013/08/14/govt-looks-approve-east-natuna-bid.html; U.S. Energy Information Administration (EIA), *Indonesia*, 7 October 2015, https://www.eia.gov/international/analysis/country/IDN.

③ Amahl S. Azwar, "Govt Looks to Approve East Natuna Bid," *The Jakarta Post*, 14 August 2013; U.S. Energy Information Administration (EIA), *Indonesia*, 7 October 2015.

海域权利和管辖权的重要方式。在印尼看来，1982年《公约》为印尼确立其海洋权利和管辖权提供了权威的国际法依据。印尼在制定该《公约》时的积极参与和努力为印尼带来了极大的好处。依据1982年《公约》第四部分（第46—54条），印尼是群岛国，印尼可据此确立其专属经济区和大陆架。印尼国内的相关法律和法规有：1983年10月颁布的《关于印度尼西亚专属经济区的1983年第5号法令》，[①] 1984年6月颁布的《印度尼西亚专属经济区渔业资源管理规定》(1984年第15号政府令）等[②]。此外，印尼还与其大部分邻国签署了专属经济区或大陆架协定（参见表7–3），以法律形式划分海洋边界。其中，涉及南海的大陆架划界协定有两份，分别是1969年《马—印尼大陆架协定》和2003年《越—印尼大陆架协定》。

二、军事方面

早在1996年9月，印尼就在纳土纳群岛海域进行了一次大规模的军事演习。印尼海军、空军和陆军在此次演习中开展了联合军演，超过1.9万军人，40架飞机和50艘战舰参加了此次军事演习。[③] 此次军事演习之后，印尼武装部队一直热衷于让投资者相信，印尼军方已为保

① DOALOS/OLA United Nations, “Act No. 5 of 1983 on the Indonesian Exclusive Economic Zone,” 18 October 1983, https://www.un.org/Depts/los/LEGISLATIONANDTREATIES/PDFFILES/IDN_1983_Act.pdf.

② Government of Indonesia, “Regulations on Fishery Resource Management in the Indonesian Exclusive Economic Zone (EEZ), Government Decree No. 15 of 1984,” 29 June 1984, http://www.fao.org/faolex/results/details/en/c/LEX-FAOC001642/.

③ The Jakarta Post, “Armed Forces to Stage Major Military Exercises,” 21 August 1996; Ian James Storey, “Indonesia’s China Policy in the New Order and Beyond: Problems and Prospects,” *Contemporary Southeast Asia*, Vol. 22, No. 1 (April 2000), p.161.

卫纳土纳气田作好了充分的准备。[①] 2016年6月，印尼总统佐科在纳土纳群岛海域的一艘军舰上召开了内阁会议，以此宣示印尼对纳土纳群岛海域的主权，并借此向中国传达印尼在该事务上的强硬态度。[②] 佐科在这次内阁会议上指出："印尼应该强化保卫其海域的军事能力，无论是技术还是一般准备。"[③] 2016年6月，印尼国会批准2016年国防预算增加到82.5亿美元，比2016年1月通过的初步预算案军费开支增加近10%。[④] 印尼国会预算委员会议员约翰尼·布拉特（Johnny Plate）表示，纳土纳需要保卫，因此军方需要合适的设施，需要额外的资金；印尼国防部长里亚米扎尔德（Ryamizard Ryacudu）表示，部分新增拨款将用于在纳土纳群岛新建一个能容纳更多战舰和战机的军港，以及对现有空军基地升级改造。[⑤] 2016年10月，印尼空军约70架战斗机在纳土纳群岛附近海域进行了一场军事演习，印尼总统佐科在纳土纳群岛首府拉乃观看了这一演习。[⑥]

---

① The Jakarta Post, "Military to Shield Natuna Gas," 19 February 1997; Ian James Storey, "Indonesia's China Policy in the New Order and Beyond: Problems and Prospects," p.161.

② Kanupriya Kapoor and Fergus Jensen, "Indonesia President Visits Islands on Warship, Makes Point to China," *Reuters*, 23 June 2016, https://www.reuters.com/article/us-southchinasea-indonesia/indonesia-president-visits-islands-on-warship-makes-point-to-china-idUSKCN0Z909D.

③ Kanupriya Kapoor and Fergus Jensen, "Indonesia President Visits Islands on Warship, Makes Point to China," *Reuters*, 23 June 2016.

④ Hidayat Setiaji and Agustinus Beo Da Costa, "With Eye on China, Indonesian Parliament Approves Higher Defence Spending," *Reuters*, 28 June 2016, https://in.reuters.com/article/indonesia-economy-budget-defence/with-eye-on-china-indonesian-parliament-approves-higher-defence-spending-idINKCN0ZE10E.

⑤ Ibid.

⑥ Eveline Danubrata, "Amid South China Sea Uncertainty, Indonesia Stages a Show of Force," *Reuters*, 6 October 2016, https://www.reuters.com/article/us-southchinasea-indonesia-idUSKCN1261AW.

三、资源开发方面

在纳土纳群岛附近海域进行资源开发的国际合作，这也被印尼视为强化其对纳土纳群岛海域控制的有效方法。印尼政府隐含的意图是：外国大石油公司在纳土纳群岛附近海域的合作开采项目能够促使这些公司的母国保护这些公司的经济利益；也就是说，如果印尼与有关争议当事国因海域争端爆发冲突，这些外国大石油公司的母国可能将会支持印尼。早在1980年，印尼就同美国埃克森公司（即后来的埃克森美孚）签订了纳土纳D–阿尔法区块的产品分成合同（PSC）。[①] 20世纪90年代末期开始，印尼国家石油公司、马来西亚国家石油公司、泰国国家石油公司、雪佛龙公司、日本国际石油开发株式会社（INPEX）、康菲公司、英国第一石油公司（Premier Oil）在西纳土纳盆地（区块A和区块B）已经开采出天然气，并把部分天然气通过管道出口到新加坡。[②] 2017年6月，印尼能源和矿产资源部确认东纳土纳天然气区块的产品分成合同将采用“总收入分成”（gross-split）合同形式。[③] 东纳土纳天然气区块的合同方包括印尼国家石油公司、埃克森美孚和泰国国家石油公司。[④] 但东纳土纳天然气区块的开发面临多重难题：一是技术难题，二氧化碳含量高达72%，需要先进的开采技术以实现对天然气

---

① ExxonMobil, “Our History in Indonesia,” 12 June 2019, https://www.exxonmobil.co.id/en-ID/Company/Overview/Who-we-are/Our-history-in-Indonesia.

② U.S. Energy Information Administration (EIA), *Indonesia*, 7 October 2015, https://www.eia.gov/international/analysis/country/IDN.

③ Fedina S. Sundaryani, “East Natuna to Be Exploited Under Gross Split Contract,” *The Jakarta Post*, 13 June 2017, https://www.thejakartapost.com/news/2017/06/13/east-natuna-to-be-exploited-under-gross-split-contract.html.

④ Ibid.

的最大化提取；[①] 二是开发需要大量的资金，预计所需资金在200亿美元至400亿美元之间；[②] 三是东纳土纳天然气区块位于中印尼两国海洋权益主张重叠区域，在两国政府未达成争端解决协议之前，单边开发存在法律风险。

四、移民政策方面

印尼政府试图通过政府移民计划，增加纳土纳群岛上居民的人口数量，以此强化其对纳土纳群岛的控制权。1993年5月，印尼移民部宣布，3000个家庭将被安置在纳土纳群岛，且政府将为定居者提供种植园。[③] 印尼政府指出，移民的决定是为了保卫纳土纳群岛，以防备未来的任何竞争性声索国。[④] 2019年，纳土纳群岛的登记人口达到81,952人，人口密度为41.43人/平方千米。[⑤]

五、政治方面

2017年7月14日，印尼海洋事务统筹部副部长阿里夫·哈瓦斯·奥格罗森诺（Arif Havas Oegroseno）发布了新版印尼官方地图，将印尼主张的纳土纳群岛专属经济区命名为“北纳土纳海”。[⑥] 印尼

① Fedina S. Sundaryani, “East Natuna to be Exploited Under Gross Split Contract,” *The Jakarta Post*, 13 June 2017.

② Ibid.

③ Reuters, “Indonesia Sends Families to Safeguard Islands,” 15 May 1993; Ian James Storey, “Indonesia’s China Policy in the New Order and Beyond: Problems and Prospects,” p.159.

④ Ibid.

⑤ Statistics of Natuna Regency, *Natuna Regency in Figures 2020*, 27 April 2020, p.48, https://natunakab.bps.go.id/publication/2020/04/27/8b4d70296df6795159f375ac/kabupaten-natuna-dalam-angka-2020.html.

⑥ Marguerite Afra Sapiie, “New Map Asserts Sovereignty Over Natuna,” *The Jakarta Post*, 15 July 2017, https://www.thejakartapost.com/news/2017/07/15/new-map-asserts-sovereignty-over-natuna.html.

政府将南海部分海域命名为“北纳土纳海”的主要原因有：印尼政府试图借此安抚国内反对派，加强印尼国内的民族主义；也向中国传达出这样的信号，即印尼非常严肃地关注纳土纳群岛专属经济区的主权权利。[①] 印尼加查马达大学的海洋法学者安迪·阿萨纳（I Made Andi Arsana）认为，印尼重新命名“北纳土纳海”是一个政治和外交声明，并不具有法律效力。[②] 2017年7月14日，中国外交部发言人指出：“所谓更名毫无意义，而且不利于国际地名标准化的努力。希望有关国家与中方相向而行，共同维护好当前南海形势来之不易的良好局面。”[③]

第四节　中印尼在南海的海上合作

尽管中印尼在南海部分海域存在海洋权益主张重叠，但两国在争议问题上都保持了克制，并在海上合作领域签署了双边文件。2005年4月，中国和印尼签署政府间《海上合作谅解备忘录》，同意成立海上合作技术委员会，旨在进一步加强两国在航行安全、海洋环境和海上安全等海上领域的双边合作。2012年3月，双方签署新的《海上合作谅解备忘录》，同意成立海上合作委员会。[④] 2007年11月，中国国家海

① Leo Suryadinata, “What Does Indonesia’s Renaming of Part of the South China Sea Signify?” *Perspective*, No. 64, 18 August 2017, p.5.

② Tom Allard and Bernadette Christina Munthe, “Asserting Sovereignty, Indonesia Renames Part of South China Sea,” *Reuters*, 14 July 2017, https://www.reuters.com/article/us-indonesia-politics-map/asserting-sovereignty-indonesia-renames-part-of-south-china-sea-idUSKBN19Z0YQ.

③ 中国外交部：《2017年7月14日外交部发言人耿爽主持例行记者会》，2017年7月14日，https://www.fmprc.gov.cn/web/fyrbt_673021/t1477885.shtml。

④ 《中华人民共和国政府与印度尼西亚共和国政府海上合作谅解备忘录》（2012年3月24日签订），参见：中华人民共和国外交部边界与海洋事务司编：《中国周边海洋问题有关文件汇编》，北京：世界知识出版社2017年版，第433–435页。

洋局与印尼海洋与渔业部签署《海洋领域合作谅解备忘录》，并于2012年顺利续签，旨在为两国间海洋合作提供框架。根据《海洋领域合作谅解备忘录》，两国同意成立海洋领域合作联合委员会。2021年6月，双方签署《中国印尼两国关于加强海上合作的谅解备忘录》。

2013年，中国国家主席习近平提出了共建“21世纪海上丝绸之路”倡议。2014年，印尼总统佐科提出了“全球海洋支点”（Global Maritime Fulcrum, GMF）构想。2017年5月，习近平与佐科在首届“一带一路”国际合作高峰论坛期间达成对接两国海洋发展战略的共识，这将进一步推动两国海上务实合作。

中印尼两国已在海上安全、航行安全、海洋科研与环保领域开展了对话合作。[①] 未来，笔者建议两国可进一步加强在海洋渔业、海上油气开发、海上基础设施建设、海洋船舶产业等领域的合作。

中印尼在海洋渔业领域有着重大的合作潜力。2018年，印尼的海洋渔获量为671万吨，占世界海洋渔获量的8%。[②] 2018年，渔业占印尼GDP的比例为2.6%，这一占比为2014年以来的最高值。[③] 印尼海洋渔业发展滞后，98%的印尼渔民仍采用传统作业方式，也缺少冷链物流设施。[④] 据印尼渔业产品加工和销售协会评估，印尼现有海产品生产

① 新华社：《中国与印尼举行海上合作技术委员会第十次会议》，新华网，2017年12月15日，http://m.xinhuanet.com/2017-12/15/c_1122118276.htm。

② Food and Agriculture Organization, *The State of World Fisheries and Aquaculture 2020: Sustainability in Action*, Rome, 2020, p.13.

③ R. Hirschmann, “Contribution of Fisheries to GDP Indonesia 2014–2018,” 27 May 2020, https://www.statista.com/statistics/1083946/indonesia-fisheries-contribution-to-gdp/.

④ German-Indonesian Chamber of Industry and Commerce, *Fisheries and Aquaculture*, 2017, p.6, https://indonesien.ahk.de/fileadmin/AHK_Indonesien/Publication/PDF_Publication/EIBN/Fisheries_and_Aquaculture_Sector_Report_2017_FULL.pdf.

规模尚未达到潜在生产能力的30%。[①] 2016年9月，佐科在局部内阁会议上指出，印尼作为海洋大国，但海洋和渔业部门对GDP的贡献低于30%，仍有巨大潜力有待开发；佐科要求积极发展渔业加工业、罐头业和捕捞业等劳动密集型行业，扩大就业，促进经济增长；佐科同时指出，要去除那些阻碍渔业投资的繁琐规章或程序，建立现代渔业工业。[②] 印尼政府允许外国投资者投资鱼类加工工业，在印尼西部，外国投资可占不超过40%的比例；在印尼东部，外国投资可占不超过60%的比例。[③] 印尼简化渔业投资程序和允许外国投资渔业领域，这将为中印尼两国带来渔业经济合作的新契机。中印尼在开展渔业合作时，需要关注印尼专属经济区内生物资源最高可捕量的规定。根据《〈印尼5/1983法令〉的说明》第5条第3款，“如果印度尼西亚没有能力捕捞最高可捕量，他国可依据与印度尼西亚共和国政府签订的国际协议，捕捞可捕量的剩余部分”。[④] 另外，中印尼两国如能就南沙群岛西南海域（纳土纳群岛的东北部海域）两国渔业活动达成特殊安排，将有助于两国关系的平稳发展。

海上油气开发是中印尼可开展海上合作的重要领域。印尼是全球石油和天然气资源丰富的国家之一。2020年6月英国石油公司发布的

① 田原:《印尼着力发展海洋产业》，载《经济日报》2015年7月28日，第4版，http://paper.ce.cn/jjrb/html/2015-07/28/content_251080.htm。

② Sekretariat Kabinet Republik Indonesia, “President Joko Widodo Asks to Develop Fishing Industry As Soon As Possible,” 13 September 2016, http://setkab.go.id/en/president-joko-widodo-asks-to-develop-fishing-industry-as-soon-as-possible/.

③ Global Business Guide (GBG) Indonesia, “Indonesia’s Fisheries Sector: Under a New Paradigm,” *Global Business Guide Indonesia 2016*, http://www.gbgindonesia.com/en/agriculture/article/2016/indonesia_s_fisheries_sector_under_a_new_paradigm_11566.php.

④ DOALOS/OLA United Nations, “Act No. 5 of 1983 on the Indonesian Exclusive Economic Zone,” 18 October 1983, https://www.un.org/Depts/los/LEGISLATIONANDTREATIES/PDFFILES/IDN_1983_Act.pdf.

《BP世界能源统计年鉴》显示，截至2019年年底，印尼石油资源证实贮量为25亿桶（3亿吨），占世界已探明石油储量的0.1%；[①] 截至2019年年底，印尼天然气资源证实储量为1.4万亿立方米（50.5万亿立方英尺），占世界已探明天然气储量的0.7%。[②] 中国石油天然气集团有限公司（简称“中国石油”）于2002年进入印尼并成立中油国际印尼公司。截至2017年年底，中油国际印尼公司在印尼拥有9个合同区块，项目累计投资超过50亿美元，已经累计给印尼政府上缴税费超过30亿美元。[③] 另外，中印尼两国油气公司可考虑在两国海上划界最终达成前对东纳土纳气田进行共同开发。在共同开发区的划定方面，中印尼两国可以考虑划为A、B、C三个区块，其中A区作为核心开发区，由两国共同管理、平分收益；B区则由中国管辖，但是要同印尼分享部分收益；C区则由印尼管辖，印尼须和中国分享部分收益。[④] 同时，中印尼共同开发需要妥善处理埃克森美孚和泰国国家石油公司等第三方的先存权问题。

海上基础设施建设可成为中印尼近期海上合作的重点。印尼政府《2015—2019年“海上高速公路”建设规划》包括开发建设24个商业港口（5个枢纽港和19个集散港），1481个非商业港口和采购船舶，总投资为699万亿印尼盾（约合574亿美元）。[⑤] 印尼要完成这些基础设施建

---

① British Petroleum (BP), *BP Statistical Review of World Energy 2020*, June 2020, p.14, https://www.bp.com/content/dam/bp/business-sites/en/global/corporate/pdfs/energy-economics/statistical-review/bp-stats-review-2020-full-report.pdf.

② British Petroleum (BP), *BP Statistical Review of World Energy 2020*, June 2020, p.32.

③ 席来旺：《中油国际印尼公司塑造中企新形象》，人民网，2018年1月10日，http://world.people.com.cn/n1/2018/0110/c1002-29757281.html。

④ 杨泽伟：《共同开发纳土纳海域　解决南海争端》，载《中国社会科学报》2016年1月27日，第5版。

⑤ Nadya Natahadibrata, “Govt Sets out Maritime Dream,” *The Jakarta Post*, 22 November 2014, https://www.thejakartapost.com/news/2014/11/22/govt-sets-out-maritime-dream.html.

设，面临巨大的资金缺口。根据亚洲开发银行的数据，仅用于兴建和升级改造24个商业港口就需要约500亿美元的投资。[①] 而印尼政府对24个商业港口的投资预算仅为243.6万亿印尼盾（约合200亿美元）[②]，仅兴建24个商业港口这一项就存在约300亿美元的资金缺口。因此，印尼海上基础设施建设亟须中国融资投入。

印尼海洋船舶产业前景看好，中国企业可积极投资印尼船舶产业。目前，印尼每年需要1000艘客船、渔业运输船和巡逻艇，印尼本地造船业产能只能满足当地市场30%的需要。[③] 由于钢铁工业薄弱、缺乏完整的零部件及原料等辅助工业、融资成本高昂、征地困难及税务配套等问题，印尼造船业发展较为缓慢，造船企业的技术能力相对偏低，因此需要进口大量船舶，提高印尼国内海上运输能力。[④] 近期，印尼政府出台了新的税收补贴计划，允许投资者减少应税所得额，最高减幅可达总投资额的30%，减税期为6年，该计划也将适用于造船和海洋产业。[⑤] 预计印尼每年将有3293艘船舶需要维修，[⑥] 印尼船舶修理业务的前景也很广阔。目前中国已成为全球造船第一大国，中国造船业在国际上处于较为领先地位，具有技术、资金、成本等整体优势，是印尼船舶进口的理想合作伙伴。同时，中国企业也可积极投资印尼的船舶

① Kang Hang Leung, *Indonesia's Summary Transport Assessment*, ADB Papers on Indonesia, No. 15, August 2016, p.8.

② Nadya Natahadibrata, "Govt Sets out Maritime Dream," *The Jakarta Post*, 22 November 2014.

③ 张洪:《日本船企看好印尼船舶产业前景》，载《珠江水运》2015年第S1期，第57页。

④ 沈铭辉、张中元:《"一带一路"背景下的国际产能合作——以中国—印尼合作为例》，载《国际经济合作》2017年第3期，第9页。

⑤ 张洪:《日本船企看好印尼船舶产业前景》，载《珠江水运》2015年第S1期，第57页。

⑥ 同上。

修复业务。

本章小结

本章分析了中国与印尼在南海的海洋事务。中印尼两国主张的领海、专属经济区、大陆架宽度一致（参见表7–1）。

中国与印尼不存在领土争议，双方在南海西南部部分海域存在海洋权益主张重叠（参见图7–3）。在中国看来，印尼以纳土纳群岛为基础主张的专属经济区和大陆架部分跨断中国南海断续线。但印尼政府始终坚持它与中国不存在海域划界问题的立场。尽管印尼常驻联合国代表团就南海问题在2020年的照会中表达了比以往更为“强硬”的立场，但印尼的重点仍然是确保其在纳土纳群岛附近海域的主权和管辖权。印尼并未对更广泛的南海事务表达立场，仍始终认为其“不是南海领土争端当事方”。

近年来，印尼通过多种方式和手段对纳土纳群岛海域的主权权利进行强化。一是法律手段，如印尼签署1982年《公约》和制定相关国内法律，与其大部分邻国签署专属经济区或大陆架协定（参见表7–3）；二是军事手段，印尼武装部队多次在纳土纳群岛海域开展军事演习，印尼在纳土纳群岛修建军港和升级改造现有空军基地；三是资源开发手段，在纳土纳群岛附近海域进行资源开发的国际合作；四是移民政策手段，印尼政府通过政府移民计划，增加纳土纳群岛上居民的人口数量；五是政治手段，比如印尼在2017年7月把其主张的纳土纳群岛专属经济区命名为“北纳土纳海”。

尽管中印尼在南海部分海域存在海洋管辖权主张重叠，但两国在争议问题上都保持了克制。两国在海上合作领域签署了多份双边文件，两国领导人也达成了对接两国海洋发展战略的共识。目前，中印尼两国已在海上安全、航行安全、海洋科研与环保领域开展了对话合作。未来，两国可进一步加强在海洋渔业、海上油气开发、海上基础设施建设、海洋船舶产业等领域的合作。

第八章

中国与越南在南海的海洋事务

中越两国既陆地相接，又沿北部湾相邻和相向。越南对中国南沙群岛提出了非法领土要求。至20世纪90年代末，越南已侵占中国南沙群岛29个岛礁，中越之间存在领土争议。另外，越南对完全在中国主权控制之下的西沙群岛也有非法的领土要求。对此，中方不接受、不认为就西沙群岛问题中越之间存在领土争议。越南对中国整个南沙群岛有非法领土要求，并且是侵占中国南沙群岛岛礁最多的国家。南沙群岛领土争议是中越南海争端的核心。越南还对南海部分海域的海床和底土提出了权利要求。对于中越南海争端，两党两国政府从战略高度和两国关系大局出发，达成了通过谈判妥善处理和解决海上问题的基本共识。本章将梳理越南的海洋管辖权主张，分析2000年12月签订的《中越北部湾划界协定》和《中越北部湾渔业合作协定》，分析中越南海争端及越方主张，探讨中越通过谈判妥善处理和解决南海争端的办法。

第一节　越南的海洋管辖权主张分析

1982年12月10日，越南签署《联合国海洋法公约》（简称《公约》)。1994年7月25日，越南批准《公约》。① 自1994年11月16日起，《公约》对越南生效。② 中越两国主张的领海、毗连区、专属经济区、大陆架宽度一致，领海基线都使用直线基线（参见表8-1）。

表8-1　中国与越南的海洋管辖权主张比较③

国家	是否批准《联合国海洋法公约》	是否立法基线	海洋管辖区域			
			领海	毗连区	专属经济区	大陆架外部界限
中国	1996年5月15日批准[1]	立法（直线基线）[2]	12海里	24海里	200海里	大陆边/200海里 2012年12月正式提交划界案（东海部分海域）
越南	1994年7月25日批准	立法（直线基线）[3]	12海里	24海里	200海里	大陆边/200海里 2009年5月（联合马来西亚）正式提交划界案（南海南部）；[4] 2009年5月正式提交划界案（北区）[5]

注释：

[1] 中国人大网：《全国人民代表大会常务委员会关于批准〈联合国海洋法公约〉的决定》，1996年5月15日通过，http://www.npc.gov.cn/wxzl/gongbao/2000-12/16/content_5003571.htm。

[2] 国务院：《中华人民共和国政府关于中华人民共和国领海基线的声明》，1996年5月15日，https://www.fmprc.gov.cn/web/ziliao_674904/tytj_674911/tyfg_674913/t556673.shtml；中国政府网：《中华人民共和国政府关于钓鱼岛及其附属岛屿领海基线的声明》，2012年9月10日，http://www.gov.cn/jrzg/2012-09/10/

① United Nations Treaty Collection, "United Nations Convention on the Law of the Sea," https://treaties.un.org/Pages/ViewDetailsIII.aspx?src=TREATY&mtdsg_no=XXI-6&chapter=21&Temp=mtdsg3&clang=_en, accessed 28 March 2020.

② DOALOS/OLA United Nations, "Outer Limits of the Continental Shelf Beyond 200 Nautical Miles From the Baselines: Submission by the Socialist Republic of Viet Nam," 3 May 2011, https://www.un.org/Depts/los/clcs_new/submissions_files/submission_vnm_37_2009.htm.

③ DOALOS/OLA United Nations, "Table of Claims to Maritime Jurisdiction (as at 15 July 2011)," http://www.un.org/Depts/los/LEGISLATIONANDTREATIES/PDFFILES/table_summary_of_claims.pdf，本书作者对本表作了相应更新。

content_2221140.htm。

[3] DOALOS/OLA United Nations, "Statement of 12 November 1982 by the Government of the Socialist Republic of Viet Nam on the Territorial Sea Baseline of Viet Nam," 12 November 1982, https://www.un.org/Depts/los/LEGISLATIONANDTREATIES/PDFFILES/VNM_1982_Statement.pdf.

[4] DOALOS/OLA United Nations, "Outer Limits of the Continental Shelf Beyond 200 Nautical Miles From the Baselines: Joint Submission by Malaysia and the Socialist Republic of Viet Nam," 6 May 2009, https://www.un.org/depts/los/clcs_new/submissions_files/submission_mysvnm_33_2009.htm.

[5] DOALOS/OLA United Nations, "Submission to the Commission on the Limits of the Continental Shelf Made on 7 May 2009 – in North Area (VNM-N)," 7 May 2009, https://www.un.org/depts/los/clcs_new/submissions_files/vnm37_09/vnm2009n_executivesummary.pdf.

越南的领海宽度为12海里。2012年6月21日，越南国会通过的《越南海洋法》第11条规定：越南的领海为从领海基线量起为12海里的水域，领海的外部界限是越南的国家海上边界。① 1982年11月12日，《越南社会主义共和国政府关于越南领海基线的声明》指出：用此测算黄沙群岛（指中国西沙群岛，笔者注）和长沙群岛（指中国南沙群岛，笔者注）领海宽度的基线，应按照越南社会主义共和国政府1977年5月12日声明中第5条规定的方法划定。②

① National Assembly of Vietnam, "Law of the Sea of Vietnam," Passed on 21 June 2012, *Vietnam Law and Legal Forum Magazine*, https://vietnamlawmagazine.vn/law-of-the-sea-of-vietnam-4895.html.

② DOALOS/OLA United Nations, "Statement of 12 November 1982 by the Government of the Socialist Republic of Viet Nam on the Territorial Sea Baseline of Viet Nam," 12 November 1982, https://www.un.org/Depts/los/LEGISLATIONANDTREATIES/PDFFILES/VNM_1982_Statement.pdf.

越南的基线主张是直线基线。[①] 1982年11月12日，《越南社会主义共和国政府关于越南领海基线的声明》指出，用以测量领海宽度的基线，由连接附件所列之所有坐标点的直线组成；越南的领海基线起点为点0，终点为昏果岛（Con Co Island）。点0为测算越南社会主义共和国领海宽度的基线和柬埔寨人民共和国领海宽度的基线的交汇点，该交汇点位于连接土珠群岛（Tho Chu Archipelago）和威岛（Poulo Wai Island）的海面界线上，即越南社会主义共和国和柬埔寨人民共和国的历史性水域的界线西南段。昏果岛附近的点A11的坐标为：北纬17°10.0′和东经107°20.6′。[②] 1982年11月12日《关于越南领海基线的声明》中的直线基线系统由11个基点和10段基线构成（参见图8–1），10段基线的总长度为846海里，最长的一条线段长161.8海里，越南的这一不完整的基线系统划定的内水面积约为2.7万平方海里（9.3万平方千米）。[③]

---

① U.S. Department of State, “Straight Baselines: Vietnam,” *Limits in the Seas*, No. 99, p.8, https://2009-2017.state.gov/documents/organization/58573.pdf.

② DOALOS/OLA United Nations, “Statement of 12 November 1982 by the Government of the Socialist Republic of Viet Nam on the Territorial Sea Baseline of Viet Nam,” 12 November 1982, https://www.un.org/Depts/los/LEGISLATIONANDTREATIES/PDFFILES/VNM_1982_Statement.pdf.

③ U.S. Department of State, “Straight Baselines: Vietnam,” *Limits in the Seas*, No. 99, p.8, https://2009-2017.state.gov/documents/organization/58573.pdf.

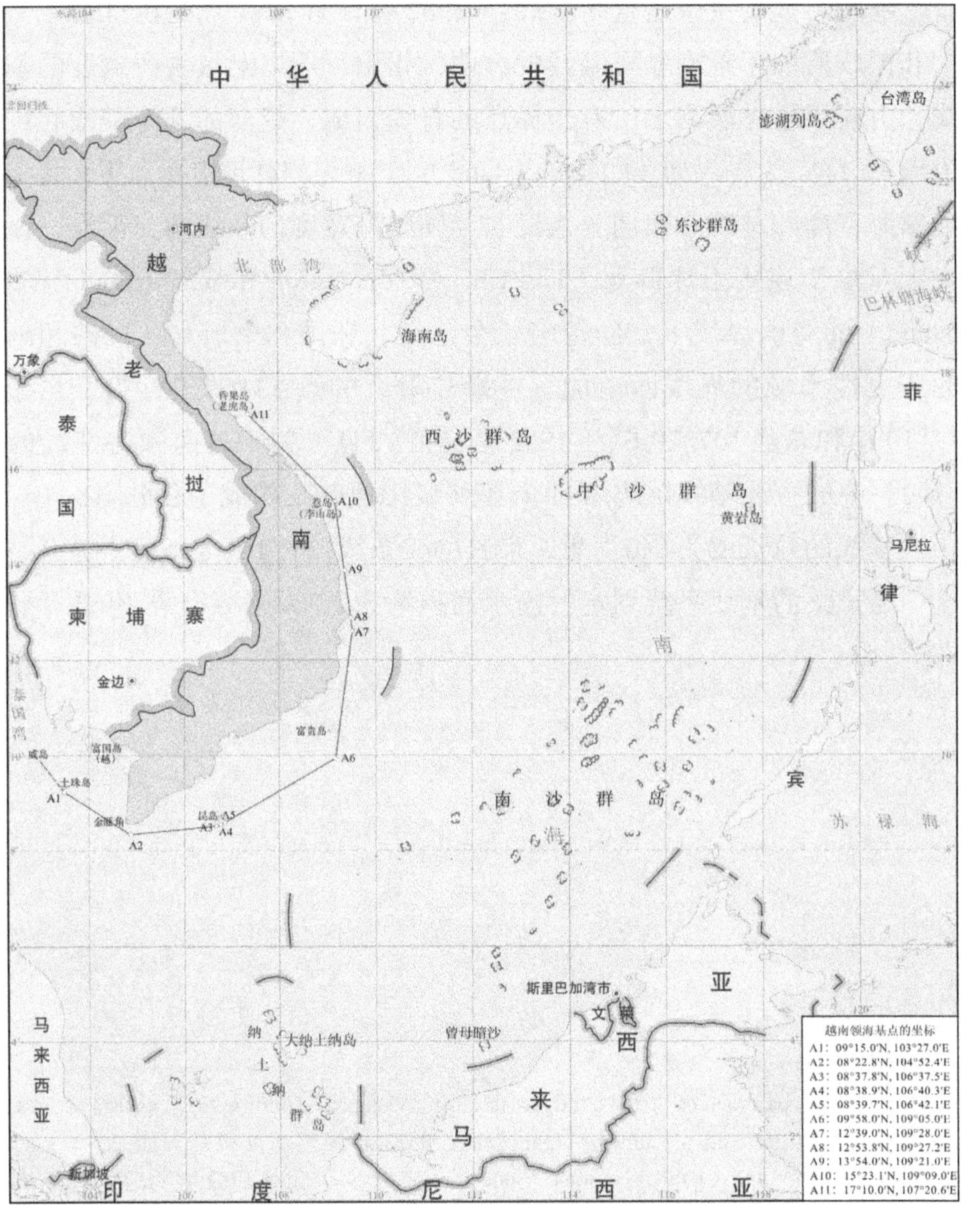

图8-1　越南的直线基线主张示意图

审图号：GS（2022）2261号

（备注：本图系外国学者观点）

越南主张专属经济区宽度为188海里（从领海基线算起不超过200海里）。1977年5月12日发布的《越南领海、毗连区、专属经济区和大陆架声明》第3点指出：越南社会主义共和国的专属经济区为邻接越南领海的区域，从测算越南领海宽度的基线量起延至200海里。[①] 该声明第7条也指出：越南社会主义共和国政府将在相互尊重主权和独立的基础上，依据国际法和实践，同有关国家通过谈判解决各国海洋区域和大陆架问题。[②]

越南的大陆架外部界限主张为“大陆边/200海里”（CM/200）。1977年5月12日发布的《越南领海、毗连区、专属经济区和大陆架声明》第4点指出：越南社会主义共和国的大陆架是越南领海以外，依越南陆地领土的自然延伸的，扩展到大陆边外缘的海底区域的海床和底土；如果从测算领海宽度的基线量起至大陆边外缘的距离不足200海里，则扩展至200海里。[③]

越南的“大陆边/200海里”主张体现在2009年5月6日马越联合划界案[④] 和2009年5月7日越南划界案中。2009年5月7日，越南向大陆架界限委员会提交南海北部区域200海里以外大陆架划界案（即“越南划界案”）。[⑤] 越南划界案中的越南北部（即南海北部区域，笔者注）指的是如下界定的一个区域：北部边界是越南领海基线和中国领海基线之间的等距离线；东部和南部边界是本划界案中按照《公约》第76条

① DOALOS/OLA United Nations, “Statement on the Territorial Sea, the Contiguous Zone, the Exclusive Economic Zone and the Continental Shelf of 12 May 1977,” 12 May 1977, https://www.un.org/Depts/los/LEGISLATIONANDTREATIES/PDFFILES/VNM_1977_Statement.pdf.

② Ibid.

③ Ibid.

④ 相关分析详见本书第五章第一节。

⑤ DOALOS/OLA United Nations, “Submission to the Commission on the Limits of the Continental Shelf Made on 7 May 2009 – in North Area (VNM-N),” 7 May 2009, https://www.un.org/depts/los/clcs_new/submissions_files/vnm37_09/vnm2009n_executivesummary.pdf.

第8款界定的大陆架外部界限；西部边界是越南的200海里界限。越南通过适用1%沉积厚度公式和大陆坡角外60海里公式划定了越南扩展大陆架的外部界限（北区）。由此，确定了45个定点来划定越南扩展大陆架的外部界限（北区）。[①] 2009年5月7日，中国常驻联合国代表团就越南划界案表达了如下立场："严重侵害了中国在南海的主权、主权权利和管辖权。"[②]

越南的海上邻国包括柬埔寨、中国、马来西亚、印度尼西亚和泰国。迄今，越南已与部分海上邻国划定了（或部分划定了）海上边界。

1982年7月7日，越南和柬埔寨签署了一份关于历史性水域的协定（简称《越南—柬埔寨历史性水域协定》）。[③]《越南—柬埔寨历史性水域协定》明确指出两国共同的历史性水域范围：由越南建江省海岸、富国岛、土珠群岛与柬埔寨贡布省海岸、婆罗威群岛所构成的海域[④]（参见图8–1）。根据该协定，两国把位于泰国湾（越南西南部海域）超过8000平方千米的声索重叠海域视为历史性内水（historic internal waters）；两国以1939年布雷维尔线（the Brévie Line）作为两国的岛屿

① 高健军译:《200海里外大陆架外部界限的划定——划界案的执行摘要和大陆架界限委员会的建议摘要》，北京：海洋出版社2014年版，第218–219页。

② 中国常驻联合国代表团:《中国常驻联合国代表团就越南划界案表达立场》，第CML/18/2009号照会，2009年5月7日，https://www.un.org/depts/los/clcs_new/submissions_files/vnm37_09/chn_2009re_vnm_c.pdf。

③ "Agreement on Historical Waters of Vietnam and Kampuchea," Done on 7 July 1982. See: Kriangsak Kittichaisaree, *The Law of the Sea and Maritime Boundary Delimitation in South-East Asia*, New York: Oxford University Press, 1987, pp. 180-181.

④ 阮德富:《越柬两国关于历史性水域的协定》，载〔越南〕《全民国防》杂志中文网站，2020年7月29日，http://tapchiqptd.vn/zh/理论与实践/越柬两国关于历史性水域的协定/15769.html。

划分线。[①] 也就是说，根据该协定，越柬两国的岛屿争端已经解决，但两国尚未完成海上边界划界。

1997年8月9日，越南和泰国达成了《泰王国政府和越南社会主义共和国政府关于两国在泰国湾的海洋边界划界协定》(简称《泰国—越南划界协定》)。[②]《泰国—越南划界协定》于1997年12月27日生效。《泰国—越南划界协定》是越南的第一个海上边界划界协定。该海上分界线长约76.5海里，[③] 由定点C（北纬07°48′00″.0000和东经103°02′30″.0000）和定点K（北纬08°46′54″.7754和东经102°12′11″.6542）的直线连接而成。《泰国—越南划界协定》解决了两国在泰国湾约6074平方千米的海域重叠问题。[④] 泰越两国在泰国湾与马来西亚存在三国大陆架主张重叠的问题。1979年2月21日，马来西亚与泰国签署《马来西亚和泰王国为开发泰国湾两国大陆架限定区域内海床资源而设立联合管理机构的谅解备忘录》(简称《马泰谅解备忘

---

① Nguyen Manh Dong, "Maritime Delimitation Between Vietnam and Her Neighboring Countries," UN–Nippon Foundation Alumni Meeting, 13-16 April 2009, https://www.un.org/Depts/los/nippon/unnff_programme_home/alumni/tokyo_alumni_presents_files/alum_tokyo_dong.pdf. 泰国学者克里安沙克·基蒂猜沙里（Kriangsak Kittichaisaree）认为,《越南—柬埔寨历史性水域协定》中的历史性水域面积约为4000平方海里，参见：Kriangsak Kittichaisaree, *The Law of the Sea and Maritime Boundary Delimitation in South-East Asia*, 1987, p.41。

② DOALOS/OLA United Nations, "Agreement Between the Government of the Kingdom of Thailand and the Government of the Socialist Republic of Viet Nam on the Delimitation of the Maritime Boundary Between the Two Countries in the Gulf of Thailand," 9 August 1997, https://www.un.org/Depts/los/LEGISLATIONANDTREATIES/PDFFILES/TREATIES/THA-VNM1997MB.PDF.

③ Ted L. McDorman, "Thailand–Vietnam," in Jonathan I. Charney and Robert W. Smith, eds., *International Maritime Boundaries*, Vol. 4, The Hague: Martinus Nijhoff Publishers, 2002, p.2683.

④ Nguyen Manh Dong, "Maritime Delimitation Between Vietnam and Her Neighboring Countries," UN–Nippon Foundation Alumni Meeting, 13-16 April 2009.

录》)。《泰国—越南划界协定》第2条指出，泰越两国政府需要与马来西亚政府谈判，以解决泰越马三国大陆架主张重叠的问题。

2003年6月26日，越南和印尼达成《越南社会主义共和国政府和印度尼西亚共和国政府关于大陆架的划界协定》(简称《越—印尼大陆架协定》)。[①]《越—印尼大陆架协定》于2007年5月29日生效。《越—印尼大陆架协定》解决了两国在南海西南部约3.7万平方千米的大陆架主张重叠问题。[②]《越—印尼大陆架协定》部分界线跨断中国南海断续线(参见图7–1和图7–3)，损害了中国作为第三国的利益。

第二节　中越北部湾划界协定和渔业合作协定

中越两国在北部湾既相邻又相向。历史上，中越两国从未划分过北部湾。北部湾是一个较狭窄的海湾，宽度在110～180海里之间。[③]中越两国都是《联合国海洋法公约》的缔约国。根据《公约》的规定，两国在北部湾海域的专属经济区和大陆架全部重叠，必须通过划界加以解决。2000年12月25日，中国和越南签署《中越北部湾划界协定》和《中越北部湾渔业合作协定》。2004年6月30日,《中越北部湾划界协定》和《中越北部湾渔业合作协定》生效。

---

① “Agreement Between the Government of the Socialist Republic of Vietnam and the Government of the Republic of Indonesia Concerning the Delimitation of the Continental Shelf Boundary,” Signed on 26 June 2003. See: DOALOS/OLA United Nations, *Law of the Sea Bulletin*, No. 67, 2008, pp. 39-41, https://www.un.org/Depts/los/doalos_publications/LOSBulletins/bulletinpdf/bulletin67e.pdf.

② Nguyen Manh Dong, “Maritime Delimitation Between Vietnam and Her Neighboring Countries,” UN–Nippon Foundation Alumni Meeting, 13-16 April 2009.

③ 中国外交部:《中越北部湾划界协定情况介绍》，2000年12月25日，https://www.fmprc.gov.cn/web/ziliao_674904/tytj_674911/tyfg_674913/t145558.shtml。

一、中越北部湾划界协定

中越北部湾划界谈判前后历时27年，分三个阶段：一是1974年，二是1977—1978年，三是1992—2000年。前两次谈判由于双方立场相差甚远，无果而终。1991年两国关系正常化以后，双方都认为有必要尽早解决包括北部湾在内的边界领土问题，成立了包括外交、国防、渔业、测绘、地方政府等部门组成的政府边界谈判代表团，启动北部湾第三次划界谈判。1992—2000年历时9年，双方共举行了7轮政府级谈判、3次政府代表团团长会晤、18轮联合工作组会谈及多轮的专家组会谈。[①] 谈判中，双方就划界原则达成一致，即：根据国际法和国际实践，包括1982年《联合国海洋法公约》的原则和规定，考虑到北部湾的实际情况，公平合理地划分北部湾。[②]

2000年12月25日，中国和越南签署《中华人民共和国和越南社会主义共和国关于两国在北部湾领海、专属经济区和大陆架的划界协定》（简称《中越北部湾划界协定》）[③] 和《中华人民共和国政府和越南社会主义共和国政府北部湾渔业合作协定》（简称《中越北部湾渔业合作协定》）[④]（参见图8–2、彩插ix）。2004年6月30日，《中越北部湾划界

---

① 中国外交部：《中越北部湾划界协定情况介绍》，2000年12月25日。

② 同上。

③《中华人民共和国和越南社会主义共和国关于两国在北部湾领海、专属经济区和大陆架的划界协定》（2000年12月25日签署），参见：中华人民共和国外交部边界与海洋事务司编：《中国周边海洋问题有关文件汇编》，北京：世界知识出版社2017年版，第170–172页。

④ 中国外交部：《中华人民共和国政府和越南社会主义共和国政府北部湾渔业合作协定》，2000年12月25日，https://www.fmprc.gov.cn/web/ziliao_674904/tytj_674911/tyfg_674913/t556668.shtml。

协定》和《中越北部湾渔业合作协定》生效。[①]《中越北部湾划界协定》确定了中越在北部湾的领海、专属经济区和大陆架的分界线，是中国第一条海上边界线，意义重大。

《中越北部湾划界协定》第1条第2款确定了中越两国北部湾海洋划界的划界范围。“北部湾”系指北面为中国和越南两国陆地领土海岸、东面为中国雷州半岛和海南岛海岸、西面为越南大陆海岸所环抱的半封闭海湾，其南部界限是自地理坐标为北纬18°30′19″、东经108°41′17″的中国海南岛莺歌嘴最外缘突出点经越南昏果岛至越南海岸上地理坐标为北纬16°57′40″、东经107°08′42″的一点之间的直线连线。“缔约双方确定，上述区域构成本协定的划界范围。”[②]

中越北部湾划界的总体面积问题。根据中方提出的两国在北部湾总体政治地理形势大体平衡的观点，并按照国际法上公认的公平原则，双方同意充分考虑北部湾有关情况并参照国际实践，通过谈判划分北部湾，以取得公平的划界结果。双方所得海域面积大体相当，实现了双方均满意的公平划界结果。[③]越南学者的研究认为，《中越北部湾划界协定》中，中越各得北部湾面积的46.77%和53.23%。[④]中国学者的研究认为，《中越北部湾划界协定》所确定的中越在北部湾的领海、专属经济区和大陆架分界线，将北部湾海域5.9万平方千米海域和6.6万平方千米海域分别划归中国和越南。[⑤]由于计算方法不同，越方提供的这一面积和比例，同中方所掌握的面积和比例，并不完全一致，但是，

---

① 中国外交部：《中越北部湾划界协定和渔业合作协定今天生效》，2004年6月30日，https://www.fmprc.gov.cn/web/wjbxw_673019/t141534.shtml。

② 《中越北部湾划界协定》第1条第2款。

③ 中国外交部：《中越北部湾划界协定情况介绍》，2000年12月25日。

④ Nguyen Hong Thao, “Maritime Delimitation and Fishery Cooperation in the Tonkin Gulf,” *Ocean Development & International Law*, Vol. 36, No. 1 (January-March 2005), p.29.

⑤ 江淮：《北部湾：中越合作之湾》，载《世界知识》2006年第24期，第27–29页。

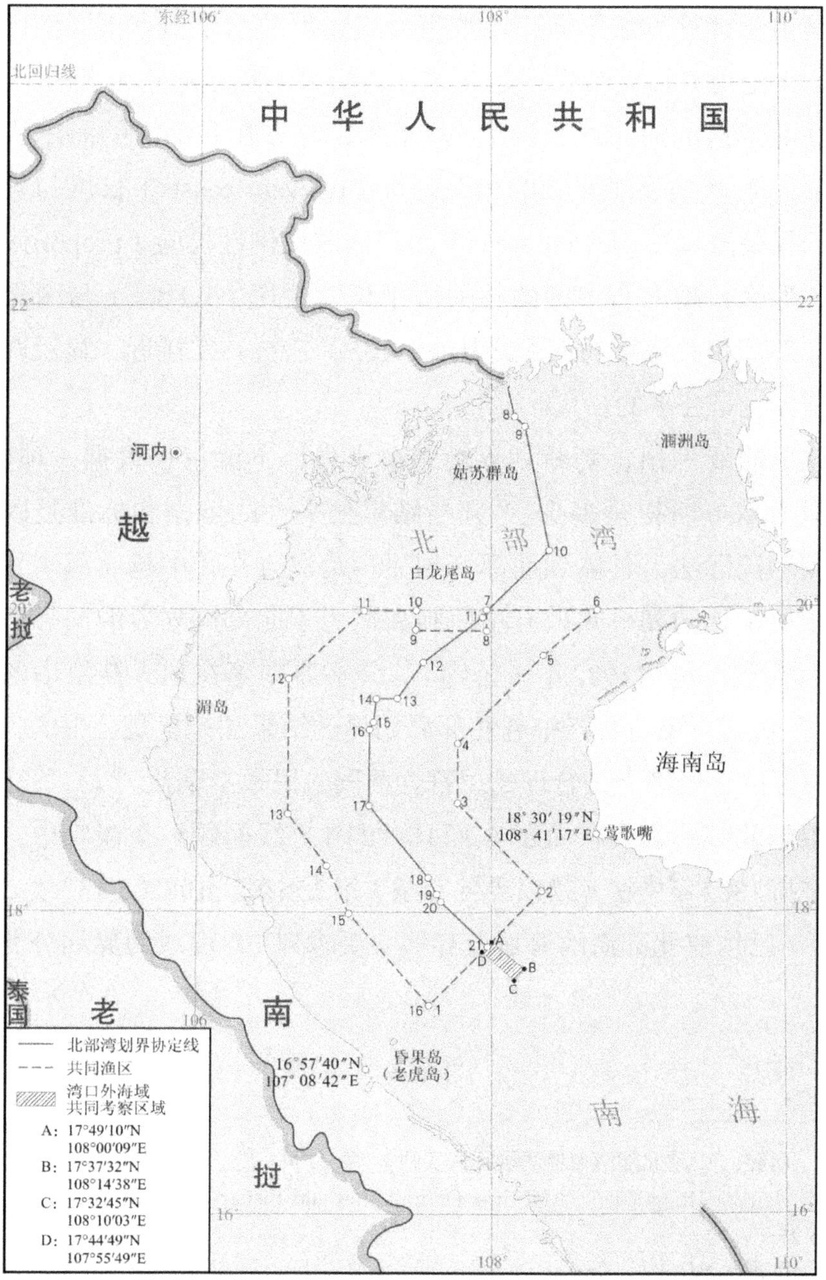

图 8–2　中越北部湾划界协定线及共同渔区示意图

审图号：GS（2022）2261 号

这只是由于计算方法不同，以数字形式体现的结果稍有不同而已；事实上，无论中方计算结果还是越方计算结果，实际上并无大的出入。[①] 中方在北部湾的海岸线长度为695千米，越方在北部湾的海岸线长度为763千米。[②] 如果对双方的相关海岸（relevant coasts）长度与各自所获得的相关海域（relevant areas）面积作成比例性检验（proportionality test），那么，越南与中国的相关海岸长度之比（1.1：1）与两国所分属的北部湾相关海域的面积之比（1.135：1）[③] 非常接近，显示两国之间的划界线是公平的。

这里需要指出，判断划界结果公平性，不能仅仅根据一项数据，不能只看双方所得是多少。[④] 判断结果公平性的依据和标准是国际关系准则和国际法，具体到北部湾划界，是双方在《中越北部湾划界协定》中所确认的和平共处五项原则和适用于北部湾划界的国际法原则和国际实践，包括1982年《公约》、公平原则等在划界结果中的具体体现。[⑤] 从这一视角看，中越北部湾划界的结果法律上是公平的，政治上是友好的，经济上是合理的，符合两国人民根本利益。[⑥]

中越北部湾划界涉及的东经108°03′13″线问题。在谈判中，越南多年坚持1887年中法《续议界务专条》第2条东经108°03′13″线（“108度线”）已构成北部湾的海域分界线，要求以108度线为界划分北部湾

① 周健：《中越北部湾划界的国际法实践》，第27页。

② Nguyen Hong Thao, “Maritime Delimitation and Fishery Cooperation in the Tonkin Gulf,” p.25.

③ Ibid., p.29.

④ 周健：《中越北部湾划界的国际法实践》，第27页。

⑤ 同上。

⑥ 唐家璇：《劲雨煦风》，北京：世界知识出版社2009年版，第256页。

海域。[①] 但中方认为中法《续议界务专条》"108度线"只是划定了中越陆地边界和芒街附近海中岛屿的归属，中法两国从未划分过海界。越方在1994年批准《公约》后，放弃了多年来关于东经108°03′13″线的立场，重申将致力于通过谈判解决海洋划界问题。[②]

中越北部湾划界涉及的油气问题。中越在北部湾油气资源的争议主要涉及北部湾中间海域，即莺歌海盆地的油气构造划分问题。[③]《中越北部湾划界协定》第7条规定：如果任何石油、天然气单一地质构造或其他矿藏跨越本协定第2条所规定的分界线，缔约双方应通过友好协商就该构造或矿藏的最有效开发以及公平分享开发收益达成协议。2005年10月，中国海洋石油总公司和越南石油总公司在河内签署《关于北部湾油气合作的框架协议》。[④] 2006年8月，《中越联合新闻公报》指出：双方同意加快北部湾跨界油气构造勘采和其他领域的合作进度；双方同意积极研究和商谈共同开发问题，以便找到适合的模式和区域。[⑤]

中越北部湾成功划界的经验包括以下三方面：

第一，北部湾专属经济区和大陆架单一划界的经验，对中国今后解决其他海域的划界问题有重要参考价值。相关海域或划界海域的扩

---

① 赵国材：《论中越陆地边界与北部湾水域划界争端之法律解决及尚未解决之南海议题》，载（中国台湾地区）《军法专刊》2011年第2期，第143–189页；Ted L. McDorman, "People's Republic of China–Vietnam," in David A. Colson & Robert W. Smith, eds., *International Maritime Boundaries*, Vol. 5, Leiden, The Netherlands: Martinus Nijhoff Publishers, 2005, p.3746.

② 周健：《中越北部湾划界的国际法实践》，第23页。

③ 同上，第32页。

④ 中国海洋石油总公司：《中海油与越南石油签署北部湾油气合作框架协议》（2005年10月31日签署），国务院国资委网站，2005年11月1日，http://www.sasac.gov.cn/n2588025/n2588124/c4104044/content.html。

⑤ 《中越联合新闻公报》，载《人民日报》2006年8月25日，第1版、第4版。

大可以弱化相关岛屿（尤其是白龙尾岛）的效力，和位于中间线附近的岛屿不应被选作基点这两个方面无疑是符合单一海洋划界的国际法理的。[①]

第二，中越两国以互谅互让达致划界的双赢安排。在谈判过程中，越南在总体面积比例问题上基本同意了中方的主张；越南放弃了多年来关于东经108°03′13″线的立场；越方未再坚持以白龙尾岛（Bach Long Vi Island）等岛屿为基点。中越双方同意给予白龙尾岛15海里的外部界线（12海里周边领海和3海里专属经济区）；[②] 而另一座离越南海岸13海里的昏果岛，则在划定大陆架、专属经济区时只享有50%效力。[③] 中越在北部湾划界过程中互谅互让，达成了一个双赢的划界协定，这对中越关系长期稳定发展具有重要意义。

第三，公平划界原则与等距离规则的融合。中国提出了“公平合理的划分北部湾”的划界原则。最终的北部湾分界线经中越两国谈判以调整的“等距离线”方式划定。[④] 中越在划界时把公平划界原则与等距离规则融合起来，把等距离规则融入公平原则这个“篓子概念”（blanket concept）中，实现了划界法律确定性的目标，也取得了划归双方海域面积大体相当的公平结果。

---

① 黄伟:《单一海洋划界的法律问题研究》，北京：社会科学文献出版社2011年版，第280页。

② Zou Keyuan, “The Sino-Vietnamese Agreement on Maritime Boundary Delimitation in the Gulf of Tonkin,” *Ocean Development & International Law*, Vol. 36, No. 1 (January-March 2005), p.15；周健:《中越北部湾划界的国际法实践》，第26页。

③ 2004年7月1日，越南外长阮怡年就北湾划界生效接受越南《人民报》专访，越南《人民报》2004年7月1日。转引自：Zou Keyuan, “The Sino-Vietnamese Agreement on Maritime Boundary Delimitation in the Gulf of Tonkin,” p.15。

④ Ramses Amer, “Sino-Vietnamese Border Disputes,” in Bruce A. Elleman, Stephen Kotkin, and Clive Schofield, eds., *Beijing's Power and China's Borders: Twenty Neighbors in Asia*, New York: M. E. Sharpe, 2013, p.302；黄伟:《单一海洋划界的法律问题研究》，第280页。

二、中越北部湾渔业合作协定

北部湾划界直接关系到渔业资源的分配利用和中国沿湾几十万渔民的切身利益。在这种情况下，中方在谈判伊始就明确向越方提出，北部湾划界的同时必须妥善解决渔业安排问题，划界协定必须与渔业合作协定同时签署、同时生效。[①] 经过努力，双方同意划界谈判和渔业谈判同时进行，并于2000年12月25日在签署《中越北部湾划界协定》的同时签订了《中越北部湾渔业合作协定》。之后，又经过三年多谈判，中越双方于2004年4月29日在北京签署《中越北部湾渔业合作协定》的补充议定书和《北部湾共同渔区资源养护和管理规定》，妥善解决了北部湾渔业安排事宜。[②]

《中越北部湾渔业合作协定》划定了共同渔区、跨界过渡性安排水域和小型渔船缓冲区。《中越北部湾渔业合作协定》第3条规定：缔约双方同意在北部湾封口线以北、北纬20°以南、距北部湾划界协定所确定的分界线（简称“分界线”）各自30.5海里的两国各自专属经济区设立共同渔区。共同渔区面积3万多平方千米。[③] 共同渔区的有效期为12年，期满后再自动延长3年，共15年。[④] 中越双方各自按照分界线对共同渔区己方一侧的海域进行监管，双方可进行联合监管。每年双方在共同渔区内的作业渔船数量由根据协定设立的中越北部湾渔业联合委员会来确定。在共同渔区以北（自北纬20°起算）北部湾海域的两国专属经济区，设立过渡性安排水域，有效期4年，允许两国渔船进入作

① 中国外交部:《中越北部湾划界协定情况介绍》，2000年12月25日。

② 中国农业部:《中越在京签署北部湾渔业合作协定补充议定书》，2004年4月29日，http://jiuban.moa.gov.cn/zwllm/zwdt/200404/t20040429_200411.htm；周健:《中越北部湾划界的国际法实践》，第30页。

③ 周健:《中越北部湾划界的国际法实践》，第30页。

④ 《中越北部湾渔业合作协定》第22条。

业。过渡性安排结束后，缔约各方应在相同条件下优先准许缔约另一方在本国专属经济区入渔。[①] 在北仑河入海口附近，距两国领海分界线两侧各自3海里的范围内设立小型渔船缓冲区，有效期15年。[②] 对小型渔船误入缓冲区，采取不扣留，不处罚办法，但可勒令其离开。

《中越北部湾渔业合作协定》设立中越北部湾渔业联合委员会（简称“渔委会”）。渔委会由两国政府各自任命的一名代表和若干名委员组成。协定就渔业联合委员会的机制、职责权限、运作方式，以及北部湾生物资源的养护、管理和利用等作出规定。[③]

中越作出的渔业安排，建立了双方在北部湾合作管理渔业资源的机制，有助于理顺双方的渔业关系，有助于建立两国渔民在北部湾良好的作业秩序，最终有助于湾内渔业资源的可持续利用和湾内生态环境的保护。[④]

第三节　中越南海争端及越方主张分析

越南在南海对中国提出了非法领土要求。1974年1月西沙海战后，南越伪政权外交部于1975年发表一份《关于黄沙和长沙群岛的白皮书》，声称对“黄沙”群岛（指中国西沙群岛，笔者注）和“长沙”群岛（指中国南沙群岛，笔者注）拥有领土主权。[⑤] 越南解放南方，实

① 《中越北部湾渔业合作协定》第11条。

② 同上，第12条；周健:《中越北部湾划界的国际法实践》，第31页。

③ 同上，第13条。

④ 中国外交部:《中越北部湾划界协定情况介绍》，2000年12月25日。

⑤ 南越西贡政权1975年白皮书的英文版，参见：Ministry of Foreign Affairs of Republic of Vietnam, *White Paper on the Hoang Sa (Paracel) and Truong Sa (Spratly) Islands*, Saigon, 1975, http://nghiencuubiendong.vn/download/doc_download/132-white-paper-on-the-hoang-sa-paracel-and-truong-sa-spratly-islands-part-1。

现国家统一后违背对于中国拥有西沙群岛和南沙群岛主权的官方承认，继承南越伪政权的衣钵，先是对中国南沙群岛提出了非法领土要求，继而对中国西沙群岛也提出了非法领土要求。1979年9月28日，越南外交部发布一份题为《越南对于黄沙、长沙两群岛的主权》白皮书，试图用19条"证明资料"来证明西沙群岛和南沙群岛是越南的领土。[①] 1979年白皮书的第1—5条，搜罗了一些越南的"古籍资料"；第6—19条，列举了1933年以后法国殖民当局和南越伪政权侵占中国西沙群岛、南沙群岛的一些材料。1979年白皮书的所谓"证明材料"，前一部分（第1—5条）不过是玩弄指鹿为马的手法；而后一部分（第6—19条）则是根本站不住脚的，在法律上也是无效的。[②] 1982年1月18日，越南外交部发布《黄沙和长沙群岛——越南领土》白皮书，再次对西沙和南沙群岛提出领土主权要求。[③] 1988年4月越南外交部发布《黄沙和长沙群岛与国际法》，[④] 试图从国际法角度证明越南对西沙和南沙群岛的领土主权。

越南还对南海部分海域的海床和底土提出了权利要求。2009年5

① 中国外交部:《中国对西沙群岛和南沙群岛的主权无可争辩——中华人民共和国外交部文件》（1980年1月30日），载《人民日报》1980年1月31日，第1版、第3版。越南1979年白皮书的英文版，参见：Ministry of Foreign Affairs of Socialist Republic of Vietnam, *Vietnam's Sovereignty over the Hoang Sa and Truong Sa Archipelagoes*, Hanoi, 1979, released by the U.S. CIA on 15 October 2012, https://www.cia.gov/library/readingroom/docs/CIA-RDP08C01297R000300180007-5.pdf。

② 中国外交部:《中国对西沙群岛和南沙群岛的主权无可争辩——中华人民共和国外交部文件》（1980年1月30日），载《人民日报》1980年1月31日，第1版、第3版。

③ 张海文:《南海及南海诸岛》，第93页。

④ 1988年《黄沙和长沙群岛与国际法》的英文版，参见：Ministry of Foreign Affairs of Socialist Republic of Vietnam, *The Hoang Sa (Paracel) and Truong Sa (Spratly) Archipelagoes and International Law*, Hanoi, April 1988, http://nghiencuubiendong.vn/trung-tam-du-lieu-bien-dong/doc_download/158-the-hoang-sa-paracel-and-truong-sa-spratly-archipelagoes-and-international-law。

月，越南以履行《联合国海洋法公约》义务为借口，分别以单独提案方式和与马来西亚联合提案的方式，在南海争议海域划定了两个200海里以外大陆架的外部界限，向联合国大陆架界限委员会提交了两个外大陆架划界案。一是北区（North Area）（涉及中国西沙海域），[①] 涉及中国西沙群岛海域7.8万平方千米的海床和底土；[②] 二是南区（South Area）（涉及中国南沙群岛海域）的联合划界案，[③] 涉及南沙群岛海域4.5万平方千米的海床和底土。[④] 越南依据上述两个外大陆架划界案对南海部分海域的海床和底土提出了权利要求。

西沙群岛是中国固有领土，不存在任何争议。[⑤] 中国最早发现、最早开发经营、最早管辖西沙群岛；1974年1月，中国军民驱走了入侵西沙群岛珊瑚岛和甘泉岛的南越伪政权军队，捍卫了中国的领土主权；1974年以前，越南历届政府从未对中国西沙群岛的主权提出过任何异议。[⑥] 中国西沙群岛与越南大陆海岸之间存在海域划界问题，双方迄未

① DOALOS/OLA United Nations, "Submission to the Commission on the Limits of the Continental Shelf Made on 7 May 2009 – in North Area (VNM-N)," 7 May 2009, https://www.un.org/depts/los/clcs_new/submissions_files/vnm37_09/vnm2009n_executivesummary.pdf.

② 贾宇:《南海问题的国际法理》，载《中国法学》2012年第6期，第29页。

③ DOALOS/OLA United Nations, "Outer Limits of the Continental Shelf Beyond 200 Nautical Miles From the Baselines: Joint Submission by Malaysia and the Socialist Republic of Viet Nam," 6 May 2009, https://www.un.org/depts/los/clcs_new/submissions_files/submission_mysvnm_33_2009.htm.

④ 贾宇:《南海问题的国际法理》，载《中国法学》2012年第6期，第29页。

⑤ 中国外交部:《"981"钻井平台作业：越南的挑衅和中国的立场》，2014年6月8日，https://www.fmprc.gov.cn/nanhai/chn/snhwtlcwj/t1163255.htm；中国外交部:《中国对西沙群岛和南沙群岛的主权无可争辩——中华人民共和国外交部文件》（1980年1月30日），载《人民日报》1980年1月31日，第1版、第3版。

⑥ 中国外交部:《"981"钻井平台作业：越南的挑衅和中国的立场》，2014年6月8日。

在该海域进行专属经济区和大陆架划界。[①]

对于西沙群岛，越南实际上已经默认了自身不能染指西沙群岛主权的现实。[②] 越南专家认为：由于中国长期占有西沙群岛，并从20世纪90年代中后期采取不承认西沙群岛存在领土争议的立场，而东盟和区域外国家也没有实质性支持越南的意图，考虑到这一因素和中越国力严重不对称的现实，越方不可能通过谈判解决（中方不与越方谈判主权）、不可能通过战争夺取（越南没有实力）、也不可能通过国际司法或国际介入渠道（各国实际并不支持，且受“禁止反言”原则制约），西沙群岛问题未来几十年甚至几百年都不会有结果；[③] 但“越南需要在‘黄沙’主权问题上采取既坚持原则又能灵活处理以维护越南利益的措施”，“首先应该坚持在任何时候都不放弃对‘黄沙’的主权主张和对中国‘违法’行为的抗议”，“其次应该在声明不放弃越南主权权利的前提下，采取务实灵活态度和中国就渔业、资源开采等一些低敏感问题开展谈判，以最大程度地维护越南的利益”。[④]

越南对中国南沙群岛整体提出了非法领土要求。至20世纪90年代末，越南已侵占中国南沙群岛29个岛礁。包括：鸿庥岛、南子岛、敦谦沙洲、南威岛、景宏岛、安波沙洲、染青沙洲、中礁、毕生礁、柏礁、西礁、无乜礁、日积礁、大现礁、东礁、六门礁、南华礁、舶兰礁、奈罗礁、鬼喊礁、琼礁、蓬勃堡、广雅滩、万安滩、西卫滩、奥

① 中国外交部：《“981”钻井平台作业：越南的挑衅和中国的立场》，2014年6月8日。

② 赵卫华：《权力扩散视角下的中越南海争端研究》，北京：世界知识出版社2019年版，第84页。

③〔越南〕阮庭廉：《中国崛起前夕的越中关系》，河内：百科字典出版社2012年版，第340–341页。转引自：赵卫华：《权力扩散视角下的中越南海争端研究》，北京：世界知识出版社2019年版，第83–84页。

④ 同上，第84页。

南暗沙、金盾暗沙、人骏滩和李准滩。[①] 20世纪90年代以来，越南对中国南沙群岛的侵权活动已从单纯的军事抢占，转为通过向岛礁移民、进行“国会代表”选举、设立基层政权组织、调整行政建制、对外油气招标等方式，宣示所谓“主权”，强化对所占岛礁的“行政管辖”，加速进行民事化开发利用，以巩固既得利益。[②]

对于南沙群岛，越方认为：南沙地区的大部分岛礁都在越南的有力控制下，南沙的状况受到区域外大国和东盟相关国家的关注以及《南海各方行为宣言》的制约，总体情况有利于越南。[③] 越南《中国工程》[④]研究报告建议，越南在南沙地区的首要任务是维护现状，然后在此基础上利用实际占有和区域外大国支持的优势，同中国就主权问题开展谈判，达成以维持现状为基础的解决方案。[⑤]

需要注意的是，越南近年来重新界定了西沙群岛和南沙群岛的地物地位。越南在1977年5月12日发布的《越南领海、毗连区、专属经济区和大陆架声明》[⑥] 中主张西沙群岛和南沙群岛拥有专属经济区和

① 张海文:《南海及南海诸岛》，第43页；吴士存:《南沙争端的起源与发展》（修订版），北京：中国经济出版社2013年版，第121页。

② 贾宇:《南海问题的国际法理》，载《中国法学》2012年第6期，第29页。

③ 赵卫华:《权力扩散视角下的中越南海争端研究》，北京：世界知识出版社2019年版，第84页。

④ 《中国工程》全称为《中国崛起及越南面临的若干问题研究工程》，由越南社会科学翰林院中国研究所时任所长杜进森为总负责人，前任所长阮辉贵、时任副所长阮庭廉等人为分课题负责人，共分为中国外交、中国军事、中国经济、中国社会、中国软实力、中国政治、中越关系、中国两岸四地关系八个部分。《中国工程》由中国研究所协调了越南社会科学翰林院内外60多名专家直接参与，成果在2013年年底到2014年年中陆续发布出版。转引自：赵卫华:《权力扩散视角下的中越南海争端研究》，第83页。

⑤ 赵卫华:《〈中国工程〉与越南的“双向制衡”战略》，载《中国周边外交学刊》2015年第1辑，第219页。

⑥ DOALOS/OLA United Nations, “Statement on the Territorial Sea, the Contiguous Zone, the Exclusive Economic Zone and the Continental Shelf of 12 May 1977,” 12 May 1977.

大陆架，扇形线即是在此背景下出现的。[①] 2011年10月，越南外交学院“东海”研究中心主任陈长水（Tran Truong Thuy）在接受英国媒体采访时表示，越南在西沙群岛和南沙群岛法理地位问题上同意美日和东盟各国的主张，认为上述群岛有关岛礁不能够维持自身的经济生活，不能享有自身的专属经济区和大陆架，最多只能拥有12海里的领海。[②] 2012年6月21日，越南国会通过《越南海洋法》第20条第2款规定：“不适合人类居住或者不能维持自身经济生活的岩礁不能享有专属经济区和大陆架。”[③] 2014年5月23日，越南边界领土委员会副主任陈维海（Tran Duy Hai）在代表越南政府答记者问时明确表示：依据1982年《联合国海洋法公约》，越南认为包括中建岛在内的西沙群岛在法理上属于岩礁，不适合人类居住，无法维持自身的经济生活，因而无权享有专属经济区和大陆架。[④] 由上可见，越南在重新界定西沙群岛和南沙群岛的地物地位后，认为两群岛没有任何海洋地物有能力产生专属经济区或大陆架。

第四节　中越南海争端和平解决的办法

对于中越南海争端，两党两国政府从战略高度和两国关系大局出发，达成了通过双边谈判妥善处理和解决海上问题的共识。《中越北部

① 转引自：赵卫华：《越南南海政策调整：演变与实质》，载《东南亚研究》2019年第1期，第19页。

② 同上，第19–20页。

③ National Assembly of Vietnam, “Law of the Sea of Vietnam,” Passed on 21 June 2012, *Vietnam Law and Legal Forum Magazine*, https://vietnamlawmagazine.vn/law-of-the-sea-of-vietnam-4895.html.

④ 转引自：赵卫华：《越南南海政策调整：演变与实质》，载《东南亚研究》2019年第1期，第20页。

湾划界协定》于2004年6月30日生效。一年多后的2005年11月2日，两国政府在《中越联合声明》中指出："双方同意尽早开始湾口外海域的划界谈判并商谈该海域的共同开发问题。"[①] 2011年10月11日，中国和越南签订政府间《关于指导解决中越海上问题基本原则协议》，达成了6点基本原则协议。[②] 该《基本原则协议》可被视为中越之间事实上的双边"行为准则"。[③] 此后的多份中越政府间联合声明都提到要管控海上分歧和开展海上合作。

稳步推进北部湾湾口外海域划界谈判。2012年5月，中越举行了北部湾湾口外海域工作组第一轮磋商。截至2019年12月，中越北部湾湾口外海域工作组已举行十二轮磋商。[④] 中越于2015年12月启动北部湾湾口外海域共同考察海上作业；2016年4月完成既定任务。通过共同考察，双方将进一步了解该海域相关情况，提升两国海上科研合作水平并为该海域共同开发和划界谈判工作奠定坚实基础。[⑤]

积极推进北部湾湾口外海域的共同开发。2013年6月21日《中越联合声明》指出：积极推进北部湾湾口外海域的共同开发，在北部

---

① 《中越联合声明》(2005年11月2日)。参见：中华人民共和国外交部边界与海洋事务司编:《中国周边海洋问题有关文件汇编》，北京：世界知识出版社2017年版，第209–212页。

② 中国外交部:《关于指导解决中华人民共和国和越南社会主义共和国海上问题基本原则协议》(2011年10月11日签订)，https://www.fmprc.gov.cn/web/ziliao_674904/tytj_674911/tyfg_674913/t872687.shtml。

③ Ramses Amer, "Sino-Vietnamese Border Disputes," in Bruce A. Elleman, Stephen Kotkin, and Clive Schofield, eds., *Beijing's Power and China's Borders: Twenty Neighbors in Asia*, New York: M. E. Sharpe, 2013, p.305.

④ 中国外交部:《中越北部湾湾口外海域工作组第十二轮磋商和海上共同开发磋商工作组第九轮磋商分别在京举行》，2019年12月26日，https://www.fmprc.gov.cn/web/wjbxw_673019/t1728015.shtml。

⑤ 中国外交部:《2016年4月21日外交部发言人华春莹主持例行记者会》，2016年4月21日，https://www.fmprc.gov.cn/web/fyrbt_673021/t1357384.shtml。

湾湾口外海域启动共同考察，尽早确定合作区域和领域，落实北部湾湾口外海域工作组谈判任务。2013年10月15日的联合声明指出："双方同意在政府边界谈判代表团框架下成立中越海上共同开发磋商工作组。"[①] 截至2019年12月，中越海上共同开发磋商工作组已举行九轮磋商。[②] 据越南网（Vietnamnet）2015年12月报道，中越双方已同意在北部湾湾口外的一个四边形区域开展共同考察，两国有可能未来在这一区域开展共同开发，这一区域由四个坐标点（北纬17°49′10″和东经108°00′09″、北纬17°37′32″和东经108°14′38″、北纬17°32′45″和东经108°10′03″、北纬17°44′49″和东经107°55′49″）连接而成[③]（参见图8–2、彩插ix）。

但是，截至2020年8月，中越北部湾湾口外海域工作组磋商尚未取得重大突破。主要有两个阻碍因素：一是中越双方在围绕"共同开发、海域划界"的优先次序上分歧较大。越方主张"先海域划界，再共同开发"。[④] 然而按照《公约》以及相关国家实践，共同开发是在争议海域划界前的临时性和过渡性安排，理应"共同开发在前，海域划界在后"。越方声称中越在北部湾存在油气资源共同开发的先例，但其本质上是中越双方对北部湾油气构造进行勘探的一种"合作开发"，并不属于共同开发的范畴。二是中越政治互信不够，影响了磋商的政治

① 中国外交部:《新时期深化中越全面战略合作的联合声明》，2013年10月15日发布，https://www.fmprc.gov.cn/nanhai/chn/zcfg/t1089639.htm。

② 中国外交部:《中越北部湾湾口外海域工作组第十二轮磋商和海上共同开发磋商工作组第九轮磋商分别在京举行》，2019年12月26日。

③ Vietnamnet, "Việt-Trung khảo sát chung vùng biển ngoài cửa Vịnh Bắc Bộ" ("Vietnam and China Join Forces to Explore the Area in the Mouth of the Gulf of Tonkin"), 19 December 2015. https://vietnamnet.vn/vn/thoi-su/viet-trung-khao-sat-chung-vung-bien-ngoai-cua-vinh-bac-bo-279873.html.

④ 罗亮:《中越北部湾湾口外海域划界谈判任重道远》，2018年12月18日，http://cn.chinausfocus.com/foreign-policy/20181218/35088.html。

氛围，近几年中越海上摩擦事件也影响了双方磋商的进程。2015年4月越共中央总书记阮富仲访华时指出：两国之间的一些合作领域未能达到实质性的效果，最大的障碍就是政治互信不够。[①] 2014年5—7月的"海洋石油981"钻井平台中越对峙事件，使得两国关系短期内迅速跌入"低谷"，迫使原定于当年5月举行的中越北部湾湾口外海域工作组磋商延迟到当年12月举行。

对于西沙群岛，越方迫于国内压力，虽不敢公开宣称以现状为基础达成协议，但主张积极推动同中国的谈判，争取在一些实际问题上达成协议，以维护越南的利益。[②]

中越有关南沙群岛领土争议是中越南海争端的核心。越南希望与中国就南沙群岛问题进行全面的谈判，在南沙群岛对中国作少许象征性让步，以原状为基础达成南沙群岛争端的解决。[③] 在和平解决南沙群岛问题的前提下，越方可以接受的让步范围大致为：在越南主张的专属经济区线以东，中国实际控制的岛礁归属中国，同时越南在被其实际控制的部分"低潮高地"归属上对中国稍作让步，并且越南放弃其对西沙群岛的主权要求。[④] 在越南主张的专属经济区线以西，属于其要确保的核心利益区，越南持"不可谈判"的立场。[⑤] 中国在"坚决反对一些国家对中国南沙群岛部分岛礁的非法侵占"[⑥] 的同时，继续与越南通过谈判协商和平解决南沙群岛有关争端。在南沙群岛有关争端

① 越通社:《越共中央总书记阮富仲与中共中央总书记、国家主席习近平举行会谈》，2015年4月8日，https://zh.vietnamplus.vn/。

② 赵卫华:《权力扩散视角下的中越南海争端研究》，第257页。

③ 同上。

④ 赵卫华:《越南南海政策调整：演变与实质》，载《东南亚研究》2019年第1期，第32页。

⑤ 同上。

⑥ 中国外交部:《中华人民共和国政府关于在南海的领土主权和海洋权益的声明》，2016年7月12日，https://www.fmprc.gov.cn/web/zyxw/t1380021.shtml。

短期内无法解决的情况下，主张两国需要尽一切努力作出实际性的临时安排，如在相关海域进行共同开发等。有学者认为，在未来中越政治解决南沙群岛争端的条件成熟时，中俄黑瞎子岛解决模式、政经主权分离的解决模式、阶段性部分解决模式可用来考虑解决中越之间的争端。[①]

本章小结

本章分析了中国与越南在南海的海洋事务。中越两国主张的领海、毗连区、专属经济区、大陆架宽度一致，领海基线都使用直线基线（参见表8–1）。

越南已与部分海上邻国划定了（或部分划定了）海上边界。1982年7月7日，越南和柬埔寨签署了《越南—柬埔寨历史性水域协定》。1997年8月9日，越南和泰国达成了《泰国—越南划界协定》。2003年6月26日，越南和印度尼西亚达成《越—印尼大陆架协定》。2000年12月25日，中国和越南签署《中越北部湾划界协定》。

2000年12月25日，中国和越南签署《中越北部湾划界协定》和《中越北部湾渔业合作协定》。2004年6月30日，《中越北部湾划界协定》和《中越北部湾渔业合作协定》生效。《中越北部湾划界协定》确定了中越在北部湾的领海、专属经济区和大陆架的分界线（参见图8–2、彩插ix），是中国第一条海上边界线，意义重大。《中越北部湾渔业合作协定》划定了共同渔区、跨界过渡性安排水域和小型渔船缓冲区。中越作出的渔业安排，建立了双方在北部湾合作管理渔业资源的机制。

越南对中国南沙群岛提出了非法领土要求。至20世纪90年代末，

① 赵卫华：《权力扩散视角下的中越南海争端研究》，第244–249页。

越南已侵占中国南沙群岛29个岛礁。另外，越南违背对中国在南海的领土主权承认，对中国西沙群岛也提出了非法领土要求。对此，中方不接受、不认为中越在西沙群岛存在领土争议。南沙群岛领土争议是中越南海争端的核心。越南还对南海部分海域的海床和底土提出了权利要求。

对于中越南海争端，两党两国政府从战略高度和两国关系大局出发，达成通过谈判妥善处理和解决海上问题的共识。2011年10月11日，中国和越南签订政府间《关于指导解决中越海上问题基本原则协议》。目前，中越两国正在稳步推进北部湾湾口外海域划界谈判，正在积极推进北部湾湾口外海域的共同开发。在南沙群岛领土争议及其相关的南海海洋管辖权争议短期内无法解决的情况下，中越两国需要尽一切努力作出实际性的临时安排，如在相关海域进行共同开发等。

第九章

中国在南海的存在格局与面临挑战*

南海（South China Sea）是西太平洋的边缘海之一，属半闭海（参见图9–1、彩插x）。南海北部由台湾海峡与东海相通，东部由许多海峡（如巴林塘海峡、巴士海峡等）与西太平洋沟通，西南侧通过马六甲海峡连接印度洋。南海北部连接的是中国领土广东、广西、海南、福建和台湾；东部和东南部邻近菲律宾群岛；南部则是马来西亚和文莱，包括加里曼丹岛等；西部和西南部邻接越南和马来半岛。[①] 南海海域总面积为350万平方千米左右。[②] 南海周边由北向东而南至西共有6个沿岸国，即：中国、菲律宾、马来西亚、文莱、印度尼西亚和越南。南海诸岛由东沙群岛、西沙群岛、中沙群岛和南沙群岛四大群岛组成。南海诸岛之间以及岛礁与周边陆地之间的最大距离均不足400海里，南海几乎全部是由其周边6个沿岸国的领海和专属经济区构成的海域。[③]

---

* 本章内容由以下文章修改而成：祁怀高：《近年来中国在南海的存在格局、面临挑战及因应之策》，载《国际论坛》2018年第1期，第8–13页。

① 张海文：《南海及南海诸岛》，北京：五洲传播出版社2014年版，第11–12页；全国人大常委会法制工作委员会国家法室：《中国海洋权益维护法律导读》，北京：中国民主法制出版社2014年版，第25页。

② 全国人大常委会法制工作委员会国家法室：《中国海洋权益维护法律导读》，第25页。

③ 张海文：《南海及南海诸岛》，第12页。

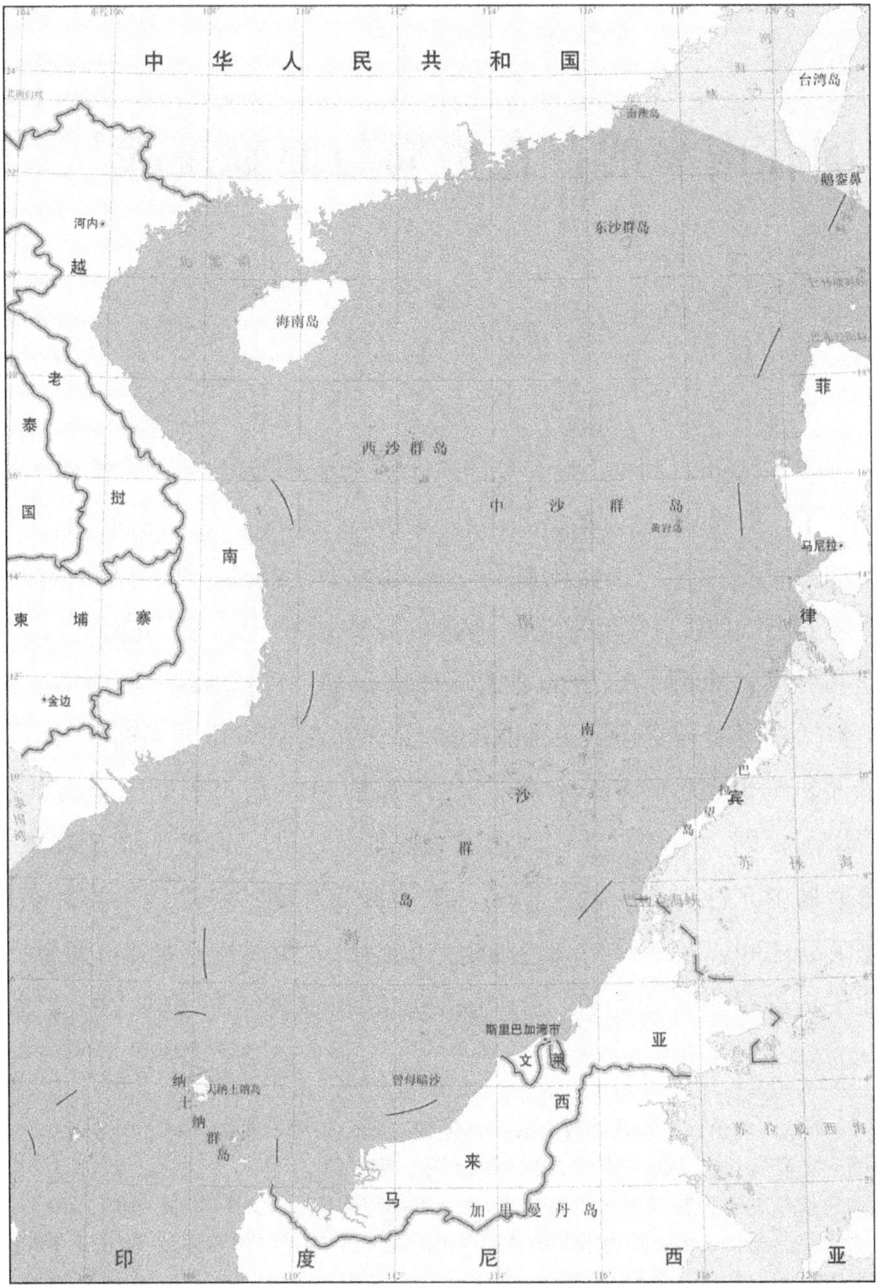

图9-1　南海沿岸国示意图

审图号：GS（2022）2261号

受此自然条件所限，南海周边国家之间必然会出现各自所主张的管辖海域重叠情况，由此产生海洋划界问题。

2012年党的十八大以来，中国强化对南海诸岛主权和在南海的海洋权益的维护，积极拓展在南海的存在格局。中国在南海的存在格局指的是，中国通过持续的岛礁建设、政权建设和海军建设等举措不断增强其在南海的主权存在、政权存在和军事存在等的总体态势。主权存在是中国在南海存在格局的根本所在和法理之源；政权存在是中国在南海存在格局的核心载体和施政之基；军事存在是中国在南海存在格局的安全保障和防御之责。[①] 中国在南海的主权存在、政权存在和军事存在紧密关联、相互支撑，形成了中国在南海存在格局的有机整体。

笔者将结合2016年7月和2017年7月两次对海南省三沙市的实地调研、[②] 2015年12月对越南、[③] 2015年12月对文莱、[④] 2019年7月对印度尼西亚、[⑤] 2019年11月对马来西亚[⑥] 等其他南海沿岸国的实地调研，

① 祁怀高：《近年来中国在南海的存在格局、面临挑战及因应之策》，载《国际论坛》2018年第1期，第8页。

② 2016年7月11—28日和2017年7月4—9日，笔者两次赴海南省相关机构和三沙市进行实地调研。包括：海南省外事侨务办公室（海南省维护国家海洋权益领导小组办公室），中国南海研究院，海南大学，三沙市政府，西沙永兴岛、石岛、赵述岛，琼海市潭门镇渔港和渔民协会等。

③ 2015年12月13—16日，笔者赴越南调研。调研机构包括：越南社会科学院中国研究所和东南亚研究所，越南外交部东盟司等。

④ 2015年12月19—22日，笔者赴文莱调研。调研机构包括：文莱外交与贸易部国际战略与政策研究所，文莱国防部苏丹防务与战略研究所等。

⑤ 2019年7月22—26日，笔者参加复旦大学团队赴印度尼西亚调研。调研机构包括：印尼科学院（LIPI），中国驻东盟使团，中印尼高铁公司，印尼战略与国际研究中心，第三国家港口公司（Pelindo III），丹戎佩拉港（Tanjung Perak），艾尔朗卡大学、中国驻泗水总领馆，东爪哇国家建设大学（UPN “Veteran” Jawa Timur），苏南·安贝伊斯兰大学（UIN Sunan Ampel）等。

⑥ 2019年11月21—22日，笔者参加复旦大学团队赴马来西亚调研。调研机构包括马来亚大学中国研究所等。

通过查阅最新文献资料，试图对近年来中国在南海的存在格局与面临挑战进行全面分析。

第一节　中国在南海的存在格局

2012年党的十八大以来，中国通过南沙岛礁建设、三沙设市、发展南部战区海军（南海舰队）增强了在南海的主权存在、政权存在、军事存在。

一、南沙群岛岛礁建设彰显了中国在南海的主权存在

南沙群岛由230多个岛、洲、礁、沙、滩组成。[①] 中国历来对整个南沙群岛，而非仅对其中少数几个岛礁享有主权。[②] 2011年4月中国提交联合国的照会指出，中国的南沙群岛拥有领海、专属经济区和大陆架。[③] 南沙群岛，目前中国进驻9个岛礁，其中大陆进驻7个岛礁，台湾驻守2个。中国自1988年起驻守永暑礁、华阳礁、赤瓜礁、东门礁、南薰礁和渚碧礁，1995年1月驻守美济礁；台湾当局驻守太平岛和中洲礁。[④] 南沙群岛其余的岛礁几乎被周边国家所瓜分。越南侵占中国南沙群岛29个岛礁，包括：鸿庥岛、南子岛、敦谦沙洲、南威岛、景宏岛、安波沙洲、染青沙洲、中礁、毕生礁、柏礁、西礁、无乜礁、日积礁、

---

① 星球地图出版社：《中华人民共和国海南省三沙市地图》，北京：星球地图出版社2012年版。

② 中国外交部：《中华人民共和国政府关于菲律宾共和国所提南海仲裁案管辖权问题的立场文件》，2014年12月7日，https://www.fmprc.gov.cn/nanhai/chn/snhwtlcwj/t1368888.htm。

③ 中国常驻联合国代表团：《就菲律宾于2011年4月5日向联合国秘书长提交的000228号照会表达立场》，第CML/8/2011号照会，2011年4月14日，http://www.un.org/depts/los/clcs_new/submissions_files/mysvnm33_09/chn_2011_re_phl.pdf。

④ 张海文：《南海及南海诸岛》，第42–43页。

大现礁、东礁、六门礁、南华礁、舶兰礁、奈罗礁、鬼喊礁、琼礁、蓬勃堡、广雅滩、万安滩、西卫滩、奥南暗沙、金盾暗沙、人骏滩和李准滩。[①] 马来西亚侵占中国南沙群岛5个岛礁，包括：弹丸礁、光星仔礁、南海礁、榆亚暗沙、簸箕礁。[②] 菲律宾侵占中国南沙群岛8个岛礁，包括：马欢岛、费信岛、中业岛、南钥岛、北子岛、西月岛、双黄沙洲和司令礁。[③] 文莱未对中国南沙群岛有关岛礁进行实际占领，但其海洋管辖权区域覆盖中国南沙群岛的南通礁。

2013年年底、2014年年初起中国在南沙群岛7个进驻岛礁上进行岛礁建设。根据“亚洲海事透明倡议”（Asia Maritime Transparency Initiative, AMTI）的数据，中国在7个进驻南沙群岛岛礁上的扩建面积总和超过12.83平方千米（参见表9–1）。目前，南沙群岛中岛礁面积排名前四的岛礁都由中国驻军实控，其中，美济礁面积排名第一，渚碧礁排名第二，永暑礁排名第三，太平岛排名第四（中国台湾驻军，面积0.44平方千米）。2016年中国民航在南沙群岛3个岛礁（美济礁、渚碧礁、永暑礁）新建机场进行了试飞测试，表明这些岛礁具备了保障民航客机安全运行的能力。南沙群岛的三个最大岛礁美济礁、渚碧礁、永暑礁已形成三足鼎立互为掎角之势。2015年10月，中国南沙群岛华阳礁和赤瓜礁的新建灯塔启用，为航经该海域的船舶提供高效导航助航服务，大大提高南海海域船舶航行安全。

---

① 张海文:《南海及南海诸岛》，第43页；吴士存:《南沙争端的起源与发展》（修订版），北京：中国经济出版社2013年版，第121页。

② 张海文:《南海及南海诸岛》，第43页。

③ 参见：中国外交部:《外交部发言人华春莹就菲律宾推进设立涉中菲南海争议仲裁庭事答记者问》，2013年4月26日，http://www.fmprc.gov.cn/web/wjdt_674879/fyrbt_674889/t1035477.shtml；张海文:《南海及南海诸岛》，第43–44页。

表9–1　中国南沙群岛7个岛礁建设面积

	美济礁（Mischief Reef）	渚碧礁（Subi Reef）	永暑礁（Fiery Cross Reef）	华阳礁（Cuarteron Reef）	南薰礁（Gaven Reefs）	赤瓜礁（Johnson Reef）	东门礁（Hughes Reef）
面积（km^2）	5.58	3.95	2.74	0.23	0.14	0.11	0.08
英亩（acres）	1379	976	677	56	34	27	19
坐标	09°54′00"N, 115°32′00"E	10°55′25"N, 114°5′5"E	9°32′45"N, 112°53′15"E	08°51′45"N, 112°50′15"E	10°12′24"N, 114°13′25"E	9°43′1"N, 114°16′54"E	9°54′30"N, 114°29′50"E

资料来源：Asia Maritime Transparency Initiative, "Subi Reef," https://amti.csis.org/subi-reef/; "Mischief Reef," https://amti.csis.org/mischief-reef/; "Johnson Reef," https://amti.csis.org/johnson-reef/; "Hughes Reef," https://amti.csis.org/hughes-reef/; "Gaven Reefs," https://amti.csis.org/gaven-reefs/; "Fiery Cross Reef," https://amti.csis.org/fiery-cross-reef/; "Cuarteron Reef," https://amti.csis.org/cuarteron-reef/. 访问日期：2020年3月17日。

备注：中国南沙群岛7个岛礁英文名称和建设面积为外国机构观点，并非中国政府官方立场。

中国在南海的岛礁建设大大彰显了中国的主权存在，也有助于维护整个南海海空安全并为区域国家和世界各国提供公共产品。2017年10月，中共十九大报告把"南海岛礁建设积极推进"作为中国在过去5年取得的重大成就之一。中国在南沙的岛礁建设是中国在主权范围内采取的正当行动，符合国际法。在岛礁建设过程中，中国采取了公开透明的态度，主动公布岛礁维护与建设的用途与目的、工程进度、设施安排与功能等内容。① 中国在南海岛礁上的建设规模是有限度的，将为驻守人员、居民、过往船只及周边国家提供更好的服务。中方岛礁建设主要是为了改善岛上人员工作生活条件，并提供相应国际公共产

① 中国外交部：《2015年4月9日外交部发言人华春莹主持例行记者会》，2015年4月9日，http://www.fmprc.gov.cn/web/gjhdq_676201/gj_676203/yz_676205/1206_677220/fyrygth_677228/t1253375.shtml。

品，也有助于进一步维护南海航行自由和安全。[①] 即便岛礁建设未来有一定的军事用途，也是防御性的。

二、三沙设市强化了中国在南海的政权存在

中国于2012年7月24日挂牌成立三沙市。三沙市为地级市，市政府驻西沙永兴岛，管辖西沙群岛、中沙群岛、南沙群岛的岛礁及其相关海域。在这之前，中国对南海各群岛的管理机构为"海南省西沙群岛、南沙群岛、中沙群岛办事处"，机构性质为海南省政府派出的办事机构，相当于县级政权设置。三沙市设市以来，积极承担中央政府赋予的"维权、维稳、保护、开发"使命。

政权组织建设是三沙市的核心工作。从2013年7月成立第一个基层政权组织至今，三沙市已经建立了永乐群岛、七连屿、永兴（镇）、南沙群岛等4个工委、管委会；成立了永兴、赵述、晋卿、鸭公等10个社区（岛礁）居民委员会。[②] 根据三沙市基层政权建设的要求，工委、管委会职能包括：负责相关岛礁及其海域的主权维护和行政管辖工作；负责综合执法、环境保护、应急、防灾、渔民生活补给、基础设施建设的组织协调与管理；负责民兵组织管理工作等。[③] 政权组织建设由机关向岛礁基层延伸，由西沙群岛向南沙群岛扩展，基层政权实现西、南沙群岛有居民的岛礁全覆盖。[④] 三沙市常住人口约1800人（不含驻市

---

① The Wall Street Journal, "Full Transcript: Interview with Chinese President Xi Jinping," 22 September 2015, https://www.wsj.com/articles/full-transcript-interview-with-chinese-president-xi-jinping-1442894700.

② 三沙市人民政府网：《三沙概况》，http://www.sansha.gov.cn/sansha/ssgk/ssgk.shtml，访问日期：2020年9月20日；海南日报：《红旗飘扬祖宗海》，载《海南日报》2016年7月24日，第11版。

③ 笔者对三沙市七连屿工委、管委会的调研，2017年7月9日，西沙赵述岛。

④ 海南日报：《红旗飘扬祖宗海》，载《海南日报》2016年7月24日，第11版。

部队官兵），户籍人口621人。[①] 设立三沙市后，中央军委批复同意组建“中国人民解放军海南省三沙警备区”，2012年7月24日正式挂牌成立，三沙警备区为正师级单位。[②] 2015年1月，三沙市成立了七连屿人民武装部等4个基层武装部，[③] 这是完善基层政权体系的需要和重要举措。2015年4月，国务院批准实施《海南省三沙市总体发展规划》，对未来15年三沙市政权组织建设等指明了方向。2020年4月，国务院批准三沙市设立西沙区、南沙区；三沙市西沙区管辖西沙群岛的岛礁及其海域，代管中沙群岛的岛礁及其海域，西沙区人民政府驻永兴岛；三沙市南沙区管辖南沙群岛的岛礁及其海域，南沙区人民政府驻永暑礁。[④]

三、发展南部战区海军增强了中国在南海的军事存在

党的十八大以来，中国海军正在向建设世界一流海军迈进。中国海军的一些装备已跻身世界先进行列。中国海军已基本形成二代为主体、三代为骨干的主战装备体系。[⑤] 2018年4月，中共中央总书记、国家主席和中央军委主席习近平出席中央军委在南海海域举行的海上阅

---

① 三沙市人民政府网:《市情》，http://www.sansha.gov.cn/sansha/ssgk/ssgk.shtml，访问日期：2020年3月17日。

② 新华社:《中央军委批复同意组建三沙警备区》，2012年7月23日，http://news.xinhuanet.com/mil/2012-07/23/c_123454157.htm；新华社:《镌刻在南海深处的忠诚——海南省三沙警备区官兵守卫万里海疆纪实》，2016年10月10日，http://news.xinhuanet.com/mil/2016-10/10/c_129316415.htm。

③ 侯坤:《三沙市成立4个基层武装部》（2015年1月6日），军网（《解放军报》），2015年1月12日，http://www.81.cn/jwgz/2015-01/12/content_6304235.htm。

④ 中国民政部:《民政部关于国务院批准海南省三沙市设立市辖区的公告》，2020年4月18日，http://www.mca.gov.cn/article/xw/tzgg/202004/20200400026955.shtml。

⑤ 李学勇、樊永强、黎云:《向着深蓝出发——献给人民海军成立70周年》，2019年4月21日，http://www.xinhuanet.com//politics/2019-04/21/c_1124395067.htm。

兵时指出，“努力把人民海军全面建成世界一流海军”。[①] 2019年7月，中国国务院新闻办公室发布《新时代的中国国防》白皮书，提出“加快推进近海防御型向远海防卫型转变，提高战略威慑与反击、海上机动作战、海上联合作战、综合防御作战和综合保障能力，努力建设一支强大的现代化海军”。[②]

鉴于南海在军事战略上的重要地位，中国南部战区海军是中国海军发展的重点所在。近年来，中国开展了海南岛海空军基地、西沙群岛永兴岛海空军基地、琛航港军港、南沙群岛永暑礁军港等建设，增强了中国在南海的军事力量。2019年12月，中国第一艘国产航空母舰山东舰在海南三亚某军港交付海军。[③] 根据美国国防部公布的《中国军力报告（2020）》，中国南部战区海军已经具备相当雄厚的实力。[④] 中国在三亚海军基地建造了航母码头，可同时容纳两艘航母或其他大型舰只。[⑤] 2016年7月，南海舰队的海军陆战队曾在南海相关海域演练登陆进攻，进一步提高部队作战能力。中国增强在南海军事力量的目的是保卫国家的领土主权、海洋权益和其他海上利益。

---

① 新华社:《习近平：把人民海军全面建成世界一流海军》，2018年4月12日，http://www.xinhuanet.com//politics/2018-04/12/c_1122674487.htm。

② 国务院新闻办公室:《新时代的中国国防》（2019年7月），http://www.scio.gov.cn/ztk/dtzt/39912/41132/41148/Document/1660342/1660342.htm。

③ 新华网:《我国第一艘国产航空母舰交付海军 习近平出席交接入列仪式》，2019年12月17日，http://www.xinhuanet.com/politics/leaders/2019-12/17/c_1125357773.htm。

④ Office of the U.S. Secretary of Defense, *Military and Security Developments Involving the People's Republic of China 2020*, 1 September 2020, p.49, https://media.defense.gov/2020/Sep/01/2002488689/-1/-1/1/2020-DOD-CHINA-MILITARY-POWER-REPORT-FINAL.PDF.

⑤ Minnie Chan, “China Completes World's Longest Aircraft Carrier Dock in Sanya,” *South China Morning Post*, 29 July 2015, http://www.scmp.com/news/china/diplomacy-defence/article/1844913/china-completes-worlds-longest-aircraft-carrier-dock.

第二节 中国南海权益面临的挑战

党的十八大以来，中国在南海的存在格局朝着总体有利的态势发展，但中国也必须正视美日澳印等域外国家“介入”、菲律宾单方面提起南海仲裁案的不利影响、维权与维稳之间的张力、海洋生态问题等挑战。

一、美日澳印等域外国家“介入”南海事务

近年来，美日澳印等域外国家加大了对南海事务的“介入”力度。这些域外国家“介入”南海事务，既有制衡中国崛起的考虑，又有域内相关国家的积极“引入”和“推动”。近年来，菲律宾、越南借助美日印澳等域外国家掣肘中国，试图获得域外国家军事上和道义上的支持。中国的态度是反对域外国家的干涉，“域外国家应保持最大克制，避免干涉南海争议，他们的干预将是有害无益的”。[①]

美国是区域外大国中介入南海争端的关键国家。美国介入南海的意图是：利用南海问题制衡中国，延缓中国崛起速度；维护美在南海的“自由航行”利益和战略通道利益；维护美在南海与东盟相关国家达成的油气资源开发利益。[②] 美国特朗普政府强化了在南海地区的所谓“航行自由行动”。2019年以来，美国特朗普政府公开反对中国在南海的主张和行为，甚至在主权问题上“选边站”。比如，2019年7月20日，美国国务院声明首次明确将中国在南海的主张称为“非法海洋

① 中国外交部:《外交部副部长刘振民在2014年东盟地区论坛高官会上的讲话》，2014年6月9日，http://www.fmprc.gov.cn/web/ziliao_674904/zyjh_674906/t1165763.shtml。

② 邵建平:《东南亚国家处理海域争端的方式研究》，北京：中国社会科学出版社2018年版，第169–171页。

主张”，指责中国“阻止东盟成员国获得超过2.5万亿美元的可采能源储备”。[①] 2020年7月13日，美国国务卿蓬佩奥发表声明，声称中国在南沙群岛部分岛礁的主权主张和“涵盖大部分南海的资源权利主张完全不合法”。[②] 2020年7月14日，美国助理国务卿史达伟发表谈话，[③] 对中国国有企业在南海发挥的作用进行歪曲、对中国与东盟开展的“南海行为准则”谈判打楔子、对中国推动的“共同开发”进行污名化指责、对中国候选人竞选国际海洋法法庭法官进行干涉。2020年9月2日，外交部副部长罗照辉指出，“美国的介入是南海风险之源”，“美国已成为南海和平的最大威胁者，已成为南海合作发展繁荣的搅局者和绊脚石”。[④]

日本是仅次于美国的对南海问题具有重要影响的域外大国。日本介入南海的借口是维护日本船只和货物在南海的贸易通道和航行安全，实质上却是借南海问题制衡中国的发展。[⑤] 日本还通过在南海帮助某些东盟国家抗衡中国，试图在未来处理东海问题和钓鱼岛争端时获得东盟国家对日本的支持。近年来，日本安倍政府积极配合美国的南海政

① U.S. Department of State, “Chinese Coercion on Oil and Gas Activity in the South China Sea,” *Press Statement of the U.S. Department of State*, 20 July 2019, https://www.state.gov/chinese-coercion-on-oil-and-gas-activity-in-the-south-china-sea/.

② Michael R. Pompeo, “U.S. Position on Maritime Claims in the South China Sea,” *Press Statement of the U.S. Department of State*, 13 July 2020, https://www.state.gov/u-s-position-on-maritime-claims-in-the-south-china-sea/.

③ David R. Stilwell, “The South China Sea, Southeast Asia’s Patrimony, and Everybody’s Own Backyard,” 14 July 2020, https://www.state.gov/the-south-china-sea-southeast-asias-patrimony-and-everybodys-own-backyard/.

④ 中国外交部:《对话合作应对南海争议，同声共气反对外部搅局——外交部副部长罗照辉在“合作视角下的南海”国际研讨会上的主旨演讲》，2020年9月2日，https://www.fmprc.gov.cn/web/wjbxw_673019/t1811554.shtml。

⑤ 邵建平:《东南亚国家处理海域争端的方式研究》，北京：中国社会科学出版社2018年版，第174–175页。

策，帮助越南、菲律宾等东盟有关国家提升海上防卫能力，推动南海问题国际化，挑战中国在南海断续线内的权利主张。日本的介入行为包括：2015年11月6日，日本防卫相中谷元在河内与越南国防部长冯光青就日本海上自卫队舰船停靠金兰湾达成了共识，“此举旨在牵制在南沙群岛修建人工岛的中国”。① 2015年12月17日，日本与印度尼西亚举行首次外交与防务部长级磋商（2+2），日本政府欲与该地区具有影响力的印尼加深在海洋安全领域的合作来制衡中国。② 2017年6月，日本海上自卫队最大规模的护卫舰“出云”号与美国海军核动力航母“罗纳德·里根”号在南海进行了联合训练，此举意在牵制中国。

澳大利亚不仅由于接近三分之二的出口要经过南海，更在意的是体现紧跟美国的态度，非常关注南海局势。2015年10月27日，澳时任国防部长佩恩在声明中，强调南海“航行自由”和“飞越自由”。③ 2016年2月，澳发布的2016年国防白皮书重弹美国基调，声称“澳大利亚对南中国海有关各方的领土声索不持立场，但我们关注声索国的填海造岛建设活动增加了该地区的紧张”，尤其是关注“中国以前所未有的速度和规模进行的填海造岛活动”。④ 总体而言，澳考虑到其经济繁荣离不开中国，因此澳对南海问题的介入程度有限。

印度对南海问题的介入相对比较谨慎。一位研究印太事务的学者达珊娜·巴鲁（Darshana M. Baruah）的观点颇具代表性。巴鲁认为，

① 《日越就海上自卫队停靠金兰湾基地达成共识》（2015年11月6日），日本共同社，http://china.kyodonews.jp/，访问日期：2016年5月25日。

② 《日本与印尼就南海问题上加强合作达成一致》（2015年12月17日），日本共同社，http://china.kyodonews.jp/news/2015/12/111275.html，访问日期：2016年5月25日。

③ Department of Defence of Australia, “Minister for Defence – Statement – Freedom of Navigation in the South China Sea,” 27 October 2015, http://www.minister.defence.gov.au/2015/10/27/minister-for-defence-statement-freedom-of-navigation-in-the-south-china-sea/.

④ Department of Defence of Australia, *2016 Defence White Paper*, 25 February 2016, http://www.defence.gov.au/WhitePaper/Docs/2016-Defence-White-Paper.pdf.

"除非局势直接影响到了印度与巴基斯坦、中国的边界事务，印度对南中国海将继续保持缓慢而稳健的接触。"① 但近年来，印度在外交和国防上采取了一些举动支持越菲等国，以回应中国在印度洋日益活跃的存在。2015年10月14日，印度与菲律宾外长在印菲第三次双边联合委员会后发表联合声明。印度外长斯瓦拉杰将南海同时称为"西菲律宾海"和"南中国海"，② 间接地表达了印度对菲律宾在南海问题上的外交支持。2016年1月，印度官员表示，"印度将在越南南部建立卫星追踪和成像中心"，"越南可通过其获得覆盖包括中国及南海在内的地区卫星图像"。③ 2017年7月，印度石油天然气公司旗下的海外勘探子公司（ONGC Videsh）表示，越南已同意将128号石油区块的勘探合同延长2年，128号石油区块位于中越两国在南海的争议区；④ 印度介入南海问题，意图缓解其与中国因陆地边界争端造成的压力，并借南海问题减慢中国进入印度洋的步伐。⑤

① Darshana M. Baruah, "What India Thinks about the South China Sea," *The Lowy Interpreter*, March 29, 2016, http://www.lowyinterpreter.org/post/2016/03/29/What-India-thinks-about-the-South-China-Sea.aspx, accessed 25 May 2016.

② Indian Ministry of External Affairs, "Joint Statement: Third India–Philippines Joint Commission on Bilateral Cooperation," New Delhi, October 14, 2015, http://mea.gov.in/bilateral-documents.htm?dtl/25930.

③ Sanjeev Miglani and Greg Torode, "India to Build Satellite Tracking Station in Vietnam that Offers Eye on China," *Reuters*, January 25, 2016, http://www.reuters.com/article/us-india-vietnam-satellite-idUSKCN0V30B3, accessed 25 May 2016.

④ Mai Nguyen, Nidhi Verma, and Sanjeev Miglani, "Vietnam Renews India Oil Deal in Tense South China Sea," *Reuters*, 6 July 2017, https://www.reuters.com/article/us-southchinasea-vietnam-idUSKBN19R25P.

⑤ 邵建平:《东南亚国家处理海域争端的方式研究》，北京：中国社会科学出版社2018年版，第179–180页。

二、南海仲裁案所谓“裁决”的不利影响

在菲律宾单方面提起的南海仲裁案中，仲裁庭违背国际法作出对中国不利的裁决，有关裁决影响是恶劣的、复杂的，并且具有长期性。南海仲裁案仲裁庭于2016年7月12日作出的所谓“裁决”认为，“中国对‘九段线’内海洋区域的资源主张历史性权利没有法律依据”，“中国主张的岛礁无一能够产生专属经济区”等。[①] 该裁决严重挑战中国在南海的领土主权与海洋权益。中国在南海的海域主张面临裁决予以“碎片化”分解的挑战。

中国希望尽快翻过“仲裁案”这一页。同时必须清醒地认识到，尽管中国不承认裁决合法并具有效力，但是有关国家绝不会善罢甘休，还会一而再再而三地拿所谓仲裁裁决做文章，不能排除有些国家可能仿效菲律宾的做法对中国提起新的仲裁或司法程序。

三、海洋生态问题成为域外大国“介入”南海问题的新切入点

海洋生态问题有可能被某些域外大国作为干涉南海问题的新的切入点。中国对南海诸岛有关珊瑚礁资源的开发利用涉及岛礁建设、渔业、油气勘探开发和旅游业等方面。由于珊瑚礁生态系统非常脆弱，珊瑚礁区实为生态敏感区。近年来，中国对西沙永兴岛和南沙群岛7个进驻岛礁的建设引发国际社会对珊瑚礁资源保护的关注。

实际上，中国在岛礁建设一开始就注意到南海生态环境保护问题。中国在南海岛礁建设过程中，制定了严格的环保标准和要求，不会对南海的生态环境造成长期、不可恢复的破坏，为此“采取了全程动态

① Permanent Court of Arbitration, “The South China Sea Arbitration (the Republic of the Philippines v. the People’s Republic of China),” *Award*, 12 July 2016, https://pca-cpa.org/wp-content/uploads/sites/175/2016/07/PH-CN-20160712-Press-Release-No-11-English.pdf.

保护措施，切实将工程与生态环境保护紧密结合起来，实现岛礁可持续发展”。[①] 菲律宾南海仲裁案有关裁决指责中国在南沙群岛7个岛礁的大规模建设活动严重破坏南海珊瑚礁环境。[②] 某些域外大国可能“利用”仲裁庭罔顾事实的说法，鼓动个别南海沿岸国或非政府组织以生态问题为由向国际海洋法法庭等提起诉讼。而在国际司法实践中，这样的纠纷不乏先例，比如，2013年荷兰诉俄拘押绿色和平组织成员和“极地曙光”号破冰船。[③]

中国政府充分认识到保护珊瑚礁及相关海洋生态环境的紧迫性，就此采取了系列保护措施。国家海洋局开展了南沙岛礁生态保护区建设；海南省三沙市建成了七连屿“西沙洲海洋岛屿生态恢复与发展示范基地”“西沙海龟自然保护与放养区”；《海南省珊瑚礁和砗磲保护规定》自2017年1月1日起实施。未来，中国可采取的措施包括：构建含有珊瑚礁保护的综合性法律；建立珊瑚自然保护区或海洋保护区；支持鼓励公众参与珊瑚礁保育的公益性实践活动；与南海其他沿岸国一起制订珊瑚礁生态保护与环境保护战略行动计划。

---

① 中国外交部：《2016年5月6日外交部发言人洪磊主持例行记者会》，2016年5月6日，http://www.mfa.gov.cn/nanhai/chn/fyrbt/t1361181.htm。

② Permanent Court of Arbitration, “The South China Sea Arbitration (the Republic of the Philippines v. the People’s Republic of China),” *Press Release*, 12 July 2016, https://pca-cpa.org/wp-content/uploads/sites/175/2016/07/PH-CN-20160712-Press-Release-No-11-English.pdf.

③ 2013年9月18日，绿色和平组织活动人士搭载“极地曙光”号破冰船，试图登上俄罗斯天然气工业石油大陆架公司的普里拉兹洛姆纳亚钻井平台，以抗议其对北极地区石油的开采。9月19日，俄罗斯边防人员登上“极地曙光”号，拘留30名活动人士，并对他们提起“海盗行为”的指控，后变更为“流氓行为”的指控。荷兰向国际海洋法法庭提起诉讼，要求俄罗斯允许“极地曙光”号离开俄罗斯水域并释放其船员。国际海洋法法庭于2013年11月作出裁决，要求解除对“极地曙光”号的扣留，裁定由荷兰政府支付360万欧元担保之后释放逮捕的28名活动人士和2名自由记者。国际绿色和平组织于2013年12月24日宣布，俄罗斯当局撤销了对在北极参与绿色和平抗议的30名活动人士的指控。参见：蒋丽萍编译：《俄罗斯撤销指控 极地曙光号事件出现转机》，载《人民法院报》2014年1月24日，第8版。

考虑到今后一段时期，中国对南海诸岛珊瑚礁的开发利用仍将继续，中国需要采取“在保护中开发，在开发中保护”的方针。加大对南海诸岛珊瑚礁资源的保护力度，努力恢复珊瑚礁生态系统，从而使南海珊瑚礁资源得以维持可持续利用状态。

本章小结

2012年党的十八大以来，中国强化对南海岛礁主权和海洋权益的维护，积极拓展在南海的存在格局。中国在南海的存在格局体现为主权存在、政权存在、军事存在。2013年年底、2014年年初起中国在南沙群岛7个进驻岛礁（美济礁、渚碧礁、永暑礁、华阳礁、南薰礁、赤瓜礁、东门礁）上进行岛礁建设系统工程，彰显了中国在南海的主权存在；中国于2012年7月24日挂牌成立三沙市，三沙设市强化了中国在南海的政权存在；发展南部战区海军增强了中国在南海的军事存在。

中国在南海的存在格局朝着总体有利的态势发展，但中国也必须正视以下挑战：美日澳印等域外国家加大对南海事务的“介入”力度；菲律宾南海仲裁裁决对中国南海维权造成恶劣和复杂的影响，并且这一影响具有长期性；中国强化南海存在格局（维权）与稳定中国—东盟关系（维稳）之间存在较大张力；某些域外大国可能把海洋生态问题作为新的切入点加强对南海问题的国际介入。

第十章

中国在南海共同开发中的动因和政策选项*

南海海域蕴藏着丰富的油气资源。南海有“第二个波斯湾”之称，含油气盆地面积128×10^4平方千米（km^2），估计油气总资源量可达450×10^8吨（t），约占我国油气总资源量的1/3。截至2005年年底，南海海域共发现30余个油气田，其中3个大型油气田，8个中型油气田。[①]珠江口盆地、琼东南盆地、莺歌海盆地和北部湾盆地已成为中外瞩目的油气合作勘探区。南海北部获石油远景资源量86.7×10^8t，天然气远景资源量$53,493.1 \times 10^8$立方米（m^3）（参见表10–1）。南海南部万安、曾母、北康、文莱–沙巴、西北巴拉望、礼乐6个盆地共获得石油远景资源量124.3×10^8t，天然气远景资源量$120,960.7 \times 10^8$立方米（参见表10–1）。美国能源信息署（U.S. EIA）在其2013年2月公布的“南中国海油气资源评估报告”中表示，南海的石油储量约为112亿桶（15亿吨），天然气储量约为190万亿立方英尺（48亿吨油当量），合计为63

---

* 本章内容由以下文章修改而成：Huaigao Qi, “Joint Development in the South China Sea: China’s Incentives and Policy Choices,” *Journal of Contemporary East Asia Studies*, Vol. 8, No. 2 (2019), pp. 220-239. DOI: 10.1080/24761028.2019.1685427。感谢《当代东亚研究》（*Journal of Contemporary East Asia Studies*）期刊编辑部同意作者将该文修改后收入本书。

① 王颖主编：《中国海洋地理》，北京：科学出版社2013年版，第417页。

亿吨油当量。[①] 中国国土资源部地质普查数据显示，南海石油储量至少230亿~300亿吨（1690亿~2200亿桶），天然气20万亿立方米（706万亿立方英尺）。[②]

表10-1　南海油气资源评价

分区	盆地	盆地面积/km²	评价面积/km²	远景资源量		探明储量	
				油 ×10⁸t	气 ×10⁸m³	油 ×10⁸t	气 ×10⁸m³
南海北部	珠江口、莺歌海、北部湾、琼东南	388,016	311,466	86.7	53,493.1	6.5	3,085.8
南海南部	万安、曾母、北康、文莱-沙巴、西北巴拉望、礼乐	552,539	343,672	124.3	120,960.7	—	—

资料来源：新一轮全国油气资源评价办公室：《常规油气资源评价成果汇编》，2005年，转引自：王颖主编：《中国海洋地理》，科学出版社2013年版，第417页。

中国是南海沿岸国中最早倡议“搁置争议，共同开发”的国家之一。1986年6月和1988年4月，中国领导人邓小平在会见菲律宾领导人时提出，采取共同开发的办法来搁置南沙群岛问题。[③]

2017年以来，中国向菲律宾、越南等南海沿岸国积极倡议南海共同开发。比如，2017年11月的《中越联合声明》指出，两国积极推进北部湾湾口外海域的共同开发，继续推进海上共同开发磋商工作组工

① U.S. Energy Information Administration (EIA), *South China Sea*, 7 February 2013, https://www.eia.gov/beta/international/regions-topics.cfm?RegionTopicID=SCS，按照1桶（Barrel）=0.137吨，1吨油=39258立方英尺天然气换算。

② 海南日报：《南海油气资源开发将成新的经济增长极》，载《海南日报》2012年7月9日，第2版。

③ 国务院新闻办公室：《中国坚持通过谈判解决中国与菲律宾在南海的有关争议》，2016年7月13日，http://www.scio.gov.cn/37236/38180/Document/1626701/1626701.htm。

作。[①] 2018年11月，中菲两国政府签署的《关于油气开发合作的谅解备忘》指出，双方决定根据有关国际法加快谈判相关安排，为双方在有关海域的油气勘探和开采提供便利。[②]

有关国家就共同开发安排开始进行认真讨论之前须具备两个条件。一是有关国家之间需要有良好的关系；二是有关国家在面临来自国内的反对声音时必须有作出决定的政治意愿。[③] 在菲律宾南海仲裁案后，中国政府和相关争端当事国力求妥善处理分歧、携手共同发展，各国重回通过谈判协商解决有关争议问题的正确轨道。中国与南海争端两个主要当事国（菲律宾和越南）关系近期得到了很大的改善。2018年8月，中国与东盟国家就“南海行为准则”单一磋商文本草案达成一致。由上可见，开展共同开发的第一个条件（国家间关系良好）已经初步具备。与此同时，中国与其他南海沿岸国政府近期都在积极引导各自国内民众理性看待和支持共同开发。由此可见，第二个条件（有政治意愿）也正在形成过程中。当然，未来中国与其他南海沿岸国政府在教育和引导国内民众，管控极端民族主义方面还有大量的工作要做。

本书中的“共同开发”（joint development）指的是：有关国家搁置边界争端，在不损害各自主张（声索）有效性的情况下，转而进行

① 中国外交部:《中越联合声明》，2017年11月13日，https://www.fmprc.gov.cn/web/ziliao_674904/1179_674909/t1510069.shtml。

② 中国外交部:《中华人民共和国政府和菲律宾共和国政府关于油气开发合作的谅解备忘录》，2018年11月20日在马尼拉签署，https://www.fmprc.gov.cn/nanhai/chn/zcfg/t1616639.htm。

③ Robert Beckman, Clive Schofield, Ian Townsend-Gault, Tara Davenport, and Leonardo Bernard, “Moving Forward on Joint Development in the South China Sea,” in Robert Beckman, Ian Townsend-Gault, Clive Schofield, Tara Davenport, and Leonardo Bernard, eds., *Beyond Territorial Disputes in the South China Sea: Legal Frameworks for the Joint Development of Hydrocarbon Resources*, Cheltenham, UK: Edward Elgar, 2013, p.312.

合作勘探和开发，共享在声索重叠海域发现的碳氢化合物。[①] 本书中的共同开发对象为液态流动性的碳氢化合物石油和天然气资源。由于渔业等生物资源有洄游属性，很难局限于某个开发区块内，因此本书将生物资源排除在共同开发的研究对象之外。而“合作开发”（有时亦称“开发合作”，英文表述为“cooperative development”）是一个可以在任何海域适用的概念，它不仅包括争议海域（声索重叠海域）的共同开发，而且包括非争议海域的油气勘探开采合作。2018年11月，中菲《关于油气开发合作的谅解备忘录》[②] 使用了“开发合作”这一表述。区分上述两个概念并非“文字游戏”，因为在部分南海沿岸国主权和海洋管辖权主张不明确和无法对主张重叠海域进行划界的情况下，有时候官方文件会使用更有弹性的“合作开发”表述。但中国希望推进的是真正的共同开发，以某种合作形式来勘探或开发位于争议海域的油气资源。

第一节　中国的经济和战略动因

中国积极倡导南海共同开发，既有经济动因，又有战略动因。中国的经济动因包括：对南海油气资源的需求，助推“21世纪海上丝绸之路”建设，海南全境建设自由贸易试验区，南海沿岸国建立共同市

① Ibrahim F. I. Shihata and William T. Onorato, “Joint Development of International Petroleum Resources in Undefined and Disputed Areas,” in Gerald Blake, Martin Pratt, and Clive Schofield, eds., *Boundaries and Energy: Problems and Prospects*, London: Kluwer Law International, 1998, p.434.

② 对应的英文文本，参见：Chinese Ministry of Foreign Affairs, “Memorandum of Understanding on Cooperation on Oil and Gas Development Between the Government of the People’s Republic of China and the Government of the Republic of the Philippines,” Done in Manila on 20 November 2018, https://www.fmprc.gov.cn/mfa_eng/wjdt_665385/2649_665393/t1616644.shtml。

场和未来的经济一体化等。中国的战略动因包括：服务中国的海洋强国建设目标，为南海和平稳定发挥建设性作用，与其他南海沿岸国发展睦邻友好关系，有效降低中美在南海竞争的烈度等。

一、中国的经济动因

中国和其他南海沿岸国对南海油气资源的需求。2017年，中国成为全球第一大原油进口国和世界第二大石油消费国；2030年前后，中国将成为世界最大石油消费国。2030年，中国的石油消费量（年度）将达到6.9亿吨。[①] 2018年10月，中国取代日本成为世界上最大的天然气进口国。[②] 到2023年，中国将进口1710亿立方米天然气（年度）。[③] 2030年，中国的天然气消费量将达到6200亿立方米天然气（年度）。[④] 东南亚国家有着共同开发油气资源的迫切需求。东南亚国家对石油和天然气的依赖度大幅增加，2018—2040年期间，预计东南亚国家的总体能源需求将增加60%。[⑤] 2040年，东南亚国家的一次能源需求（primary energy demand）将达到11.10亿吨油当量（toe）。[⑥] 东南亚的石油需求将从2018年的650万桶/天（Barrels per Day）增加到2040年的900万桶/天；[⑦] 东南亚的天然气需求将从2018年的1600亿立方米增

① Reuters, "China's Energy Demand to Peak in 2040 As Transportation Demand Grows: CNPC," 16 August 2017, https://www.reuters.com/article/us-china-cnpc-outlook/chinas-energy-demand-to-peak-in-2040-as-transportation-demand-grows-cnpc-idUSKCN1AW0DF.

② Jessica Jaganathan, "China Overtakes Japan as World's Top Natural Gas Importer," *Reuters*, 12 November 2018, https://www.reuters.com/article/china-japan-lng-idUSL4N1XN3.

③ Reuters, "China's Energy Demand to Peak in 2040 as Transportation Demand Grows: CNPC," 16 August 2017.

④ Ibid.

⑤ International Energy Agency, *Southeast Asia Energy Outlook 2019*, October 2019, p.10, https://www.iea.org/reports/southeast-asia-energy-outlook-2019.

⑥ Ibid., p.60.

⑦ Ibid., p.78.

加到2040年的3000亿立方米。[①] 南海沿岸国对油气资源的需求是南海共同开发最重要的经济动因。

中国倡议的“21世纪海上丝绸之路”建设。南海是“21世纪海上丝绸之路”的重要源头海域。“21世纪海上丝绸之路”有三条蓝色经济通道：中国—印度洋—非洲—地中海蓝色经济通道，中国—大洋洲—南太平洋蓝色经济通道，经北冰洋连接欧洲的蓝色经济通道。[②] 由上可见，南海是“21世纪海上丝绸之路”第一条（经南海向西进入印度洋）和第二条（经南海向南进入太平洋）蓝色经济通道的必经海域。开展共同开发将能有效降低南海争端的烈度，将有助于南海局势的和平与稳定。而一个和平与稳定的南海有助于中国稳步推进“21世纪海上丝绸之路”建设。

海南全境建设自由贸易试验区。海南全境建设自由贸易试验区是中国倡导南海共同开发的重要国内经济动因。海南省陆地（主要包括海南岛和西沙、中沙、南沙群岛）总面积3.54万平方千米，海域面积约200万平方千米。[③] 海南省2019年末常住人口944.72万人。[④] 2018年4月，中共中央、国务院决定支持在海南全境建设自由贸易试验区，实施范围为海南岛全岛，探索实行符合海南发展定位的自由贸易港政策；实行高水平的贸易和投资自由化便利化政策，对外资全面实行准入前国民待遇加负面清单管理制度。[⑤] 可以预期，海南将实施更为积极的开

---

① International Energy Agency, *Southeast Asia Energy Outlook 2019*, October 2019, p.81.

② 国家发展和改革委员会、国家海洋局:《“一带一路”建设海上合作设想》，2017年6月20日，http://www.xinhuanet.com/world/2017-06/20/c_1121176743.htm。

③ 海南省人民政府:《海南概览：地理位置》，http://www.hainan.gov.cn/hainan/hngl/list1_tt.shtml，访问日期：2021年2月27日。

④ 海南省统计局:《海南概览：人口民族》，海南省人民政府网，2020年3月2日，http://www.hainan.gov.cn/hainan/rkmz/202003/c710436460194f149ae204a62a05e63a.shtml。

⑤ 新华网:《中共中央、国务院关于支持海南全面深化改革开放的指导意见》，2018年4月11日，http://www.xinhuanet.com/2018-04/14/c_1122682589.htm。

放战略，海南对外开放的好处将辐射到南海沿岸国家。海南在建设自由贸易试验区的过程中，也将成为南海共同开发的后勤保障基地。

南海沿岸国建立共同市场和经济一体化，这是中国倡导南海共同开发的未来经济动因。南海沿岸国可以在共同开发的基础上，先行建立油气共同市场，从而作为未来建立南海沿岸国共同市场的第一步。油气领域的合作将产生“溢出”效应（spillover effect），从6个南海沿岸国“溢出”到东盟“10+1”/“10+3”合作。这一共同市场路径既契合东盟倡导的地区一体化战略目标，又有助于海南自由贸易试验区和“21世纪海上丝绸之路”建设。

二、中国的战略动因

服务中国的海洋强国建设目标。2012年11月，时任中共中央总书记胡锦涛在党的十八大报告中提出要“建设海洋强国”。[①] 2017年10月，中共中央总书记习近平在中共十九大报告中提出要“加快建设海洋强国”。[②] 2019年全国海洋生产总值89415亿元，海洋生产总值占国内生产总值的比重为9.0%。[③] 发展海洋经济和海洋产业是中国海洋强国建设的重要组成部分。开展南海共同开发，将推动海南省的海洋渔业、油气化工、海洋生物、新能源等产业发展。从海洋经济和海洋产业的发展角度来看，开展南海共同开发将有利于中国的海洋强国建设。

① 胡锦涛：《坚定不移沿着中国特色社会主义道路前进 为全面建成小康社会而奋斗——在中国共产党第十八次全国代表大会上的报告》（2012年11月8日），2012年11月17日，http://www.xinhuanet.com//18cpcnc/2012-11/17/c_113711665_9.htm。

② 习近平：《决胜全面建成小康社会 夺取新时代中国特色社会主义伟大胜利——在中国共产党第十九次全国代表大会上的报告》（2017年10月18日），2017年10月27日，http://www.xinhuanet.com//politics/19cpcnc/2017-10/27/c_1121867529.htm。

③ 中国自然资源部海洋战略规划与经济司：《2019年中国海洋经济统计公报》，2020年5月9日，http://gi.mnr.gov.cn/202005/t20200509_2511614.html。

为南海和平稳定发挥建设性作用。中国政府主张通过谈判和平解决南沙群岛部分岛礁有关领土问题，反对诉诸武力，愿在条件成熟时同有关国家谈判“搁置争议，共同开发”。[①] 中国政府把共同开发作为管控争议的一种方式，为南海有关争议的最终解决创造良好氛围。[②] 推动南海共同开发，将有助于缓解南海沿岸国之间因资源争端引发的冲突，进一步促进南海局势降温趋稳。让南海成为和平之海、友谊之海、合作之海。

与其他南海沿岸国发展睦邻友好关系。2009—2016年的新一轮南海争端对该时期中国—东盟关系的发展产生了消极影响。2016年7月，菲律宾南海仲裁案仲裁庭公布所谓“裁决”期间，南海局势高度紧张。东盟一些南海争端当事国认为中国在过去几年中的南海政策变得日益强硬。[③] 为了制衡中国在南海日益增加的影响力，部分东盟有关国家试图推动南海争端国际化，并引入美国等域外大国以解决其安全关切。中国视东盟国家为其重要邻国。中国把推动南海共同开发，作为降低南海争端烈度和发展中国与东盟有关争议直接当事国关系的重要措施。

有效降低中美在南海竞争的烈度。近年来，中美在南海竞争的烈度日益上升。美国政府以所谓的“南海自由航行”为借口，关注“南海行为准则”的法律约束性和南海“控制权”问题。美国政府关注上述问题的实质，是把南海当成一张地缘政治的牌来打，实现其地缘政治目的。美国公司则希望能在未来的南海油气勘探开发中扮演更大的角色。中国如能与其他南海沿岸国推动共同开发，将有助于缓和南海

① 国务院新闻办公室：《中国坚持通过谈判解决中国与菲律宾在南海的有关争议》，2016年7月13日，http://www.scio.gov.cn/37236/38180/Document/1626701/1626701.htm。

② 同上。

③ Xue Li and Cheng Zhangxi, “China’s Window of Opportunity in the South China Sea,” 26 July 2017, https://thediplomat.com/2017/07/chinas-window-of-opportunity-in-the-south-china-sea/.

局势，减少美国“介入”南海问题的所谓“理由”和“借口”，从而减少中美军事对抗的风险。

第二节　中国在南海共同开发中的政策选项

中国在南海共同开发中的政策选项可包括以下七个方面。一是继续在南海事务中展现善意；二是努力约束各方在海洋管辖权主张重叠海域的单边开发行为；三是从南海事务中的低敏感领域着手；四是建立共同开发相关工作机制；五是在只涉及两个争端当事国的海域优先开展共同开发；六是以求共识的方式划定共同开发区；七是把越菲作为推动共同开发的主要对象国。上述七方面的政策选项中，第一点、第二点、第三点、第四点是目前中国政府公开声明且正在推动的明确政策；第五点、第六点和第七点是中国政府虽未公开声明但能被实际行为所验证的隐形政策（参见表10–2）。

表10–2　中国政府在南海共同开发事务上的两类政策选项

类型	编号	政策选项	解释
中国政府的明确政策	1	继续在南海事务中展现善意	在中国政府与其他南海沿岸国政府的共同声明和备忘录中明确提到
	2	努力约束在主张重叠海域的单边开发行为	
	3	从南海事务中的低敏感领域着手	
	4	建立共同开发相关工作机制	
中国政府的隐形政策	5	在只涉及两个争端当事国的海域优先开展共同开发	可能不出现在中国政府公开的声明中，但是能被中国政府的实际行为所验证
	6	以求共识的方式划定共同开发区	
	7	把越菲作为共同开发的主要对象国	

来源：本书作者自制。

一、继续在南海事务中展现善意

在南海事务中展现善意意味着争端直接当事国愿意通过友好谈判协商来划定海洋边界或共同开发区域。近年来，中国在南海事务中已经做了大量的工作以展现其善意。比如，2016年3月，中国外长王毅建议建立一个南海沿岸国合作机制。[①] 海南省计划在2020年前，从增加国际航线、加强邮轮合作、加强人文交流三个方面推动打造“环南海旅游经济合作圈”。[②] 2017年11月的中菲联合声明指出，两国“通过友好磋商谈判，以和平方式解决领土和管辖权争议”，“在南海保持自我克制”。[③] 中国的主流媒体自2017年以来也积极传播“搁置争议，共同开发”主张。中国政府也积极引导中国民众正确看待共同开发，强调共同开发并不损害中国的主权或主权权利立场。

当然，中国展现善意未来还有大量工作要做。比如，中国需要让其他沿岸国相信中国的共同开发倡议也符合他们的国家利益。中国需要在力所能及的前提下为南海沿岸国提供优质公共产品，如海上联合搜救、气象观测和预报、海上测量等，未来中国可开放美济礁作为紧急救援基地。中国未来需要和其他南海沿岸国尽力达成公正和平等的共同开发协定，这将为南海沿岸国开展共同开发提供持久的公众支持。中国需要和东盟国家一起努力，早日达成“南海行为准则”。在南海规则的构建中，中国也需要兼容其他海上利益攸关方（如澳、欧盟、印、日、美、韩等）的利益。

---

① 中国外交部：《外交部长王毅就中国外交政策和对外关系回答中外记者提问》，2016年3月8日，https://www.fmprc.gov.cn/web/zyxw/t1346058.shtml。

② 新华社：《海南打造“环南海旅游经济合作圈”》，2017年7月26日，http://www.xinhuanet.com/fortune/2017-07/26/c_1121383348.htm。

③ 中国外交部：《中华人民共和国政府和菲律宾共和国政府联合声明》，2017年11月16日，https://www.fmprc.gov.cn/web/zyxw/t1511205.shtml。

二、努力约束在主张重叠海域的单边开发行为

在争议海域搞单边开发，不符合《联合国海洋法公约》（简称《公约》）倡导的“互相谅解和合作的精神”。而且在争议海域的勘探和开发具有政治敏感性、法律不确定性、技术挑战性和财政风险性。正如中国外长王毅在谈及中菲南海共同开发时所言，“在各自海洋权益声索相重叠的海域，如果某一方采取单方面的开发，另一方势必采取相应行动，这将使海上局势复杂化，甚至导致紧张升级，最后谁也开发不成”。[①] 可见，共同开发是争端当事国在争议海域合法获取资源的唯一务实之选。

中国是南海沿岸国中唯一同时拥有深海开发技术和资本的国家。2011年5月，中国研制的首座超深水钻井平台（“海洋石油981”）交付中国海洋石油总公司。“海洋石油981”总造价近60亿元人民币，最大作业水深3000米。当中国的石油公司拥有了深海开发的技术、资金和动力后，它们便开始游说中国政府支持它们将在南海的勘探活动从中国近海南向拓展到海洋管辖权主张重叠海域。一些中国的专家也呼吁采取单方面行动来向采取不合作态度争端当事国施压。[②]

“海洋石油981”钻井平台中越对峙事件可以观察到两国对西沙群岛海域附近勘探的态度。“海洋石油981”钻井平台中越对峙事件发生在2014年5—7月。2014年5月2日，“海洋石油981”钻井平台开始以北纬15°29′35″/东经111°12′04″（15-29.58N/111-12.06E）点为圆

① 中国外交部：《中菲两国外长谈南海“共同开发”》，2017年7月25日，https://www.fmprc.gov.cn/web/wjbzhd/t1479986.shtml。

② International Crisis Group, “Stirring up the South China Sea (IV): Oil in Troubled Waters,” *Report* No. 275, 26 January 2016, p.i.

心，1海里为半径范围内进行钻井作业[①]（参见图10–1）。2014年5月27日，“海洋石油981”钻井平台开始以北纬15°33′23″/东经111°34′37″（15-33.38N/111-34.62E）点为圆心，3海里为半径范围内进行钻井作业[②]（参见图10–1）。“海洋石油981”的作业位置位于中国西沙群岛毗连区内，前后作业海域距离中国西沙群岛中建岛和西沙群岛领海基线均17海里，距离越南大陆海岸133～156海里。[③]无论以何原则划界，“海洋石油981”的作业海域都不可能成为越南的专属经济区和大陆架。然而，越南方面却提出“海洋石油981”的作业位置位于越南专属经济区和大陆架内的观点。[④]2014年7月15日，“海洋石油981”钻井平台完成了在西沙群岛中建岛附近海域的钻探作业，并按计划转场至海南岛陵水项目继续作业。2015年6月25日，“海洋石油981”钻井平台在北纬17°03′45″/东经109°59′03″（17-03.75N/109-59.05E）处进行钻井作业[⑤]（参见图10–1）。越南虽然仍声称“海洋石油981”作业位置在两国海洋管辖权主张重叠海域，但是，由于该位置在中越两国“假定中间

① 中国海事局:《航警14033（海洋石油981船南海钻井作业）》，2014年5月3日，https://www.msa.gov.cn/page/wap/wap.do?action=content&channelId=D3340711-057B-494B-8FA0-9EEDC4C5EAD9&articleId=7291b46d-ab69-4949-8a88-6c55dad815e8。

② 中国海事局:《航警14041（海洋石油981钻井平台中建岛东南海域钻井作业）》，2014年5月27日，https://www.msa.gov.cn/page/wap/wap.do?action=content&channelId=D3340711-057B-494B-8FA0-9EEDC4C5EAD9&articleId=390bd50d-b5a9-44b0-a132-c16350e6f358。

③ 中国外交部:《“981”钻井平台作业：越南的挑衅和中国的立场》，2014年6月8日，https://www.fmprc.gov.cn/nanhai/chn/snhwtlcwj/t1163255.htm。

④ Vietnamese Ministry of Foreign Affairs, “Remarks by FM Spokesman Le Hai Binh on 4th May 2014,” 4 May 2014, http://www.mofa.gov.vn/en/tt_baochi/pbnfn/ns140505232230.

⑤ 中国海事局:《HN0029（海洋石油981船钻井作业）》，2015年6月25日，https://www.msa.gov.cn/page/wap/wap.do?action=content&channelId=D3340711-057B-494B-8FA0-9EEDC4C5EAD9&articleId=90251c6f-05f3-4b43-9e22-dc0ef7ace9db。

线”的中国一侧，因此越南此次基本保持了沉默。[①]

2017年以来，中国与越菲等国加强合作以管控海上分歧和单边开发行为。2017年11月，中越在联合声明中同意“管控好海上分歧，不采取使局势复杂化、争议扩大化的行动，维护南海和平稳定”。[②] 中国也敦促越南停止单边开发行为。在中国的施压下，越南在2017年7月和2018年3月两次暂停了西班牙的雷普索尔（Repsol）公司在万安滩附近油气区块的钻探活动。[③] 2017年7月，中国外长王毅在与菲律宾外长卡亚塔诺共同会见记者时指出，在各自海洋权益声索相重叠的海域，单方面开发将使海上局势复杂化。[④] 未来中国一方面将约束中资企业在争议海域的单边开发行为；另一方面也会加大力度阻止南海其他沿岸国的单边开发行为，从而让各方都回到共同开发上来。

① International Crisis Group, “Stirring up the South China Sea (IV): Oil in Troubled Waters,” *Report* No. 275, 26 January 2016, p.8.

② 中国外交部:《中越联合声明》，2017年11月13日，https://www.fmprc.gov.cn/web/ziliao_674904/1179_674909/t1510069.shtml。

③ Bill Hayton, “South China Sea: Vietnam ‘Scraps New Oil Project’,” *BBC News*, 23 March 2018, https://www.bbc.com/news/world-asia-43507448.

④ 中国外交部:《中菲两国外长谈南海“共同开发”》，2017年7月25日，https://www.fmprc.gov.cn/web/wjbzhd/t1479986.shtml。

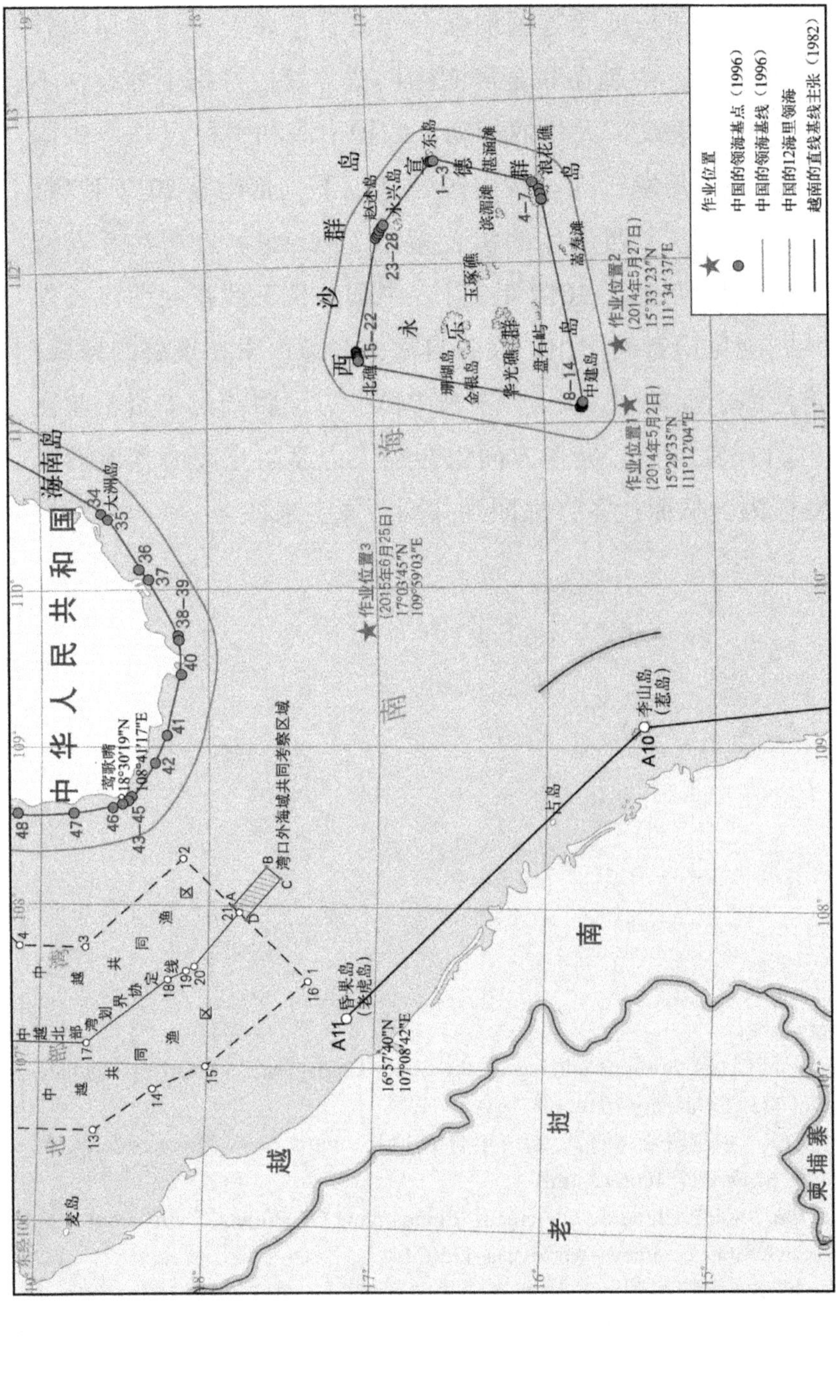

图10-1　中国“海洋石油981”钻井平台在南海作业位置示意图

审图号：GS（2022）2261号

（备注：本图仅用于示意）

三、从南海事务中的低敏感领域着手

考虑到不是所有的南海沿岸国都作好了在主张重叠的专属经济区内开展共同开发的准备，相关沿岸国可以先从南海事务中的低敏感领域着手。低敏感领域的合作可以起到增进互信的作用，并为未来解决更困难的问题创造条件。

为了营造有利于南海共同开发的氛围，中国政府自2011年以来积极与南海其他沿岸国开展低敏感领域合作。2011年10月，中越签署的《关于指导解决海上问题基本原则协议》指出：积极推进海上低敏感领域合作，包括海洋环保、海洋科研、海上搜救、减灾防灾领域的合作。[①] 中越两国建立了海上低敏感领域合作专家工作组，截至2019年11月，该专家工作组已举行13轮磋商。[②] 中越开展的“长江三角洲和红河三角洲全新世沉积演化对比合作研究”得到成功落实，“北部湾渔业资源增殖放流与养护合作”和“北部湾海洋与海岛环境综合管理合作研究”取得积极成果。[③] 中菲建立了南海问题双边磋商机制（BCM），截至2019年10月已举行5次会议。BCM下设政治安全、渔业、海洋科研与环保工作组，交流的内容包括探讨在南海的海上搜救、海事安全、

---

① 《关于指导解决中华人民共和国和越南社会主义共和国海上问题基本原则协议》（2011年10月11日签订），参见：中华人民共和国外交部边界与海洋事务司编：《中国周边海洋问题有关文件汇编》，北京：世界知识出版社2017年版，第249页。

② 中国外交部：《中越举行海上低敏感领域合作专家工作组第十三轮磋商》，2019年11月21日，https://www.fmprc.gov.cn/web/wjb_673085/zzjg_673183/bjhysws_674671/xgxw_674673/t1717773.shtml。

③ 中国外交部：《中越举行海上低敏感领域合作专家工作组第十二轮磋商》，2018年12月11日，https://www.fmprc.gov.cn/web/wjb_673085/zzjg_673183/bjhysws_674671/xgxw_674673/t1620705.shtml。

海洋科研与环保等海上低敏感领域开展合作。[①] 2012年3月，中印尼签订《海上合作谅解备忘录》，双方将推动以下海上低敏感领域合作：保护海洋环境和生态环境；开展海上溢油、防污染技术合作交流；海上搜救合作；海上能力建设项目等。[②]

未来，中国和其他南海沿岸国可积极推进海洋环境保护合作。多达80%的海洋污染来自陆地的人类活动，如农业、制造业活动等。南海沿岸国可以在控制使用农药、化肥、有毒化学品和塑料制品等方面展开合作，以减少来自陆地的海洋污染。[③] 另外，船舶逸漏或不正当排放污染物质也是海洋污染的重要来源。南海沿岸国可以探讨在国际海事组织的技术支持下，建立一个地区性的合作机制，以预防船舶和航行造成的南海污染。未来，中国可与南海其他沿岸国一起制订珊瑚礁生态保护与环境保护战略行动计划。

四、建立共同开发相关工作机制

根据2018年11月中菲签订的《关于油气开发合作的谅解备忘录》，双方决定根据有关国际法加快谈判相关安排，为双方在有关海域的油气勘探和开采提供便利。为此，中菲双方将设立政府间联合指导委员会（简称“指导委员会”）和企业间工作组。指导委员会由双方外交部担任共同主席，由双方能源部门担任共同副主席，双方相关部门参与。

① 中国外交部：《中国—菲律宾南海问题双边磋商机制第五次会议联合新闻稿》，2019年10月28日，https://www.fmprc.gov.cn/web/wjbxw_673019/t1711339.shtml。

② 《中华人民共和国政府与印度尼西亚共和国政府海上合作谅解备忘录》（2012年3月24日签订），参见：中华人民共和国外交部边界与海洋事务司编：《中国周边海洋问题有关文件汇编》，第434页。

③ Robert Beckman, “ASEAN & the South China Sea Disputes,” Workshop on “New Approaches to the South China Sea Conflicts,” organized by St Antony’s College and the University of Oxford China Centre, 19 and 20 October 2017, https://www.sant.ox.ac.uk/sites/default/files/robert_beckman.pdf.

指导委员会由双方提名相同人数的成员组成。企业间工作组由经双方授权的企业代表组成。指导委员会负责谈判、达成合作安排及其适用的海域，并决定需建立的工作组数量及具体位置（简称“工作区块”）。企业间工作组负责谈判、达成适用于相关工作区块的企业间技术和商业安排。中方授权中国海洋石油集团有限公司作为中方参与企业。菲方将授权在适用本协议的工作区块内与菲律宾有服务合同的一家或多家企业，若特定工作区块无此类企业则授权菲律宾国家石油勘探公司作为菲方参与企业。[①] 从中菲《关于油气开发合作的谅解备忘录》文本可以看出，中菲构建了一种既有政府又有企业的“双层结构”磋商机制。2019年10月，中国—菲律宾油气开发合作政府间联合指导委员会召开了第一次会议，双方确认油气开发合作政府间联合指导委员会正式成立。[②]

中越在讨论北部湾湾口外海域共同开发等事务时，设立了北部湾湾口外海域工作组和海上共同开发磋商工作组。截至2019年12月，中越北部湾湾口外海域工作组已举行12轮磋商，海上共同开发磋商工作组已举行9轮磋商。这两个工作组磋商的内容包括：就中越海上划界与共同开发等问题交换意见，落实两党两国领导人达成的共识和《关于指导解决中越海上问题基本原则协议》，稳步推进北部湾湾口外海域划界谈判，并积极推进海上共同开发。[③]

---

① 中国外交部：《中华人民共和国政府和菲律宾共和国政府关于油气开发合作的谅解备忘录》，2018年11月20日，https://www.fmprc.gov.cn/web/wjb_673085/zzjg_673183/bjhysws_674671/bhfg_674677/t1616639.shtml。

② 中国外交部：《中国—菲律宾油气开发合作政府间联合指导委员会第一次会议在北京召开》，2019年10月29日，https://www.fmprc.gov.cn/web/wjbxw_673019/t1711665.shtml。

③ 中国外交部：《中越北部湾湾口外海域工作组第十二轮磋商和海上共同开发磋商工作组第九轮磋商分别在京举行》，2019年12月26日，https://www.fmprc.gov.cn/web/wjdt_674879/sjxw_674887/t1728015.shtml。

五、在只涉及两个争端当事国的海域优先开展共同开发

一般而言，两个国家之间达成共同开发协定相对更为容易一些。就南海的争议海域实际情况而言，的确有一部分争议海域只涉及两个争端当事国。南海西北部的部分海域的争端当事国只有中国和越南。中越两国政府已就积极推进北部湾湾口外海域共同开发达成了共识。在万安滩海域，未来两国也有可能开展共同开发谈判。礼乐滩附近相关海域只涉及中国和菲律宾，中菲可通过双边协商，就该海域的共同开发达成一个彼此都能接受的规范和安排。比如，在菲能源部标注的石油服务合同区块中，SC55、SC58、SC59、SC72、SC75等位于中菲两国海洋管辖权主张重叠海域，中菲可积极探讨共同开发事宜；菲方标注的服务合同区块SC57、SC63靠近菲律宾一侧，中菲可积极磋商合作开发事宜（参见图4–3）。

六、以求共识的方式划定共同开发区

一般而言，争端当事国对有关争议海域的清晰界定有助于成功达成共同开发协定。如果一方或双方对有关海域的主张不明确，就难以界定海域划界争端的具体范围，也不可能确定潜在的海上共同开发区。[①] 但在南海，尤其是在南沙群岛附近海域，争端当事国对各自主张及其依据、争端性质和涉及地域范围缺乏清晰的阐述。[②] 这为确定潜在的海上共同开发区带来了困难。

---

① 杨泽伟:《论海上共同开发“区块”的选择问题》，载《时代法学》2014年第3期，第10页。

② Robert Beckman, “Legal Framework for Joint Development in the South China Sea,” in Shicun Wu, Mark Valencia, and Nong Hong, eds., *UN Convention on the Law of the Sea and the South China Sea*, Farnham, UK: Ashgate, 2015, p.261.

在东盟国家中，一些争端当事国希望中国阐明其南海断续线的法律性质和坐标。但对中国而言，很难公开阐明其南海断续线（“九段线”）的性质和坐标。原因主要在于，中国想确保与东南亚有关国家的友好关系。一旦中国政府公布断续线的坐标，中国公众将不可避免地要求中国政府收回断续线内被他国侵占的岛礁。如果中国政府采取武力方式收回被他国侵占的南沙群岛有关岛礁，这将对中国与东南亚有关国家的关系产生破坏性后果。基于上述理由，要求中国政府近期公开阐明其南海断续线的性质和坐标，这并不现实。

尽管中国公开阐明其南海断续线的性质和坐标存在困难，但中国可在闭门磋商中就某些仅涉及两个当事国的海域明确其主张。如中越主张声索的北部湾湾口外海域、中越共同主张的万安滩附近海域、中菲共同主张的礼乐滩附近海域等。中越可在有关北部湾湾口外海域共同开发的闭门磋商中按照《公约》原则和习惯国际法原则来界定主张重叠海域。作为交换，越南应避免在共同开发谈判中涉及西沙群岛海域的主权问题。[①]

在各国海洋管辖权主张海域重叠的情况下，未来各国在谈判共同开发协定之前需要就各自的领海基线和海洋管辖权主张依据进行磋商，就“争议海域”或“重叠海域”达成谅解，以求共识的方式划定共同开发区。[②] 考虑到海上油气勘探和开采涉及大量的资金和先进的技术，对油气公司而言是一项高风险投资。因此，在争议海域成功达成共同开发将给相关油气公司带来政治上、法律上和财务上的确定性。在达成划界协定前，6个南海沿岸国可以援引《公约》第74条和第83条的

① International Crisis Group, “Stirring up the South China Sea (IV): Oil in Troubled Waters,” *Report* No. 275, 26 January 2016, p.25.

② 祁怀高：《欧洲煤钢联营经验对南海共同开发的启示》，载《太平洋学报》2017年第10期，第67页。

相关规定，“有关各国应基于谅解和合作的精神，尽一切努力作出实际性的临时安排，并在此过渡期间内，不危害或阻碍最后协议的达成。这种安排应不妨碍最后界限的划定”。[①] 沿岸国如就这一“不损害条款”达成共识，将给油气公司在共同开发中的大规模投资带来确定性。

七、把越菲作为推动共同开发的主要对象国

对中国而言，越南和菲律宾是南海争端的两个主要当事国，是我国稳定南海形势的主要对象国。如果中国能与越菲成功启动共同开发实践，将发挥重要的“示范效应”，带动中国与马来西亚、文莱、印度尼西亚这三个南海沿岸国的共同开发。因此，中国在实践中把越菲作为推动共同开发的主要（做工作）对象国。

中越两国政府已达成在北部湾湾口外海域积极推进共同开发的共识。两国已成立中越海上共同开发磋商工作组，截至2019年12月，中越海上共同开发磋商工作组已举行九轮磋商。[②] 但中越共同开发磋商迄今未取得重大突破，主要分歧在于：在北部湾湾口外海域，越方主张“先海域划界，再共同开发”，[③] 中方力主共同开发，两国立场差别很大；此外，中方主张推进南海更大范围共同开发，[④] 但越方则以程序事项为由而避谈。

2016年6月，杜特尔特担任菲律宾总统以来，中菲重启了南海共

---

① 联合国:《联合国海洋法公约》，1982年12月10日通过，https://www.un.org/zh/documents/treaty/files/UNCLOS-1982.shtml。

② 中国外交部:《中越北部湾湾口外海域工作组第十二轮磋商和海上共同开发磋商工作组第九轮磋商分别在京举行》，2019年12月26日。

③ 罗亮:《中越北部湾湾口外海域划界谈判任重道远》，“中美聚焦”网，2018年12月18日，http://cn.chinausfocus.com/foreign-policy/20181218/35088.html。

④ 参见：中国政府网:《李克强会见越南祖国阵线中央委员会主席阮善仁》，2014年2月24日，http://www.gov.cn/guowuyuan/2014-02/24/content_2620479.htm。

同开发磋商。2018年11月，中菲签署《关于油气开发合作的谅解备忘录》。2019年10月，中菲油气开发合作政府间联合指导委员会正式成立。[①] 2020年10月，杜特尔特解除了在南海区域的石油勘探禁令。[②] 中菲共同开发主要面临菲国内法和南海仲裁案裁决这两个“法律障碍”。菲宪法和相关法律对与外国公司签订油气勘探开发协议存在所有权和“60/40原则”规定；南海仲裁案仲裁庭于2016年7月作出的所谓“裁决”又为中菲共同开发设置了新的“法律障碍”。

对此，共同开发可采取中越和中菲“两轨”磋商相互促进的策略。学术界和政策界需对越菲两国南海共同开发政策进行比较研究。比较越菲两国政策的三个层面，包括“政策基调”“工作机制”“法律法规”；也比较越菲两国政策的四个影响因素，包括“核心决策圈”“民意”“经济收益”“美国介入”。做好认真细致的比较研究工作，将有助于中国与越菲开展有针对性的共同开发谈判，从而提出开展公关说服、利益交换、经营模式等方面的可操作性建议。

本章小结

中国积极倡导南海共同开发，既有经济动因，又有战略动因。中国的经济动因包括：对南海油气资源的需求，助推“21世纪海上丝绸之路”建设，海南全境建设自由贸易试验区，南海沿岸国建立共同市场和未来的经济一体化等。中国的战略动因包括：服务中国的海洋强国建设目标，为南海和平稳定发挥建设性作用，与其他南海沿岸国发

① 中国外交部：《中国—菲律宾油气开发合作政府间联合指导委员会第一次会议在北京召开》，2019年10月29日，https://www.fmprc.gov.cn/web/wjbxw_673019/t1711665.shtml。

② Pia Ranada, “Duterte Lifts Ban on West Philippine Sea oil Exploration,” 15 October 2020, https://www.rappler.com/nation/duterte-lifts-ban-west-philippine-sea-oil-exploration.

展睦邻友好关系，有效降低中美在南海竞争的烈度等。

中国在南海共同开发中的政策选项可包括以下七个方面：一是继续在南海事务中展现善意；二是努力约束在主张重叠海域的单边开发行为；三是从南海事务中的低敏感领域着手；四是建立共同开发相关工作机制；五是在只涉及两个争端当事国的海域优先开展共同开发；六是以求共识的方式划定共同开发区；七是把越菲作为推动共同开发的主要对象国。

一国在争议海域的单边开发会带来巨大的法律和政治风险，南海沿岸国都有义务约束各自石油公司在争议海域的单边开发行动。考虑到这一点，共同开发是中国与海上邻国在争议海域合法获取碳氢化合物资源的唯一务实之选。

第十一章

构建南海非传统安全多边合作的整体架构*

近年来，南海及其邻近海域[①] 的各种非传统安全问题凸显。南海海上恐怖主义活动和海盗行为有加剧之势，人口走私和海上非法移民问题正在恶化，南海渔业资源面临过度捕捞威胁，南海海洋环境面临退化挑战。在南海地区传统安全合作难以实质性推进的背景下，相关国家提出了一些非传统安全合作倡议（参见表11–2），开展了一些功能性领域的多边合作，有些多边机制在某些功能性领域已取得了一定的成效，但也存在一定的缺陷：目前南海非传统安全合作的多边机制呈现"碎片化"特征，没有形成非传统安全多边合作的整体架构。"碎片化"主要体现在两个方面。一是已有的南海非传统安全多边合作机制数量众多、交织共存、功能重合，[②] 呈现出不成体系、互不连属的碎片化形

* 本章内容由以下文章修改而成：祁怀高:《构建南海非传统安全多边合作整体架构研究》，载《国际安全研究》2020年第6期，第129–152页。感谢复旦大学国际问题研究院薛松副研究员、《国际安全研究》杂志提出的修改意见。

① 本章中，南海的毗连海域指的是马六甲海峡、泰国湾、苏禄海和苏拉威西海等。

② 李志斐:《南海非传统安全问题的现状与应对机制分析》，载《太平洋学报》2020年第4期，第77页。

态。二是已有的多边合作机制多由中国、东盟有关国家[①]或域外大国这三类行为体各自牵头构建，缺乏足够的包容性。特别是域外大国牵头构建的一些多边机制，不排除离间中国与其他南海沿岸国之间互信和合作的意图，给南海非传统安全合作带来消极影响。因此，本章将重点分析“为什么南海迄今没有形成非传统安全多边合作的整体架构”，“如何在南海构建非传统安全多边合作的整体架构”这两个问题。

非传统安全问题指的是，主要来自非军事冲突领域并对人类生存和国家安全带来威胁的问题。包括：气候变化、资源稀缺、传染病、自然灾害、无序移民、食品短缺、人口走私、毒品交易和跨国犯罪等。[②]在本章中，南海的非传统安全问题主要包括：海上恐怖主义、跨国海盗和海上武装劫船、海上非法移民和人口走私、海洋环境污染等。而南海领土和海洋划界争议及其带来的海上安全挑战，本章则归之于传统安全挑战。

本章的结构如下：第一部分，分析当前南海海上非传统安全面临的挑战和多边合作面临的障碍；第二部分，分析中国、东盟有关国家和域外大国三类行为体对南海多边安全合作的看法，重点聚焦这三类行为体对“谁的多边安全”“什么样的多边安全”“如何建立多边安全”这三个问题的回答；第三部分，梳理南海非传统安全多边合作的已有机制及启示；第四部分，分析构建南海非传统安全多边合作整体架构及需遵循的规则；最后一部分是结论。

① 本章中的“东盟有关国家”主要指的是越南、菲律宾、马来西亚、文莱、印度尼西亚等南海沿岸国。

② Mely Caballero-Anthony, ed., *An Introduction to Non-Traditional Security Studies: A Transnational Approach*, London: Sage Publications, 2016, p.6.

第一节　南海地区面临的非传统安全挑战和多边合作面临的障碍

近年来，南海及其邻近海域面临恐怖主义、海盗、人口走私和海上非法移民、渔业资源退化、海洋环境污染等非传统安全问题威胁。为应对南海地区的上述非传统安全挑战，相关国家已开展了一些功能性领域的多边合作。但是，由于存在一些障碍，导致南海地区非传统安全合作迄今未能深入推进，也未能形成多边合作整体架构。

一、南海地区面临的非传统安全挑战

南海毗邻的苏禄–苏拉威西海（the Sulu-Celebes Seas）海上恐怖主义活动多发。苏禄海和苏拉威西海位于南海东侧，海域面积分别为26万平方千米（10万平方英里）和28万平方千米（11万平方英里），[①] 沿岸国有菲律宾、马来西亚和印度尼西亚。苏禄–苏拉威西海已成为恐怖主义和跨国有组织犯罪活动的重要海域。近年来，有恐怖组织的一些激进分子从海上流窜到苏禄–苏拉威西海海域，从事海上恐怖主义活动。2019年，苏禄–苏拉威西海海域至少报告12起登船、试图登船、攻击、劫持和绑架事件。[②] 总部位于菲律宾苏禄岛的阿布沙耶夫集团参与了苏禄–苏拉威西海海域的多起绑架勒索赎金行为。比如，2019年9月23日，阿布沙耶夫集团的7名武装分子在马来西亚沙巴的坦比桑岛

① Ian Storey, "Trilateral Security Cooperation in the Sulu-Celebes Seas: A Work in Progress," *ISEAS Perspective*, No. 48, 27 August 2018, p.2, https://www.iseas.edu.sg/images/pdf/ISEAS_Perspective_2018_48@50.pdf.

② Maritime Administration of U.S. Department of Transportation, "MSCI Advisory: 2020-003-Sulu and Celebes Seas-Piracy/Armed Robbery/Terrorism," https://www.maritime.dot.gov/content/2020-003-sulu-and-celebes-seas-piracyarmed-robberyterrorism.

（Tambisan Island）邻近海域绑架了3名印度尼西亚渔民；2019年6月18日，阿布沙耶夫集团的10名武装分子在马来西亚拿笃（Lahad Datu）邻近海域绑架了10名马来西亚注册渔船上的渔民。① 自2001年10月起，阿布沙耶夫集团被联合国安理会列入基地组织制裁名单。②

海盗行为是对南海海上通道安全的最大威胁。2012—2019年，东南亚发生了1164起海盗和武装劫船事件，占同期世界海盗和武装劫船事件（3210起）的36.3%。③ 南海是重要的国际航运通道，承担了约1/3的全球航运量，2017年约3.37万亿美元的全球贸易量经过南海地区。④ 南海及其邻近海域的马六甲海峡、巴士海峡、望加锡海峡、龙目海峡、巽他海峡等构成了沟通印太两洋的咽喉要道。其中，最具战略影响力的是连接太平洋与印度洋的马六甲海峡。该海峡全长约600海里，沿岸有新加坡、印度尼西亚和马来西亚等国家。《亚洲地区反海盗及武装劫船合作协定》信息分享中心（ReCAAP ISC）的年度报告指出：2019年，马六甲和新加坡海峡共报告31起海盗事件，而2018年仅有8起事件。⑤

东南亚的人口走私和海上非法移民问题正在恶化。东南亚地区偷

---

① ReCAAP ISC, “List of Incidents (2019),” https://www.recaap.org/resources/ck/files/Number%20of%20Incidents/Table%20of%20Incidents%20for%20Public%20Website%20(2019).pdf.

② United Nations Security Council, “Abu Sayyaf Group,” updated on 18 January 2018, https://www.un.org/securitycouncil/sanctions/1267/aq_sanctions_list/summaries/entity/abu-sayyaf-group.

③ Office of Naval Intelligence of U.S. Department of Defense, “Annual Worldwide Threat to Shipping (WTS) Summary 2019,” 30 January 2020, https://www.oni.navy.mil/Portals/12/News/Weekly%20Piracy%20Reports/20200130%20Annual%20WTS.pdf?ver=2020-02-03-062943-397.

④ CSIS, “How Much Trade Transits the South China Sea?” https://chinapower.csis.org/much-trade-transits-south-china-sea/#easy-footnote-bottom-1-3073.

⑤ ReCAAP ISC, *ReCAAP ISC Annual Report 2019*, p.35, https://www.recaap.org/resources/ck/files/reports/annual/ReCAAP%20ISC%20Annual%20Report%202019.pdf.

渡移民的偷渡方式复杂多样。[①] 柬埔寨和老挝是去往泰国或马来西亚的非正规移民的主要来源国，印度尼西亚是去往马来西亚、新加坡等国的劳工移民的来源国之一，缅甸是难民和非正规劳工移民去往东南亚和更远地区的主要来源国。[②] 据不完全统计，自2014年以来，大约9.5万人从缅甸海岸和孟加拉国出发，乘坐简易船只渡过安达曼海和马六甲海峡，来到马来西亚、印度尼西亚、菲律宾和泰国。[③] 印度尼西亚是一个重要的中转国，来自阿富汗、伊朗、伊拉克、巴基斯坦和斯里兰卡的移民会过境印度尼西亚，穿越帝汶海偷渡到澳大利亚。2009—2013年中期，超过5万名寻求避难者在印尼的运输工具帮助下偷渡到澳大利亚。[④] 这些寻求避难者到达澳大利亚后，在澳国内不仅引发了关于移民、难民保护和国家安全等高度政治化的辩论，而且使得此后的历届澳政府对寻求避难者采取了更为严格的限制政策。2014年11月，澳大利亚政府宣布澳未来每年将只能安置来自印度尼西亚的450名难民，且澳将不会接收在2014年7月1日当天或之后在联合国难民署登记的任何

---

① UNODC, *Criminalisation of Smuggling of Migrants in ASEAN Member States*, 2019, p.2, https://www.unodc.org/documents/southeastasiaandpacific/Publications/2019/Criminalisation_of_Smuggling_of_Migrants_in_ASEAN_Member_States_UNODC_2019.pdf.

② UNODC, *Migrant Smuggling in Asia: Current Trends and Related Challenges*, April 2015, https://www.unodc.org/documents/southeastasiaandpacific/Publications/2015/som/Current_Trends_and_Related_Challenges_web.pdf; UNODC, *Migration Smuggling in Asia and the Pacific: Current Trends and Challenges*, Vol. 2, July 2018, https://www.unodc.org/documents/human-trafficking/Migrant-Smuggling/2018-2019/SOM_in_Asia_and_the_Pacific_II_July_2018.pdf.

③ Zhen Sun, "Fostering More Effective Non-Traditional Maritime Security Cooperation in Southeast Asia," April 2018, https://cil.nus.edu.sg/wp-content/uploads/2018/04/Fostering-More-Effective-Non-Traditional-MS-Cooperation-in-SEA-Z.Sun_.pdf.

④ Antje Missbach, "De-demonising 'People Smuggling' Between Indonesia and Australia," *The IIAS Newsletter 76*, Spring 2017, https://www.iias.asia/the-newsletter/article/de-demonising-people-smuggling-between-indonesia-australia.

难民。[①] 截至2017年6月，超过1.4万名难民和寻求避难者在印度尼西亚过着临时性的生活，滞留在印度尼西亚的难民和寻求避难者人数还在持续增加。[②]

南海渔业资源面临严重过度捕捞的威胁。2015年，大约12%的全球渔获量来自南海，预测世界超过一半的渔船集中在南海，渔业从业人员大约370万人。[③] 但南海海域渔业滥捕现象普遍，秩序混乱，渔业资源已被严重过度捕捞。自20世纪50年代以来，南海的渔业资源已经减少70%～95%，南海的渔获率在过去20年中已下降66%～75%。[④] 由于海洋渔业资源流动性、共享性和整体性的特点，一国不可能作到对渔业资源的完全开发与管理。渔业资源是南海沿岸国众多渔民的生计来源，直接攸关各国渔民的民生。渔业纠纷成为南海争端的热点之一，处理不当有可能导致南海争端的意外升级。

南海的海洋环境退化已经到达警戒点。南海是世界上海洋生态系统最多样化的海域之一，拥有世界珊瑚物种的76%和珊瑚鱼物种的37%。[⑤] 超过8600种海洋动植物物种栖息在南海。[⑥] 但人为污染和气候

① Elibritt Karlsen, "Refugee Resettlement to Australia: What Are the Facts?" updated on 7 September 2016, https://www.aph.gov.au/About_Parliament/Parliamentary_Departments/Parliamentary_Library/pubs/rp/rp1617/RefugeeResettlement#_ftn77.

② Lauren Farrow, "Smuggled Refugees Stuck Amid Southeast Asia Crackdown," 5 June 2017, https://www.mindsglobalspotlight.com/@southeastasia/2017/06/05/32468/smugglers-customers-stuck-amid-sea-regional-crackdown.

③ South China Sea Expert Working Group, "A Blueprint for Fisheries Management and Environmental Cooperation in the South China Sea, " *Asia Maritime Transparency Initiative*, 13 September 2017, https://amti.csis.org/coc-blueprint-fisheries-environment/.

④ Ibid.

⑤ Abhijit Singh, "A Looming Environmental Crisis in the South China Sea," *Asia Maritime Transparency Initiative*, 12 August 2016, https://amti.csis.org/looming-environmental-crisis-south-china-sea/.

⑥ Marie Antonette Juinio-Meñez, "Biophysical and Genetic Connectivity Considerations in Marine Biodiversity Conservation and Management in the South China Sea," *Journal of International Wildlife Law & Policy*, Vol. 18, No. 2 (2015), p.111.

变化已使得南海海洋环境的退化到达警戒点。人为污染包括倾倒未经处理的生活和工业废物，港口和海港业务，农业和水产养殖生产，采矿活动等。由于沿岸国民众对南海采取的不可持续使用方式，南海每10年将失去30%的海草、16%的红树林和16%的活珊瑚覆盖率。① 近年来，南海大约104平方千米的珊瑚礁因为盗采砗磲而遭到毁坏，另外58平方千米珊瑚礁因为造岛活动而遭到毁坏。② 气候变化导致南海海平面上升、海水温度变暖和海水盐度变化，对红树林、鱼类、海草等都产生了不良影响。1958—2014年间，南海部分海域的海水温度大约上升了0.2℃～1℃。③ 南海气候变化对红树林数量减少带来了显著的影响。1990—2000年间，南海的红树林数量以每年1.61%的速度减少，这一速度显著高于世界年平均速度（1.04%）。④

二、南海多边安全合作面临的障碍

南海多边安全合作面临的障碍包括：中美在南海的竞争；相关国家在政治上缺乏互信；技术上的障碍。

中美在南海的激烈竞争影响了南海多边安全合作的开展。中美南海竞争是两国在西太平洋海上竞争乃至全球战略竞争的一个缩影。近

① Southeast Asian Fisheries Development Center, “South China Sea Countries to Cooperate on Integrating Fisheries and Marine Ecosystem Management,” 1 November 2016, http://www.seafdec.or.th/home/tdnews?start=165.

② Rachael Bale, “Giant Clam Poaching Wipes out Reefs in South China Sea,” *National Geographic*, 12 July 2016, https://www.nationalgeographic.com/news/2016/06/south-china-sea-coral-reef-destruction/.

③ Julius Cesar Trajano, Lina Gong, Margareth Sembiring, and Rini Astuti, “Marine Environmental Protection in the South China Sea: Challenges and Prospects,” *NTS Insight*, No. IN17-04, December 2017, pp. 7-8, https://www.rsis.edu.sg/wp-content/uploads/2017/12/MEP-Insight-1_11-Dec-2017_final_TN.pdf.

④ UNEP, *Strategic Action Programme for the South China Sea*, 25 August 2008, p.3, http://www.unepscs.org/remository/startdown/1965.html.

年来，美国打着维护所谓“航行自由”的旗号，在邻近中国海岸的南海海域以及南沙群岛相关海域频繁开展以军事威慑为目的的军事行动，包括抵近侦察、在专属经济区内进行军事测量和情报搜集，以及以中国为假想目标的军事演习等。每次美国军舰进入中国沿海或者南海诸岛邻近海域活动，中国海军军舰从维护本国安全出发，均必须对美舰作出应对处置，并且视情采取识别查证和警告驱离等行动。美国还批评中国“扩大使用非军事船只来胁迫对手”，“不安全和不专业的海空操作”，“在有争议的岛礁造岛”等。[①] 而中国则认为，在南海问题上，“希望美国不要选边站队”，“不要支持你所谓的盟国来对付中国”。[②] 近年来，中美两国都与东南亚国家在南海开展了海上联合军演，也对东南亚国家提供了安全援助。在中美竞争加剧的情况下，东南亚国家和中美任何一方的安全合作都有可能被视为反对另一方，东南亚国家选边站的压力增大。大多数东南亚国家欢迎那些能增强其能力建设的援助，对于签署任何可能导致选边站或者为域外大国安全角色背书的地区性协议都会持保留态度。

相关国家之间缺乏互信也构成了南海多边安全合作的障碍。一些国家把南海海上安全合作视为增强其权力优势，展示其技术、财富、武器优势的机会，以暗中恐吓竞争者并观察和侦查竞争者的弱点。[③] 一

① U.S. Department of Defense, *The Asia–Pacific Maritime Security Strategy: Achieving U.S. National Security Objectives in A Changing Environment*, 2015, pp. 10-17, https://dod.defense.gov/Portals/1/Documents/pubs/NDAA%20A-P_Maritime_Security_Strategy-08142015-1300-FINALFORMAT.PDF.

② 中国外交部:《外交部副部长刘振民就南海问题与美国记者代表团座谈实录》，2016年5月23日，https://www.fmprc.gov.cn/web/wjb_673085/zzjg_673183/bjhysws_674671/xgxw_674673/t1365621.shtml。

③ Mark J. Valencia, “Maritime Security Cooperation in the South China Sea: Sailing in Different Directions,” *The Diplomat*, 17 September 2018, https://thediplomat.com/2018/09/maritime-security-cooperation-in-the-south-china-sea-sailing-in-different-directions/.

些东盟国家对美国在南海扮演的角色存在疑虑。比如，2019年7月，菲律宾总统杜特尔特就美国一直促使和怂恿菲律宾在南海对抗中国予以抨击："你（美国）以为菲律宾人是蚯蚓吗?"[①] 中国与其他南海沿岸国开展海上安全合作，也面临政治互信不足的问题。比如，2015年4月，越共中央总书记阮富仲访华时指出，一些合作领域未能达到实质性的效果，而最大的障碍就是政治互信不够，主要原因是两国在南海（越通社原文使用"东海"表述，笔者注）问题的解决和处理办法上存在分歧。[②]

南海沿岸国开展多边安全合作还存在技术上的障碍。南海沿岸国在航行安全、海上搜救、海洋保护等领域缺乏共同的技术准则。南海沿岸国海岸警卫队的装备技术处于不同的发展阶段，差异性大，平台与系统也缺乏互操作性。在打击恐怖主义、海盗、持枪抢劫、非法药物和武器贩运、走私等海上跨国犯罪活动中，南海沿岸国有必要建立情报和信息共享机制，但存在技术上的难题。因为情报和信息共享非常敏感，有可能非直接地泄露情报信息来源和情报搜集方式。美国帮助其东南亚盟国和伙伴国加强了南海海上态势感知能力，一方面提升了这些东南亚国家快速有效应对海上安全威胁的技术能力；但另一方面，美国把中国排除在外且未与中国磋商地区海上态势感知网络的技术标准，实际上为南海沿岸国多边安全合作制造了技术障碍。

---

① Joey A. Gabieta and Leila B. Salaverria, "Duterte Dares US: Declare War on China and We Will Join You," *Philippine Daily Inquirer*, 7 July 2019, https://globalnation.inquirer.net/177616/duterte-dares-us-declare-war-on-china-and-we-will-join-you.

② 越通社:《越共中央总书记阮富仲与中共中央总书记、国家主席习近平举行会谈》，2015年4月8日，https://zh.vietnamplus.vn/。

第二节　三类行为体的南海多边安全倡议分析

为什么南海迄今没有形成非传统安全多边合作的整体架构？要回答这一问题，需要分析中国、东盟有关国家和域外大国这三类行为体对多边安全合作的看法。笔者将分析三类行为体对“谁的多边安全”，“什么样的多边安全”，“如何建立多边安全”这三个关键问题的回答。

表 11–1　三类行为体对南海多边安全三个关键问题的回答

行为体	三个问题		
	谁的多边安全	什么样的多边安全	如何建立多边安全
中国	包括中国在内的所有南海沿岸国的多边海上安全	既涉及维护领土主权和海洋权益等传统安全，又涉及打击恐怖主义、海盗等非传统安全	以“双轨思路”处理南海问题，倡议建立南海沿岸国合作机制
东盟有关国家（其他沿岸国）	南海沿岸国的多边海上安全；同时邀请域外大国发挥作用	既涉及保护领土和海洋权益的传统安全，又涉及打击恐怖主义、海盗、分离主义等非传统安全	采取“抱团合作”和“对外平衡合作”等方式，积极提出多边安全合作倡议，并试图在COC等多边安全机制中居于领导和中心地位
域外大国（美国、日本、澳大利亚等）	包括域外大国在内的南海多边海上安全	确保军舰航行自由、反对中国“胁迫”、强化东盟有关国家的海上能力建设等	积极提出倡议和试图担任领导者，并心照不宣地构建针对中国的联合体

资料来源：本书作者整理。

一、中国的南海多边安全倡议分析

中国是最大的南海沿岸国，在南海拥有领土主权和海洋权益。近年来，中国一方面积极维护在南海的领土主权和海洋权益，另一方面积极提出南海多边安全合作倡议。

中国对“谁的多边安全”的回答是：包括中国在内的所有南海沿岸国的多边安全。2016年3月，中国外交部长王毅提出了“南海沿岸国合作机制”。[①] 2017年3月，外交部时任副部长刘振民发表了“稳步推进南海沿岸国合作”的演讲。[②] 中国虽未明确提及南海沿岸国具体包括哪些国家，但可以推论中国的倡议针对所有南海沿岸国。至于域外大国扮演的角色，中国外交部的态度是“反对域外势力插手南海事务”。[③]

中国对“什么样的多边安全”的回答是：既涉及维护领土主权和海洋权益等传统安全，又涉及打击恐怖主义、海盗、走私、非法捕鱼和防止环境退化等非传统安全。中国倡导共同、综合、合作、可持续的安全观。[④] 南海的多边安全要有利于维护中国的领土主权和海洋权益，有利于南海的和平与稳定。中国尊重和维护各国依据国际法在南海享有的航行与飞越自由，但坚决反对任何国家以航行与飞越自由为名，损害中国的主权和安全。[⑤] 在“航行自由”问题上，中国认为，维护南海航行自由首先是南海沿岸国的利益之所系，也是东亚和亚洲各国利益之所系，地区国家对此贡献最大，因此“南海地区的航行和飞

① 中国外交部：《外交部长王毅就中国外交政策和对外关系回答中外记者提问》，2016年3月8日，https://www.fmprc.gov.cn/web/zyxw/t1346058.shtml。

② 刘振民：《稳步推进南海沿岸国合作——在博鳌亚洲论坛2017年年会南海分论坛上的演讲》，2017年3月27日，https://www.fmprc.gov.cn/web/ziliao_674904/zyjh_674906/t1448859.shtml。

③ 中国外交部：《2016年9月8日外交部发言人华春莹主持例行记者会》，2016年9月8日，https://www.fmprc.gov.cn/web/fyrbt_673021/t1395888.shtml。

④ 国务院新闻办公室：《中国的亚太安全合作政策》，2017年1月，http://www.scio.gov.cn/37236/38180/Document/1626688/1626688.htm。

⑤ 中国外交部：《2019年11月22日外交部发言人耿爽主持例行记者会》，2019年11月22日，https://www.fmprc.gov.cn/web/fyrbt_673021/t1718089.shtml。

越自由根本不存在任何问题”[①]。美国等一些域外国家，打着“维护航行和飞越自由”的旗号，频繁派军舰军机到南海进行抵近侦察，炫耀武力，进行各种海上军事威慑行动，这是中国所坚决反对的。在打击恐怖主义、海盗、走私、非法捕鱼和防止环境退化等非传统安全领域，中国与东盟有关国家有着共同的利益，中国与域外大国也存在合作的可能性。

中国对“如何建立多边安全”的回答是：以“双轨思路”处理南海问题，倡议建立南海沿岸国合作机制。中国坚持通过磋商谈判解决与相关国家在南海的有关争议。[②]为了解决涉南海问题中的双边谈判与多边合作的关系问题，中国赞成并倡导以“双轨思路”处理南海问题，即有关争议由直接当事国通过友好协商谈判寻求和平解决，而南海的和平与稳定则由中国与东盟国家共同维护。[③]中国外交部长王毅于2016年3月提出了“南海沿岸国合作机制”。[④]中国外交部时任副部长刘振民认为，在南海建立沿岸国合作机制，可谓“天时、地利、人和”：“天时”指的是南海局势已经趋稳降温，各国在南海地区积极开展各领域海上务实合作大有可为；“地利”指的是在南海建立沿岸国合作机制有

① 中国外交部：《2018年10月16日外交部发言人陆慷主持例行记者会》，2018年10月16日，https://www.fmprc.gov.cn/web/wjdt_674879/fyrbt_674889/t1604446.shtml。

② 中国外交部：《中华人民共和国外交部关于坚持通过双边谈判解决中国和菲律宾在南海有关争议的声明》，2016年6月8日，https://www.fmprc.gov.cn/nanhai/chn/snhwtlcwj/t1370477.htm。该声明指出，中国“将继续坚持在尊重历史事实基础上，根据国际法，通过双边谈判解决与菲律宾在南海的有关争议”。

③ 2014年8月9日，中国外交部长王毅在出席中国—东盟（10+1）外长会后举行的记者会上表示，中方赞成并倡导以“双轨思路”处理南海问题。即有关争议由直接当事国通过友好协商谈判寻求和平解决，而南海的和平与稳定则由中国与东盟国家共同维护。参见：新华网：《王毅：以“双轨思路”处理南海问题》，2014年8月9日，http://news.xinhuanet.com/world/2014-08/09/c_1112007229.htm。

④ 中国外交部：《外交部长王毅就中国外交政策和对外关系回答中外记者提问》，2016年3月8日，https://www.fmprc.gov.cn/web/zyxw/t1346058.shtml。

充足的国际法依据，国际上的成功案例比比皆是；“人和”指的是南海地区人民世代友好，南海沿岸国加强合作有着厚重的历史积淀。[①] 笔者认为，中国倡导的“南海沿岸国合作机制”将是一个应对南海多种安全挑战的综合性多边合作机制，可以从南海高度紧迫且亟须解决的非传统安全威胁入手，循序渐进。“南海沿岸国合作机制”如能成功构建，将有效整合目前已呈“碎片化”的南海非传统安全多边合作机制。

二、东盟有关国家的南海多边安全倡议分析

近年来，东盟有关国家一方面通过“抱团合作”和“对外平衡合作”等方式，试图确保它们在南海非法侵占的岛礁和维持它们的海洋权益；另一方面，以东盟名义或者单独提出南海多边安全合作倡议，试图主导南海多边安全机制构建。

东盟有关国家对“谁的多边安全”的回答是：南海沿岸国的多边安全。在这一点上，东盟有关国家与中国的回答有共识。至于域外大国扮演的角色，东盟有关国家倾向于邀请美国、日本、澳大利亚等国在南海多边安全中发挥作用，以冲抵中国的影响力。

东盟有关国家对“什么样的多边安全”的回答是：既涉及能够保护领土和海洋权益的传统安全，又涉及打击恐怖主义、海盗、分离主义等非传统安全。越南、菲律宾、马来西亚、文莱和印度尼西亚等国都是第二次世界大战后独立的国家，独立过程中经历了激烈的国内和国际斗争，因此非常珍视各自的主权。这些东盟国家都在20世纪80年代签署了《联合国海洋法公约》(简称《公约》)，援引该公约主张200海里的专属经济区。这些东盟国家的领导人和人民倾向于把所获取的

① 刘振民:《稳步推进南海沿岸国合作——在博鳌亚洲论坛2017年年会南海分论坛上的演讲》, 2017年3月27日, https://www.fmprc.gov.cn/web/ziliao_674904/zyjh_674906/t1448859.shtml。

海域和资源视为他们“神圣的”国家遗产，尽管从法律上来讲那些陆地地物不过是一些岩礁。[①] 东盟有关国家为了维护它们的海洋权益主张，反对其他当事国的主张。这一民族主义视角压倒了“共同安全”的倡议，这既是南海争议当事国主要的共性，也是它们开展海上安全合作的主要障碍。[②] 由于不少东盟国家面积小、人口少、军事能力弱，它们对大规模杀伤性武器贸易、非商业性的航行自由和海上感知能力等并不特别关注；而中国和域外大国则特别关注这一类安全事务。如苏禄–苏拉威西海沿岸国深受恐怖主义、海盗和分离主义等非传统安全的威胁，因此，这些沿岸国希望与域内外国家合作共同打击上述非传统安全威胁。

东盟有关国家对“如何建立多边安全”的回答是：采取“抱团合作”和“对外平衡合作”等方式，积极提出多边安全合作倡议，并在多边安全机制中居于领导和中心地位。“抱团合作”体现在强调东盟中心地位，以东盟名义或者相关东盟国家联合起来应对南海的各种安全威胁。比如，东盟防长扩大会议和东盟海事论坛扩大会议等东盟主导的机制，新加坡、印度尼西亚、马来西亚三国共管马六甲海峡以打击海盗和维护航道安全，印度尼西亚、马来西亚和菲律宾三国在苏禄–苏拉威西海合作打击海盗和恐怖主义等。“对外平衡合作”体现在，东盟有关国家同时与中国、美国、日本、澳大利亚、印度等大国开展海上安全合作，以平衡各大国在南海的影响力；同时借助这些大国来提升海上能力建设，克服海上非传统安全威胁。东盟构建了东盟地区论坛（1994年7月）、东盟海事论坛扩大会议（2012年10月）、东盟防长扩大会议

---

① Mark J. Valencia, “Maritime Security Cooperation in the South China Sea: Sailing in Different Directions,” *The Diplomat*, 17 September 2018, https://thediplomat.com/2018/09/maritime-security-cooperation-in-the-south-china-sea-sailing-in-different-directions/.

② Ibid.

（2010年10月）等多边机制，试图在这些机制中扮演中心角色。

三、域外大国的南海多边安全倡议分析

美国、日本、澳大利亚等域外大国虽然在南海都没有领土主权和海洋权益声索，但都认为南海涉及它们的重大利益，积极介入南海事务和南海多边安全合作。

域外大国对“谁的多边安全”的回答是：包括域外大国在内的南海多边安全。

据2020年7月美国助理国务卿史达伟（David R. Stilwell）发表的涉南海谈话判断，美国认为其理所当然地应包括在南海多边安全机制中。史达伟的谈话指出，近年来，美国支持东南亚伙伴国增加海上能力建设，重申了盟友关系，保持了强劲的军事活动，包括“航行自由行动”，双航母演习，战略轰炸机巡航，与其盟友和伙伴开展联合演习等。[①] 美国的真实目的是要维护其在亚太地区的海上霸权，主控南海地区海上安全格局，推回中国在南海的“自信”政策。

日本要在南海多边安全中发挥作用，其目的是确保海上通道安全，扩展其在东南亚的政治和安全作用。日本还认为东海争端与中国在南海的海上争端有着日益紧密的联系，担心中国在南海的“强硬”政策会应用到东海的日中争端上，因此日本需要介入南海事务。[②]

澳大利亚由于接近2/3的出口要经过南海，因此也认为其必须在南海多边安全合作中发挥重要作用。

---

① David R. Stilwell, “The South China Sea, Southeast Asia’s Patrimony, and Everybody’s Own Backyard,” 14 July 2020, https://www.state.gov/the-south-china-sea-southeast-asias-patrimony-and-everybodys-own-backyard/.

② Paul Midford, “Japan’s Approach to Maritime Security in the South China Sea,” *Asian Survey*, Vol. 55, No. 3 (2015), p.547.

域外大国对“什么样的多边安全”的回答是：确保军舰航行自由、反对中国“胁迫”、强化东盟有关国家的海上能力建设等。美国把针对中国的“航行自由行动”视为海上安全行动的优先选项，尽管联合反海盗和反恐怖巡逻得到了域内国家的更多支持。① 域外大国的上述传统安全关注及其衍生领域，更多地引发了与中国之间的争论，而非合作。

域外大国对“如何建立多边安全”的回答是：积极提出倡议和担任领导者，并心照不宣地构建针对中国的联合体。

美国特朗普政府的做法是确保一个“自由和开放”的印太，将南海安全机制纳入其主导的印太战略框架内。美国将“海上自由”（freedom of the seas）视为其关键性的国家利益之一，认为南海沿岸国的过渡海洋主张限制了海上自由行动。② 美国认为，对于像南海这样的“全球公域”（global commons），美国将继续在国际法允许的任何地方开展飞越和航行自由行动，并鼓励其盟国和伙伴开展同样的行动。③

日本通过官方发展援助、加强海岸警卫队合作等方式，积极参与南海多边安全合作，以确保南海的航行安全并制衡中国在南海的“自信”。比如，日本推动加强日海保厅同有关国家海岸警卫队的合作，推动缔结《亚洲地区反海盗及武装劫船合作协定》（2004年11月缔结）。日本在东南亚和南海的海上多边安全合作倡议，有其战略主动性，并不必然受日美同盟的牵制。

---

① Mark J. Valencia, “Maritime Security Cooperation in the South China Sea: Sailing in Different Directions,” *The Diplomat*, 17 September 2018, https://thediplomat.com/2018/09/maritime-security-cooperation-in-the-south-china-sea-sailing-in-different-directions/.

② U.S. Department of Defense, *Indo-Pacific Strategy Report: Preparedness, Partnerships, and Promoting A Networked Region*, 1 June 2019, p.43, https://media.defense.gov/2019/Jul/01/2002152311/-1/-1/1/DEPARTMENT-OF-DEFENSE-INDO-PACIFIC-STRATEGY-REPORT-2019.PDF.

③ Ibid.

澳大利亚除在南海开展军舰航行和军机飞越行动外，主要是与印度尼西亚等东南亚国家开展海上安全合作，打击非传统安全威胁。

由上可见，三类行为体在回答三个关键问题时，有着非常不同的答案。中国、东盟国家、域外国家在南海就像“在同一水域航行，但有着不同的任务和驶向不同方向的船只”。[①] 任何成功的南海多边安全合作，都必须照顾到上述三类行为体的利益，并从上述三类问题的回答中找到共识性的答案。

第三节　南海非传统安全多边合作的已有机制及启示

为应对南海及其邻近海域的非传统安全挑战，相关国家已提出了一些倡议，并开展了一些功能性领域的多边合作（参见表11–2）。

在综合性领域，包括：

（1）从1990年1月开始每年召开的“处理南中国海潜在冲突研讨会”；

（2）1993年6月成立的亚太安全合作理事会；

（3）1994年7月倡议成立的东盟地区论坛；

（4）2002年11月达成的《南海各方行为宣言》；

（5）从2002年起每年组织召开的香格里拉对话会；

（6）美国于2004年3月提出的“地区海上安全倡议”（RMSI）；

（7）新加坡于2009年4月成立的“信息融合中心”（IFC）；

（8）自2010年10月起每年召开的东盟防长扩大会议；

① Mark J. Valencia, “Maritime Security Cooperation in the South China Sea: Sailing in Different Directions,” *The Diplomat*, 17 September 2018, https://thediplomat.com/2018/09/maritime-security-cooperation-in-the-south-china-sea-sailing-in-different-directions/.

（9）中国于2016年3月倡议的南海沿岸国合作机制；

（10）正在谈判中的“南海行为准则”等。

在打击海上跨国犯罪领域，包括：

（1）印度尼西亚和澳大利亚于2002年发起的“巴厘进程”；

（2）2004年11月缔结的《亚洲地区反海盗及武装劫船合作协定》（ReCAAP）；

（3）2006年11月成立的ReCAAP信息分享中心（ISC）；

（4）2017年6月达成的苏禄–苏拉威西海沿岸三国海上巡逻合作。

在保护海洋环境和渔业资源领域，包括：

（1）自1993年11月起开展的“东亚海环境管理伙伴关系计划”（PEMSEA）；

（2）自2008年8月起开展的“扭转南海和泰国湾环境退化趋势”项目；

（3）2017年6月召开的“南海渔业资源和管理研讨会”等。

在维护航道安全领域，包括：

（1）1969年成立的马六甲海峡委员会（MSC）；

（2）2004年起实行的“马六甲海峡巡逻”机制（MSP）等。

在海上执法领域，包括：

（1）美国于2018年提出的“东南亚海上执法倡议”（SEAMLEI）等。

表 11–2　涉南海地区非传统安全多边合作机制和倡议

类别名称		指标			
		成立（提出）时间	功能与领域	行为主体性质	参与国家（成员）
综合性	处理南中国海潜在冲突研讨会[1]	1990年1月	通过信任建立措施来调解南海争端	二轨	印度尼西亚倡议召开，中国（含中国台湾地区）、东南亚国家
	亚太安全合作理事会	1993年6月	亚太安全与对话合作机制	二轨	21个成员理事会：澳大利亚、文莱、柬埔寨、加拿大、中国、欧盟、印度、印度尼西亚、日本、朝鲜、韩国、马来西亚、蒙古国、新西兰、巴布亚新几内亚、菲律宾、俄罗斯、新加坡、泰国、美国、越南
	东盟地区论坛	1994年7月	就亚太地区政治安全问题举行非正式磋商	政府间	27个成员：东盟10国、中国、日本、韩国、朝鲜、蒙古国、印度、巴基斯坦、孟加拉国、斯里兰卡、俄罗斯、美国、加拿大、澳大利亚、新西兰、巴布亚新几内亚、东帝汶和欧盟
	《南海各方行为宣言》	2002年11月	促进南海地区和平、友好与和谐	政府间	中国、东盟10国
	香格里拉对话会	2002年	亚洲地区防务安全论坛	一轨半	参与者来自28个国家
	地区海上安全倡议（RMSI）[2]	2004年3月	通过提升地区合作以加强东亚和太平洋地区的海上安全	政府间	美国时任太平洋司令部司令官托马斯·法戈（Thomas B. Fargo）提出
	信息融合中心（IFC）[3]	2009年4月	通过信息共享来加强地区海上安全	政府间	新加坡海军倡议成立，24个国家派驻联络员：澳大利亚、文莱、柬埔寨、加拿大、中国、智利、法国、希腊、印度、印度尼西亚、意大利、日本、马来西亚、缅甸、新西兰、巴基斯坦、秘鲁、菲律宾、南非、韩国、泰国、英国、美国、越南

续表

类别名称		指标			
		成立（提出）时间	功能与领域	行为主体性质	参与国家（成员）
综合性	东盟防长扩大会议	2010年10月	加强安全和防务合作	政府间	东盟10国和8个对话伙伴国（澳大利亚、中国、印度、日本、新西兰、韩国、俄罗斯和美国）
	南海沿岸国合作机制	2016年3月	南海合作	政府间	中国政府倡议，南海沿岸国
	南海行为准则	谈判中	以规则治理南海	政府间	中国、东盟10国
打击海上跨国犯罪（海盗、恐怖主义、人口走私等）	巴厘进程[4]	2002年	打击人口走私、人口贩运和跨国犯罪	政府间	印度尼西亚和澳大利亚共同主持，49个成员，包括45个成员国家和4个国际组织
	《亚洲地区反海盗及武装劫船合作协定》（ReCAAP）[5]	2004年11月缔结	加强亚洲地区预防和打击海盗及武装劫船方面的区域合作	政府间	20个签字国：澳大利亚、日本、新加坡、孟加拉国、韩国、斯里兰卡、文莱、老挝、泰国、柬埔寨、缅甸、英国、中国、荷兰、美国、丹麦、挪威、越南、印度、菲律宾
	ReCAAP信息分享中心[6]	2006年11月	负责报告海盗活动、调查海盗事件和缔约国间分享资讯	政府间	20个成员国，同ReCAAP的20个签字国
	苏禄–苏拉威西海三国海上巡逻[7]	2017年6月	苏禄海和苏拉威西海海上打击跨国犯罪合作	政府间	菲律宾、马来西亚、印度尼西亚
保护海洋环境和渔业资源	东亚海环境管理伙伴关系计划（PEMSEA）[8]	1993年11月	通过整体性管理方案保护东亚海环境	政府间	联合国环境署、国际海事组织、文莱、柬埔寨、中国、菲律宾、印度尼西亚、泰国、越南、新加坡、朝鲜、韩国
	“扭转南海和泰国湾环境退化趋势”项目[9]	2008年8月	南海环境保护项目	政府间	联合国环境署/全球环境基金牵头组织，7个国家参与：柬埔寨、中国、印度尼西亚、马来西亚、菲律宾、泰国、越南
	南海渔业资源和管理研讨会[10]	2017年6月	南海渔业管理研讨	二轨	中国台湾中山大学海洋事务研究所组织，7方参与：中国、中国台湾地区、菲律宾、印度尼西亚、马来西亚、泰国、越南

续表

类别名称		指标			
		成立（提出）时间	功能与领域	行为主体性质	参与国家（成员）
维护航道安全	马六甲海峡委员会（MSC）[11]	1969年	维护马六甲海峡航道安全	非政府	日本、马来西亚、印度尼西亚、新加坡
	马六甲海峡巡逻（MSP）[12]	2004年	维护马六甲海峡海上安全	政府间	参与国包括：印度尼西亚、新加坡和马来西亚，泰国于2008年加入；马六甲海峡巡逻机制包括："马六甲海峡海上巡逻"、"空中之眼"倡议、"信息交换集团"
海上执法	东南亚海上执法倡议（SEAMLEI）[13]	2018年	为沿岸国海岸警卫队和其他相关利益方提供培训，以加强共同操作能力和情报共享	政府间	美国政府提出，原称"泰国湾行动计划"，对象为东南亚国家，目前参与国包括：柬埔寨、印度尼西亚、马来西亚、菲律宾、泰国、越南

备注：本书作者整理。

资料来源：

[1] Indonesian Ministry of Foreign Affairs, "Batam Hosts Workshop on Managing Potential Conflict in the South China Sea," 11 September 2019, https://kemlu.go.id/portal/en/read/587/berita/batam-hosts-workshop-on-managing-potential-conflict-in-the-south-china-sea.

[2] GlobalSecurity.org, "Regional Maritime Security Initiative," https://www.globalsecurity.org/military/ops/rmsi.htm.

[3] Information Fusion Center, "About IFC," https://www.ifc.org.sg/ifc2web/app_pages/User/common/aboutus.cshtml.

[4] The Bali Process, "About the Bali Process," https://www.baliprocess.net/.

[5] 中国驻新加坡大使馆:《中国驻新加坡使馆临时代办黄勇代表中国政府签署〈亚洲地区反海盗及武装劫船合作协定〉》, 2006年10月27日，http://www.chinaembassy.org.sg/chn/dtxx/t277879.htm。

[6] ReCAAP ISC, "About ReCAAP Information Sharing Centre," https://www.recaap.org/about_ReCAAP-ISC.

[7] Francis Chan and Wahyudi Soeriaatmadja, "Indonesia, Malaysia, Philippines

Launch Joint Operations in Sulu Sea to Tackle Terrorism, Transnational crimes," *The Straits Times*, 19 June 2017, https://www.straitstimes.com/asia/indonesia-malaysia-and-philippines-launch-joint-operations-in-sulu-sea-to-tackle-terrorism.

[8] PEMSEA, "PEMSEA: 25 Years of Promoting Healthy Oceans, People and Economies," http://www.pemsea.org/about-PEMSEA/history.

[9] UNEP, *Strategic Action Programme for the South China Sea*, 25 August 2008, p.1, http://www.unepscs.org/remository/startdown/1965.html.

[10] Shui-Kai Chang, Nien-Tsu Alfred Hu, Samsudin Basir, Hai Vu Duyen, Praulai Nootmorn, Mudjekeewis D. Santos, and Fayakun Satria, "A Step Forward to the Joint Management of the South China Sea Fisheries Resources: Joint Works on Catches, Management Measures and Conservation Issues," *Marine Policy*, Vol. 116, June 2020, pp. 1-13.

[11] Eiichi Kato, "Activities and View of the Malacca Strait Council," The 8th Co-operation Forum, 5-6 October 2015, http://www.cm-soms.com/uploads/2/40/CF2-2-1%20Activities%20and%20Views%20of%20MSC%20(MSC).pdf.

[12] MINDEF Singapore, "Fact Sheet: The Malacca Straits Patrol," 21 April 2015, https://www.mindef.gov.sg/web/portal/mindef/news-and-events/latest-releases/article-detail/2016/april/2016apr21-news-releases-00134/.

[13] Ni Komang Erviani, "Southeast Asian Countries Complete Maritime Law Enforcement Exercise," *The Jakarta Post*, 30 June 2019, https://www.thejakartapost.com/seasia/2019/06/30/southeast-asian-countries-complete-maritime-law-enforcement-exercise.html.

在表11–2列出的众多涉南海地区的多边海上安全合作机制中，有些机制在某些功能性领域已取得了一定的成效。比如，有关国家在马六甲—新加坡海峡开展的联合巡逻和打击海盗，有关国家在苏禄–苏拉威西海海域合作开展的打击海盗和恐怖主义等。

马六甲—新加坡海峡沿岸国家在域外国家的援助下打击海盗并增进航行安全，是南海及其邻近海域非传统安全多边合作的一个重要案例。为了确保马六甲—新加坡海峡的航行安全，印度尼西亚、马来西亚和新加坡三个海峡沿岸国构建了“马六甲海峡巡逻”（Malacca Straits Patrol, MSP）机制，泰国于2008年开始成为“马六甲海峡巡逻”的第四个正式成员国。①“马六甲海峡巡逻”机制包括：自2004年起开展的“马六甲海峡海上巡逻”（Malacca Straits Sea Patrol, MSSP）；2005年发起的“空中之眼”（Eyes-in-the-Sky）倡议；2006年设立的“信息交换集团”（Intelligence Exchange Group, IEG）。②从2011年起，上述四个海峡沿岸国开始开展马六甲海峡巡逻演习。在域外国家中，日本较早开始与马六甲海峡沿岸国开展航行安全合作。1969年，日本财团（Nippon Foundation）和工业界提供财政支持，建立了非官方性质的马六甲海峡委员会。③马六甲海峡委员会的主要活动包括：加强海上航行安全研究、碳氢化合物调查、清理沉船、安装助航设备、合作维护助航设备、研究海峡内的海上安全、建设海上灯塔、捐赠浮标供应船等。④2004年3月，美国时任太平洋司令部司令官托马斯·法戈（Thomas B. Fargo）提出“地区海上安全倡议”（Regional Maritime Security Initiative, RMSI），并称此倡议旨在通过提升地区合作以加强东亚和太平洋地区的海上安全，尤其是马六甲海峡的安全。⑤马来西亚和印度尼西亚反对美国这一倡议，两国担心主权事务，不愿给予域外大国在两国的“后院”自由

① Singapore Ministry of Defence, “Fact Sheet: The Malacca Straits Patrol,” 21 April 2015, https://www.mindef.gov.sg/web/portal/mindef/news-and-events/latest-releases/article-detail/2016/april/2016apr21-news-releases-00134/.

② Ibid.

③ Eiichi Kato, “Activities and View of the Malacca Strait Council,” The 8th Co-operation Forum, 5-6 October 2015, http://www.cm-soms.com/uploads/2/40/CF2-2-1%20Activities%20and%20Views%20of%20MSC%20(MSC).pdf.

④ Ibid.

⑤ GlobalSecurity.org, “Regional Maritime Security Initiative,” https://www.globalsecurity.org/military/ops/rmsi.htm.

巡逻和随意执法的权限。① 不过，在美国强大的资金和技术援助的诱惑下，后来印度尼西亚、马来西亚同意与美国进行双边接触，联合举行地区性研讨会。

苏禄–苏拉威西海沿岸国家和域外国家合作打击海盗和恐怖主义，是南海及其邻近海域非传统安全多边合作的另一个重要案例。2016年5月，印度尼西亚、马来西亚和菲律宾三国签署《在共同关注的海域采取即时措施应对安全议题的联合声明》（简称《联合声明》）。② 该《联合声明》签署13个月后的2017年6月，三国才正式启动了三边海上巡逻；而空中巡逻直到2017年10月才开始。从声明到行动的13个月时长，显示了主权和管辖权事务的政治敏感性，以及三国在巡逻船只、人员和燃料方面的限制。③ 新加坡通过信息融合中心（IFC）为苏禄–苏拉威西海沿岸三国分享了信息和情报，其他东南亚国家则不太可能为沿岸三国提供重要的帮助。近年来，中国、日本、美国、澳大利亚为沿岸三国的海上能力建设提供了帮助。2017年1月和2月，菲律宾总统杜特尔特两次邀请中国参与在苏禄–苏拉威西海海域巡逻和打击海盗。由于该邀请未经外交渠道正式向中方提出，中国政府未公开作出回应。取而代之的是，中国为菲律宾海岸警卫队提供年度培训项目，

---

① Joshua Ho, “Operationalising the Regional Maritime Security Initiative,” IDSS Commentaries No. 18, 27 May 2004, p.1, https://www.rsis.edu.sg/wp-content/uploads/2014/07/CO04018.pdf.

② Marguerite Afra Sapiie, “Indonesia, Malaysia, Philippines Sign Maritime Security Declaration,” *The Jakarta Post*, 5 May 2016, https://www.thejakartapost.com/news/2016/05/05/Indonesia–Malaysia-philippines-sign-maritime-security-declaration.html.

③ Ian Storey, “Trilateral Security Cooperation in the Sulu-Celebes Seas: A Work in Progress,” *ISEAS Perspective*, No. 48, 27 August 2018, p.3, https://www.iseas.edu.sg/images/pdf/ISEAS_Perspective_2018_48@50.pdf.

并于2018年7月向菲律宾捐赠了4艘巡逻艇。[①] 日本向菲律宾捐赠了海上巡逻机和巡逻船，并同意援助菲律宾在苏禄–苏拉威西海沿岸建立雷达站。美国已和苏禄–苏拉威西海沿岸三国建立了海军合作培训项目，包括“联合备战与训练演习”（CARAT）和“东南亚训练与合作演习”（SEACAT）等。[②] 在打击马拉维市的伊斯兰极端主义武装方面，澳大利亚与菲律宾加强了军事和情报合作，澳大利亚国防军为菲武装部队提供了监控支持和反恐特殊训练。[③]

马六甲—新加坡海峡和苏禄–苏拉威西海这两个案例带来以下三方面启示：一是沿岸国家与域外国家开展非传统安全多边合作是可行的，东南亚国家欢迎域外国家为它们提供海上能力建设方面的支持。二是域外国家扮演的角色多集中在分享海上安全信息、提供海上巡逻设备、培训海岸警卫队人员、提升当地国海上能力等低敏感领域。三是很少有东南亚国家愿意支持域外大国扮演公开的运作性角色。主要原因在于主权敏感性和将海上安全外包给域外大国带来的不良形象。[④] 在马六甲—新加坡海峡案例中，印度尼西亚和马来西亚强烈反对美国派出军队在马六甲海峡巡逻，它们坚持在无须域外大国帮助的情况下由海峡沿岸国家自主合作打击海盗，并小心翼翼地不越过沿岸国各自的“红线”。

---

① Ian Storey, “Trilateral Security Cooperation in the Sulu-Celebes Seas: A Work in Progress,” *ISEAS Perspective*, No. 48, 27 August 2018, p.5, https://www.iseas.edu.sg/images/pdf/ISEAS_Perspective_2018_48@50.pdf.

② Ibid.

③ Australian Department of Foreign Affairs and Trade, “Philippines Country Brief,” https://www.dfat.gov.au/geo/philippines/Pages/philippines-country-brief, accessed on 4 August 2020.

④ Ian Storey, “Trilateral Security Cooperation in the Sulu-Celebes Seas: A Work in Progress,” *ISEAS Perspective*, No. 48, 27 August 2018, p.5, https://www.iseas.edu.sg/images/pdf/ISEAS_Perspective_2018_48@50.pdf.

第四节 南海非传统安全合作整体架构的构建基础和构建原则

结合本文第二部分（三类行为体）和第三部分（已有的非传统安全机制），笔者认为，尽管南海非传统安全机制“碎片化”和未形成多边合作整体架构有其现实原因，但是探讨这一问题具有迫切性，建立多边合作整体架构具有可行性。

一、南海非传统安全合作整体架构的构建基础

构建南海非传统安全多边合作整体架构需要以三个文件或倡议为基础：

一是《联合国海洋法公约》（简称《公约》）。《公约》第9部分“闭海或半闭海”、第12部分“海洋环境的保护和保全”为南海非传统安全合作提供了启示。

二是正在谈判中的“南海行为准则”（简称“准则”）。“准则”的目的包括：建立一个基于规则的框架，包含指导相关方行为和增进南海海上合作的一套规范；增进相互信任、合作和信心，防止事故发生，在事故一旦发生时管理事故，建立有助于和平解决争端的环境；确保海上安全、航行和飞越自由的安全。[①] 从2018年6月“准则”单一磋商文本草案来看，相关国家正在谈判以下增进南海务实合作的举措：海洋环境保护，渔业资源开发和保护，航行安全和海上搜救合作，打击

① 转引自：祁怀高：《构建南海非传统安全多边合作整体架构研究》，载《国际安全研究》2020年第6期，第148页。

海盗和武装劫船等海上跨国犯罪，海事执法和安全合作等。[①] “准则”的最新进展是，中国和东盟十国于2019年7月完成“准则”单一磋商文本草案的第一轮审读。[②]

三是中国政府于2016年3月提出的“南海沿岸国合作机制”。“南海沿岸国合作机制”期望推动各国在南海地区积极开展各领域海上务实合作。

正在谈判中的“准则”可作为构建南海非传统安全多边合作整体架构的核心。因为相对《公约》而言，“准则”涉及的南海非传统安全多边合作举措更具针对性和可操作性。同时，通过借鉴国际机制中的“机制融合”（regime integration）理论，[③] 相关国家可把《公约》中的一些原则、“南海沿岸国合作机制”倡议融合到“准则”制定中（参见图11–1）。“机制融合”通过协调规则间的分歧，提升规则间的协作程度，避免冲突型碎片化的发生，将有助于构建整体性治理机制。[④] “机制融合”追求的是通过机制间规范、规则、原则、价值理念及决策程序等制度性要素的传播和外溢，最终形成特定问题领域内不同机制并存且协同有序运转的良性格局。[⑤]

---

① 转引自：祁怀高：《构建南海非传统安全多边合作整体架构研究》，载《国际安全研究》2020年第6期，第148页。

② 中国外交部：《COC单一磋商文本提前完成一读》，2019年8月1日，https://www.fmprc.gov.cn/nanhai/chn/wjbxw/t1685039.htm。

③ 塔纳·约翰逊（Tana Johnson）和约翰内斯·乌尔佩莱宁（Johannes Urpelainen）是国际学术界较早对机制融合作较为系统分析的学者。他们基于对世界政治不同议题领域中既存机制的比较分析，提出了一种机制融合或分离的战略理论。参见：Tana Johnson and Johannes Urpelainen, “A Strategic Theory of Regime Integration and Separation,” *International Organization*, Vol. 66, No. 4 (Fall 2012), pp. 645-677。

④ 王明国：《全球治理机制碎片化与机制融合的前景》，载《国际关系研究》2013年第5期，第25–27页。

⑤ 王剑峰：《理解国际机制融合的社会化逻辑——兼谈“一带一路”沿线机制融合问题》，载《国际观察》2019年第3期，第1–21页。

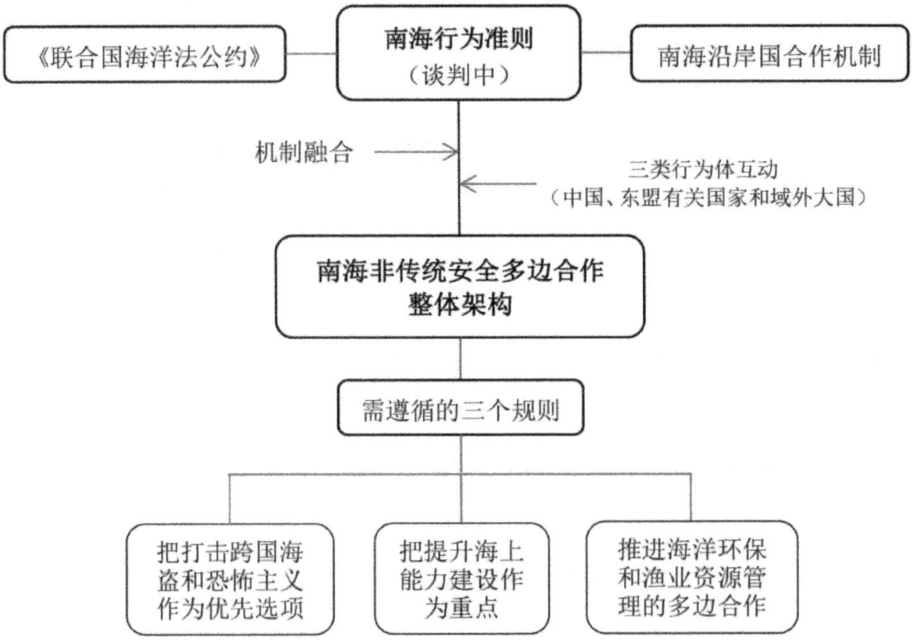

图11–1　南海非传统安全合作整体架构构建示意图

来源：本书作者自制。

二、南海非传统安全合作整体架构的构建原则

在构建南海非传统安全多边合作整体架构的过程中，应遵循以下原则：

第一，南海沿岸国需寻求与域外大国在南海非传统安全合作中的良性互动。本章第二节分析了中国、东盟有关国家和域外大国这三类行为体在南海多边安全中扮演的角色。尽管南海多边安全合作归根结底是沿岸国之间的事，但要完全排除美国等域外大国的干扰和介入并不现实。在未来一个较长时期内，美日澳等域外大国在南海地区的介入及军力存在将是难以改变的客观事实。[①] 任何成功的南海多边安全合作，都需要三类行为体的互动。从东盟的角度来看，不少东盟国家既希望域外大国帮助它们提升海上能力建设，又希望借助域外大国的介入来平衡中国在南海的影响力。从域外大国尤其是美国的角度来看，南海是与中国进行海上竞争的重要海域，必须介入其中以推回中国在南海的“自信”政策。对于一些域外大国与东南亚开展的打击非传统安全威胁的海上合作，客观上有利于维护南海及东南亚海域安全，对此我们也要客观辩证地看待。比如：美国为苏禄－苏拉威西海沿岸三国打击恐怖主义提供的技术支持，使得苏禄－苏拉威西海海上攻击事件数量在2017年有了大幅下降；日本与马六甲—新加坡海峡沿岸国家开展的航行安全合作，为保障马六甲—新加坡海峡的航道安全发挥了积极作用；澳大利亚和印度尼西亚自2007年以来开展的海上协同巡逻活动，共同打击包括非法捕鱼在内的安全威胁，东南亚海域非法捕鱼活动的数量持续下降，渔船遵守规则的程度正在上升。[②]

对中国而言，务实的做法是和东盟有关国家一起把域外大国对南海的介入限制在低敏感领域。比如交流航行安全信息、交流海上安全信息、开展海上搜救合作、南海沿岸国海上能力建设项目等低敏感领域，或者合作打击跨国海盗和海上恐怖主义等非传统安全威胁。美国开展的所谓“航行自由行动”，特别是进入南海沿岸国领海和南沙群岛有关岛礁12海里范围，挑战了中国和东盟有关国家的主权和海洋权益，中国和东盟有关国家需要共同反对。如果域外大国干涉和介入到领土争议和海洋管辖权争议中，不仅无助于解决问题，反而会使问题进一

① 吴士存、刘晓博：《关于构建南海地区安全合作机制的思考》，载《边界与海洋研究》2018年第1期，第35页。

② 韦红、姜丽媛：《澳大利亚—印尼海上安全合作：动因、现状与影响》，载《和平与发展》2019年第6期，第119页。

步复杂化。考虑到南海的岛礁领土争议和各国海洋管辖权主张重叠争议，任何一个争议当事国试图引入域外大国开展联合海上巡逻，都会遭到中国和其他当事国的反对，因此，南海不会允许出现域外大国的海上巡逻或者海上执法活动。

第二，从打击跨国海盗和恐怖主义等领域优先启动南海非传统安全合作。根据本文之前的分析，南海多边海上安全合作只有在同时满足以下两方面条件时才能成功实现。第一个条件是多边安全合作的领域必须是南海沿岸国都视为优先关注的威胁；第二个条件是中国和域外大国尤其是美国都有意愿和能力合作以应对这一威胁。照此条件，打击跨国海盗和海上恐怖主义可以作为南海多边海上安全合作的优先选项。跨国海盗和恐怖主义严重威胁了南海及其邻近海域的航行安全，南海沿岸国亟须进一步合作和协调以有效预防和打击海盗和恐怖主义。对于美国、日本、澳大利亚等域外大国来说，南海的稳定与通道安全也攸关它们的经济利益。打击跨国海盗和海上恐怖主义也是域外大国愿意与中国开展合作的领域。

此外，帮助南海沿岸国（如菲律宾）打击叛乱活动也可能成为启动南海多边海上安全合作的优先选项之一。菲律宾深受其南部地区叛乱活动之害，且菲南部的叛乱活动与南海及其邻近海域的恐怖主义勾连。2017年5—10月，菲律宾政府军在南部城市马拉维对阿布沙耶夫集团进行打击，击毙了阿布沙耶夫集团头领伊斯尼龙·哈皮隆（Isnilon Hapilon）。菲政府军的打击行动降低了阿布沙耶夫集团实施“绑架勒索赎金”的能力，也是海上攻击事件数量在2017年明显下降的主要原因。[①] 中国为菲打击南部叛乱势力提供了技术支持、人员培训以及武器设备支持。比如，2017年6月，中国赠送武器装备给菲律宾。[②] 中国时任驻菲大使赵鉴华在移交这批武器的时候指出，中国在反恐方面愿与菲律宾探讨联合演习、情报分享的可能性。[③] 美国与菲律宾曾于1951年8月签订《共同防御条约》，美菲两国军队有着长期的军事合作和反恐合作。2017年6月，美国为在马拉维作战的菲律宾部队提供了技术支持。[④] 中美协助菲律宾打击叛乱活动的案例显示，如果菲律宾政府邀请，中美两国都有意愿以非直接方式参与到打击地方叛乱活动中。

第三，把提升南海沿岸国的海上能力建设作为推进南海非传统安全合作的重点。东南亚不少国家的海上能力非常薄弱，总体上都欢迎地区内国家和域外国家帮助它们提升海上能力。以海岸警卫队为例，菲律宾等东南亚国家的海岸警卫队力量相对薄弱，在打击海盗和武装劫船方面的能力有限。因此，南海沿岸国之间有必要开展海岸警卫队的合作交流。2016年10月，中菲签署《中国海警局和菲律宾海岸警卫队关于建立海警海上合作联合委员会的谅解备忘录》。2017年5月，中国海警局对菲律宾海岸警卫队的警官开展了海上执法相关业务培训。2016年6月，越南和中国的海警签署合作谅解备忘录。中国海警局可

① Ian Storey, “Trilateral Security Cooperation in the Sulu-Celebes Seas: A Work in Progress,” *ISEAS Perspective*, No. 48, 27 August 2018, p.1 & p.6, https://www.iseas.edu.sg/images/pdf/ISEAS_Perspective_2018_48@50.pdf; ReCAAP ISC, *ReCAAP ISC Annual Report 2019*, p.46, https://www.recaap.org/resources/ck/files/reports/annual/ReCAAP%20ISC%20Annual%20Report%202019.pdf.

② Pia Ranada, “China Gives P370M in Guns, Ammunition to PH,” 28 June 2017, https://www.rappler.com/nation/174190-china-military-aid-guns-ammunition-philippines-marawi-terrorism.

③ Ibid.

④ Rappler.com, “U.S. Provides ‘Technical Assistance’ to Troops in Marawi–AFP,” 6 June 2017, https://www.rappler.com/nation/172105-us-technical-assistance-ph-troops-marawi.

在已有的ReCAAP框架下与南海沿岸国的海岸警卫队加强合作，也可在“南海行为准则”框架下建立南海沿岸国海岸警卫队合作机制。南海沿岸国海岸警卫队可在打击海盗和武装劫船等跨国犯罪、海上搜救、渔民渔业活动等领域，开展信息交换、能力建设等多种形式的务实合作。中国设立的“中国—东盟海上合作基金”也可在提升南海沿岸国海上能力建设中发挥更大作用。2011年11月，中国政府宣布设立30亿元人民币中国—东盟海上合作基金。① 该基金可把南海沿岸国海上能力建设作为资助重点之一。

第四，积极推进海洋环境保护和渔业资源管理的多边合作。南海沿岸国可以在控制使用农药、化肥、有毒化学品和塑料制品等方面展开合作，以减少来自陆地的海洋污染。② 南海沿岸国可以探讨在国际海事组织的技术支持下，建立一个地区性的合作机制，以预防船舶和航行造成的南海污染。在保护珊瑚礁及相关海洋生态环境方面，中国政府已经行动起来。比如，中国国家海洋局开展了南沙岛礁生态保护区建设,《海南省珊瑚礁和砗磲保护规定》已于2017年1月1日实施等。未来，中国可与南海其他沿岸国一起制订珊瑚礁生态保护与环境保护战略行动计划，并与联合国环境署/全球环境基金牵头组织的南海环境保护项目密切合作。为了保护已经耗竭的渔业资源，南海沿岸国可探讨设立共同遵守的季节性“休渔期”，开展渔业资源养护，探讨签署渔业执法合作协定，以有效降低各方在专属经济区重叠海域的渔业纠纷。

① 周兆军、顾时宏:《温家宝：中方将设30亿元中国—东盟海上合作基金》，2011年11月18日，http://www.chinanews.com/gn/2011/11-18/3470532.shtml。

② Robert Beckman, “ASEAN & the South China Sea Disputes,” Workshop on “New Approaches to the South China Sea Conflicts,” organized by St Antony’s College and the University of Oxford China Centre, 19-20 October 2017, https://www.sant.ox.ac.uk/sites/default/files/robert_beckman.pdf.

本章小结

为了应对南海地区的非传统安全挑战，中国、东盟有关国家和域外大国这三类行为体都提出了多边合作倡议，并构建了多边治理机制。这三类行为体对"谁的多边安全"，"什么样的多边安全"，"如何建立多边安全"这三类问题也作出了各自的回答（参见表11–1）。但是，南海非传统安全合作机制呈现"碎片化"特征，数量众多、不成体系、互不连属，造成了南海非传统安全合作的机制拥堵和功能重叠。

构建南海非传统安全多边合作的整体架构，可把正在谈判中的"准则"作为"机制融合"的核心。同时，把《公约》中的一些原则、"南海沿岸国合作机制"倡议融合到"准则"制定中（参见图11–1）。

在构建南海非传统安全多边合作整体架构的过程中，需遵循以下原则：

一是南海沿岸国需寻求与域外大国在南海非传统安全合作中的良性互动；

二是从打击跨国海盗和恐怖主义等领域优先启动南海非传统安全合作；

三是把提升南海沿岸国的海上能力建设作为推进南海非传统安全合作的重点；

四是积极推进海洋环境保护和渔业资源管理的多边合作。

总之，需要从高度紧迫且三类行为体尤其是中美都愿意合作的非传统安全威胁领域着手，并从已有的南海及其邻近海域多边非传统安全合作案例中获取经验。

中国可采取"机制融合"的办法，把"准则"谈判作为构建南海非传统安全多边合作整体架构的核心机制，和其他南海沿岸国一起努力建立一个基于规则的南海多边安全治理框架。在“准则”这一核心机制下，中国的具体做法可包括：与东盟声索国、域外大国可在打击跨国海盗和海上恐怖主义等非传统安全领域优先开展合作；与其他南海沿岸国可在“准则”框架下或ReCAAP框架下建立南海沿岸国海岸警卫队合作机制；与东盟有关国家一起把域外大国的介入限制在低敏感领域，共同反对域外国家在南海开展海上巡逻或者海上执法活动；中国在“准则”谈判中争取加入多边海上安全合作内容，如在自愿基础上，中国与东盟国家可在打击海盗和恐怖主义等海上跨国犯罪中加强情报交换和信息共享，可探讨建立通信和信息系统，从而为海上险情提供良好的搜救服务，可探讨建立“南海沿岸国海上态势感知网络”，以提升其他沿岸国的海上能力等。

结　论

中国与邻国海洋争议的未来解决

在结论部分，笔者将探讨中国与海上邻国未来解决海洋争议的办法。在海域划界条件具备的情况下，中国可稳步推进与海上邻国在某些争议海域的划界谈判。在海域划界条件不具备的情况下，中国需积极推进与邻国的油气共同开发，共同开展渔业管理。考虑到中美海权博弈已成为牵动中国海洋安全形势走向的主要因素，中国需要管控好中美在西太平洋（简称“西太”）的海权博弈和海上竞争。

第一节　稳步推进与邻国的海域划界谈判

在海域划界条件具备的情况下，中国可稳步推进与海上邻国在某些争议海域的划界谈判。2000年12月，中越曾签署北部湾划界协定，该协定确定了中越在北部湾的领海、专属经济区和大陆架的分界线，是中国第一条海上边界线。中越在北部湾划界协定谈判中以公平合理为基本原则，所采取的一些互谅互让和双赢做法，值得认真借鉴。

目前，中国也正在推进与韩国的海域划界谈判。2015年12月，中韩两国在韩国首尔举行了中韩海域划界首轮会谈，同意建立三级谈判机制；2019年7月，中韩两国举行了中韩海域划界政府谈判代表团第二轮会谈。对于推进中韩海域划界，两国政府都具有高度的政治意愿，这为划界谈判提供了基础条件。中韩通过友好协商解决海域划界问题，两国未来如能达成划界协定，这将有望成为中国与海上邻国签订的第二条海上边界线划界协定。

目前，中国正在推进与越南在北部湾湾口外海域划界谈判。2005年11月，《中越联合声明》指出，“双方同意尽早开始湾口外海域的划界谈判”。[①] 此后的中越双边文件，如2006年11月的《中越联合声明》、2007年5月的《中越联合新闻公报》、2008年6月的《中越联合声明》、2008年10月的《中越联合声明》、2011年10月的《关于指导解决中华人民共和国和越南社会主义共和国海上问题基本原则协议》、2013年6月的《中越联合声明》、2013年10月的《新时期深化中越全面战略合作的联合声明》、2015年11月的《中越联合声明》、2017年5月的《中越联合公报》、2017年11月的《中越联合声明》等都提到，双方要稳步推进北部湾湾口外海域划界谈判。

除中越北部湾湾口外海域划界谈判外，中国还未启动与相关南海沿岸国在争议海域的划界工作。南海争议的核心是南沙群岛部分岛礁领土争议和南海部分海域的划界争议。需要指出的是，“没有任何国家包括中国对整个南海提出主权声索”[②]。尽管南海海域划界难度非常大，但中国仍需要对南海海域划界工作进行整体、系统的准备。中国政府2016年7月12日声明中关于“中国在南海的领土主权和海洋权益”表述值得仔细研究。中国在南海的领土主权和海洋权益包括：中国对南海诸岛，包括东沙群岛、西沙群岛、中沙群岛和南沙群岛拥有主权；中国南海诸岛拥有内水、领海和毗连区；中国南海诸岛拥有专属经济

① 中国驻越南大使馆:《中越联合声明》，2005年11月2日，https://www.fmprc.gov.cn/ce/cevn/chn/zt/sbzywj/t918235.htm。

② 中国外交部:《2012年2月29日外交部发言人洪磊举行例行记者会》，2012年2月29日，http://www.fmprc.gov.cn/web/fyrbt_673021/jzhsl_673025/t909551.shtml。

区和大陆架；中国在南海拥有历史性权利。[①] 该声明的四方面内容系统展示中国南海诸岛的整体论主张，[②] 将指导未来中国与相关南海沿岸国在争议海域的划界工作。

2014年12月，《中华人民共和国政府关于菲律宾共和国所提南海仲裁案管辖权问题的立场文件》（简称《立场文件》）指出，海域划界是一项整体、系统工程。《公约》第74条和第83条规定，海岸相向或相邻国家间的海域划界问题，“应在《国际法院规约》第38条所指国际法的基础上以协议划定，以便得到公平解决”。国际司法判例和国家实践均确认，为使海域划界取得公平的结果，必须考虑所有相关因素。基于上述，适用于海域划界的国际法，既包括《公约》，也包括一般国际法。海域划界既涉及权利基础、岛礁效力等问题，也涉及划界原则和方法，以及为实现公平解决所必须考虑的所有相关因素。[③]

从上述中国政府的《立场文件》可以看出，中国在海域划界问题上强调公平的结果。其法律依据为《中华人民共和国专属经济区和大陆架法》第2条，“中华人民共和国与海岸相邻或者相向国家关于专属经济区和大陆架的主张重叠的，在国际法的基础上按照公平原则以协议划定界限”。[④]

从国家海洋划界实践来看，“等距离/有关情况”（equidistance/relevant circumstances）规则已成为较为普遍适用的划界规则。中国学

① 中国外交部：《中华人民共和国政府关于在南海的领土主权和海洋权益的声明》，2016年7月12日，https://www.fmprc.gov.cn/web/zyxw/t1380021.shtml。

② 马新民：《南海仲裁案庭外法理斗争：回顾与展望》，载《边界与海洋研究》2017年第4期，第19页。

③ 中国外交部：《中华人民共和国政府关于菲律宾共和国所提南海仲裁案管辖权问题的立场文件》，2014年12月7日，http://www.fmprc.gov.cn/web/wjb_673085/zzjg_673183/tyfls_674667/xwlb_674669/t1217143.shtml。

④ 中国人大网：《中华人民共和国专属经济区和大陆架法》，1998年6月26日，http://www.npc.gov.cn/wxzl/gongbao/2000-12/05/content_5004707.htm。

者高健军收集了166个划界协定，其中，83个协定采用等距离线，占50%；31个半采用调整的等距离线，占19%；另有12个部分采用等距离线。这样，共有126个半协定全部或部分适用了等距离线——严格的、简化的、调整的或修改的，高达76%。[①] 等距离/有关情况规则要求以等距离作为划界的出发点，然后考虑案件的特殊情况或有关情况（special or relevant circumstances），从而决定是否以及如何对临时等距离线（又称“临时中间线”）加以调整或修改，从而避免不公平结果的产生，即“等距离原则→特殊情况或有关情况→最终界线”。[②] 特殊情况或有关情况主要包括海岸地理以及自然资源的公平分配。[③]

公平原则和等距离/有关情况规则代表了海洋划界法律的两种发展方向。公平原则反映了灵活性的要求，等距离/有关情况规则主张实现法律的确定性和可预见性，并由此导致了两者在等距离划界地位上存在很大差异。公平原则和等距离/有关情况规则的目的都是要实现公平划界，只不过前者过于注重划界结果，对划界过程却重视不足，而后者更加关注划界过程。[④] 如果能够将两者融合起来，把等距离/有关情况规则融入公平原则这个“篓子概念”（blanket concept）中，就能够实现划界法律确定性的目标。[⑤] 中国所主张的公平原则根本就不排除在权

---

① 高健军：《国际海洋划界论——有关等距离/特殊情况规则的研究》，北京：北京大学出版社2005年版，第75页。笔者在本书中将“relevant circumstances”统一译为“有关情况”，和高健军著作中的“特殊情况”（special circumstances）意思相同。虽然与领海有关的规则说的是“特殊情况”，而与专属经济区和大陆架有关的规则说的是“有关情况”，但国际法院在1993年“格陵兰/扬马延案”中承认二者是完全一样的。

② 同上，第128–129页。

③ 同上，第187页。

④ 同上，第129页。

⑤ 同上。

衡有关情况之后，选择适用等距离线或中间线方法。[①] 事实上，我们并不反对等距离划界方法，只要这种方法符合公平原则，能达到公平结果。[②] 在第三次海洋法会议上，中国代表团就海洋划界原则问题多次表明立场，认为：在某些情况下，如果采用中间线或等距离线的方法能够达到公平合理的划界结果，有关国家当然可以通过协议加以使用。[③] 在符合公平原则的情况下，等距离方法是可以被接受的。

根据本书的研究，中国在与海上邻国开展划界谈判时，可以考虑务实适用等距离/有关情况规则或公平原则。比如，中朝、中韩之间的海洋地理情况相对比较简单，中朝、中韩之间没有领土争端，在符合公平原则并得到双方同意的前提下，中朝海域划界和中韩海域划界可以考虑适用等距离/有关情况规则。冲绳海槽的存在使等距离/有关情况规则不再适宜中日大陆架划界，因为临时中间线只平分了两国海岸间的距离，而没有平分两国的"权利重叠区域"，即冲绳海槽轴线和日本200海里界限之间的区域。[④] 因此，中日大陆架划界应适用公平原则。总体而言，中国除了与日本的大陆架划界外，都可考虑适用等距离/有关情况规则，以实现公平的划界结果。

我们没有必要担心中国在不同海洋划界中所谓的主张"自相矛盾"。比如，中国在东海大陆架划界上对日本采取自然延伸原则以实现公平划界，而在中朝海域划界和中韩海域划界上考虑适用等距离/有关情况规则，但这并不能表明中国的划界政策前后不一致。我们不能仅仅看到不协调的表象，而应看到海洋地理情况、国家划界实践和大陆

① 黄伟:《单一海洋划界的法律问题研究》，北京：社会科学文献出版社2011年版，第280页。

② 余民才:《海洋石油勘探与开发的法律问题》，北京：中国人民大学出版社2001年版，第40页。

③ 转引自：魏敏主编:《海洋法》，北京：法律出版社1987年版，第172页。

④ 高健军:《国际海洋划界论——有关等距离/特殊情况规则的研究》，第161页。

架划界法的逻辑发展。就如国际法院所反复承认的，每一个划界案都是独特的，没有在所有情况下都适用的划界方法。[①] 就以韩国来说，它起初在东海主张等距离原则，但在研究了1969年“北海大陆架案”判决后，韩国改变了先前的立场，转而主张自然延伸原则。[②] 1974年日韩共同开发区的划定基于韩国的大陆架自然延伸主张和日本的中间线主张。[③] 因此，担心中国在不同海洋划界中所谓的“自相矛盾”是没有必要的。

第二节　积极推进与邻国的共同开发和渔业管理

中国与海上邻国在海洋争议最终解决前，可以作出实际性的临时安排，比如共同开发等。此外，在海洋划界协定最终达成前，中国与海上邻国对渔业活动作出特殊安排也可被视为一种实际性的临时安排。

一、推进中国与邻国的共同开发

中国主张管辖的海域及毗邻海域分布有30个新生代沉积盆地。由北往南分别为：渤海、北黄海、南黄海、东海陆架、冲绳海槽、台西、台西南、珠江口、北部湾、笔架、笔架南、尖峰北、双峰、西沙海槽、琼东南、莺歌海、中建南、排波、西北巴拉望、礼乐、万安、南薇西、南薇东、永暑、九章、安渡北、曾母、北康、南沙海槽和文莱-沙巴盆地。[④] 2018年，海洋地质调查项目的资源评价表明，我国海域30个盆

① 转引自：余民才：《海洋石油勘探与开发的法律问题》，第41页。

② 同上。

③ Choon-ho Park, *East Asia and the Law of the Sea*, Seoul: Seoul National University Press, 1983, p.132.

④ 陈建文、肖国林、刘守全、蔡乾忠：《中国海域油气资源潜力分析与黄东海海域油气资源调查进展》，载《海洋地质与第四纪地质》2019年第6期，第3页。

地（包括新区、新层系）石油总资源量为490亿吨，天然气总资源量达65.5万亿立方米。[①] 中国与海上邻国在部分海域存在海洋权益主张重叠区域。迄今，中国已经与朝鲜、日本、菲律宾、越南等海上邻国开展了油气资源共同开发谈判。

2005年12月24日，中朝签署《中朝政府间关于海上共同开发石油的协定》，[②] 商定在两国毗连海域共同开发石油资源。这是中国与周边海上邻国在争议海域进行油气资源实质性共同开发的第一例。[③] 黄海北部海域的北黄海盆地东部坳陷油气资源前景良好。该盆地东部坳陷为中朝主张的重叠区域，因此两国需要共同勘探和开发东部坳陷区的油气资源。

中国政府关于中日共同开发的设想始于1979年。1979年6月，中方通过外交渠道正式向日方提出共同开发钓鱼岛附近资源的设想。[④] 2008年6月18日，中日就东海问题达成原则共识。在“中日东海问题原则共识”中，两国达成了关于东海共同开发的谅解，确立了双方共同开发区块。[⑤] 共同开发区块位于北纬29°31′—30°04′与东经125°53′30″—126°26′00″之间，由7个各坐标点顺序连线围成（参见图3–6）。但迄今为止，中日还未就此达成双边协议。两国“中日东海问题原则共识”中还指出，“双方同意，为尽早实现在东海其他海域的共

① 陈建文、肖国林、刘守全、蔡乾忠：《中国海域油气资源潜力分析与黄东海海域油气资源调查进展》，载《海洋地质与第四纪地质》2019年第6期，第3页。

② 中国政府网：《中朝签署〈中朝政府间关于海上共同开发石油的协定〉》，2005年12月24日，http://www.gov.cn/jrzg/2005-12/24/content_136430.htm。

③ 中国外交部：《外交部条约法律司司长谈外交中的海洋工作》，2006年5月15日，https://www.fmprc.gov.cn/web/wjb_673085/zzjg_673183/t255507.shtml。

④ 中国外交部：《“搁置争议，共同开发”》，2000年11月7日，https://www.fmprc.gov.cn/web/ziliao_674904/wjs_674919/2159_674923/t8958.shtml。

⑤ 中国外交部：《中日就东海问题达成原则共识》，2008年6月18日，https://www.fmprc.gov.cn/web/fyrbt_673021/dhdw_673027/t466568.shtml。

同开发继续磋商”。[①]

1988年4月，邓小平在会见菲律宾总统科拉松·阿基诺时提出了“搁置争议，共同开发”倡议。[②] 2004年9月，中菲两国曾开展南海共同开发的初步尝试，中国海洋石油集团有限公司（简称“中国海油”）与菲律宾国家石油公司共同签署了《南中国海部分海域联合海洋地震工作协议》，协议区面积约14.2886万平方千米。[③] 2005年3月，中菲越三国国家石油公司签署为期3年的《南中国海协议区三方联合海洋地震工作协议》。[④]《南中国海协议区三方联合海洋地震工作协议》有效期为2005年7月1日至2008年6月30日。[⑤] 2018年11月，中菲两国签署《关于油气开发合作的谅解备忘录》。[⑥] 2019年10月，中国—菲律宾油气开发合作政府间联合指导委员会召开了第一次会议，双方确认油气开发

① 中国外交部:《中日就东海问题达成原则共识》，2008年6月18日，https://www.fmprc.gov.cn/web/fyrbt_673021/dhdw_673027/t466568.shtml。

② 国务院新闻办公室:《中国坚持通过谈判解决中国与菲律宾在南海的有关争议》，2016年7月13日，http://www.scio.gov.cn/37236/38180/Document/1626701/1626701.htm。

③ CNOOC & PNOC, “An Agreement for Joint Marine Seismic Undertaking in Certain Areas in the South China Sea By and Between China National Offshore Oil Corporation and Philippine National Oil Company,” 1 September 2004, https://www.spratlys.org/documents/agreement_bilateral_marine_seismic_undertaking.pdf.

④ Chinese Embassy in the Philippines, “Oil Companies of China, the Philippines and Vietnam Signed Agreement on South China Sea Cooperation,” 14 March 2005, http://ph.chineseembassy.org/eng/zt/nhwt/t187333.htm; Vietnam Ministry of Foreign Affairs, “Tripartite Agreement for Joint Marine Seismic Undertaking in the Agreement Area in the South China Sea,” 14 March 2005, http://www.mofa.gov.vn/en/tt_baochi/pbnfn/ns050314164241/view.

⑤ Leszek Buszynski and Christopher B. Roberts, “The South China Sea: Stabilization and Resolution,” in Leszek Buszynski and Christopher B. Roberts, eds., *The South China Sea: Political, Legal and Regional Perspectives*, London: Routledge, 2015, p.200.

⑥ 中国外交部:《中华人民共和国政府和菲律宾共和国政府关于油气开发合作的谅解备忘录》，2018年11月20日，https://www.mfa.gov.cn/web/ziliao_674904/tytj_674911/tyfg_674913/t1616639.shtml。

合作政府间联合指导委员会正式成立。[①]

2005年11月,《中越联合声明》指出，双方同意尽早商谈北部湾湾口外海域的共同开发问题。[②] 此后的中越双边文件，如2006年11月《中越联合声明》、2007年5月《中越联合新闻公报》、2008年6月《中越联合声明》、2008年10月《中越联合声明》、2011年10月《关于指导解决中华人民共和国和越南社会主义共和国海上问题基本原则协议》、2013年6月《中越联合声明》、2013年10月《新时期深化中越全面战略合作的联合声明》、2015年11月《中越联合声明》、2017年5月《中越联合公报》、2017年11月《中越联合声明》等都提到，双方要积极推进北部湾湾口外海域的共同开发。两国已成立中越海上共同开发磋商工作组，截至2019年12月，中越海上共同开发磋商工作组已举行九轮磋商。[③] 据越南网（Vietnamnet）2015年12月报道，中越双方已同意在北部湾湾口外的一个四边形区域开展共同考察，两国有可能未来在这一区域开展共同开发。[④]

开展共同开发需要相关国家都要约束自己在争议海域的单边开发行为。在争议海域搞单边开发不符合《联合国海洋法公约》(简称《公约》）中“有关各国应基于谅解和合作的精神”。[⑤] 考虑到一国在争议海域的单边开发会带来巨大的法律和政治风险，相关声索国和石油公司

① 中国外交部:《中国—菲律宾油气开发合作政府间联合指导委员会第一次会议在北京召开》，2019年10月29日，https://www.fmprc.gov.cn/web/wjbxw_673019/t1711665.shtml。

② 中国驻越南大使馆:《中越联合声明》，2005年11月2日，https://www.fmprc.gov.cn/ce/cevn/chn/zt/sbzywj/t918235.htm。

③ 中国外交部:《中越北部湾湾口外海域工作组第十二轮磋商和海上共同开发磋商工作组第九轮磋商分别在京举行》，2019年12月26日。

④ Vietnamnet, “Việt-Trung khảo sát chung vùng biển ngoài cửa Vịnh Bắc Bộ” (《越中联合勘探北部湾湾口外海域》)，2015年12月19日，https://vietnamnet.vn/vn/thoi-su/viet-trung-khao-sat-chung-vung-bien-ngoai-cua-vinh-bac-bo-279873.html。

⑤ 参见:《联合国海洋法公约》，第74条第3款、第83条第3款。

都有义务约束自己在争议海域的单边开发行动。考虑到这一点，共同开发是中国与海上邻国在争议海域合法获取碳氢化合物资源的唯一务实之选。

共同开发海域的选择并不影响海上边界的划定。按照《公约》第74条和第83条的规定，在达成划界协定前，“有关各国应基于谅解和合作的精神，尽一切努力作出实际性的临时安排，并在此过渡期间内，不危害或阻碍最后协议的达成。这种安排应不妨碍最后界限的划定”。从这一“不损害条款”可以看出，作为临时安排的一种类型，海上共同开发活动并不影响海上边界的划定。2016年7月13日，国务院新闻办公室发表了《中国坚持通过谈判解决中国与菲律宾在南海的有关争议》白皮书，该白皮书指出：共同开发是当事国在海洋争议最终解决前作出的一种实际性的临时安排，共同开发不妨害最后界限的划定。[①] 2017年11月16日，《中菲联合声明》指出：有关合作（海洋油气勘探和开发等）应符合两国各自的国内法律法规和包括1982年《公约》在内的国际法，不影响两国各自关于主权、主权权利和管辖权的立场。[②] 在未来的共同开发谈判中，中国可依据“不损害条款”引导国内民众对共同开发性质形成正确认知，将有利于共同开发的顺利实施。

为了降低油气资源共同开发的难度，有以下几点需要注意：一是从油气资源开发的低敏感领域着手，循序渐进。低敏感领域体现在海洋环境考察、油气储量探测、油污预防和处理等方面。二是在共同开发谈判时尽量多加入资金、技术、厂址等因素，淡化各自所占股份比例中的地理和主权因素。这将有利于各自政府向国内民众报告及获得

① 国务院新闻办公室：《中国坚持通过谈判解决中国与菲律宾在南海的有关争议》，2016年7月13日，http://www.scio.gov.cn/37236/38180/Document/1626701/1626701.htm。

② 中国外交部：《中华人民共和国政府和菲律宾共和国政府联合声明》，2017年11月16日，https://www.fmprc.gov.cn/web/zyxw/t1511205.shtml。

相应的支持。三是为了降低谈判难度，建议共同开发协议设立5～10年的过渡期。可以参考1951年4月西欧六国签订的《欧洲煤钢共同体条约》的做法。《欧洲煤钢共同体条约》设立了5年过渡期，并将这5年的过渡期分为两个阶段。[①]

中国要警惕美国对南海共同开发的负面影响。2020年7月14日，美国助理国务卿史达伟（David R. Stilwell）发表涉南海谈话，对中国倡议的"共同开发"进行污名化指责。史达伟无端指责中国"寻求霸占南海油气资源"，声称中国通过部署军事力量、海上民兵和油气钻井平台威胁域外油气公司，增加投资风险，以达到南海沿岸国要找合作伙伴开发其沿岸的油气资源只能来跟中国合作的目的。[②] 美国有可能利用其在菲越等国的影响力阻挠南海共同开发。

二、推进中国与邻国的渔业管理

渔业资源是中国与其海上邻国渔民食物和收入的重要来源之一。由于海上划界还未完成，加之相关国家渔民对渔业资源的过度捕捞，渔民捕鱼纠纷问题已成为影响中国与其海上邻国关系发展的问题之一。中国与其部分海上邻国在海上划界最终达成前对渔业活动作出了特殊安排。

1997年11月11日，中日两国签订《中日渔业协定》。[③] 2000年6月

---

① 祁怀高：《欧洲煤钢联营经验对南海共同开发的启示》，载《太平洋学报》2017年第10期，第70页。

② David R. Stilwell, "The South China Sea, Southeast Asia's Patrimony, and Everybody's Own Backyard," 14 July 2020, https://www.state.gov/the-south-china-sea-southeast-asias-patrimony-and-everybodys-own-backyard/.

③ 中国外交部：《中华人民共和国和日本国渔业协定》，1997年11月11日在东京签订，2001年6月30日生效，https://www.fmprc.gov.cn/web/ziliao_674904/tytj_674911/tyfg_674913/t556672.shtml。

1日,《中日渔业协定》正式生效。《中日渔业协定》是两国在相向海域尚未完成专属经济区划界前就渔业问题作出的临时安排。根据《中日渔业协定》及其《协议议事录》的有关规定,协定共涉及以下不同性质的水域:专属经济区水域、暂定措施水域、维持现有渔业活动水域。

2000年8月3日,中韩两国签订《中韩渔业协定》。[①] 2001年6月30日,《中韩渔业协定》正式生效。《中韩渔业协定》中涉及“暂定措施水域”“过渡水域”“渔业联合委员会”“有效期”等内容。《中韩渔业协定》是两国在相向海域尚未完成专属经济区划界前就渔业问题作出的临时安排。在《中韩渔业协定》中,两国同意将沿岸国的专属经济区平均宽度划定为60海里,而这比《日韩渔业协定》和《中日渔业协定》所确定的35海里和52海里更为宽广。[②]

2000年12月25日,中越签订《中越北部湾渔业合作协定》。《中越北部湾渔业合作协定》划定了共同渔区、跨界过渡性安排水域和小型渔船缓冲区。根据《中越北部湾渔业合作协定》设立中越北部湾渔业联合委员会(简称“渔委会”)。之后,又经过三年多谈判,中越双方于2004年4月29日签署《中越北部湾渔业合作协定》的补充议定书和《北部湾共同渔区资源养护和管理规定》,妥善解决了北部湾渔业安排事宜。[③]

1997年《中日渔业协定》、2000年《中韩渔业协定》、2000年《中越北部湾渔业合作协定》稳定和发展了中日、中韩、中越渔业关系。

---

① 中国外交部:《中华人民共和国政府和大韩民国政府渔业协定》,2000年8月3日在北京签订,2001年6月30日生效,https://www.fmprc.gov.cn/web/wjb_673085/zzjg_673183/bjhysws_674671/bhfg_674677/t556669.shtml。

② 马光:《中韩渔业合作与纠纷探析》,载《浙江社会科学》2014年第5期,第68页。

③ 中国农业部:《中越在京签署北部湾渔业合作协定补充议定书》,2004年4月29日,http://jiuban.moa.gov.cn/zwllm/zwdt/200404/t20040429_200411.htm;周健:《中越北部湾划界的国际法实践》,第30页。

2000年《中越北部湾渔业合作协定》与中越北部湾划界同时解决。《中日渔业协定》《中韩渔业协定》则是中日、中韩在海域划界问题尚未解决之前就渔业问题作出的临时安排。

在黄海海域，中国需要与朝鲜签订新的渔业协定。1972年1月27日，中朝曾签订《中朝渔业互助合作协定》，该协定有效期至1977年4月5日。[①]《中朝渔业互助合作协定》期满失效，迄今两国仍未达成新的渔业协定。20世纪90年代以来，中朝在黄海北部海域的渔业纠纷时有发生。特别是自2012年以来发生的几起朝鲜扣押中国渔船及渔民事件，[②] 更加凸显了中朝渔业纠纷问题的严重性。

在南海海域，除2000年《中越北部湾渔业合作协定》之外，中国与其他南海沿岸国都未签订双边渔业协定。如果中国渔民的活动地处未划界海域，即位于中国南沙群岛专属经济区与相关国家专属经济区主张重叠海域，那么渔业纠纷就有可能发生。比如，在南沙群岛西南海域，中国渔民在该海域捕鱼时渔船经常遭到印尼海上执法机构的干扰，2016年6月曾发生印尼海军向中国渔船开火的事件。

解决中国与海上邻国渔业争议的办法之一是签订双边渔业协定。未来的中朝渔业协定，可以参考2000年《中韩渔业协定》和2000年《中越北部湾渔业合作协定》的相关内容。如果中朝在未达成黄海划界协定前签署渔业协定，可重点参考《中韩渔业协定》中的“暂定措施水

① 中华人民共和国农业部渔业局编：《中国渔业五十年大事记：1949.10—1999.9》，北京：中国农业出版社1999年版，第99页。

② 例如2013年5月，朝鲜方面抓扣中国编号为“辽普渔25222”的渔船事件。参见：中国外交部外国记者新闻中心：《2013年5月20日外交部发言人洪磊主持例行记者会》，2013年5月20日，http://ipc.fmprc.gov.cn/chn/fyrth/t1041845.htm；邱永峥：《“辽普渔25222”号被劫船员讲述惊心动魄16天》，2013年6月3日，https://world.huanqiu.com/article/9CaKrnJAKZ9。

域”“过渡水域”“渔业联合委员会”“有效期”等内容。① 如果同时签订中朝黄海划界协定，可重点参考《中越北部湾渔业合作协定》中的“共同渔区”“过渡性安排”“小型渔船缓冲区”“渔业联合委员会”“有效期”等内容。② 解决中国与海上邻国渔业争议的办法之二是推进多边渔业管理。

第三节　管控中美在西太平洋的海权博弈*

当前，中美海权博弈成为牵动中国海洋安全形势走向的主要因素。中美正在西太平洋展开三重海权博弈，对中国海洋权益的维护产生了重大影响。中美第一重海权博弈属于地缘军事性质博弈，两国积极开展海军部署，在第一岛链③ 附近海域形成了军事平衡。中美第二重海权博弈属于地缘经济性质博弈，主要体现在两国围绕海上联通开展的博弈，表现为中国“商业港口链”与美国“军事基地链”两种不同形态。中美第三重海权博弈属于地缘政治性质博弈，美国在中国周边海域实施的“航行自由计划”，挑战中国在南海的领土主权和海洋管辖权，有关行动本质上着眼于谋求地缘政治利益。中美在西太平洋的三重海权博弈，对中国海军建设、21世纪海上丝绸之路建设、维护主权和海洋

① 中国外交部：《中华人民共和国政府和大韩民国政府渔业协定》，2000年8月3日在北京签订，2001年6月30日生效，https://www.fmprc.gov.cn/web/wjb_673085/zzjg_673183/bjhysws_674671/bhfg_674677/t556669.shtml。

② 中国外交部：《中华人民共和国政府和越南社会主义共和国政府北部湾渔业合作协定》，2000年12月25日在北京签订，2004年6月30日生效，https://www.fmprc.gov.cn/web/ziliao_674904/tytj_674911/tyfg_674913/t556668.shtml。

* 本节内容由以下文章修改而成：祁怀高：《中美在西太平洋的海权博弈及影响》，载《武汉大学学报（哲学社会科学版）》2019年第3期，第5–15页。

③ 第一岛链自北向南由日本列岛、琉球群岛、中国台湾岛、菲律宾群岛、大巽他群岛等岛屿组成。

权利都构成了严峻的挑战。

一、中美在西太的三重海权博弈

中美在西太的第一重海权博弈属于地缘军事博弈性质，聚焦在西太第一岛链附近海域（参见图12–1、彩插xi）。在第一岛链内，中美海权对比正朝着有利于中国的方向倾斜，面对中国在"第一岛链"的军事和准军事存在，美国很难保持优势。[①] 但中国海军越过第一岛链执行任务的能力有限，中国无法动摇美国在第一岛链以外广大海域的军事霸权。中美将在第一岛链附近海域形成较长时期的战略平衡。[②] 不过，中国正在获得在远洋海域开展军事行动的经验，也正在获得更大和更先进的平台。[③] 中国致力于全面建成世界一流海军，是保卫国家主权和安全、应对海上安全威胁、维护不断拓展的海外利益需要。中国无意把美国作为假想敌，无意将美军力量挤出西太平洋。

美国会继续加强其在西太海域的军事部署，阻遏中国海军挑战其在西太的主导地位。鉴于中国海军在西太第一岛链内的实力日益增强，美国将把军事部署的重点放在第二岛链[④] 和第三岛链。同时，自2017年11月以来，美积极敦促日、澳、印一起参加"印太战略"，试图构筑印太环形链，从海上联合包围并制衡中国。

中国为了增强突破西太第一岛链执行任务的军事能力，会继续加

① 史文：《超越美国西太平洋主导地位：稳定中美均势的必要》，载《当代美国评论》2017年第2期，第68页。

② 胡波：《中美在西太平洋的军事竞争与战略平衡》，载《世界经济与政治》2014年第5期，第84页。

③ U.S. Department of Defense, *Military and Security Developments Involving the People's Republic of China 2018*, May 2018, p.65, https://media.defense.gov/2018/Aug/16/2001955282/-1/-1/1/2018-CHINA-MILITARY-POWER-REPORT.PDF.

④ 第二岛链由小笠原诸岛、火山列岛（硫黄列岛）、北马里亚纳群岛、雅浦岛、帕劳群岛、哈马黑拉岛等岛屿组成。

强海军建设。中国会继续建造先进的海上战略性武器。中国会继续拓展在西太的防御纵深，在西太形成对美国太平洋舰队的“绊索”作用。但考虑地理限制（“海洋地理不利国”）和战略需求（保障海上交通线）两个因素，中国在西太的海军建设必须求“有限海权”，而不是发展一支足以抗衡美国海军的远洋舰队。

中美在西太的第二重海权博弈属于地缘经济博弈性质，主要体现为两国围绕海上联通开展的博弈。2013年以来，中国积极倡导共建“21世纪海上丝绸之路”，与其他西太国家积极合作开展海上基础设施建设和港口建设。西太是共建“21世纪海上丝绸之路”倡议的重要区域之一。2017年6月，中国国家发展改革委、国家海洋局联合发布了《“一带一路”建设海上合作设想》。该设想提出了“21世纪海上丝绸之路”的三个重点方向：一是经南海向西进入印度洋，共同建设中国—印度洋—非洲—地中海蓝色经济通道；二是经南海向南进入太平洋，共建中国—大洋洲—南太平洋蓝色经济通道；三是推动共建经北冰洋连接欧洲的蓝色经济通道。[①] 可见，西太的一些边缘海（鄂霍次克海、日本海、东海和南海）和大洋洲是“一带一路”建设海上合作的重要沿线区域。美国一方面推出“印太区域投资计划”等替代性计划，另一方面在海上丝路沿线构筑“军事基地链”。

中美围绕海上联通开展的博弈，体现为“商业港口链”与“军事基地链”这两种不同形态。“商业港口链”服务于中国与对象国的经济发展战略，以投资、贸易、基建和国际航运中心建设等商业利益共赢为目标。在大洋洲（南太平洋）区域，中国港口公司参与建设澳大利亚（达尔文港、墨尔本港、纽卡斯尔港）、巴布亚新几内亚（莱城港）、瓦努阿图（卢甘维尔港）等国港口。在东南亚区域，中国港口公司参

① 国家发展和改革委员会、国家海洋局:《“一带一路”建设海上合作设想》，2017年6月20日，http://www.xinhuanet.com/politics/2017-06/20/c_1121176798.htm。

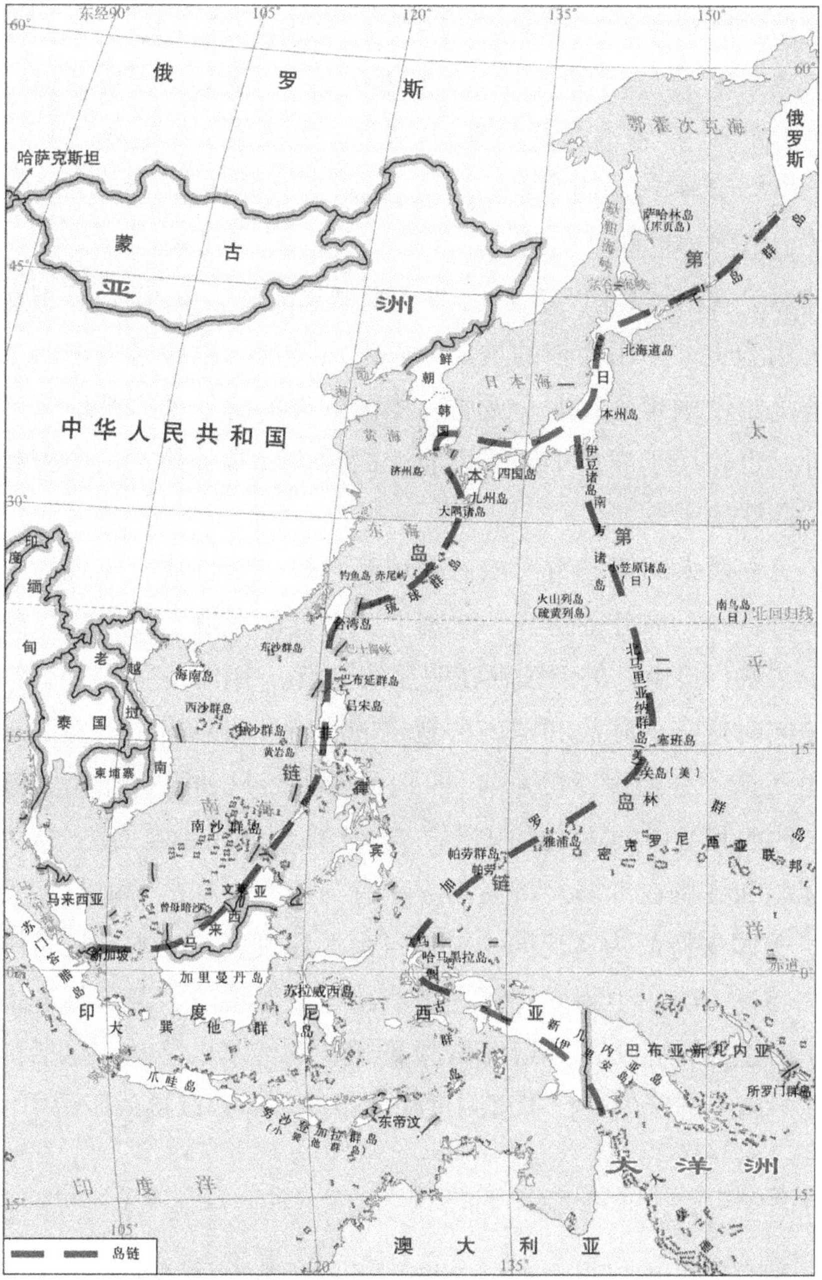

图 12–1　太平洋岛链示意图

审图号：GS（2022）2261 号

与建设印度尼西亚（占碑钢铁工业园综合性国际港口）、马来西亚（关丹港、皇京港）、新加坡（中远–新港码头）、文莱（摩拉港集装箱码头）、柬埔寨（沙密港、贡布港）、缅甸（皎漂港）等国港口项目。“军事基地链”服务于美国的安全战略，以巩固联盟体系、打击恐怖主义、拓展势力范围为目标。[①]

针对美国在“海丝”沿线打造“军事基地链”，中国也要考虑建设若干民用为主、军用为辅的重要海外港口基地，以应对美国西太军事基地群岛给中国带来的安全威胁。中国建设的海外港口基地除了商业用途外，也将用于满足中国军用船舶的常规日常补给，是一种和平用途的“常规基地”。[②]

中美在西太的第三重海权博弈属于地缘政治性质，体现为中美围绕“航行自由”展开的博弈。原则上，中美都支持“海上航行自由”，但对于“航行自由”的解读存在明显的分歧。中国认为的“航行自由”应该是同时遵守国际法和国内法规定的航行和飞越自由。美国对“航行自由”持一种最宽泛的解释,即别国各类船只和飞机在相关海域享有《公约》和习惯国际法所规定的“海上航行和飞越自由”，认为其他国家舰船和飞机在专属经济区内应享有与公海一样的“航行和飞越自由”。[③] 美国支持最为宽泛的“航行自由”原则，其基本动机是维护其西太主导权，防止中国或任何一国威胁其主导地位。美国打着维护航行自由的旗号，在中国邻近海域频繁开展例行军事行动，包括抵近侦察、在专属经济区内进行军事测量和情报搜集等，以挑战所谓中国“过

① 孙德刚:《中国港口外交的理论与实践》，载《世界经济与政治》2018年第5期，第4页。

② 祁怀高:《中美在西太平洋的海权博弈及影响》，载《武汉大学学报（哲学社会科学版）》2019年第3期，第12页。

③ 齐皓:《东亚海洋争端与海洋秩序的演变》，载《国际政治科学》2018年第3期，第14页。

度海洋主张”（excessive maritime claims）。中美在对“航行自由”解读上的巨大分歧很难用国际法来沟通，更大程度上是一种地缘政治博弈。

针对美“航行自由”行动，中国会继续反对任何假借“航行自由”名义损害中国利益的行为。一方面，中国会继续承诺尊重和维护各国依据国际法在南海享有的“航行和飞越自由”，中国需要与东盟国家合作推进“南海航行自由”新规范的产生。另一方面，中国会坚决反对任何国家以航行和飞越自由为名，损害中国“主权和安全利益”。比如，中国仍将会对进入其南海“邻近海域”的美舰予以警告驱离。同时，随着中国海军感知、跟踪他国军用船舶的能力大大提升，中国海军需要对“自由航行”有新的认识。中国未来可在“无害通过”规则方面适时修改国内法律，将中国《领海及毗连区法》第6条中的“批准”修改为“通知”。[①]

二、管控中美海权博弈

中美在西太的海权博弈是中美亚太博弈乃至全球竞争的一个缩影。中美西太海权博弈在地缘军事、地缘经济和地缘政治上都有体现。这一博弈是全方位和多领域的，并且博弈和竞争还在不断地强化，正在对中美关系和亚太稳定产生重大负面影响。如果中美海上博弈局势持续升级，一些意外爆发的海空事件可能导致两国的军事冲突。因此，中美最紧迫的任务是如何管控好两国在西太的海权博弈和海上竞争。

以南海为例，在中美战略竞争加剧的背景下，不排除两国在南海问题上发生意外、出现危机乃至爆发冲突的可能性。进入21世纪以来，南海问题上已经发生了数次意外或者危机，包括2001年4月的“撞机事件”、2009年3月的“无瑕号事件”、2013年12月的“考本斯号事

① 祁怀高：《中美在西太平洋的海权博弈及影响》，载《武汉大学学报（哲学社会科学版）》2019年第3期，第13页。

件”等。类似事件在中美两国合作主导、双边关系总体稳定之时，大致得到较为妥善的处置。[①] 近年来，美国在南海过于频繁的“航行自由行动”和抵近侦察可能引发两国军事对抗或冲突。由于中美关系已经恶化，中美舰机在南海如果出现擦撞，危机升级外溢的风险较高，危机管理的难度很大。中美之间公开沟通渠道的关闭、私下渠道的消失，以及双边气氛的紧张，都可能让南海出现的任何一场危机快速升级，并有可能外溢到其他领域。[②] 当前，中美两国政府都明白南海一旦爆发冲突，将会迅速恶化并变得难以控制。因此，两国应努力探索在南海问题上的分歧管控或者危机管控之道。

中美两国应着眼于在西太构建起管控危机、避免误判、减少对抗的军事互动机制。2014年11月，中美两国军方签署了《中美关于建立重大军事行动相互通报信任措施机制的谅解备忘录》和《中美关于海空相遇安全行为准则的谅解备忘录》(简称“两个互信机制”)。[③] 其中的《中美关于海空相遇安全行为准则的谅解备忘录》包括“海空相遇”和“舰舰相遇”两个附件。[④] 2015年9月，中美两国就重大军事行动相互通报机制新增“军事危机通报”附件以及海空相遇安全行为准则新增“空中相遇”附件完成正式签署，标志着“两个互信机制”建设取得了新的成果。[⑤] 中美落实海空相遇安全行为准则的两个附件，对双方

---

① 樊吉社:《南海问题的短期风险与中美长期博弈》，载《边界与海洋研究》2020年第5期，第27–28页。

② 樊吉社:《南海问题的短期风险与中美长期博弈》，载《边界与海洋研究》2020年第5期，第28页。

③ 中国国防部:《国防部新闻事务局就中美签署“两个互信机制”答记者问》，2014年11月14日，http://news.mod.gov.cn/headlines/2014-11/14/content_4551266.htm。

④ 中国国防部:《中美关于海空相遇安全行为准则谅解备忘录》，2014年11月12日，http://news.mod.gov.cn/headlines/2014-11/14/content_4551266.htm。

⑤ 新华网:《中美签署“军事危机通报、空中相遇”两个互信机制附件》，2015年9月24日，http://www.xinhuanet.com/mil/2015-09/24/c_1116670401.htm。

提高海空操作安全、发展新型军事关系意义重大。中美舰机互动应遵守操作规程，在捍卫主权和领土安全的同时遵循“有理有利有节”的基本原则。[①]

在2015年9月的中美峰会上，两国领导人同意“开设更多的交流协议来减少发生军事误判的风险”；2016年的中美军方会谈议程上出现了降低战略风险会谈的报道，但是，所有这些谈判都没有直接处理根本性的两国竞争问题。[②] 中美要坦诚地磋商西太的权力分配这一实质性问题，探讨两国海军军备的相互限制和落实“两个互信机制”，共建一个开放、包容、共存、和平、稳定、安全的西太海上秩序。

本书主要分析了中国与8个海上邻国（朝鲜、韩国、日本、越南、菲律宾、马来西亚、文莱和印度尼西亚）的海洋事务。内容包括：中国与海上邻国的海洋管辖权主张分析，渔业关系与油气共同开发分析，领土岛屿争端和海域划界的思考，海上务实合作的思考等。在加快建设海洋强国的背景下，中国坚决维护国家领土主权和海洋权益，同时与海上邻国积极开展海上务实合作。关于中国与邻国的海上争议问题解决，本书主要论述了三方面办法：一是，在海域划界条件具备的情况下，中国可稳步推进与海上邻国在某些争议海域的划界谈判。二是，在海域划界条件不具备的情况下，中国需积极推进与邻国的油气共同开发，共同开展渔业管理。三是，考虑到中美海权博弈已成为牵动中国海洋安全形势走向的主要因素，中国需要管控好中美在西太的海权博弈和海上竞争。

---

① 樊吉社:《南海问题的短期风险与中美长期博弈》，载《边界与海洋研究》2020年第5期，第30页。

② John W. Lewis and Xue Litai, “China’s Security Agenda Transcends the South China Sea,” *Bulletin of the Atomic Scientists*, Vol. 72, No. 4, 2016, pp. 212-221.

参考文献*

（一）中文文献

1. 蔡鹏鸿:《争议海域共同开发管理模式：比较研究》，上海：上海社会科学出版社1998年版。
2. 长白县志编纂委员会编:《长白朝鲜族自治县志》，北京：中华书局1993年版。
3. 陈建文、肖国林、刘守全、蔡乾忠:《中国海域油气资源勘查战略研究》，载《海洋地质与第四纪地质》2003年第4期。
4. 陈建文、肖国林、刘守全、蔡乾忠:《中国海域油气资源潜力分析与黄东海海域油气资源调查进展》，载《海洋地质与第四纪地质》2019年第6期。
5. 陈须隆、苏晓晖:《十八大以来的中国外交战略新思想》，载《和平与发展》2014年第6期。
6. 成汉平:《越南权力结构历史性变化与中越海上联合开发探索》，载《东南亚研究》2019年第5期。
7. 董加伟:《论中韩、中日渔业协定框架下的传统捕鱼权保障》，载《东北亚论坛》2014年第4期。
8. 樊吉社:《南海问题的短期风险与中美长期博弈》，载《边界与海洋研究》2020年第5期。
9. 傅崑成:《南（中国）海法律地位之研究》，台北：一二三资讯有限公司1995

* 中文文献按照作者（机构）的拼音字母顺序排列；英文文献按照作者姓氏（机构）的英文字母顺序排列。同一作者（机构）按照时间先后顺序排列。

年版。

10. 高健军:《国际海洋划界论——有关等距离/特殊情况规则的研究》，北京：北京大学出版社2005年版。

11. 高健军译:《200海里外大陆架外部界限的划定——划界案的执行摘要和大陆架界限委员会的建议摘要》，北京：海洋出版社2014年版。

12. 高婧如:《南海渔业合作机制研究——以双边渔业协定为视角》,《海南大学学报（人文社会科学版）》2015年第6期。

13. 国家测绘局编制:《中国1∶1000000地图》，北京：中国地图出版社1997年版。

14. 国家发展和改革委员会、国家海洋局:《“一带一路”建设海上合作设想》，2017年6月20日发布，http://www.xinhuanet.com/world/2017-06/20/c_1121176743.htm。

15. 国家海洋局海洋发展战略研究所课题组:《中国海洋发展报告》（2016），北京：海洋出版社2016年版。

16. 国务院:《中华人民共和国政府关于中华人民共和国领海基线的声明》，1996年5月15日，https://www.fmprc.gov.cn/web/ziliao_674904/tytj_674911/tyfg_674913/t556673.shtml。

17. 国务院新闻办公室:《钓鱼岛是中国的固有领土》，2012年9月，http://www.scio.gov.cn/ztk/dtzt/85/4/Document/1222687/1222687.htm。

18. 国务院新闻办公室:《中国坚持通过谈判解决中国与菲律宾在南海的有关争议》，2016年7月13日发表，http://www.scio.gov.cn/37236/38180/Document/1626701/1626701.htm。

19. 海军司令部编:《中国海军军人手册》，北京：海潮出版社2012年版。

20. 海南日报:《南海油气资源开发将成新的经济增长极》，载《海南日报》2012年7月9日。

21. 海南日报:《红旗飘扬祖宗海》，载《海南日报》2016年7月24日。

22. 海南省地方志办公室编:《海南省志・第二卷・西南中沙志》，海口：南海出版公司2008年版。

23. 海洋国际问题研究会编:《中国沿海邻国海洋法规和协定选编》，北京：海洋出版社1984年版。

24. 胡锦涛:《坚定不移沿着中国特色社会主义道路前进 为全面建成小康社会而奋斗——在中国共产党第十八次全国代表大会上的报告》(2012年11月8日),新华社,2012年11月17日,http://www.xinhuanet.com//18cpcnc/2012-11/17/c_113711665_9.htm。
25. 胡波:《中美在西太平洋的军事竞争与战略平衡》,载《世界经济与政治》2014年第5期。
26. 湖南地图出版社编:《中国海洋国土知识地图集》,长沙:湖南地图出版社2010年版。
27. 黄金森:《南海黄岩岛的一些地质特征》,载《海洋学报》1980年第2期。
28. 黄伟:《单一海洋划界的法律问题研究》,北京:社会科学文献出版社2011年版。
29. 季国兴:《论大陆架和专属经济区两种制度及中日东海划界》,载《上海交通大学学报(哲学社会科学版)》2007年第5期。
30. 季国兴:《海洋划界通常遵循的原则和方法及对解决中日东海划界争议的建议》,载《日本研究集林》2007年下半年刊。
31. 贾宇:《南海问题的国际法理》,载《中国法学》2012年第6期。
32. 贾宇:《试论中日东海共同开发与中国200海里以外大陆架的关系》,载《中国海洋法学评论》2009年第1期。
33. 江淮:《北部湾:中越合作之湾》,载《世界知识》2006年第24期。
34. 江淮:《鸭绿江口 眺望黄海》,载《世界知识》2009年第23期。
35. 金永明:《中国维护东海权益的国际法分析》,载《上海大学学报》2016年第4期。
36. 蒋丽萍编译:《俄罗斯撤销指控 极地曙光号事件出现转机》,载《人民法院报》2014年1月24日。
37. 康霖、陈相秒、万秋波:《2009—2012年期间越南南海油气资源勘探开发解析》,载《太平洋学报》2016年第1期。
38. 康霖、罗传钰:《中菲南海油气资源共同开发:挑战与努力方向》,载《国际问题研究》2018年第5期。
39. 雷筱璐:《纳土纳群岛附近该如何捕鱼》,2020年3月17日,https://opinion.huanqiu.com/article/9CaKrnKpWMu。

40. 雷筱璐:《仲裁案后中菲海上油气合作主要障碍的国际法分析》，载《亚太安全与海洋研究》2018年第5期。
41. 李国强:《中韩海域划界谈判，幕已启路还长》，载《环球时报》2015年12月23日，https://opinion.huanqiu.com/article/9CaKrnJSyCM。
42. 李金明:《中菲南海油气资源“共同开发”的可行性研究》，载《太平洋学报》2018年第5期。
43. 李明杰:《台湾地区海洋问题研究》，北京：中国社会科学出版社2011年版。
44. 李志斐:《南海非传统安全问题的现状与应对机制分析》，载《太平洋学报》2020年第4期。
45. 联合国:《联合国海洋法公约》，1982年12月10日通过，https://www.un.org/zh/documents/treaty/files/UNCLOS-1982.shtml。
46. 联合国法律事务厅:《中华人民共和国关于确定二百海里以外大陆架外部界限的初步信息》，2009年5月11日（当地时间）提交，https://www.un.org/Depts/los/clcs_new/submissions_files/preliminary/chn2009preliminaryinformation_chinese.pdf。
47. 联合国法律事务厅:《中华人民共和国东海部分海域二百海里以外大陆架外部界限划界案（执行摘要）》，2012年12月14日提交，https://www.un.org/depts/los/clcs_new/submissions_files/chn63_12/executive%20summary_CH.pdf。
48. 廖雪霞:《南海周边国家海洋划界协议研究》，载《国际法研究》2015年第6期。
49. 刘畅:《印度尼西亚海洋划界问题：现状、特点与展望》，载《东南亚研究》2015年第5期。
50. 刘磊:《钓鱼岛列屿主权的国际法理新论——兼论主权传统论据的必要修正》，载《北方法学》2015年第1期。
51. 刘振湖、高红芳、胡小强、白志琳、陈玲:《北黄海盆地东部坳陷中生界含油气系统研究》，载《中国海上油气》2007年第4期。
52. 刘振民:《稳步推进南海沿岸国合作——在博鳌亚洲论坛2017年年会南海分论坛上的演讲》，2017年3月27日，https://www.fmprc.gov.cn/web/ziliao_674904/zyjh_674906/t1448859.shtml。
53. 刘延华:《中韩启动海域划界谈判有利东亚和平稳定》，载《世界知识》2016

年第2期。
54. 马光:《中韩渔业合作与纠纷探析》，载《浙江社会科学》2014年第5期。
55. 马新民:《南海仲裁案庭外法理斗争：回顾与展望》，载《边界与海洋研究》2017年第4期。
56. 农业农村部渔业渔政管理局主编:《中国渔业年鉴（2018）》，北京：中国农业出版社2019年版。
57. 〔韩〕朴椿浩编著:《国际海洋边界——太平洋中部和东亚》，王丽玉、李红云、张海文译，北京：法律出版社1994年版。
58. 潘军:《东海200海里以外大陆架划界问题研究》，载《中国海洋法学评论》2014年第1期。
59. 潘澎、程家骅、李彦:《中日渔业协定综述》，载《中国渔业经济》2015年第6期。
60. 齐皓:《东亚海洋争端与海洋秩序的演变》，载《国际政治科学》2018年第3期。
61. 祁怀高:《欧洲煤钢联营经验对南海共同开发的启示》，载《太平洋学报》2017年第10期。
62. 祁怀高:《近年来中国在南海的存在格局、面临挑战及因应之策》，载《国际论坛》2018年第1期。
63. 祁怀高:《当前中菲南海共同开发的制约瓶颈与应对思考》，载《太平洋学报》2019年第3期。
64. 祁怀高:《中美在西太平洋的海权博弈及影响》，载《武汉大学学报（哲学社会科学版）》2019年第3期。
65. 祁怀高:《构建南海非传统安全多边合作整体架构研究》，载《国际安全研究》2020年第6期。
66. 祁怀高:《马来西亚的共同开发政策及中马共同开发前景》，载《太平洋学报》2021年第10期。
67. 邱永峥:《“辽普渔25222”号被劫船员讲述惊心动魄16天》，2013年6月3日，https://world.huanqiu.com/article/9CaKrnJAKZ9。
68. 全国人大常委会法制工作委员会国家法室:《中国海洋权益维护法律导读》，北京：中国民主法制出版社2014年版。

69. 史文:《超越美国西太平洋主导地位：稳定中美均势的必要》，载《当代美国评论》2017年第2期。

70. 日本外务省:《尖阁诸岛：尖阁诸岛问答》，https://www.cn.emb-japan.go.jp/territory/senkaku/question-and-answer.html#q1。

71. 日本外务省:《关于尖阁诸岛的基本见解》，2012年11月，https://www.cn.emb-japan.go.jp/territory/senkaku/basic_view.html。

72. 日本驻华大使馆:《安倍晋三总理访华（概要）》，2018年11月8日，https://www.cn.emb-japan.go.jp/itpr_zh/00_000044.html。

73. 阮德富:《越柬两国关于历史性水域的协定》，载〔越南〕《全民国防》杂志中文网站，2020年7月29日，http://tapchiqptd.vn/zh/理论与实践/越柬两国关于历史性水域的协定/15769.html。

74. 邵建平:《东南亚国家处理海域争端的方式研究》，北京：中国社会科学出版社2018年版。

75. 沈铭辉、张中元:《“一带一路”背景下的国际产能合作——以中国—印尼合作为例》，载《国际经济合作》2017年第3期。

76. 沈小波:《陈秉骞：我所经历的东海共同开发谈判》，载《能源》2013年第4期。

77. 石源华、陈妙玲:《简论中国海洋维权与海洋维稳的平衡互动》，载《同济大学学报（社会科学版）》2020年第4期。

78. 沈镇昭、张合成主编:《中国渔业年鉴（2001）》，北京：中国农业出版社2001年版。

79. 孙德刚:《中国港口外交的理论与实践》，载《世界经济与政治》2018年第5期。

80. 孙书贤、阮春林、王芳编著:《海域勘界政策研究》，北京：海洋出版社2003年版。

81. 唐家璇:《劲雨煦风》，北京：世界知识出版社2009年版。

82. 台湾“法务部”:《“中华民国”专属经济海域及大陆礁层法》，1997年12月30日通过，1998年1月21日公布实施，“全国”法规资料库，https://law.moj.gov.tw/LawClass/LawAll.aspx?pcode=A0000010。

83. 台湾“法务部”:《“中华民国”领海及邻接区法》，1998年1月2日通过，

1998年1月21日公布实施，“全国”法规资料库，https://law.moj.gov.tw/LawClass/LawAll.aspx?pcode=A0000009。

84. 台湾“国防部”:《修正〈台湾、澎湖、东沙、金门、东碇、乌坵、马祖、东引、亮岛、南沙地区限制、禁止水域范围及事项〉》(猛狮字第0930001493号)，发文日期2004年6月7日，生效日期2004年6月15日，https://www.cpami.gov.tw/kids/filesys/file/chinese/new5/0930001493.pdf。

85. 台湾“内政部”:《“国情”简介：土地》，2020年3月19日更新，https://www.ey.gov.tw/DisplayFile.aspx?FileID=84D6BC8126C18916。

86. 台湾“内政部”地政司:《“中华民国”第一批领海基线、领海及邻接区外界线》，1999年2月10日，台88内字第06161号，https://www.land.moi.gov.tw/upload/d-20180906120151.pdf。

87. 台湾“外交部”:《“中华民国”大陆礁层外部界限声明》，2009年5月12日，https://www.mofa.gov.tw/News_Content_M_2.aspx?n=8742DCE7A2A28761&sms=491D0E5BF5F4BC36&s=6E18021CE020C9C7。

88. 台湾“外交部”:《“中华民国”对钓鱼台列屿的主权主张与“东海和平倡议”》，2013年8月6日发布，https://www.mofa.gov.tw/News_Content.aspx?n=214&s=62392。

89. 台湾“外交部”:《台日渔业协议》，2013年4月10日签署，https://www.mofa.gov.tw/cp.aspx?n=90BEE1D6497E4C58。

90. 台湾“外交部”:《台日渔业协议宣传摺页》，2013年6月，http://www.mofa.gov.tw/Upload/WebArchive/1024/dedce49b-d2ab-4183-a500-00c330d8be9a.PDF。

91. 台湾“外交部”:《台菲双方签署〈台菲有关促进渔业事务执法合作协议〉》，2015年11月5日签署，https://www.mofa.gov.tw/News_Content_M_2.aspx?n=8742DCE7A2A28761&sms=491D0E5BF5F4BC36&s=F6881FC2462D62D1。

92. 台湾“行政院”公报咨询网:《修正“‘中华民国’第一批领海基线、领海及邻接区外界线”》，2009年11月18日公告并生效，https://gazette.nat.gov.tw/egFront/detail.do?metaid=35541&log=detailLog。

93. 台湾“行政院”农业委员会渔业署:《台日针对渔船共同作业之规则达成共识》，2014年1月25日发布，http://www.fa.gov.tw/cht/NewsPaper/content.

aspx?id=1057&chk=47759E30-F557-4A4E-8FE3-32F4A5971EB0&param=。
94. 王剑峰:《理解国际机制融合的社会化逻辑——兼谈“一带一路”沿线机制融合问题》，载《国际观察》2019年第3期。
95. 王明国:《全球治理机制碎片化与机制融合的前景》，载《国际关系研究》2013年第5期。
96. 王秀英:《海洋权益论：中日东海争议解决机制研究》，北京：中国民主法制出版社2012年版。
97. 王颖主编:《中国海洋地理》，北京：科学出版社2013年版。
98. 王颖:《黄岩岛海域环境与战略地位分析》，载《亚太安全与海洋研究》2017年第3期。
99. 韦红、姜丽媛:《澳大利亚—印尼海上安全合作：动因、现状与影响》，载《和平与发展》2019年第6期。
100.〔澳〕维克托·普雷斯科特、克莱夫·斯科菲尔德:《世界海洋政治边界》，吴继陆、张海文译，北京：海洋出版社2014年版。
101. 吴士存:《南沙争端的起源与发展》(修订版)，北京：中国经济出版社2013年版。
102. 吴士存、刘晓博:《关于构建南海地区安全合作机制的思考》，载《边界与海洋研究》2018年第1期。
103. 习近平:《决胜全面建成小康社会 夺取新时代中国特色社会主义伟大胜利——在中国共产党第十九次全国代表大会上的报告》(2017年10月18日)，新华网，2017年10月27日，http://www.xinhuanet.com//politics/19cpcnc/2017-10/27/c_1121867529.htm。
104. 萧建国:《国际海洋边界石油的共同开发》，北京：海洋出版社2006年版。
105. 新华社:《中国对黄岩岛的领土主权拥有充分法理依据》，2012年4月14日。
106. 新华社:《海洋局报告指出海洋安全是我国国家安全重点方向》，2013年5月8日，http://www.gov.cn/jrzg/2013-05/08/content_2398566.htm。
107. 新华网:《王毅：以“双轨思路”处理南海问题》，2014年8月9日，http://news.xinhuanet.com/world/2014-08/09/c_1112007229.htm。
108. 新华网:《中美签署“军事危机通报、空中相遇”两个互信机制附件》，2015年9月24日，http://www.xinhuanet.com/mil/2015-09/24/c_1116670401.htm。

109. 新华网:《中共中央 国务院关于支持海南全面深化改革开放的指导意见》，2018年4月11日，http://www.xinhuanet.com/2018-04/14/c_1122682589.htm。
110. 新华社:《中共中央印发〈深化党和国家机构改革方案〉》，新华网，2018年3月21日，http://www.xinhuanet.com/2018-03/21/c_1122570517.htm。
111. 星球地图出版社:《中华人民共和国钓鱼岛及其附属岛屿地图》，北京：星球地图出版社2012年版。
112. 星球地图出版社:《中华人民共和国海南省三沙市地图》，北京：星球地图出版社2012年版。
113. 杨翠柏:《南沙群岛主权法理研究》，北京：商务印书馆2016年版。
114. 杨金森:《海洋强国兴衰史略》（第二版），北京：海洋出版社2014年版。
115. 杨金森、高之国编著:《亚太地区的海洋政策》，北京：海洋出版社1990年版。
116. 杨泽伟:《论海上共同开发“区块”的选择问题》，载《时代法学》2014年第3期。
117. 杨泽伟主编:《海上共同开发国际法问题研究》，北京：社会科学文献出版社2016年版。
118. 杨泽伟:《共同开发纳土纳海域 解决南海争端》，载《中国社会科学报》2016年1月27日。
119. 杨泽伟:《仲裁案后南海共同开发：机遇、挑战及中国的选择》，载《海南大学学报（人文社会科学版）》2017年第6期。
120. 袁古洁:《国际海洋划界的理论与实践》，北京：法律出版社2001年版。
121. 余民才:《海洋石油勘探与开发的法律问题》，北京：中国人民大学出版社2001年版。
122. 余民才:《中日东海问题原则共识述评》，载《中国海洋法学评论》2009年第1期。
123. 越通社:《越共中央总书记阮富仲与中共中央总书记、国家主席习近平举行会谈》，2015年4月8日，https://zh.vietnamplus.vn/。
124. 张海文:《南海及南海诸岛》，北京：五洲传播出版社2014年版。
125. 张海文编著:《〈联合国海洋法公约〉与中国》，北京：五洲传播出版社2014年版。

126. 张海文、李红云主编:《世界海洋法译丛·亚洲卷》，青岛：青岛出版社2017年版。

127. 张耀光:《中国海洋政治地理学——海洋地缘政治与海疆地理格局的时空演变》，北京：科学出版社2004年版。

128. 赵国材:《论中越陆地边界与北部湾水域划界争端之法律解决及尚未解决之南海议题》，载（中国台湾地区）《军法专刊》2011年第2期。

129. 赵卫华:《〈中国工程〉与越南的“双向制衡”战略》，载《中国周边外交学刊》2015年第1辑。

130. 赵卫华:《权力扩散视角下的中越南海争端研究》，北京：世界知识出版社2019年版。

131. 赵卫华:《越南南海政策调整：演变与实质》，载《东南亚研究》2019年第1期。

132. 郑裕民:《海巡署于“暂定执法线”护渔工作暨相关问题研析》，载（中国台湾地区）《海巡双月刊》第23期（2006年10月），https://www.cga.gov.tw/GipOpen/wSite/public/Attachment/f1260779674648.pdf。

133. 中华人民共和国农业部渔业局编:《中国渔业五十年大事记：1949.10—1999.9》，北京：中国农业出版社1999年版。

134. 中华人民共和国外交部边界与海洋事务司编:《中国周边海洋问题有关文件汇编》，北京：世界知识出版社2017年版。

135. 中国常驻联合国代表团:《中国常驻联合国代表团就马越联合划界案表达立场》，第CML/17/2009号照会，2009年5月7日，https://www.un.org/Depts/los/clcs_new/submissions_files/mysvnm33_09/chn_2009re_mys_vnm.pdf。

136. 中国常驻联合国代表团:《中国常驻联合国代表团就越南划界案表达立场》，第CML/18/2009号照会，2009年5月7日，https://www.un.org/depts/los/clcs_new/submissions_files/vnm37_09/chn_2009re_vnm_c.pdf。

137. 中国常驻联合国代表团:《就菲律宾于2011年4月5日向联合国秘书长提交的000228号照会表达立场》，第CML/8/2011号照会，2011年4月14日，http://www.un.org/depts/los/clcs_new/submissions_files/mysvnm33_09/chn_2011_re_phl.pdf。

138. 中国常驻联合国代表团:《中国常驻联合国代表团就马来西亚划界案表达立

场》, CML/14/2019, 2019年12月12日, https://www.un.org/Depts/los/clcs_new/submissions_files/mys85_2019/CML_14_2019_C.pdf。

139. 中国常驻联合国代表团:《就印度尼西亚共和国常驻联合国代表团2020年5月26日向联合国秘书长递交的第126/POL-703/V/20号照会表达中方立场》, 2020年6月2日, https://www.un.org/Depts/los/clcs_new/submissions_files/mys_12_12_2019/2020_06_02_CHN_NV_UN_chn.pdf。

140. 中国常驻联合国代表团:《就印度尼西亚共和国常驻联合国代表团2020年6月12日向联合国秘书长递交的第148/POL-703/VI/20号照会表达中方立场》, 2020年6月18日, https://www.un.org/Depts/los/clcs_new/submissions_files/mys_12_12_2019/2020_06_18_CHN_NV_UN_006_Original.pdf。

141. 中国国防部:《中美关于海空相遇安全行为准则谅解备忘录》, 2014年11月12日宣布文本签署, 国防部网, http://news.mod.gov.cn/headlines/2014-11/14/content_4551266.htm。

142. 中国国防部:《国防部新闻事务局就中美签署"两个互信机制"答记者问》, 国防部网, 2014年11月14日, http://news.mod.gov.cn/headlines/2014-11/14/content_4551266.htm。

143. 中国国际法学会:《南海仲裁案裁决之批判》, 北京: 外文出版社2018年版。

144. 中国国土资源部中国地质调查局:《新中国海洋地质工作大事记(1949—1999)》, 北京: 海洋出版社2000年版。

145. 中国海事局:《航警14033(海洋石油981船南海钻井作业)》, 2014年5月3日, https://www.msa.gov.cn/page/wap/wap.do?action=content&channelId=D3340711-057B-494B-8FA0-9EEDC4C5EAD9&articleId=7291b46d-ab69-4949-8a88-6c55dad815e8。

146. 中国海事局:《航警14041(海洋石油981钻井平台中建岛东南海域钻井作业)》, 2014年5月27日, https://www.msa.gov.cn/page/wap/wap.do?action=content&channelId=D3340711-057B-494B-8FA0-9EEDC4C5EAD9&articleId=390bd50d-b5a9-44b0-a132-c16350e6f358。

147. 中国海事局:《HN0029(海洋石油981船钻井作业)》, 2015年6月25日, https://www.msa.gov.cn/page/wap/wap.do?action=content&channelId=D3340711-057B-494B-8FA0-9EEDC4C5EAD9&articleId=90251c6f-05f3-4b43-9e22-

dc0ef7ace9db。

148. 中国海洋石油总公司:《中海油与越南石油签署北部湾油气合作框架协议》(2005年10月31日签署),国务院国资委网站,2005年11月1日,http://www.sasac.gov.cn/n2588025/n2588124/c4104044/content.html。

149. 中国民政部:《民政部关于国务院批准海南省三沙市设立市辖区的公告》,2020年4月18日,http://www.mca.gov.cn/article/xw/tzgg/202004/20200400026955.shtml。

150. 中国南海网:《大事记:2000—2009》,2016年7月22日,http://www.thesouthchinasea.org.cn/2016-07/22/c_53608.htm。

151. 中国农业部:《中越在京签署北部湾渔业合作协定补充议定书》,2004年4月29日,http://jiuban.moa.gov.cn/zwllm/zwdt/200404/t20040429_200411.htm。

152. 中国人大网:《中华人民共和国政府关于领海的声明》(1958年9月4日),http://www.npc.gov.cn/wxzl/gongbao/1958-09/04/content_1480851.htm。

153. 中国人大网:《中华人民共和国领海及毗连区法》,1992年2月25日通过并施行,http://www.npc.gov.cn/wxzl/wxzl/2000-12/05/content_4562.htm。

154. 中国人大网:《全国人民代表大会常务委员会关于批准〈联合国海洋法公约〉的决定》,1996年5月15日通过,http://www.npc.gov.cn/wxzl/gongbao/2000-12/16/content_5003571.htm。

155. 中国人大网:《中华人民共和国专属经济区和大陆架法》,1998年6月26日公布施行,http://www.npc.gov.cn/wxzl/gongbao/2000-12/05/content_5004707.htm。

156. 中国人民解放军海军司令部航海保证部:《中华人民共和国钓鱼岛及其附属岛屿领海基线图》,2012年9月,编号:03085,http://www.un.org/depts/los/LEGISLATIONANDTREATIES/PDFFILES/MAPS/chn_mzn89_2012.jpg。

157. 中国外交部:《中国对西沙群岛和南沙群岛的主权无可争辩——中华人民共和国外交部文件》(1980年1月30日),载《人民日报》1980年1月31日。

158. 中国外交部:《中华人民共和国和日本国渔业协定》,1997年11月11日在东京签订,2001年6月30日生效,https://www.fmprc.gov.cn/web/ziliao_674904/tytj_674911/tyfg_674913/t556672.shtml。

159. 中国外交部:《中华人民共和国政府和大韩民国政府渔业协定》,2000年8

月3日在北京签订，2001年6月30日生效，https://www.fmprc.gov.cn/web/wjb_673085/zzjg_673183/bjhysws_674671/bhfg_674677/t556669.shtml。

160. 中国外交部:《“搁置争议，共同开发”》，2000年11月7日，https://www.fmprc.gov.cn/web/ziliao_674904/wjs_674919/2159_674923/t8958.shtml。

161. 中国外交部:《中越北部湾划界协定情况介绍》，2000年12月25日，http://infogate.fmprc.gov.cn/web/ziliao_674904/tytj_674911/tyfg_674913/t145558.shtml。

162. 中国外交部:《中华人民共和国政府和越南社会主义共和国政府北部湾渔业合作协定》，2000年12月25日在北京签订，2004年6月30日生效，https://www.fmprc.gov.cn/web/ziliao_674904/tytj_674911/tyfg_674913/t556668.shtml。

163. 中国外交部:《外交部条约法律司司长谈外交中的海洋工作》，2006年5月15日，http://wcm.fmprc.gov.cn/pub/chn/gxh/wzb/wjbxw/t255507.htm。

164. 中国外交部:《中国根据〈联合国海洋法公约〉第298条提交排除性声明》，2006年8月25日，https://www.fmprc.gov.cn/web/ziliao_674904/tytj_674911/tyfg_674913/t270754.shtml。

165. 中国外交部:《中日就东海问题达成原则共识》，2008年6月18日，https://www.fmprc.gov.cn/web/fyrbt_673021/dhdw_673027/t466568.shtml。

166. 中国外交部:《武大伟副部长谈中日就东海问题达成原则共识》，2008年6月19日，https://www.fmprc.gov.cn/123/zxxx/t466991.htm。

167. 中国外交部:《关于指导解决中华人民共和国和越南社会主义共和国海上问题基本原则协议》(2011年10月11日签订)，https://www.fmprc.gov.cn/web/ziliao_674904/tytj_674911/tyfg_674913/t872687.shtml。

168. 中国外交部:《中华人民共和国和文莱达鲁萨兰国联合声明》，2013年4月5日，https://www.fmprc.gov.cn/nanhai/chn/zcfg/t1028639.htm。

169. 中国外交部:《“981”钻井平台作业：越南的挑衅和中国的立场》，2014年6月8日，https://www.fmprc.gov.cn/nanhai/chn/snhwtlcwj/t1163255.htm。

170. 中国外交部:《杨洁篪会见日本国家安全保障局长谷内正太郎 中日就处理和改善中日关系达成四点原则共识》，2014年11月7日，https://www.fmprc.gov.cn/web/gjhdq_676201/gj_676203/yz_676205/1206_676836/xgxw_676842/t1208349.shtml。

171. 中国外交部:《中华人民共和国政府关于菲律宾共和国所提南海仲裁案管辖权问题的立场文件》, 2014年12月7日, https://www.fmprc.gov.cn/nanhai/chn/snhwtlcwj/t1368888.htm。

172. 中国外交部:《中国东海油气开发活动正当合法》, 2015年7月24日, https://www.fmprc.gov.cn/web/ziliao_674904/1179_674909/t1283725.shtml。

173. 中国外交部:《中华人民共和国外交部关于应菲律宾共和国请求建立的南海仲裁案仲裁庭关于管辖权和可受理性问题裁决的声明》, 2015年10月30日, http://www.fmprc.gov.cn/web/zyxw/t1310470.shtml。

174. 中国外交部:《中越联合声明》, 2015年11月6日, http://www.fmprc.gov.cn/web/zyxw/t1312772.shtml。

175. 中国外交部:《外交部长王毅就中国外交政策和对外关系回答中外记者提问》, 2016年3月8日, https://www.fmprc.gov.cn/web/zyxw/t1346058.shtml。

176. 中国外交部:《外交部副部长刘振民就南海问题与美国记者代表团座谈实录》, 2016年5月23日, https://www.fmprc.gov.cn/web/wjb_673085/zzjg_673183/bjhysws_674671/xgxw_674673/t1365621.shtml。

177. 中国外交部:《中华人民共和国外交部关于坚持通过双边谈判解决中国和菲律宾在南海有关争议的声明》, 2016年6月8日, https://www.fmprc.gov.cn/nanhai/chn/snhwtlcwj/t1370477.htm。

178. 中国外交部:《中华人民共和国政府关于在南海的领土主权和海洋权益的声明》, 2016年7月12日, https://www.fmprc.gov.cn/web/zyxw/t1380021.shtml。

179. 中国外交部:《中菲两国外长谈南海"共同开发"》, 2017年7月25日, https://www.fmprc.gov.cn/web/wjbzhd/t1479986.shtml。

180. 中国外交部:《中国—菲律宾南海问题双边磋商机制第二次会议》, 2018年2月13日, https://www.fmprc.gov.cn/nanhai/chn/wjbxw/t1534825.htm。

181. 中国外交部:《中华人民共和国和文莱达鲁萨兰国联合声明》, 2018年11月19日, https://www.fmprc.gov.cn/web/gjhdq_676201/gj_676203/yz_676205/1206_677004/1207_677016/t1691366.shtml。

182. 中国外交部:《中华人民共和国政府和菲律宾共和国政府关于油气开发合作的谅解备忘录》, 2018年11月20日签署, https://www.mfa.gov.cn/web/ziliao_674904/tytj_674911/tyfg_674913/t1616639.shtml。

183. 中国外交部:《中国—菲律宾油气开发合作政府间联合指导委员会第一次会议在北京召开》，2019年10月29日，https://www.fmprc.gov.cn/web/wjbxw_673019/t1711665.shtml。
184. 中国外交部:《对话合作应对南海争议，同声共气反对外部搅局——外交部副部长罗照辉在“合作视角下的南海”国际研讨会上的主旨演讲》，2020年9月2日，https://www.fmprc.gov.cn/web/wjbxw_673019/t1811554.shtml。
185. 中国渔业协会:《2015年中韩渔业协定水域作业须知》，2014年11月。
186. 中国政府网:《中朝签署〈中朝政府间关于海上共同开发石油的协定〉》，2005年12月24日，http://www.gov.cn/jrzg/2005-12/24/content_136430.htm。
187. 中国政府网:《中华人民共和国政府关于钓鱼岛及其附属岛屿领海基线的声明》，2012年9月10日，http://www.gov.cn/jrzg/2012-09/10/content_2221140.htm。
188. 周健:《中越北部湾划界的国际法实践》，载《边界与海洋研究》2019年第5期。
189. 周永生:《日本国内关于东海问题的争论》，载《国际政治科学》2008年第1期。

（二）英文文献

1. Allard, Tom and Bernadette Christina Munthe, “Asserting Sovereignty, Indonesia Renames Part of South China Sea,” *Reuters*, 14 July 2017, https://www.reuters.com/article/us-indonesia-politics-map/asserting-sovereignty-indonesia-renames-part-of-south-china-sea-idUSKBN19Z0YQ.
2. Amer, Ramses, “Sino-Vietnamese Border Disputes,” in Bruce A. Elleman, Stephen Kotkin, and Clive Schofield, eds., *Beijing's Power and China' Borders: Twenty Neighbors in Asia*, New York: M. E. Sharpe, 2013, pp. 295-309.
3. Arreglado, Juan, *Kalayaan: Historical, Legal, Political Background*, Manila: Foreign Service Institute, 1982.
4. Arsana, I. Made Andi and Clive Schofield, “Indonesia's ‘Invisible’ Border with China,” in Bruce A. Elleman, Stephen Kotkin, and Clive Schofield, eds., *Beijing's*

Power and China's Borders: Twenty Neighbors in Asia, New York: M. E. Sharpe, 2013, pp. 61-79.

5. Asia Maritime Transparency Initiative, "Scarborough Shoal," https://amti.csis.org/scarborough-shoal/.
6. Attorney General's Chambers of Brunei Darussalam, *Brunei Darussalam Treaty Series: Law of the Sea and Maritime*, January 2013.
7. Australian Department of Foreign Affairs and Trade, "Philippines Country Brief," https://www.dfat.gov.au/geo/philippines/Pages/philippines-country-brief.
8. Baruah, Darshana M., "What India Thinks about the South China Sea," *The Lowy Interpreter*, March 29, 2016, http://www.lowyinterpreter.org/post/2016/03/29/What-India-thinks-about-the-South-China-Sea.aspx, visited on 25 May 2016.
9. Batongbacal, Jay, "Philippine–China Joint Development Talks Still at An Impasse, Despite Green Light," *Asia Maritime Transparency Initiative*, 13 April 2018, https://amti.csis.org/philippine-china-joint-development-impasse/.
10. Bautista, Lowell B., "The Legal Status of the Philippine Treaty Limits in International Law," *Aegean Review of the Law of the Sea and Maritime Law*, Vol. 1, No. 1 (2010), pp. 111-139.
11. Bautista, Lowell and Clive Schofield, "Philippine–China Border Relations: Cautious Engagement Amid Tensions," in Bruce Elleman, Stephen Kotkin, and Clive Schofield, eds., *Beijing's Power and China's Borders: Twenty Neighbors in Asia*, New York: M.E. Sharpe, 2013, pp. 235-249.
12. Beckman, Robert, "Legal Framework for Joint Development in the South China Sea," in Shicun Wu, Mark Valencia, and Nong Hong, eds., *UN Convention on the Law of the Sea and the South China Sea*, Farnham, UK: Ashgate, 2015, pp. 251-266.
13. Beckman, Robert, "ASEAN & the South China Sea Disputes," Workshop on "New Approaches to the South China Sea Conflicts," organized by St Antony's College and the University of Oxford China Centre, 19 and 20 October 2017, https://www.sant.ox.ac.uk/sites/default/files/robert_beckman.pdf.
14. Beckman, Robert, Clive Schofield, Ian Townsend-Gault, Tara Davenport, and

Leonardo Bernard, “Moving Forward on Joint Development in the South China Sea,” in Robert Beckman, Ian Townsend-Gault, Clive Schofield, Tara Davenport, and Leonardo Bernard, eds., *Beyond Territorial Disputes in the South China Sea: Legal Frameworks for the Joint Development of Hydrocarbon Resources*, Cheltenham, UK: Edward Elgar, 2013, pp. 312-331.

15. Beckman, Robert, Ian Townsend-Gault, Clive Schofield, Tara Davenport, and Leonardo Bernard, eds., *Beyond Territorial Disputes in the South China Sea: Legal Frameworks for the Joint Development of Hydrocarbon Resources*, Cheltenham, UK: Edward Elgar, 2013.
16. Borthwick, Mark, *Pacific Century: The Emergence of Modern Pacific Asia*, Colorado: Westview Press, 4th ed., 2013.
17. Brewster, David, “Silk Roads and Strings of Pearls: The Strategic Geography of China’s New Pathways in the Indian Ocean,” *Geopolitics*, Vol. 22, Issue 2 (April-June 2017), pp. 269-291.
18. British Petroleum (BP), *BP Statistical Review of World Energy 2020*, June 2020, https://www.bp.com/content/dam/bp/business-sites/en/global/corporate/pdfs/energy-economics/statistical-review/bp-stats-review-2020-full-report.pdf.
19. Brunei Government, “Proclamation of an Exclusive Economic Zone,” Made on 20 July 1993, *Brunei Darussalam Government Gazette*, 26 March 1994, http://www.agc.gov.bn/AGC%20Images/LOB/Order/DEF/E/s04.pdf.
20. Brunei Ministry of Foreign Affairs, “Joint Statement on the 19th Annual Leaders’ Consultation Between Brunei Darussalam and Malaysia,” *The Daily Brunei Resources*, 11 August 2015, https://bruneiresources.blogspot.com/2015/08/joint-statement-19th-annual-leaders.html.
21. Burmester, H., “The Torres Strait Treaty: Ocean Boundary Delimitation by Agreement,” *American Journal of International Law*, Vol. 76, No. 2 (April 1982), pp. 321-349.
22. Buszynski, Leszek and Christopher B. Roberts, “The South China Sea: Stabilization and Resolution,” in Leszek Buszynski and Christopher B. Roberts, eds., *The South China Sea: Political, Legal and Regional Perspectives*, London:

Routledge, 2015, pp. 187-208.

23. Butcher, John G. and R.E. Elson, *Sovereignty and the Sea: How Indonesia Became an Archipelagic State*, Singapore: National University of Singapore Press, 2017.
24. Caballero-Anthony, Mely, ed., *An Introduction to Non-Traditional Security Studies: A Transnational Approach*, London: Sage Publications, 2016.
25. Chang, Shui-Kai, Nien-Tsu Alfred Hu, Samsudin Basir, Hai Vu Duyen, Praulai Nootmorn, Mudjekeewis D. Santos, and Fayakun Satria, "A Step Forward to the Joint Management of the South China Sea Fisheries Resources: Joint Works on Catches, Management Measures and Conservation Issues," *Marine Policy*, Vol. 116, June 2020, pp. 1-13.
26. Charney, Jonathan I. and Lewis M. Alexander, eds., *International Maritime Boundaries*, Vol. 1, Dordrecht, The Netherlands: Martinus Nijhoff, 1993.
27. Charney, Jonathan I. and Lewis M. Alexander, eds., *International Maritime Boundaries*, Vol. 3, Dordrecht, The Netherlands: Martinus Nijhoff Publishers, 1998.
28. Charney, Jonathan I. and Robert W. Smith, eds., *International Maritime Boundaries*, Vol. 4, Dordrecht, The Netherlands: Martinus Nijhoff Publishers, 2002.
29. Chinese Ministry of Foreign Affairs, "Memorandum of Understanding on Cooperation on Oil and Gas Development Between the Government of the People's Republic of China and the Government of the Republic of the Philippines," done in Manila on 20 November 2018, https://www.fmprc.gov.cn/mfa_eng/wjdt_665385/2649_665393/t1616644.shtml.
30. Chung, Chien-peng, *Domestic Politics, International Bargaining and China's Territorial Disputes*, New York: Routledge, 2004.
31. Choi, Jee-hyun, "Korea–Japan JDZ to End in Deadlock?: The Potential for Unilateral Korean Exploration and Exploitation," *Ocean Development & International Law*, Vol. 51, No. 2 (2020), pp. 162-174.
32. CNN Philippines Staff, "Verbal Fishing Deal Between PH, China Legally Binding – Panelo," 1 July 2019, *CNN Philippines*, https://cnnphilippines.com/

news/2019/7/1/Duterte-Xi-Philippines-China-Recto-Bank-fishing.html.

33. CNOOC & PNOC, "An Agreement for Joint Marine Seismic Undertaking in Certain Areas in the South China Sea By and Between China National Offshore Oil Corporation and Philippine National Oil Company," 1 September 2004, https://www.spratlys.org/documents/agreement_bilateral_marine_seismic_undertaking.pdf.

34. Cole, Bernard D., *Asian Maritime Strategies: Navigating Troubled Waters*, Annapolis: Naval Institute Press, 2013.

35. Colson, David A. and Robert W. Smith, eds., *International Maritime Boundaries*, Vol. 6, Leiden, The Netherlands: Martinus Nijhoff Publishers, 2011.

36. Congress of the Philippines, "An Act Instituting a New System of Mineral Resources Exploration, Development, Utilization and Conservation," Republic Act No. 7942, Approved on 3 March 1995, http://mgb.gov.ph/images/stories/RA_7942.pdf.

37. Congress of the Philippines, "Republic Act No. 9522: An Act to Amend Certain Provisions of Republic Act No. 3046, as Amended by Republic Act No. 5446, to Define the Archipelagic Baselines of the Philippines, and for Other Purposes," Approved on 10 March 2009, https://www.senate.gov.ph/republic_acts/ra%20 9522.pdf.

38. Connelly, Aaron L., "Indonesia in the South China Sea: Going It alone," *Lowy Institute for International Policy*, December 2016, pp. 1-20, https://www.lowyinstitute.org/publications/indonesia-south-china-sea-going-it-alone.

39. CSIS, "How Much Trade Transits the South China Sea?" https://chinapower.csis.org/much-trade-transits-south-china-sea/#easy-footnote-bottom-1-3073.

40. Damrosch, Lori Fisler and Bernard H. Oxman, "Agora: The South China Sea, Editors' Introduction," *American Journal of International Law*, Vol. 107, No. 1 (January 2013), pp. 95-97.

41. Department of Agriculture, Water and the Environment of Australian Government, "Indonesia–Australia Fisheries Cooperation," 4 November 2019, https://www.agriculture.gov.au/fisheries/international/cooperation/indonesia.

42. Department of Defence of Australia, "Minister for Defence – Statement – Freedom of Navigation in the South China Sea," 27 October 2015, http://www.minister.defence.gov.au/2015/10/27/minister-for-defence-statement-freedom-of-navigation-in-the-south-china-sea/.
43. Department of Defence of Australia, *2016 Defence White Paper*, 25 February 2016, http://www.defence.gov.au/WhitePaper/Docs/2016-Defence-White-Paper.pdf.
44. Department of Fisheries of Brunei Ministry of Primary Resources and Tourism, "FAQS: Capture Fisheries," 19 January 2016, http://www.fisheries.gov.bn/SiteCollectionDocuments/FAQs/Capture%20Fisheries%20Industry%20Division.pdf.
45. Dixon, Jonathan, "From 'Pearls' to 'Arrows': Rethinking the 'String of Pearls' Theory of China's Naval Ambitions," *Comparative Strategy*, Vol. 33, Issue 4 (September/October 2014), pp. 389-400.
46. DOALOS/OLA United Nations, "Act No. 5 of 1983 on the Indonesian Exclusive Economic Zone," 18 October 1983, https://www.un.org/Depts/los/LEGISLATIONANDTREATIES/PDFFILES/IDN_1983_Act.pdf.
47. DOALOS/OLA United Nations, "Act No. 6 of 8 August 1996 Regarding Indonesian Waters," https://www.un.org/Depts/los/LEGISLATIONANDTREATIES/PDFFILES/IDN_1996_Act.pdf.
48. DOALOS/OLA United Nations, "Agreement Between Japan and the Republic of Korea Concerning the Establishment of Boundary in the Northern part of the Continental Shelf Adjacent to the Two Countries," Signed on 30 January 1974, https://www.un.org/Depts/los/LEGISLATIONANDTREATIES/PDFFILES/TREATIES/jap-kor1974north.pdf.
49. DOALOS/OLA United Nations, "Agreement Between Japan and the Republic of Korea Concerning Joint Development of the Southern Part of the Continental Shelf Adjacent to the Two Countries," Signed on 30 January 1974, https://www.un.org/Depts/los/LEGISLATIONANDTREATIES/PDFFILES/TREATIES/jap-kor1974south.pdf.

50. DOALOS/OLA United Nations, "Agreement Between the Government of the Commonwealth of Australia and the Government of the Republic of Indonesia Establishing Certain Seabed Boundaries," Done on 18 May 1971, Entry into force on 8 November 1973, https://www.un.org/Depts/los/LEGISLATIONANDTREATIES/PDFFILES/TREATIES/AUS-IDN1971SB.pdf.
51. DOALOS/OLA United Nations, "Agreement Between the Government of the Kingdom of Thailand and the Government of the Socialist Republic of Viet Nam on the Delimitation of the Maritime Boundary Between the Two Countries in the Gulf of Thailand," 9 August 1997, https://www.un.org/Depts/los/LEGISLATIONANDTREATIES/PDFFILES/TREATIES/THA-VNM1997MB.PDF.
52. DOALOS/OLA United Nations, "Agreement Between the Government of Malaysia and the Government of Indonesia on the Delimitation of the Continental Shelves Between the Two countries," Signed on 27 October 1969, https://www.un.org/Depts/los/LEGISLATIONANDTREATIES/PDFFILES/TREATIES/MYS-IDN1969CS.PDF.
53. DOALOS/OLA United Nations, "Brunei Darussalam's Preliminary Submission Concerning the Outer Limits of Its Continental Shelf," 12 May 2009, https://www.un.org/Depts/los/clcs_new/commission_preliminary.htm; https://www.un.org/depts/los/clcs_new/submissions_files/preliminary/brn2009preliminaryinformation.pdf.
54. DOALOS/OLA United Nations, "Declaration by the Government of Indonesia Concerning the Exclusive Economic Zone of Indonesia," 21 March 1980, https://www.un.org/Depts/los/LEGISLATIONANDTREATIES/PDFFILES/IDN_1980_DeclarationEEZ.pdf.
55. DOALOS/OLA United Nations, "Decree by the Central People's Committee Establishing the Economic Zone of the People's Democratic Republic of Korea," 21 June 1977, Enter into force on August 1, 1977, http://www.un.org/Depts/los/LEGISLATIONANDTREATIES/PDFFILES/PRK_1977_Decree.pdf.
56. DOALOS/OLA United Nations, "Democratic People's Republic of Korea," https://

www.un.org/Depts/los/LEGISLATIONANDTREATIES/STATEFILES/PRK.htm.

57. DOALOS/OLA United Nations, "Government Regulation No. 61 of 1998 on the List of Geographical Coordinates of the Base Points of the Archipelagic Baselines of Indonesia in the Natuna Sea," https://www.un.org/Depts/los/LEGISLATIONANDTREATIES/PDFFILES/IDN_1998_Regulation61.pdf.
58. DOALOS/OLA United Nations, "Indonesia," https://www.un.org/Depts/los/LEGISLATIONANDTREATIES/STATEFILES/IDN.htm.
59. DOALOS/OLA United Nations, "Joint Submission by Malaysia and Viet Nam – in the Southern part of the South China Sea," 6 May 2009, http://www.un.org/depts/los/clcs_new/submissions_files/submission_mysvnm_33_2009.htm.
60. DOALOS/OLA United Nations, *Law of the Sea Bulletin*, No. 59, 2005, https://www.un.org/Depts/los/doalos_publications/LOSBulletins/bulletinpdf/bulletin59e.pdf.
61. DOALOS/OLA United Nations, *Law of the Sea Bulletin*, No. 67, 2008, https://www.un.org/Depts/los/doalos_publications/LOSBulletins/bulletinpdf/bulletin67e.pdf.
62. DOALOS/OLA United Nations, *Law of the Sea Bulletin*, No. 69, 2009, https://www.un.org/Depts/los/LEGISLATIONANDTREATIES/PDFFILES/DEPOSIT/idn_mzn67_2009.pdf.
63. DOALOS/OLA United Nations, "Malaysia," https://www.un.org/Depts/los/LEGISLATIONANDTREATIES/STATEFILES/MYS.htm.
64. DOALOS/OLA United Nations, "Memorandum of Understanding Between the Kingdom of Thailand and Malaysia on the Delimitation of the Continental Shelf Boundary Between the Two Countries in the Gulf of Thailand," Done on 24 October 1979, https://www.un.org/Depts/los/LEGISLATIONANDTREATIES/PDFFILES/TREATIES/THA-MYS1979CS.PDF.
65. DOALOS/OLA United Nations, "Outer Limits of the Continental Shelf Beyond 200 Nautical Miles From the Baselines: Joint Submission by Malaysia and the Socialist Republic of Viet Nam," 3 May 2011, https://www.un.org/depts/los/clcs_new/submissions_files/submission_mysvnm_33_2009.htm.

66. DOALOS/OLA United Nations, "Outer Limits of the Continental Shelf Beyond 200 Nautical Miles From the Baselines: Partial Submission by Malaysia in the South China Sea," 12 December 2019, https://www.un.org/Depts/los/clcs_new/submissions_files/submission_mys_12_12_2019.html.
67. DOALOS/OLA United Nations, "Outer Limits of the Continental Shelf Beyond 200 Nautical Miles From the Baselines: Submission by the Republic of Indonesia," 1 February 2012, https://www.un.org/Depts/los/clcs_new/submissions_files/submission_idn.htm.
68. DOALOS/OLA United Nations, "Outer Limits of the Continental Shelf Beyond 200 Nautical Miles From the Baselines: Submission by the Republic of the Philippines," 19 July 2012, https://www.un.org/Depts/los/clcs_new/submissions_files/submission_phl_22_2009.htm.
69. DOALOS/OLA United Nations, "Outer Limits of the Continental Shelf Beyond 200 Nautical Miles From the Baselines: Submission by Japan," 27 December 2013, https://www.un.org/Depts/los/clcs_new/submissions_files/submission_jpn.htm.
70. DOALOS/OLA United Nations, "Outer Limits of the Continental Shelf Beyond 200 Nautical Miles From the Baselines: Submission by the People's Republic of China," 14 December 2012, https://www.un.org/Depts/los/clcs_new/submissions_files/submission_chn_63_2012.htm.
71. DOALOS/OLA United Nations, "Outer Limits of the Continental Shelf Beyond 200 Nautical Miles From the Baselines: Submission by the Republic of Korea," 26 December 2012, https://www.un.org/Depts/los/clcs_new/submissions_files/submission_kor_65_2012.htm.
72. DOALOS/OLA United Nations, "Preliminary Information Regarding the Outer Limits of the Continental Shelf, the Republic of Korea," 11 May 2009, https://www.un.org/Depts/los/clcs_new/submissions_files/preliminary/kor_2009preliminaryinformation.pdf.
73. DOALOS/OLA United Nations, "Philippines," https://www.un.org/Depts/los/LEGISLATIONANDTREATIES/STATEFILES/PHL.htm.

74. DOALOS/OLA United Nations, "Recommendations of the Commission on the Limits of the Continental Shelf in Regard to the Submission Made by the Philippines in Respect of the Benham Rise Region on 8 April 2009," Adopted on 12 April 2012, https://www.un.org/depts/los/clcs_new/submissions_files/phl22_09/phl_rec.pdf.
75. DOALOS/OLA United Nations, "Republic of Korea," https://www.un.org/Depts/los/LEGISLATIONANDTREATIES/STATEFILES/KOR.htm.
76. DOALOS/OLA United Nations, "Statement of 12 November 1982 by the Government of the Socialist Republic of Viet Nam on the Territorial Sea Baseline of Viet Nam," 12 November 1982, https://www.un.org/Depts/los/LEGISLATIONANDTREATIES/PDFFILES/VNM_1982_Statement.pdf.
77. DOALOS/OLA United Nations, "Submissions to the Commission: Submission by the Republic of the Philippines," 8 April 2009, https://www.un.org/Depts/los/clcs_new/submissions_files/phl22_09/phl_esummary.pdf.
78. DOALOS/OLA United Nations, "Submission to the Commission on the Limits of the Continental Shelf Made on 7 May 2009 – in North Area (VNM-N)," 7 May 2009, https://www.un.org/depts/los/clcs_new/submissions_files/vnm37_09/vnm2009n_executivesummary.pdf.
79. DOALOS/OLA United Nations, "Table of Claims to Maritime Jurisdiction (as at 15 July 2011)," http://www.un.org/Depts/los/LEGISLATIONANDTREATIES/PDFFILES/table_summary_of_claims.pdf.
80. DOALOS/OLA United Nations, "Territorial Waters of Brunei Act, 1982," https://www.un.org/Depts/los/LEGISLATIONANDTREATIES/PDFFILES/BRN_1982_Act.pdf.
81. DOALOS/OLA United Nations, "Treaty Between the Government of Australia and the Government of the Republic of Indonesia Establishing an Exclusive Economic Zone Boundary and Certain Seabed Boundaries," Done on 14 March 1997, https://www.un.org/Depts/los/LEGISLATIONANDTREATIES/PDFFILES/TREATIES/AUS-IDN1997EEZ.pdf.
82. Domingo, Ronnel W., "Lifting of Ban on Recto Bank Exploration Sought,"

Philippine Daily Inquirer, 24 December 2018, https://business.inquirer.net/262687/lifting-of-ban-on-recto-bank-exploration-sought.

83. Elleman, Bruce A., Stephen Kotkin, and Clive Schofield, eds., *Beijing's Power and China's Borders: Twenty Neighbors in Asia*, New York: M. E. Sharpe, 2013.

84. Emmers, Ralf, *Geopolitics and Maritime Territorial Disputes in East Asia*, New York: Routledge, 2010.

85. Fanell, James E., "China's Global Naval Strategy and Expanding Force Structure," Naval War College Review, Vol. 72, No. 1 (Winter 2019), Article 4.

86. Food and Agriculture Organization, *The State of World Fisheries and Aquaculture 2020: Sustainability in Action*, Rome, 2020.

87. Forbes, Vivian L., "The Australian and Indonesian Maritime Boundary Delimitation Treaty," *IBRU Boundary and Security Bulletin*, Winter 1997-1998, pp. 71-79, https://www.dur.ac.uk/ibru/publications/download/?id=121.

88. Forbes, Vivian Louis, "Malaysia and China: Economic Growth Overshadows Sovereignty Dispute," in Bruce A. Elleman, Stephen Kotkin, and Clive Schofield, eds., *Beijing's Power and China's Borders: Twenty Neighbors in Asia*, London: M. E. Sharpe, 2013, pp. 155-167.

89. Gao, Jianjun, "A Note on the 2008 Cooperation Consensus Between China and Japan in the East China Sea," *Ocean Development & International Law*, Vol. 40, No. 3 (2009), pp. 291-303.

90. GlobalSecurity.org, "Regional Maritime Security Initiative," https://www.globalsecurity.org/military/ops/rmsi.htm.

91. Government of Indonesia, "Continental Shelf Submission of Indonesia: Partial Submission in Respect of the Area of North West of Sumatra," 16 June 2008, https://www.un.org/depts/los/clcs_new/submissions_files/idn08/Executive20Summary.pdf.

92. Government of Indonesia, "Continental Shelf Submission of Indonesia: Partial Submission in Respect of the Area of North of Papua," 11 April 2019, https://www.un.org/Depts/los/clcs_new/submissions_files/idn1_83_19/2019-02-01_IDN-Executive_Summary.pdf.

93. Government of Indonesia, "Regulations on Fishery Resource Management in the Indonesian Exclusive Economic Zone (EEZ)," Government Decree No. 15 of 1984, 29 June 1984, http://www.fao.org/faolex/results/details/en/c/LEX-FAOC001642/.

94. Government of Japan, "Japan's Submission to the Commission on the Limits of the Continnental Shelf," 12 November 2008, https://www.un.org/Depts/los/clcs_new/submissions_files/jpn08/jpn_execsummary.pdf.

95. GOVPH, "Treaty of Peace Between the United States of America and the Kingdom of Spain (Treaty of Paris)," Signed on 10 December 1898, https://www.officialgazette.gov.ph/1898/12/10/treaty-of-peace-between-the-united-states-of-america-and-the-kingdom-of-spain-treaty-of-paris-signed-in-paris-december-10-1898/.

96. GOVPH, "Treaty Between the Kingdom Spain and the United States of America for Cession of Outlying Islands of the Philippines," Signed on 7 November 1900, https://www.officialgazette.gov.ph/1900/11/07/the-philippine-claim-to-a-portion-of-north-borneo-treaty-between-the-kingdom-spain-and-the-united-states-of-america-for-cession-of-outlying-islands-of-the-philippines-1900/.

97. GOVPH, "Convention Between the United States of America and Great Britain Delimiting the Boundary Between the Philippine Archipelago and the State of North Borneo," Signed on 2 January 1930, https://www.officialgazette.gov.ph/1932/12/15/convention-between-the-united-states-of-america-and-great-britain-delimiting-the-boundary-between-the-philippine-archipelago-and-the-state-of-north-borneo-1930/.

98. GOVPH, "The 1935 Constitution," Adopted on 8 February 1935, https://www.officialgazette.gov.ph/constitutions/the-1935-constitution/.

99. GOVPH, "Presidential Decree No. 1596, s. 1978," Signed on 11 June 1978, https://www.officialgazette.gov.ph/1978/06/11/presidential-decree-no-1596-s-1978/.

100. GOVPH, "The Constitution of the Republic of the Philippines (The 1987 Constitution)," Ratified on 2 February 1987, https://www.officialgazette.gov.ph/

constitutions/1987-constitution/.
101. GOVPH, "Agreement Between the Government of the Republic of the Philippines and the Government of the Republic Indonesia Concerning the Delimitation of the Exclusive Economic Zone Boundary," 23 May 2014, https://www.officialgazette.gov.ph/2014/05/23/agreement-between-the-government-of-the-republic-of-the-philippines-and-the-government-of-the-republic-indonesia-concerning-the-delimitation-of-the-exclusive-economic-zone-boundary/.
102. Haller-Trost, Renate, "The Brunei-Malaysia Dispute Over Territorial and Maritime Claims in International Law," *Maritime Briefing*, Vol. 1, No. 3 (1994), pp. 1-63.
103. Haller-Trost, R., *The Contested Maritime and Territorial Boundaries of Malaysia: An International Law Perspective*, London: Kluwer, 1998.
104. Hayton, Bill, "South China Sea: Vietnam 'Scraps New Oil Project'," BBC News, 23 March 2018, https://www.bbc.com/news/world-asia-43507448.
105. Ho, Joshua, "Operationalising the Regional Maritime Security Initiative," IDSS Commentaries No. 18, 27 May 2004, p.1, https://www.rsis.edu.sg/wp-content/uploads/2014/07/CO04018.pdf.
106. Hong, Nong, *UNCLOS and Ocean Dispute Settlement: Law and Politics in the South China Sea*. Routledge, 2012.
107. Hosni, Sayed M., "The Partition of the Neutral Zone," *The American Journal of International Law*, Vol. 60, No. 4 (October 1966), pp. 735-749.
108. Indian Ministry of External Affairs, "Joint Statement: Third India-Philippines Joint Commission on Bilateral Cooperation," New Delhi, October 14, 2015, http://mea.gov.in/bilateral-documents.htm?dtl/25930.
109. International Crisis Group, "Stirring up the South China Sea (IV): Oil in Troubled Waters," *International Crisis Group Asia Report* No. 275, 26 January 2016, https://www.crisisgroup.org/asia/north-eastasia/china/stirring-south-china-sea-iv-oil-troubled-waters.
110. International Energy Agency, *Southeast Asia Energy Outlook 2019*, October 2019, p.10, https://www.iea.org/reports/southeast-asia-energy-outlook-2019.
111. International Hydrographic Organization, *Limits of Oceans and Seas*, IHO Special

Publication No. 23, Draft 4th ed. (1986), http://www.iho.int/mtg_docs/com_wg/S-23WG/S-23WG_Misc/Draft_1986/S-23_Draft_1986_Headings.pdf.

112. ITLOS, "Delimitation of the Maritime Boundary in the Bay of Bengal (Bangladesh/Myanmar)," ITLOS Case No. 16, Judgment of 14 March 2012, https://www.itlos.org/fileadmin/itlos/documents/cases/case_no_16/published/C16-J-14_mar_12.pdf.

113. Ji, Guoxing, "Maritime Jurisdiction in the Three China Seas: Options for Equitable Settlement," UC San Diego Policy Paper 19, 1995, https://escholarship.org/uc/item/7rq2b069.

114. Johnson, Douglas, "Drawn into the Fray: Indonesia's Natuna Islands Meet China's Long Gaze South," *Asian Affairs: An American Review*, Vol. 24, No. 3 (Fall 1997), pp. 153-161.

115. Johnson, Tana and Johannes Urpelainen, "A Strategic Theory of Regime Integration and Separation," *International Organization*, Vol. 66, No. 4 (Fall 2012), pp. 645-677.

116. Juinio-Meñez, Marie Antonette, "Biophysical and Genetic Connectivity Considerations in Marine Biodiversity Conservation and Management in the South China Sea," *Journal of International Wildlife Law & Policy*, Vol. 18, No. 2 (2015), pp. 110-119.

117. Kaikobad, Kaiyan Homi, *Interpretation and Revision of International Boundary Decisions*, Cambridge and London: Cambridge University Press, Reprint ed., 2012.

118. Kapoor, Kanupriya and Fergus Jensen, "Indonesia President Visits Islands on Warship, Makes Point to China," *Reuters*, 23 June 2016, https://www.reuters.com/article/us-southchinasea-indonesia/indonesia-president-visits-islands-on-warship-makes-point-to-china-idUSKCN0Z909D.

119. Kato, Eiichi, "Activities and View of the Malacca Strait Council," The 8th Co-operation Forum, 5-6 October 2015, http://www.cm-soms.com/uploads/2/40/CF2-2-1%20Activities%20and%20Views%20of%20MSC%20(MSC).pdf.

120. Kittichaisaree, Kriangsak, *The Law of the Sea and Maritime Boundary*

Delimitation in South-East Asia, New York: Oxford University Press, 1987.

121. Kim, Suk Kyoon, "Korean Peninsula Maritime Issues," *International Journal of Marine and Coastal Law,* Vol. 41, No. 2 (2010), pp. 166-185.

122. Kim, Sun Pyo, *Maritime Delimitation and Interim Arrangements in North East Asia*, Leiden, The Netherlands: Martinus Nijhoff Publishers, 2004.

123. Koo, Min Gyo, *Island Disputes and Maritime Regime Building in East Asia: Between A Rock and A Hard Place*, New York: Springer, 2010.

124. Korea Hydrographic and Oceanographic Agency, "About Ieodo: Considering by International Law," http://www.khoa.go.kr/eng/kcom/cnt/selectContentsPage.do?cntId=31080103.

125. Korea Hydrographic and Oceanographic Agency, "Ieodo: About Ocean Research Station," http://www.khoa.go.kr/eng/kcom/cnt/selectContentsPage.do?cntId=31080200.

126. Kostadinov, Yavor A., *Small Islands, Big Flashpoints: Impact of China's Maritime Territorial Disputes on International Security and Cooperation*, Saarbrucken: LAP LAMBERT Academic Publishing, 2013.

127. Lei, Xiaolu, "Who Can Fish in Waters Near Natuna Islands and How?" *The Jakarta Post*, 11 March 2020, https://www.thejakartapost.com/academia/2020/03/11/who-can-fish-in-waters-near-natuna-islands-and-how.html.

128. Leong, Shen-li, "A Tale of Two Oil Blocks," *The Star*, 9 May 2010, https://www.thestar.com.my/news/nation/2010/05/09/a-tale-of-two-oil-blocks/.

129. Lewis, John W. and Xue Litai, "China's Security Agenda Transcends the South China Sea," *Bulletin of the Atomic Scientists*, Vol. 72, No. 4, 2016, pp. 212-221.

130. Liew, Jolene Hui Yun, "From Joint Cooperation to Joint Development in the South China Sea: Incentives, Challenges, and Prospects for Brunei Darussalam," in Huaigao Qi and Song Xue, eds., *Cooperative Development in the South China Sea: Policies, Obstacles, and Prospects*, London: Routledge, 2021, pp. 17-30.

131. Ma, Ying-jeou, *Legal Problems of Seabed Boundary Delimitation in the East China Sea*, Baltimore: Occasional Papers/Reprints, 1984.

132. Malaysian Ministry of Foreign Affairs, "Joint Statement on the 21st Annual

Leaders' Consultation Between His Majesty Sultan Haji Hassanal Bolkiah Mu'izzaddin Waddaulah, Sultan and Yang Di-Pertuan of Brunei Darrusalam and The Honourable Dato' Sri Mohd Najib Tun Abdul Razak, Prime Minister of Malaysia," 23 November 2017, https://www.kln.gov.my/web/guest/speeches-statements/-/asset_publisher/mN2jZPwqWjGA/content/joint-statement-on-the-21st-annual-leaders-consultation-between-brunei-darussalam-and-malaysia?redirect=%2Fweb%2Fguest%2Fspeeches-statements&inheritRedirect=true.

133. Malaysian Ministry of Foreign Affairs, "Statement on the Exchange of Letters Between Malaysia and Brunei Darussalam, Dated 16 March 2009," 30 April 2010, https://www.kln.gov.my/archive/content.php?t=7&articleId=735675.

134. Maritime Administration of U.S. Department of Transportation, "MSCI Advisory: 2020-003-Sulu and Celebes Seas-Piracy/Armed Robbery/Terrorism," https://www.maritime.dot.gov/content/2020-003-sulu-and-celebes-seas-piracyarmed-robberyterrorism.

135. McDorman, Ted L., "Thailand–Vietnam," in Jonathan I. Charney and Robert W. Smith, eds., *International Maritime Boundaries*, Vol. 4, The Hague: Martinus Nijhoff Publishers, 2002, pp. 2683-2690.

136. McDorman, Ted L., "Agreement on the Delimitation of the Territorial Seas, Exclusive Economic Zones and Continental Shelves in the Beibu Gulf (Gulf of Tonkin) Between the People's Republic of China and the Socialist Republic of Vietnam," in David A. Colson and Robert W. Smith, eds., *International Maritime Boundaries*, Vol. 5, Leiden, The Netherlands: Martinus Nijhoff, 2005, pp. 3745-3753.

137. McDorman, Ted L. and Clive Schofield, "Indonesia–Viet Nam," in David A. Colson and Robert W. Smith, eds., *International Maritime Boundaries*, Vol. 6, Leiden, The Netherlands: Martinus Nijhoff Publishers, 2011, pp. 4301-4311.

138. Midford, Paul, "Japan's Approach to Maritime Security in the South China Sea," *Asian Survey*, Vol. 55, No. 3 (2015), pp. 525-547.

139. MINDEF Singapore, "Fact Sheet: The Malacca Straits Patrol," 21 April 2015, https://www.mindef.gov.sg/web/portal/mindef/news-and-events/latest-releases/

article-detail/2016/april/2016apr21-news-releases-00134/.

140. Ministry of Foreign Affairs of Japan, "Joint Press Conference by Minister for Foreign Affairs Masahiko Koumura and Minister of Economy, Trade and Industry Akira Amari (Regarding Cooperation Between Japan and China in the East China Sea)," 18 June 2008, https://www.mofa.go.jp/announce/fm_press/2008/6/0618.html.

141. Ministry of Foreign Affairs of Japan, "Regarding Discussions Toward Improving Japan–China Relations," 7 November 2014, http://www.mofa.go.jp/a_o/c_m1/cn/page4e_000150.html.

142. Ministry of Foreign Affairs of Japan, "Japan's Legal Position on the Development of Natural Resources in the East China Sea," 6 August 2015, https://www.mofa.go.jp/a_o/c_m1/page3e_000358.html.

143. Ministry of Foreign Affairs of Japan, "The Current Status of China's Unilateral Development of Natural Resources in the East China Sea," updated on 30 September 2020, https://www.mofa.go.jp/a_o/c_m1/page3e_000356.html.

144. Ministry of Foreign Affairs of Republic of Vietnam, *White Paper on the Hoang Sa (Paracel) and Truong Sa (Spratly) Islands*, Saigon, 1975, http://nghiencuubiendong.vn/download/doc_download/132-white-paper-on-the-hoang-sa-paracel-and-truong-sa-spratly-islands-part-1.

145. Ministry of Foreign Affairs of Socialist Republic of Vietnam, *Vietnam's Sovereignty over the Hoang Sa and Truong Sa Archipelagoes*, Hanoi, 1979, Released by the U.S. CIA on 15 October 2012, https://www.cia.gov/library/readingroom/docs/CIA-RDP08C01297R000300180007-5.pdf.

146. Morgan, Joseph and Mark J. Valencia, *Atlas for Marine Policy in East Asian Seas,* Berkeley: University of California Press, 1992.

147. Ministry of Foreign Affairs of Socialist Republic of Vietnam, *The Hoang Sa (Paracel) and Truong Sa (Spratly) Archipelagoes and International Law*, Hanoi, April 1988, http://nghiencuubiendong.vn/trung-tam-du-lieu-bien-dong/doc_download/158-the-hoang-sa-paracel-and-truong-sa-spratly-archipelagoes-and-international-law.

148. MTJA, "About JDA," https://www.mtja.org/about_jda.php.

149. MTJA, "Contractors & Operators," https://www.mtja.org/operators.php.

150. Murphy Oil Corporation, *2017 Annual Report*, 23 February 2018, https://ir.murphyoilcorp.com/static-files/804851d3-4bcd-4d1b-a0e4-e58273293322.

151. Murphy Oil Corporation, *2019 Annual Report*, 26 February 2020, https://ir.murphyoilcorp.com/static-files/235f13b1-bd51-4b3e-b739-384da244a0b2.

152. National Assembly of Vietnam, "Law of the Sea of Vietnam," Passed on 21 June 2012, *Vietnam Law and Legal Forum Magazine*, https://vietnamlawmagazine.vn/law-of-the-sea-of-vietnam-4895.html.

153. Nguyen, Hong Thao, "Joint Development in the Gulf of Thailand," *IBRU Boundary and Security Bulletin*, Vol. 7, No. 3 (Autumn 1999), pp. 79-88.

154. Nguyen, Hong Thao, "Maritime Delimitation and Fishery Cooperation in the Tonkin Gulf," *Ocean Development & International Law*, Vol. 36, No. 1 (January-March 2005), pp. 25-44.

155. Nguyen, Hong Thao and Rames Amer, "Managing Vietnam's Maritime Boundary Disputes," *Ocean Development and International Law*, Vol. 38, No. 3 (2007), pp. 305-324.

156. Nguyen, Manh Dong, "Maritime Delimitation Between Vietnam and Her Neighboring Countries," UN–Nippon Foundation Alumni Meeting, 13-16 April 2009, https://www.un.org/Depts/los/nippon/unnff_programme_home/alumni/tokyo_alumni_presents_files/alum_tokyo_dong.pdf.

157. Ngeow, Chow-Bing, "Prospects for Sino-Malaysian Joint Development in the South China Sea: Lessons From Malaysia's Experiences," in Huaigao Qi and Song Xue, eds., *Cooperative Development in the South China Sea: Policies, Obstacles and Prospects*, London: Routledge, 2021, pp. 58-76.

158. NrgEdge, "CA1 Deepwater Offshore Block," https://www.nrgedge.net/project/ca1-deepwater-offshore-block.

159. NrgEdge, "CA2 Deepwater Offshore Block," https://www.nrgedge.net/project/ca2-deepwater-offshore-block.

160. Oegroseno, Arif Havas, "Indonesia's Maritime Boundaries," in Robert Cribb and

Michele Ford, eds., *Indonesia Beyond the Waters Edge: Managing An Archipelagic State*, Singapore: Institute of Southeast Asian Studies, 2009, pp. 49-58.

161. Office of Naval Intelligence of U.S. Department of Defense, "Annual Worldwide Threat to Shipping (WTS) Summary 2019," 30 January 2020, https://www.oni.navy.mil/Portals/12/News/Weekly%20Piracy%20Reports/20200130%20Annual%20WTS.pdf?ver=2020-02-03-062943-397.
162. Office of the U.S. Secretary of Defense, *Military and Security Developments Involving the People's Republic of China 2020*, 1 September 2020, https://media.defense.gov/2020/Sep/01/2002488689/-1/-1/1/2020-DOD-CHINA-MILITARY-POWER-REPORT-FINAL.PDF.
163. Ong, David M., "Implications of Recent Southeast Asian State Practice for the International Law on Offshore Joint Development," In Robert Beckman, Ian Townsend-Gault, Clive Schofield, Tara Davenport, and Leonardo Bernard, eds., *Beyond Territorial Disputes in the South China Sea: Legal Frameworks for the Joint Development of Hydrocarbon Resources*, Cheltenham, UK: Edward Elgar, 2013, pp. 181-217.
164. Othman, Azlan, "Sultan Welcomes Joint Oil Exploration Deal," *Borneo Bulletin*, 14 December 2010, http://www.sultanate.com/news_server/2010/14_dec_1.html.
165. Park, Choon-ho, "The 50-Mile Military Boundary Zone of North Korea," *American Journal of International Law*, Vol. 72, Issue 4 (October 1978), pp. 866-875.
166. Park, Choon-ho, *East Asia and the Law of the Sea*, Seoul: Seoul National University Press, 1983.
167. Park, Choon-ho, "North Korea–Soviet Union (Exclusive Economic Zone and Continental Shelf)," in Jonathan I. Charney and Lewis M. Alexander, eds., *International Maritime Boundaries*, Vol. 1, Dordrecht, The Netherlands: Martinus Nijhoff, 1993, pp. 1145-1150.
168. Park, Choon-ho, "North Korea–Soviet Union (Territorial Sea)," in Jonathan I. Charney and Lewis M. Alexander, eds., *International Maritime Boundaries*, Vol. 1, Dordrecht, The Netherlands: Martinus Nijhoff, 1993, pp. 1135-1140.

169. Park, Hee Kwon, *The Law of Sea and Northeast Asia: A Challenge for Cooperation*, Kluwer Law International, 2000.

170. PEMSEA, "PEMSEA: 25 Years of Promoting Healthy Oceans, People and Economies," http://www.pemsea.org/about-PEMSEA/history.

171. Permanent Court of Arbitration, "Bay of Bengal Maritime Boundary Arbitration Between Bangladesh and India," Award dated 7 July 2014, at https://pcacases.com/web/sendAttach/383.

172. Prescott, Victor and Clive Schofield, "Undelimited Maritime Boundaries of the Asian Rim," *Maritime Briefing*, Vol. 3, No. 1 (2001), pp. 1-68, https://www.dur.ac.uk/ibru/publications/view/?id=240.

173. Prescott, Victor and Clive Schofield, *The Maritime Political Boundaries of the World*, 2nd ed., Leiden, Netherlands: Brill Academic Publishers, 2004.

174. Permanent Court of Arbitration, "The South China Sea Arbitration Award of 12 July 2016," 12 July 2016, https://www.pcacases.com/pcadocs/PH-CN%20-%2020160712%20-%20Award.pdf.

175. Peterson, Alexander M., "Sino-Japanese Cooperation in the East China Sea: A Lasting Arrangement," *Cornell International Law Journal*, Vol. 42, Issue 3 (Fall 2009), http://scholarship.law.cornell.edu/cilj/vol42/iss3/5.

176. Philippine Department of Energy, "List of Philippine Service Contracts," https://www.doe.gov.ph/sites/default/files/pdf/pecr5/list_of_scac.pdf.

177. Philippine Department of Energy, "Petroleum Service Contract Map," https://www.doe.gov.ph/figures-and-maps-petroleum?ckattempt=2.

178. Philippine Department of Energy, "Presidential Decree No. 87," Done on 31 December 1972, https://www.doe.gov.ph/sites/default/files/pdf/downstream_natgas/pd_no_87_s_1972.pdf.

179. Philippine Government, *The Constitution of the Republic of the Philippines*, Ratified on 2 February 1987, http://www.officialgazette.gov.ph/constitutions/1987-constitution/.

180. Philippine Statistics Authority, *2019 Philippine Statistics Yearbook*, Released on 5 March 2020, https://psa.gov.ph/sites/default/files/2019%20PSY_as%20of%20

10March20revised_0.pdf.

181. Poling, Gregory B., *The South China Sea in Focus: Clarifying the Limits of Maritime Dispute*, Lanham: Center for Strategic & International Studies, July 2013.

182. Pompeo, Michael R., "U.S. Position on Maritime Claims in the South China Sea," *Press Statement of the U.S. Department of State*, 13 July 2020, https://www.state.gov/u-s-position-on-maritime-claims-in-the-south-china-sea/.

183. Prescott, J.R.V., "Australia–Indonesia," in Jonathan I. Charney and Robert W. Smith, eds., *International Maritime Boundaries*, Vol. 4, The Hague: Martinus Nijhoff Publishers, 2002, pp. 2697-2712.

184. Qi, Huaigao, "Joint Development in the South China Sea: China's Incentives and Policy Choices," *Journal of Contemporary East Asia Studies*, Vol. 8, No. 2 (2019), pp. 220-239.

185. Qi, Huaigao, "Maritime Delimitation Between China and North Korea in the North Yellow Sea," *Ocean Development & International Law*, Vol. 51, Issue 4 (October-December 2020), pp. 358-385.

186. Qi, Huaigao and Song Xue, eds., *Cooperative Development in the South China Sea: Policies, Obstacles and Prospects*, London: Routledge, 2021.

187. ReCAAP ISC, "About ReCAAP Information Sharing Centre," https://www.recaap.org/about_ReCAAP-ISC.

188. ReCAAP ISC, "List of Incidents (2019)," https://www.recaap.org/resources/ck/files/Number%20of%20Incidents/Table%20of%20Incidents%20for%20Public%20Website%20(2019).pdf.

189. ReCAAP ISC, *ReCAAP ISC Annual Report 2019*, https://www.recaap.org/resources/ck/files/reports/annual/ReCAAP%20ISC%20Annual%20Report%202019.pdf.

190. Rabena, Aaron Jed, "Future: Duterte's Push for Joint Development in the South China Sea," *Offshore World*, 1 February 2018.

191. Ranada, Pia, "Duterte Lifts Ban on West Philippine Sea oil Exploration," 15 October 2020, https://www.rappler.com/nation/duterte-lifts-ban-west-philippine-

sea-oil-exploration.

192. Reuters, "Indonesia Sends Families to Safeguard Islands," *Reuters News Service*, 15 May 1993.

193. Reuters, "China's Energy Demand to Peak in 2040 as Transportation Demand Grows: CNPC," 16 August 2017, https://www.reuters.com/article/us-china-cnpc-outlook/chinas-energy-demand-to-peak-in-2040-as-transportation-demand-grows-cnpc-idUSKCN1AW0DF.

194. Reuters, "Philippines Earmarks Two Sites for Possible Joint Oil Exploration with China," 2 March 2018, https://uk.reuters.com/article/philippines-china-southchinasea-energy/philippines-earmarks-two-sites-for-possible-joint-oil-exploration-with-china-idUKL4N1QK4CW.

195. Salleh, Asri, *Malaysia's Territorial Disputes, 1963–2008*, Shah Alam: Penerbir Universiti Teknologi Mara, 2012.

196. Santamaria, Carlos, "Sino-Philippine Joint Development in the South China Sea: Is Political Will Enough?" *Asian Politics & Policy*, Vol.10, No.2 (2018), pp. 322-340.

197. Sapiie, Marguerite Afra, "New Map Asserts Sovereignty Over Natuna," *The Jakarta Post*, 15 July 2017, https://www.thejakartapost.com/news/2017/07/15/new-map-asserts-sovereignty-over-natuna.html.

198. Setiaji, Hidayat and Agustinus Beo Da Costa, "With Eye on China, Indonesian Parliament Approves Higher Defence Spending," *Reuters*, 28 June 2016, https://in.reuters.com/article/indonesia-economy-budget-defence/with-eye-on-china-indonesian-parliament-approves-higher-defence-spending-idINKCN0ZE10E.

199. Shihata, Ibrahim F. I. and William T. Onorato, "Joint Development of International Petroleum Resources in Undefined and Disputed Areas," in Gerald Blake, Martin Pratt, and Clive Schofield, eds., *Boundaries and Energy: Problems and Prospects*, London: Kluwer Law International, 1998, pp. 433-451.

200. Sinaga, Simon, "No Problem with China Over Natuna Isles, Says Matas," *Straits Times*, 27 June 1995, p.15.

201. Singapore Ministry of Defence, "Fact Sheet: The Malacca Straits Patrol," 21 April

2015, https://www.mindef.gov.sg/web/portal/mindef/news-and-events/latest-releases/article-detail/2016/april/2016apr21-news-releases-00134/.

202. Smith, Jeffrey J., "Brunei and Malaysia Resolve Outstanding Maritime Boundary Issues," *LOS Reports*, Vol.1 (2010), pp. 1-4.

203. Social Weather Stations, "Third Quarter 2019 Social Weather Survey," 20 November 2019, https://www.sws.org.ph/swsmain/artcldisppage/?artcsyscode=ART-20191120154738.

204. Social Weather Stations, "SWS July 3-6, 2020 National Mobile Phone Survey," 19 July 2020, https://www.sws.org.ph/swsmain/artcldisppage/?artcsyscode=ART-20200719141007.

205. South China Sea Expert Working Group, "A Blueprint for Fisheries Management and Environmental Cooperation in the South China Sea," *Asia Maritime Transparency Initiative*, 13 September 2017, https://amti.csis.org/coc-blueprint-fisheries-environment/.

206. Southeast Asian Fisheries Development Center, "South China Sea Countries to Cooperate on Integrating Fisheries and Marine Ecosystem Management," 1 November 2016, http://www.seafdec.or.th/home/tdnews?start=165.

207. Stacey, Natasha, *Boats to Burn: Bajo Fishing Activity in the Australian Fishing Zone*, Canberra, Australia: ANU Press, 2007.

208. Statistics of Natuna Regency, *Natuna Regency in Figures 2020*, 27 April 2020, https://natunakab.bps.go.id/publication/2020/04/27/8b4d70296df6795159f375ac/kabupaten-natuna-dalam-angka-2020.html.

209. Stilwell, David R., "The South China Sea, Southeast Asia's Patrimony, and Everybody's Own Backyard," 14 July 2020, https://www.state.gov/the-south-china-sea-southeast-asias-patrimony-and-everybodys-own-backyard/.

210. Storey, Ian, "Brunei's Contested Sea Border with China," in Bruce Elleman, Stephen Kotkin, and Clive Schofield, eds., Beijing's Power and China's Borders: Twenty Neighbors in Asia. Routledge, 2013, pp. 37-45.

211. Storey, Ian James, "Indonesia's China Policy in the New Order and Beyond: Problems and Prospects," *Contemporary Southeast Asia*, Vol. 22, No. 1 (April

2000), pp. 145-174.

212. Storey, Ian, "Trilateral Security Cooperation in the Sulu-Celebes Seas: A Work in Progress," *ISEAS Perspective*, No. 48, 27 August 2018, https://www.iseas.edu.sg/images/pdf/ISEAS_Perspective_2018_48@50.pdf.

213. Sundaryani, Fedina S., "East Natuna to Be Exploited Under Gross Split Contract," *The Jakarta Post*, 13 June 2017, https://www.thejakartapost.com/news/2017/06/13/east-natuna-to-be-exploited-under-gross-split-contract.html.

214. Supreme Court of the Philippines, "G.R. No. 127882," 1 December 2004, http://sc.judiciary.gov.ph/jurisprudence/2004/dec2004/127882.htm.

215. Suryadinata, Leo, "What Does Indonesia's Renaming of Part of the South China Sea Signify?" *Perspective*, No. 64, 18 August 2017, pp. 1-6.

216. Tangkilisan, Yuda Benharry, "The Declaration of Djuanda 1957," *Bogor International Conference for Social Science (BICSS) 2017*, 2017, https://scholar.ui.ac.id/en/publications/the-declaration-of-djuanda-1957.

217. The Borneo Post, "Malaysia, Brunei Finalize O&G Exploration in Overlapping Area," 12 August 2015, https://www.theborneopost.com/2015/08/12/malaysia-brunei-finalise-og-exploration-in-overlapping-area/.

218. The New York Times, "Manila Asks Taiwan's Troops to Quit South China Sea Island," 11 July 1971, p.18, https://www.nytimes.com/1971/07/11/archives/manila-asks-taiwans-troops-to-quit-south-china-sea-island.html.

219. The Permanent Mission of the Republic of Indonesia to the United Nations, "The Circular Note of No. 480/POL-703/VII/10," 8 July 2010, https://www.un.org/Depts/los/clcs_new/submissions_files/mysvnm33_09/idn_2010re_mys_vnm_e.pdf.

220. The Permanent Mission of the Republic of Indonesia to the United Nations, "The Circular Note of No. 126/POL-703/V/20," 26 May 2020, https://www.un.org/Depts/los/clcs_new/submissions_files/mys_12_12_2019/2020_05_26_IDN_NV_UN_001_English.pdf.

221. The Permanent Mission of the Republic of Indonesia to the United Nations, "The Circular Note of No. 148/POL-703/VI/20," 12 June 2020, https://www.un.org/

Depts/los/clcs_new/submissions_files/mys_12_12_2019/2020_06_12_IDN_NV_UN_002_ENG.pdf.

222. The Star, "Petronas, PetroVietnam Extend PSC for 10 More Years," 9 May 2016, https://www.thestar.com.my/business/business-news/2016/05/09/petronas-petrovietnam-extend-psc-for-10-more-years/#JxxHdmbk1JudxpM1.99.

223. The Wall Street Journal, "Full Transcript: Interview with Chinese President Xi Jinping," 22 September 2015, https://www.wsj.com/articles/full-transcript-interview-with-chinese-president-xi-jinping-1442894700.

224. Trajano, Julius Cesar, Lina Gong, Margareth Sembiring, and Rini Astuti, "Marine Environmental Protection in the South China Sea: Challenges and Prospects," *NTS Insight*, No. IN17-04, December 2017, https://www.rsis.edu.sg/wp-content/uploads/2017/12/MEP-Insight-1_11-Dec-2017_final_TN.pdf.

225. UNEP, *Strategic Action Programme for the South China Sea*, 25 August 2008, http://www.unepscs.org/remository/startdown/1965.html.

226. United Nations Security Council, "Resolution 2397 (2017)," S/RES/2397 (2017), Adopted 22 December 2017, http://www.securitycouncilreport.org/atf/cf/%7B65BFCF9B-6D27-4E9C-8CD3-CF6E4FF96FF9%7D/s_res_2397.pdf.

227. United Nations Security Council, "Abu Sayyaf Group," updated on 18 January 2018, https://www.un.org/securitycouncil/sanctions/1267/aq_sanctions_list/summaries/entity/abu-sayyaf-group.

228. United Nations Treaty Collection, "Status of Treaties: United Nations Convention on the Law of the Sea," https://treaties.un.org/Pages/ViewDetailsIII.aspx?src=TREATY&mtdsg_no=XXI-6&chapter=21&Temp=mtdsg3&clang=_en.

229. UNODC, *Migrant Smuggling in Asia: Current Trends and Related Challenges*, April 2015, https://www.unodc.org/documents/southeastasiaandpacific/Publications/2015/som/Current_Trends_and_Related_Challenges_web.pdf.

230. UNODC, *Migration Smuggling in Asia and the Pacific: Current Trends and Challenges*, Vol. 2, July 2018, https://www.unodc.org/documents/human-trafficking/Migrant-Smuggling/2018-2019/SOM_in_Asia_and_the_Pacific_II_July_2018.pdf.

231. UNODC, *Criminalisation of Smuggling of Migrants in ASEAN Member States*, 2019, https://www.unodc.org/documents/southeastasiaandpacific/Publications/2019/Criminalisation_of_Smuggling_of_Migrants_in_ASEAN_Member_States_UNODC_2019.pdf.

232. U.S. Central Intelligence Agency, "Maritime Zones of Northeast Asia," *Report* No. 923, 9 February 1978, https://www.cia.gov/library/readingroom/docs/CIA-RDP08C01297R000200130003-5.pdf.

233. U.S. Department of Defense, *The Asia-Pacific Maritime Security Strategy: Achieving U.S. National Security Objectives in A Changing Environment*, 2015, pp. 10-17, https://dod.defense.gov/Portals/1/Documents/pubs/NDAA%20A-P_Maritime_SecuritY_Strategy-08142015-1300-FINALFORMAT.PDF.

234. U.S. Department of Defense, "Freedom of Navigation Report for Fiscal Year 2014," 23 March 2015, https://policy.defense.gov/Portals/11/Documents/gsa/cwmd/20150323%202015%20DoD%20Annual%20FON%20Report.pdf.

235. U.S. Department of Defense, *Military and Security Developments Involving the People's Republic of China 2018*, May 2018, p.65, https://media.defense.gov/2018/Aug/16/2001955282/-1/-1/1/2018-CHINA-MILITARY-POWER-REPORT.PDF.

236. U.S. Department of Defense, *Indo-Pacific Strategy Report: Preparedness, Partnerships, and Promoting A Networked Region*, 1 June 2019, https://media.defense.gov/2019/Jul/01/2002152311/-1/-1/1/DEPARTMENT-OF-DEFENSE-INDO-PACIFIC-STRATEGY-REPORT-2019.PDF.

237. U.S. Department of State, "Chinese Coercion on Oil and Gas Activity in the South China Sea," *Press Statement of the U.S. Department of State*, 20 July 2019, https://www.state.gov/chinese-coercion-on-oil-and-gas-activity-in-the-south-china-sea/.

238. U.S. Department of State, "Continental Shelf Boundary Indonesia-Malaysia," *Limits in the Seas*, No. 1, 21 January 1970, https://www.state.gov/wp-content/uploads/2019/10/LIS-1.pdf.

239. U.S. Department of State, "Straight Baselines: Indonesia," *Limits in the Seas*, No. 35, 20 July 1971, https://www.state.gov/wp-content/uploads/2019/11/LIS-35.

pdf.

240. U.S. Department of State, "Territorial Sea Boundary Indonesia–Malaysia," *Limits in the Seas*, No. 50, 10 January 1973, https://www.state.gov/wp-content/uploads/2019/11/LIS-50.pdf.

241. U.S. Department of State, "Continental Shelf Boundary and Joint Development Zone: Japan–Republic of Korea," *Limits in the Seas*, No. 75, 2 September 1977, https://www.state.gov/wp-content/uploads/2019/11/LIS-75.pdf.

242. U.S. Department of State, "Maritime Boundaries: Indonesia–Malaysia–Thailand," *Limits in the Seas*, No. 81, 27 December 1978, https://www.state.gov/wp-content/uploads/2019/11/LIS-81.pdf.

243. U.S. Department of State, "Straight Baselines: Vietnam," *Limits in the Seas*, No. 99, 12 December 1983, https://2009-2017.state.gov/documents/organization/58573.pdf.

244. U.S. Department of State, "Straight Baseline Claim: China," *Limits in the Seas*, No. 117, 9 July 1996, https://www.state.gov/wp-content/uploads/2020/01/LIS-117.pdf.

245. U.S. Department of State, "Straight Baseline and Territorial Sea Claims: South Korea," *Limits in the Seas*, No. 121, 30 September 1998, https://www.state.gov/wp-content/uploads/2020/01/LIS-121.pdf.

246. U.S. Department of State, "Indonesia: Archipelagic and Other Maritime Claims and Boundaries," *Limits in the Seas*, No. 141, 15 September 2014, https://www.state.gov/wp-content/uploads/2020/02/LIS-141.pdf.

247. U.S. Department of State, "Philippines: Archipelagic and Other Maritime Claims and Boundaries," *Limits in the Seas*, No. 142, 15 September 2014, https://www.state.gov/wp-content/uploads/2019/10/LIS-142.pdf.

248. U.S. Department of State, "The United States and ASEAN: An Enduring Partnership," 2 August 2019, https://www.state.gov/the-united-states-and-asean-an-enduring-partnership/.

249. U.S. Department of State, "U.S. Relations with the Philippines," 21 January 2020, https://www.state.gov/u-s-relations-with-the-philippines/.

250. U.S. Energy Information Administration, *South China Sea*, 7 February 2013, https://www.eia.gov/beta/international/regions-topics.cfm?RegionTopicID=SCS.
251. U.S. Energy Information Administration, *Indonesia*, 7 October 2015, https://www.eia.gov/international/analysis/country/IDN.
252. Valencia, Mark J., "Maritime Security Cooperation in the South China Sea: Sailing in Different Directions," *The Diplomat*, 17 September 2018, https://thediplomat.com/2018/09/maritime-security-cooperation-in-the-south-china-sea-sailing-in-different-directions/.
253. Wang, Kuan-Hsiung, "Peaceful Settlement of Disputes in the South China Sea Through Fisheries Resources Cooperation and Management," *Maryland Series in Contemporary Asian Studies*, Vol. 2015, No. 3, Article 1, https://digitalcommons.law.umaryland.edu/mscas/vol2015/iss3/1.
254. Watkins, Eric, "China, Japan Agree on East China Sea E&P Projects," 20 June 2008, https://www.ogj.com/exploration-development/article/17268471/china-japan-agree-on-east-china-sea-ep-projects.
255. Wu, Shicun & Nong Hong, eds., *Recent Developments in the South China Sea Dispute: The Prospect of a Joint Development Regime*, London: Routledge, 2014.
256. Xue, Li and Cheng Zhangxi, "China's Window of Opportunity in the South China Sea," 26 July 2017, https://thediplomat.com/2017/07/chinas-window-of-opportunity-in-the-south-china-sea/.
257. Zou, Keyuan, "Scarborough Reef: A New Flashpoint in Sino-Philippine Relations?" *IBRU Boundary and Security Bulletin*, Summer 1999, pp. 71-81, https://www.dur.ac.uk/ibru/publications/download/?id=149.
258. Zou, Keyuan, "The Sino-Vietnamese Agreement on Maritime Boundary Delimitation in the Gulf of Tonkin," *Ocean Development & International Law*, Vol. 36, No. 1 (January-March 2005), pp. 13-24.

致　谢

《中国与邻国的海洋事务研究》一书是我自2008年7月以来在复旦大学的教学和研究成果汇总。2014年1月至2017年12月，我兼任母校武汉大学国家领土主权与海洋权益协同创新中心研究人员，开始把中国周边外交与中国海洋事务结合起来研究。自2015年秋季学期开始，我开始为复旦大学本科生开设"中国的边界与海洋事务"课程，通过5年多的教学和研究经历，形成了本书的写作框架。

我要感谢以下机构和个人对本书写作给予的支持和帮助：

感谢复旦大学国际问题研究院、复旦大学中国与周边国家关系研究中心、武汉大学中国边界与海洋研究院、武汉大学国家领土主权与海洋权益协同创新中心、南京大学中国南海研究协同创新中心、中国南海研究院等机构对本书写作给予的帮助。

感谢复旦大学国际问题研究院石源华教授、杨健研究员、高兰研究员、信强研究员、赵卫华研究员、薛松副研究员，复旦大学大气与海洋科学系王桂华教授、陈长霖教授，武汉大学中国边界与海洋研究院胡德坤教授、余敏友教授、孔令杰教授、黄伟副教授、夏帆副教授、苗丹丹工程师，中国南海研究院吴士存研究员，上海社会科学院国际问题研究所刘鸣研究员，浙江大学光华法学院邱文弦副教授等为本书写作提供的帮助。

感谢复旦大学国际关系与公共事务学院硕士奚溢、何永朋、张宸榕、刘越、董蕾、黄贝、宋兴艳、董一、陆吉、笪轩,〔俄罗斯〕成思海(Nikita Starostin),〔韩国〕全宣美、任星惠、韩芝娟,〔越南〕何文力、农氏美幸,〔文莱〕刘蕙云(Jolene Hui Yun Liew),〔印度尼西亚〕杨含妮，复旦大学外文学院学士蔡沁锫等为本书写作搜集整理的研究资料。

感谢《海洋开发与国际法》(*Ocean Development & International Law*)、《当代东亚研究》(*Journal of Contemporary East Asia Studies*)、《太平洋学报》、《国际论坛》、《武汉大学学报(哲学社会科学版)》、《国际安全研究》同意将我之前发表的相关文章，经修订后收入本书。

感谢中国地图出版社李安强、邸香平、王震，复旦大学中国历史地理研究所孙涛博士，武汉大学中国边界与海洋研究院苗丹丹工程师为本书出版绘制的插图。感谢中国地图出版社刘洪涛审校本书的地理信息和坐标数据。

感谢复旦大学“高峰高原”项目和复旦大学亚洲研究中心学术资助项目对本书出版给予的资助。

感谢世界知识出版社王晓娟、张远航、刘凌等编辑制版人员为本书出版所付出的辛劳。

本书的插图参考了以下资料，一并致谢：

封面设计用图“中国海上邻国示意图”，参考了《中国版图知识：维护国家主权和领土完整》中的“中国海上邻国”地图。[①]

图0–1“中国海域及海上邻国示意图”，参考了中国政府于1996年

① 本书编写组编著:《中国版图知识：维护国家主权和领土完整》，北京：中国地图出版社2015年版，第57页。

5月15日公布的领海基线声明[①]和中国政府于2012年9月10日公布的钓鱼岛及其附属岛屿领海基线声明[②]。

图0–2"2009年中国台湾地区修正'第一批领海基线、领海外界线'简图",参考了中国台湾地区有关部门制作的"修正第一批领海基线、领海及邻接区外界线简图"。[③]

图0–3"中国台湾地区'第一批专属经济海域暂定执法线'示意图",参考了中国台湾地区有关部门制作的"第一批专属经济海域暂定执法线示意图"。[④]

图0–4"《台日渔业协议》适用海域示意图",参考了中国台湾地区有关部门制作的"《台日渔业协议》适用海域示意图"。[⑤]

图1–1"朝鲜与韩国在黄海的未定海洋边界示意图",参考了澳大利亚学者维克托·普雷斯科特(Victor Prescott)和克莱夫·斯科菲尔德(Clive Schofield)共同制作的"朝鲜—韩国海域边界(黄海)图"。[⑥]

① 国务院:《中华人民共和国政府关于中华人民共和国领海基线的声明》,1996年5月15日,https://www.fmprc.gov.cn/web/ziliao_674904/tytj_674911/tyfg_674913/t556673.shtml。

② 中国政府网:《中华人民共和国政府关于钓鱼岛及其附属岛屿领海基线的声明》,2012年9月10日,http://www.gov.cn/jrzg/2012-09/10/content_2221140.htm。

③ 台湾"行政院"公报咨询网:《修正"'中华民国'第一批领海基线、领海及邻接区外界线"》,2009年11月18日公告并生效,https://gazette.nat.gov.tw/egFront/detail.do?metaid=35541&log=detailLog。

④ 台湾"内政部"供图,该图转引自:郑裕民:《海巡署于"暂定执法线"护渔工作暨相关问题研析》,载(中国台湾地区)《海巡双月刊》第23期(2006年10月),第31页,https://www.cga.gov.tw/GipOpen/wSite/public/Attachment/f1260779674648.pdf。

⑤ 台湾"外交部":《台日渔业协议宣传摺页》,2013年6月,http://www.mofa.gov.tw/Upload/WebArchive/1024/dedce49b-d2ab-4183-a500-00c330d8be9a.PDF。

⑥ Victor Prescott and Clive Schofield, "Undelimited Maritime Boundaries of the Asian Rim," *Maritime Briefing*, Vol. 3, No. 1 (2001), p. 57, https://www.dur.ac.uk/ibru/publications/view/?id=240;〔澳〕维克托·普雷斯科特、克莱夫·斯科菲尔德:《世界海洋政治边界》,吴继陆、张海文译,北京:海洋出版社2014年版,第451页。

图1–2“朝鲜—苏联1985年领海边界和1986年海洋边界示意图”，参考了《国际海洋边界》第一卷中的“朝鲜—苏联的领海和海洋边界图”。①

图2–1“苏岩礁位置示意图”，参考了《中国海洋国土知识地图集》中的“苏岩礁位置示意图”②、韩国国立海洋调查院（Korea Hydrographic and Oceanographic Administration）网站关于“苏岩礁”（韩国称“离於岛”）的坐标③。

图2–2“中韩渔业协定水域示意图”，参考了2000年8月3日签订的《中韩渔业协定》。④

图3–1“日韩共同开发区示意图”，参考了日本与韩国于1974年1月30日签署的《关于共同开发邻接两国的大陆架南部的协定》。⑤

图3–2“中国钓鱼岛及其附属岛屿位置示意图”，参考了联合国海洋事务和海洋法厅/法律事务厅网站上的“中华人民共和国钓鱼岛及其

① “North Korea-U.S.S.R. Territorial Sea and Maritime Boundaries,” in Jonathan I. Charney and Lewis M. Alexander, eds., *International Maritime Boundaries*, Vol. 1, Dordrecht, The Netherlands: Martinus Nijhoff, 1993, p. 1141 & p. 1151.

② 湖南地图出版社编:《中国海洋国土知识地图集》，长沙：湖南地图出版社2010年版，第20页。

③ Korea Hydrographic and Oceanographic Agency, “Ieodo: About Ocean Research Station,” http://www.khoa.go.kr/eng/kcom/cnt/selectContentsPage.do?cntId=31080200，访问日期：2021年2月28日。

④ 中国外交部:《中华人民共和国政府和大韩民国政府渔业协定》，2000年8月3日在北京签订，2001年6月30日生效，https://www.fmprc.gov.cn/web/wjb_673085/zzjg_673183/bjhysws_674671/bhfg_674677/t556669.shtml。

⑤ DOALOS/OLA United Nations, “Agreement Between Japan and the Republic of Korea Concerning Joint Development of the Southern Part of the Continental Shelf Adjacent to the Two Countries,” Signed on 30 January 1974, https://www.un.org/Depts/los/LEGISLATIONANDTREATIES/PDFFILES/TREATIES/jap-kor1974south.pdf.

附属岛屿领海基线图"[①]，星球地图出版社出版的《中华人民共和国钓鱼岛及其附属岛屿地图》[②]。

图3–3"中国东海的部分海域200海里以外大陆架外部界限位置图"，参考了中国政府于2012年12月14日提交的《中华人民共和国东海部分海域二百海里以外大陆架外部界限划界案（执行摘要）》。[③]

图3–4"中国与日本在东海的海洋主张示意图"，参考了中国政府关于领海基线的相关声明[④]，中国政府于2012年12月14日提交的《中华人民共和国东海部分海域二百海里以外大陆架外部界限划界案（执行摘要）》[⑤]，日本外务省公布的"日中中间线"[⑥]，以及日本与韩国于1974年1月30日签署的《关于共同开发邻接两国的大陆架南部的协定》[⑦]。

图3–5"中日渔业协定水域示意图"，参考了1997年11月11日签

① 联合国海洋事务和海洋法厅/法律事务厅:《中华人民共和国钓鱼岛及其附属岛屿领海基线图》，2012年9月，编号：03085，http://www.un.org/depts/los/LEGISLATIONANDTREATIES/PDFFILES/MAPS/chn_mzn89_2012.jpg。

② 星球地图出版社:《中华人民共和国钓鱼岛及其附属岛屿地图》，北京：星球地图出版社2012年版。

③ 联合国法律事务厅:《中华人民共和国东海部分海域二百海里以外大陆架外部界限划界案（执行摘要）》，2012年12月14日提交，https://www.un.org/depts/los/clcs_new/submissions_files/chn63_12/executive%20summary_CH.pdf。

④ 国务院:《中华人民共和国政府关于中华人民共和国领海基线的声明》，1996年5月15日；中国政府网:《中华人民共和国政府关于钓鱼岛及其附属岛屿领海基线的声明》，2012年9月10日。

⑤ 联合国法律事务厅:《中华人民共和国东海部分海域二百海里以外大陆架外部界限划界案（执行摘要）》，2012年12月14日提交。

⑥ Ministry of Foreign Affairs of Japan, "The Current Status of China's Unilateral Development of Natural Resources in the East China Sea," updated on 30 September 2020, https://www.mofa.go.jp/a_o/c_m1/page3e_000356.html.

⑦ DOALOS/OLA United Nations, "Agreement Between Japan and the Republic of Korea Concerning Joint Development of the Southern Part of the Continental Shelf Adjacent to the Two Countries," Signed on 30 January 1974.

订的《中日渔业协定》。[①]

图3–6“中日共同开发区块示意图”，参考了2008年6月18日中日就东海问题达成原则共识。[②]

图4–1“菲律宾第9522号法令所规定的菲律宾群岛基线示意图”，参考了菲律宾于2009年3月10日颁布的《关于确定群岛基线和其他目的》（第9522号共和国法令）。[③]

图4–2“中国黄岩岛位置示意图”，参考了国家测绘局编制的《中国1∶1000000地图》[④]，“亚洲海事透明倡议”（Asia Maritime Transparency Initiative）网站“斯卡伯勒礁（即中国黄岩岛，笔者注）卫星图”[⑤]。

图4–3“菲律宾标注服务合同区块（南海）位置示意图”，参考了菲律宾能源部公布的“菲律宾石油服务合同区块图”。[⑥]

图5–1“1979年马来西亚领水和大陆架主张示意图”，参考了1979

---

① 中国外交部:《中华人民共和国和日本国渔业协定》，1997年11月11日在东京签订，2001年6月30日生效，https://www.fmprc.gov.cn/web/ziliao_674904/tytj_674911/tyfg_674913/t556672.shtml。

② 中国外交部:《中日就东海问题达成原则共识》，2008年6月18日，https://www.fmprc.gov.cn/web/fyrbt_673021/dhdw_673027/t466568.shtml。

③ Congress of the Philippines, “Republic Act No. 9522: An Act to Amend Certain Provisions of Republic Act No. 3046, as Amended by Republic Act No. 5446, to Define the Archipelagic Baselines of the Philippines, and for Other Purposes,” Approved on 10 March 2009, https://www.senate.gov.ph/republic_acts/ra%209522.pdf.

④ 国家测绘局编制:《中国1∶1000000地图》，D–50黄岩岛，北京：中国地图出版社1997年版。

⑤ Asia Maritime Transparency Initiative, “Scarborough Shoal,” https://amti.csis.org/scarborough-shoal/.

⑥ Philippine Department of Energy, “Petroleum Service Contract Map,” https://www.doe.gov.ph/figures-and-maps-petroleum?ckattempt=2, accessed 24 Febuary 2021.

年12月21日马来西亚官方出版的“领水和大陆架边界”地图[①]，学者哈勒–特罗斯特（R. Haller-Trost）的著作《有争议的马来西亚海洋和领水边界：国际法视角》[②]。

图6–1“文莱与马来西亚的油气‘商业安排区’示意图”，参考了学者哈勒–特罗斯特（R. Haller-Trost）的著作《有争议的马来西亚海洋和领水边界：国际法视角》[③]和研究报告《论国际法上的文莱—马来西亚领土和海洋主张争端》[④]，以及美国国务院于2015年制作的《南海南沙群岛地图》[⑤]。

图7–1“印度尼西亚群岛基线和海洋边界示意图”，参考了印度尼西亚政府于2009年3月11日递交联合国秘书长的印度尼西亚群岛基线地理坐标及其示意图[⑥]，美国国务院《海洋界限》研究报告第141期的“印度尼西亚群岛基线和海洋边界示意图”[⑦]。

---

① “Malaysia: Peta menunjukkan sempadan perairan dan pelantar benua Malaysia” (“Map Showing Territorial Waters and Continental Shelf Boundaries of Malaysia”), Kuala Lumpur: Pengarah Pemetaan Negara, 1979.

② R. Haller-Trost, *The Contested Maritime and Territorial Boundaries of Malaysia: An International Law Perspective*, London: Kluwer, 1998, p. 431. 哈勒–特罗斯特（R. Haller-Trost）在其著作附录4中列出了马来西亚“领水和大陆架边界”地图中的84个转折点坐标。

③ Ibid.

④ Renate Haller-Trost, “The Brunei-Malaysia Dispute Over Territorial and Maritime Claims in International Law,” p. 55.

⑤ U.S. Department of State, “Spratly Islands in the South China Sea,” Washington, D.C.: Department of State, 2015, https://cdn.loc.gov/service/gmd/gmd9/g9237/g9237s/2016587286.pdf.

⑥ DOALOS/OLA United Nations, *Law of the Sea Bulletin*, No. 69, 2009, pp. 81-104, https://www.un.org/Depts/los/LEGISLATIONANDTREATIES/PDFFILES/DEPOSIT/idn_mzn67_2009.pdf.

⑦ U.S. Department of State, “Indonesia: Archipelagic and Other Maritime Claims and Boundaries,” *Limits in the Seas*, No. 141, p. 12, 15 September 2014, https://www.state.gov/wp-content/uploads/2020/02/LIS-141.pdf.

图7–2“印度尼西亚与澳大利亚海洋划界示意图”，参考了《国际海洋边界》第四卷中的“澳大利亚—印度尼西亚海洋边界”。[①]

图7–3“中国与印度尼西亚在南海部分海域的海洋管辖权主张重叠示意图”，参考了印度尼西亚政府于2009年3月11日递交联合国秘书长的印度尼西亚群岛基线地理坐标及其示意图[②]，1969年10月27日签订的《马—印尼大陆架协定》[③]，2003年6月26日签订的《越—印尼大陆架协定》[④]，《北京的权力和中国的边界：亚洲的二十个邻国》一书中的图5.2[⑤]，以及阿伦·康奈利（Aaron L. Connelly）撰写的研究报告《印度尼西亚在南海的“自主”方式》之附图“印度尼西亚在南海的利益”[⑥]。

---

① “Australia-Indonesia Maritime Boundaries,” in Jonathan I. Charney and Robert W. Smith, eds., *International Maritime Boundaries*, Vol. 4, Dordrecht, The Netherlands: Martinus Nijhoff Publishers, 2002, p. 2713.

② DOALOS/OLA United Nations, *Law of the Sea Bulletin*, No. 69, 2009, pp. 81-104, https://www.un.org/Depts/los/LEGISLATIONANDTREATIES/PDFFILES/DEPOSIT/idn_mzn67_2009.pdf.

③ DOALOS/OLA United Nations, “Agreement Between the Government of Malaysia and the Government of Indonesia on the Delimitation of the Continental Shelves Between the Two countries,” Signed on 27 October 1969, https://www.un.org/Depts/los/LEGISLATIONANDTREATIES/PDFFILES/TREATIES/MYS-IDN1969CS.PDF.

④ “Agreement Between the Government of the Socialist Republic of Vietnam and the Government of the Republic of Indonesia Concerning the Delimitation of the Continental Shelf Boundary,” Signed on 26 June 2003. See: DOALOS/OLA United Nations, *Law of the Sea Bulletin*, No. 67, 2008, pp. 39-41, https://www.un.org/Depts/los/doalos_publications/LOSBulletins/bulletinpdf/bulletin67e.pdf.

⑤ I. Made Andi Arsana and Clive Schofield, “Indonesia’s ‘Invisible’ Border with China,” in Bruce A. Elleman, Stephen Kotkin, and Clive Schofield, eds., *Beijing’s Power and China’s Borders: Twenty Neighbors in Asia*, New York: M. E. Sharpe, 2013, p. 65.

⑥ Aaron L. Connelly, “Indonesia in the South China Sea: Going It alone,” *Lowy Institute for International Policy*, December 2016, p. 4, https://www.lowyinstitute.org/publications/indonesia-south-china-sea-going-it-alone.

图8–1“越南的直线基线主张示意图”，参考了1982年11月12日《越南社会主义共和国政府关于越南领海基线的声明》[①]，1982年7月7日《越南—柬埔寨历史性水域协定》[②]。

图8–2“中越北部湾划界协定线及共同渔区示意图”，参考了2000年12月25日签署的《中越北部湾划界协定》[③]，2000年12月25日签署的《中越北部湾渔业合作协定》[④]，2015年12月19日越南网（Vietnamnet）关于湾口外海域共同考察区域的报道[⑤]。

图9–1“南海沿岸国示意图”，参考了国际海道测量组织于1986年出版的《海洋的界限》[⑥]，中国常驻联合国代表团于2009年5月7日向联

---

① DOALOS/OLA United Nations, “Statement of 12 November 1982 by the Government of the Socialist Republic of Viet Nam on the Territorial Sea Baseline of Viet Nam,” 12 November 1982, https://www.un.org/Depts/los/LEGISLATIONANDTREATIES/PDFFILES/VNM_1982_Statement.pdf.

② “Agreement on Historical Waters of Vietnam and Kampuchea,” Done on 7 July 1982. See: Kriangsak Kittichaisaree, *The Law of the Sea and Maritime Boundary Delimitation in South-East Asia*, New York: Oxford University Press, 1987, pp. 180-181.

③《中华人民共和国和越南社会主义共和国关于两国在北部湾领海、专属经济区和大陆架的划界协定》（2000年12月25日签署），参见：中华人民共和国外交部边界与海洋事务司编：《中国周边海洋问题有关文件汇编》，北京：世界知识出版社2017年版，第170–172页。

④ 中国外交部：《中华人民共和国政府和越南社会主义共和国政府北部湾渔业合作协定》，2000年12月25日，https://www.fmprc.gov.cn/web/ziliao_674904/tytj_674911/tyfg_674913/t556668.shtml。

⑤ 中越双方同意在北部湾湾口外的一个四边形区域开展共同考察，这一区域由四个坐标点（北纬17°49′10″和东经108°00′09″、北纬17°37′32″和东经108°14′38″、北纬17°32′45″和东经108°10′03″、北纬17°44′49″和东经107°55′49″）连接而成。参见：Vietnamnet, “Việt-Trung khảo sát chung vùng biển ngoài cửa Vịnh Bắc Bộ” (“Vietnam and China Join Forces to Explore the Area in the Mouth of the Gulf of Tonkin”), 19 December 2015, https://vietnamnet.vn/vn/thoi-su/viet-trung-khao-sat-chung-vung-bien-ngoai-cua-vinh-bac-bo-279873.html。

⑥ 南海的地理界限参考了以下资料：International Hydrographic Organization, *Limits of Oceans and Seas*, IHO Special Publication No. 23, Draft 4th ed. (1986), pp. 102-105。

合国秘书长递交的第CML/17/2009号照会之附图[①]。

图10–1“中国‘海洋石油981’钻井平台在南海作业位置示意图”，参考了中国外交部于2014年6月8日公布的《“981”钻井平台作业：越南的挑衅和中国的立场》[②]，中国海事局公布的“海洋石油981”作业位置[③]。

图12–1“太平洋岛链示意图”，参考了海军司令部编《中国海军军人手册》中的“岛链区”示意图[④]，《中国海洋国土知识地图集》中的“太平洋岛链示意图”[⑤]。

祁怀高

2022年2月28日

① 中国常驻联合国代表团：《中国常驻联合国代表团就马越联合划界案表达立场》，第CML/17/2009号照会，2009年5月7日，https://www.un.org/Depts/los/clcs_new/submissions_files/mysvnm33_09/chn_2009re_mys_vnm.pdf。

② 中国外交部：《“981”钻井平台作业：越南的挑衅和中国的立场》，2014年6月8日，https://www.fmprc.gov.cn/nanhai/chn/snhwtlcwj/t1163255.htm。

③ 中国海事局：《航警14033（海洋石油981船南海钻井作业）》，2014年5月3日，https://www.msa.gov.cn/page/wap/wap.do?action=content&channelId=D3340711-057B-494B-8FA0-9EEDC4C5EAD9&articleId=7291b46d-ab69-4949-8a88-6c55dad815e8；中国海事局：《航警14041（海洋石油981钻井平台中建岛东南海域钻井作业）》，2014年5月27日，https://www.msa.gov.cn/page/wap/wap.do?action=content&channelId=D3340711-057B-494B-8FA0-9EEDC4C5EAD9&articleId=390bd50d-b5a9-44b0-a132-c16350e6f358；中国海事局：《HN0029（海洋石油981船钻井作业）》，2015年6月25日，https://www.msa.gov.cn/page/wap/wap.do?action=content&channelId=D3340711-057B-494B-8FA0-9EEDC4C5EAD9&articleId=90251c6f-05f3-4b43-9e22-dc0ef7ace9db。

④ 海军司令部编：《中国海军军人手册》，北京：海潮出版社2012年版，第95页。

⑤ 湖南地图出版社编：《中国海洋国土知识地图集》，第95页。

索　引*

A

B

* 索引中的数字是本书页码。

C

D

E

F

G

H

I

J

K

L

M

N

O

P

S

T

U

V

W

X

Y

Z